W0461168

jetzt lerne ich **XML**

jetzt lerne ich

XML

Der einfache Einstieg in den führenden Dokumenten- und Web-Standard

GÜNTER BORN

Markt+Technik

Bibliografische Information Der Deutschen Bibliothek
Die Deutsche Bibliothek verzeichnet diese Publikation in der Deutschen Nationalbibliografie; detaillierte bibliografische Daten sind im Internet über <http://dnb.ddb.de> abrufbar.

Umwelthinweis:
Dieses Buch wurde auf chlorfrei gebleichtem Papier gedruckt.

10 9 8 7 6 5 4 3 2 1

07 06 05

ISBN 3-8272-6854-0

Lektorat: Jürgen Bergmoser, jbergmoser@pearson.de
Fachlektorat: Friedhelm Betz, Ludwigshafen
Herstellung: Claudia Bäurle, cbaeurle@pearson.de
Korrektorat: Metke & Hardt GbR
Coverkonzept: independent Medien-Design
Coverlayout: adesso 21, Thomas Arlt
Titelillustration: Karin Drexler
Satz: text&form GbR, Fürstenfeldbruck
Druck und Verarbeitung: Bosch-Druck, Ergolding
Printed in Germany

Übersicht

jetzt lerne ich

»A programmer is just a tool which converts caffeine into code«

(anonym)

Im Sinne dieses bekannten und vielsagenden Zitats widmen Ihnen die Autoren und Lektoren der Buchreihe »Jetzt lerne ich« in jeder Ausgabe ein Rezept mit oder rund um das belebende und beliebte Getränk. Sollten Sie gerade ohne Bohnen oder Pulver sein: Über die Adresse *http://www.mut.de/jetzt-lerne-ich* können Sie einen eigens entwickelten Markt+Technik Programmiererkaffee bestellen.

Viel Spaß und Genuß!

Panocha do Brasil

400 g brauner Rohrzucker
1/2 Tasse starker Kaffe
2 Teelöffel Honig
40 g Butter
1 Päckchen Vanillezucker
60 g gehackte Paranüsse

In einem Saucenpfännchen Zucker, Kaffee und Honig vermischen. Bei leichter Hitze unter ständigem Umrühren ankochen lassen, bis der Zucker geschmolzen ist. Das Pfännchen vom Herd nehmen, die Butter dazugeben, ohne jedoch umzurühren, und auf lauwarm abkühlen lassen. Vanillezucker beifügen, dann mit einer Gabel die Mischung schlagen, bis sie ihr glänzendes Aussehen verliert. Dann die Nüsse untermengen. Die Masse in eine rechteckige Form gießen, kaltstellen und in kleine längliche Vierecke zerteilen.

Panocha sind Maiskolben. Die Fantasie machte im Kaffeeland Brasilien aus diesem Rezept ganz einfach »brasilianische Maiskolben«.

Das Kaffeerezept wurde entnommen aus:

»Kaffee«
Dr. Eugen C. Bürgin
Sigloch Edition, Blaufelden
ISBN: 3-89393-135-X

Mit freundlicher Genehmigung des Verlags.

Inhaltsverzeichnis

Vorwort

Als die erste Fassung dieses Buches im Jahr 2000 geschrieben wurde, deutete sich bereits an, dass mit XML ein sehr interessanter Ansatz vorlag, der nicht nur das Web, sondern auch viele Arten des Datenaustauschs revolutionieren würde. Mittlerweile kommt eigentlich kein Softwareentwickler mehr an XML vorbei und selbst Endanwender nutzen Werkzeuge (z.B. Microsoft Office 2003), die Daten in XML exportieren oder aus XML-Dokumenten einlesen. Für mich ist es schon erstaunlich, wie dynamisch die ganze Szene geworden ist. Auch bezüglich der Werkzeuge zum Entwerfen und Pflegen von XML-Dokumenten hat sich mittlerweile vieles getan. Musste man 2000 noch auf einfache Programme oder auf teure kommerzielle Tools ausweichen, stehen mittlerweile sehr leistungsfähige (und teilweise kostenlose) Anwendungen für verschiedene Plattformen (Windows, Linux, Macintosh) zur Verfügung.

Aus diesem Grund dürfte die Pflege von XML-Dokumenten mittlerweile kein Problem mehr sein. Es wird lediglich das Grundwissen rund um XML benötigt, um die entsprechenden Dokumente erstellen oder XML-Datenstrukturen in Programmen nutzen zu können. Um Ihnen den »steinigen Weg zum Einstieg in XML«, den ich vor vielen Jahren beschreiten musste, abzukürzen, wurde dieses Buch verfasst. In den nachfolgenden Kapiteln erhalten Sie einen schnellen Einblick in die Konzepte und die Nutzung von XML.

Sicherlich können bei dem vorgegebenen Buchumfang nicht alle Aspekte zu XML behandelt werden. Auch die Einbindung in das Konzept der Buchreihe bewirkt gewisse Restriktionen. Andererseits bin ich doch optimistisch, dass mit dem vorliegenden Werk ein einfacher, aber vor allem praktischer Einstieg in die Thematik möglich wird. Daher wünsche ich Ihnen viel Spaß und Erfolg beim Lesen dieses Buches, beim Lernen, Ausprobieren und Arbeiten mit XML sowie beim Stöbern auf der Begleit-CD-ROM.

Günter Born

www.borncity.de

Einleitung

Sie haben dieses Buch gekauft, um sich näher mit XML zu befassen bzw. in die Thematik einzusteigen? Dies ist angesichts der Bedeutung dieses Themas eine gute und zukunftsträchtige Entscheidung. Dieses Buch verfolgt das Ziel, Ihnen das benötigte Wissen anhand praktischer Beispiele zu vermitteln, um damit den Einstieg in die Thematik zu erleichtern. Nehmen Sie sich aber einen Augenblick Zeit, um die nachstehenden Ausführungen zu lesen. Dort erfahren Sie, wie sich das Buch für Ihre Zwecke optimal nutzen lässt.

Was dieses Buch enthält

Das Buch befasst sich mit der Auszeichnungssprache XML (extensible Markup Language). Sie erhalten eine Einführung in XML sowie zusätzliche Informationen über verwandte Gebiete. Aus eigener Erfahrung weiß ich, dass die reine Theorie ziemlich grau und trocken ist. Viel effizienter ist es, wenn an konkreten Beispielen gezeigt wird, wie etwas funktioniert. Um den Einstieg in die Thematik interessanter und lockerer zu gestalten, wird das Wissen anhand von Übungen bzw. Beispielen erarbeitet und vertieft.

Dieser Ansatz sollte Sie in die Lage versetzen, die grundlegenden Konzepte von XML zu verstehen, um die heutigen Technologien in diesem Umfeld einzusetzen. Aus verschiedenen Gründen kann ein Einführungsbuch das Thema jedoch nicht allumfassend abhandeln. Zudem befindet sich vieles noch im Fluss, es werden sich also zukünftig Änderungen ergeben. Ich bin aber optimistisch, dass Sie diese Problematik nach Lektüre der folgenden Seiten selbstständig meistern. Sofern Ihnen die Informationen zu einem Thema nicht ausreichen, können Sie sich anschließend die relevanten Spezifikationen besorgen oder weiterführende Publikationen konsultieren. Entsprechende Hinweise finden Sie an den betreffenden Stellen im Text. Insbesondere das Internet stellt eine gute Quelle für Beiträge zu diesem Thema dar, wobei häufig die aktuellsten Entwicklungen und Ideen behandelt werden.

Wie Sie das Buch lesen sollten

Das Buch ist in verschiedene Kapitel unterteilt, die unterschiedliche Aspekte im Umfeld von XML behandeln. Am besten ist es, wenn Sie mit Kapitel 1 beginnen und das Buch bis zum Ende durcharbeiten. Die einzelnen Kapitel bauen teilweise aufeinander auf. Eine Einführung in XML erhalten Sie in Kapitel 2, das Definieren von XML-Dokumenttypen mittels DTDs und XML-Schemata wird in den Kapiteln 3 und 4 besprochen. Die restlichen Kapitel befassen sich mit der Darstellung von XML, mit XML-Anwendungen wie WML, VML etc.

Wenn Sie die Kapitelinhalte und Beispiele durchgearbeitet haben, sollten Sie einen guten Überblick erhalten haben, was XML ist und was sich mit diesem Ansatz machen lässt. Dann dürfte Ihnen auch klar geworden sein, dass XML viel mehr als ein Ansatz zur Erweiterung des Web ist. Mit XML steht Ihnen ein universelles Hilfsmittel zur Beschreibung von Daten zur Verfügung. Die Einsatzmöglichkeiten sind heute kaum absehbar. Zumindest sind Sie für die Zukunft gerüstet.

Die im Buch verwendeten Symbole

Auf den einzelnen Seiten finden Sie zusätzlich die folgenden Symbole, die Ihnen Hinweise und Orientierungshilfen bieten:

HINWEIS

Diese Absätze enthalten Hinweise, Hintergrundinformationen oder tiefer gehende Analysen des vorherigen Texts. Sie sollten diese Texte lesen, um ggf. Ihr Wissen zu vertiefen. Zudem finden Sie in solchen Hinweisabsätzen Informationen, wo die im Text besprochenen Beispiele auf der Buch-CD hinterlegt sind.

TIPP

An einigen Stellen sind Absätze mit diesem Symbol gekennzeichnet. Dort finden Sie besondere Tipps, die das Arbeiten mit XML erleichtern.

ACHTUNG

Mit diesem Symbol werden Absätze markiert, die Wichtiges hervorheben oder Warnungen bezüglich bestimmter Befehle oder Verfahren enthalten. Sie sollten diese Absätze auf jeden Fall lesen, um sich viel Zeit und Ärger zu ersparen.

Was wird benötigt?

Das Konzept der Buchreihe propagiert einen Einstieg »ohne Vorwissen«. Keine Vorkenntnisse bedeutet, dass ich kein Wissen zu XML voraussetze. Hilfreich könnten aber einige Vorkenntnisse zum Erstellen von HTML-Seiten sein. Die Beispiele in den betreffenden Abschnitten enthalten zwar eine Beschreibung, wie und warum etwas gelöst wurde. Diese Ausführungen müssen aber bei Randthemen wie HTML, Cascading Style Sheets oder Scripting etwas kompakter ausfallen.

Zum Bearbeiten der Buchbeispiele benötigen Sie einen Computer. Optimal ist es, wenn dieser mit Windows (ab Version 98) und dem Internet Explorer (ab Version 5) ausgestattet ist. Eine Vielzahl der Beispiele kann auch mit anderen Browsern (z.B. Mozilla Firefox 1.0 oder Netscape Navigator ab Version 6.0) getestet werden. Zudem können Sie die Beispiele auch unter Linux oder auf dem Macintosh Max OS bearbeiten (bei speziell auf Windows abgestimmten Beispielen findet sich ein entsprechender Hinweis im Buch).

Die CD zum Buch

Dem Buch ist eine CD-ROM beigelegt. Diese enthält alle im Buch besprochenen Beispiele. Hinweise zu den jeweiligen Dokumenten finden Sie in den betreffenden Kapiteln. Weiterhin habe ich einige Werkzeuge, die im Buch genutzt werden, auf dieser CD beigelegt. Näheres zur Installation und zur Nutzung regelt die jeweilige Programmdokumentation. Beachten Sie bei Shareware- und Testversionen auch die jeweiligen Lizenzbedingungen des Herstellers.

Leider konnten aus lizenzrechtlichen Gründen einige Werkzeuge nicht auf die CD gepackt werden. Im Buch finden Sie Hinweise, wie Sie per Internet an diese Programme herankommen.

Die Daten der CD-ROM wurden im ISO 9660-Dateisystem hinterlegt, sollten sich also faktisch in allen Betriebssystemen verwenden lassen. Beachten Sie jedoch, dass ausführbare Programme auf die jeweiligen Betriebssysteme zugeschnitten sind.

Rufen Sie im Browser die Datei *Index.htm* aus dem Hauptverzeichnis der CD-ROM auf. Diese Datei führt Sie zur CD-Oberfläche, mit der Sie bequem zwischen den Inhalten der CD-ROM navigieren können.

HINWEIS

Der Inhalt der Begleit-CD-ROM wurde aus der allgemeinen HTML-Oberfläche des Markt+Technik-Verlages sowie aus vom Autor zusammengestelltem Material kombiniert und für den Microsoft Internet Explorer unter Windows optimiert. Aus technischen Gründen lässt es sich nicht vermeiden, dass bestimmte Informationen über verschiedene Pfade der Benutzeroberfläche erreichbar sind. Insbesondere wegen der Problematik der Groß-/Kleinschreibung bei Pfadangaben ergeben sich unter Linux einige Einschränkungen. Konsultieren Sie gegebenenfalls die im Hauptverzeichnis der CD hinterlegte Datei *Readme.txt*, die Hinweise zur CD-Verzeichnisstruktur enthält. Mit diesen Hinweisen gelangen Sie auch ohne die CD-Oberfläche an die benötigten Informationen.

Beachten Sie, dass der Inhalt der CD-ROM auf der Basis AS-IS zusammengestellt und weitergegeben wird. Eine Unterstützung bezüglich der Installation sowie eine Haftung für die Folgen des Einsatzes seitens des Autors oder des Verlags sind ausgeschlossen. Dies gilt auch für die in diesem Buch und in den Dokumenten der CD-ROM enthaltenen Aussagen. Für Hinweise auf Fehler oder Unzulänglichkeiten sind Verlag und Autor aber dankbar.

KAPITEL 1

jetzt lerne ich

XML: Orientierung & Werkzeuge

XML ist das Kürzel für »Extensible Markup Language«, eine Beschreibungssprache für Dokumente und Daten, die sich steigender Popularität erfreut. Bevor es in die Details geht, möchte ich in diesem Kapitel diskutieren, was Beschreibungssprachen sind und warum andere Beschreibungssprachen wie HTML oder SGML nicht ausreichen. Weiterhin erhalten Sie eine Kurzeinführung in das Extended Backus-Naur Form (EBNF), welches in der XML-Spezifikation benutzt wird. Am Kapitelende werden dann noch einige Werkzeuge für verschiedene Plattformen vorgestellt, mit denen sich XML-Dokumente erstellen, ansehen und pflegen lassen.

1.1 Warum wird XML gebraucht?

XML ist eine Meta-Auszeichnungssprache zur Beschreibung strukturierter Daten. Der besondere Vorteil des Ansatzes besteht dabei darin, dass diese Metasprache unabhängig von Betriebssystemplattformen und in verschiedenen Anwendungen eingesetzt werden kann. Zur Verdeutlichung möchte ich hier einige Probleme beim Austausch von Daten aufzeigen.

- Problem 1: Die Ablage von Daten (und sei es nur reiner Text) in Dateien wirft sofort das Problem der Zeichenkodierung auf. Unter den früheren MS-DOS-Systemen wurden andere Zeichensätze als beispielsweise unter Windows benutzt. Linux-Systeme oder die Macintosh-Betriebssystemversionen greifen wiederum auf andere Zeichensätze zurück. In der Welt der Großrechner kommen u.U. abweichende Zeichenkodierungen auf. Sofern Sie also eine eigene Struktur zur Ablage von Daten definieren, die auf verschiedenen Plattformen lesbar sein muss, müssten Sie sich auch Gedanken um eine universell nutzbare Zeichenkodierung machen.

- Problem 2: Firmen oder Institute, bei denen Textdokumente erstellt werden, stehen vor dem Problem des Austauschs zwischen verschiedenen Nutzern. Typischerweise werden Textdokumente mit einem Textbearbeitungsprogramm wie Microsoft Word oder StarOffice Writer erstellt. Soll ein solches Dokument mit mehreren Anwendungsprogrammen gelesen werden, müssen diese Anwendungen die betreffenden Dateiformate unterstützen. Auch wenn Microsoft Word oder der StarOffice Writer Konvertierfunktionen anbieten, lassen sich Dokumente häufig nicht vernünftig zwischen den Anwendungen austauschen. Hier wäre eine Art universelles Format zur Beschreibung des Dokuments hilfreich, welches von verschiedenen Anwendungen und betriebssystemübergreifend (Windows, Linux, MacOS etc.) unterstützt wird.
- Problem 3: Bei der Publikation von Dokumenten, die in verschiedenen Medien (Printmedien, Internet, WAP-Portal, PDA etc.) verfügbar sein sollen, tritt das Problem der Darstellung auf. Mit Microsoft Word oder StarOffice Writer erstellte Dokumente bestehen typischerweise aus Text, der zur Darstellung in geeigneter Weise formatiert ist. Der Ausdruck auf Papier ist dann kein Problem. Die Ausgabe als Webseite oder die Darstellung in einem WAP-Gerät erfordert aber eine gänzlich andere Formatierung. Ideal wäre es, den eigentlichen Text, d.h. den Dokumentinhalt, von der Darstellung (der Formatierung) getrennt zu speichern. Dann ließe sich der Text über eine Formatanweisung zur Anzeige für verschiedenen Medien aufbereiten. Solche Anforderungen vermögen die heutigen Textverarbeitungsprogramme wie Microsoft Word etc. nicht zu erfüllen.
- Problem 4: Stehen Sie vor der Aufgabe Daten zwischen verschiedenen Anwendungen auszutauschen und suchen Sie eine Art »universelles« Format zur Beschreibung der Daten? Gerade der Austausch von elektronischen Daten im E-Business lebt von der Möglichkeit, diese universell zu beschreiben, so dass Sender und Empfänger die Informationen sehr schnell verarbeiten können. Selbst wenn Sie sich auf eine »universelle Zeichenkodierung« (z.B. über Unicode) geeinigt haben, müssen Sie eine entsprechende Struktur zur Aufnahme der Daten entwerfen, die den lesenden und schreibenden Zugriff auf die Daten mittels verschiedener Plattformen erlaubt.

Es treten also vielfältige Probleme beim Austausch von Dokumenten zwischen Anwendungen und zwischen Plattformen auf. Zur Lösung der obigen Problemstellungen bieten sich Dokumentbeschreibungssprachen, auch als Seitenbeschreibungssprachen oder Auszeichnungssprachen (englisch Markup Languages) bezeichnet, an. Eine diese Auszeichnungssprachen ist XML. XML wurde speziell für diesen Zweck entwickelt, ist herstellerunabhängig und zeichnet sich mittlerweile als »die Lösung« zur Beschreibung strukturierter Daten ab.

1.2 Was sind Auszeichnungssprachen?

Werfen wir noch einen Blick auf die Frage, was Auszeichnungssprachen eigentlich sind. Beim Verfassen von Dokumenten werden deren Inhalte mit bestimmten Auszeichnungen (oft als Formatierung bezeichnet) versehen. Ein typisches Textdokument besteht aus einzelnen Zeichen, die als Wörter, Sätze, Absätze, Seiten etc. zusammengefasst werden. Wörter oder Buchstaben können dabei noch mit besonderen Formatierungen (z.B. Überschrift mit größeren Buchstaben, Fettschrift, Kursivstellung etc.) versehen sein. Das Programm, mit dem Sie den Text erfassen, muss dann sowohl Funktionen zur Auszeichnung der Dokumentformatierung aufweisen als auch die Möglichkeit bieten, diese »Formatierung« mit dem Dokument zu speichern. Die üblichen Textverarbeitungsprogramme wie Microsoft Word, StarOffice/OpenOffice.org Writer etc. beherrschen diese Funktionalität. Unschön ist aber, dass die Anwendungen herstellerspezifische Formate zum Speichern der Daten benutzen. Der Austausch von Dokumenten zwischen diesen Anwendungen erfordert dann den Einsatz spezieller Konvertierprogramme (die häufig als Importfilter im Programm integriert sind). Fehlt ein solcher Filter oder ist dieser fehlerhaft implementiert, lassen sich die Dokumente nicht in den Fremdanwendungen laden. Außerdem können Sie solche herstellerspezifischen Dokumentformate meist nicht manuell lesen (d.h. ausdrucken und den Text samt Auszeichnung ansehen), da die Daten binär kodiert sind.

Aus diesem Grund haben sich in der Vergangenheit andere Lösungen herauskristallisiert, bei denen der Dokumenttext sowie die betreffenden Steueranweisungen als lesbarer Text in der Dokumentdatei hinterlegt werden. Bedingt durch das World Wide Web ist die Darstellung von Textdokumenten im HTML-Format sehr populär. HTML ist dabei das Kürzel für Hypertext Markup Language. Nehmen wir einmal ein Textdokument, das in der Beschreibungssprache HTML verfasst wurde.

Listing 1.1: HTML-Quellcode eines Textdokuments

```
<HTML>
<HEAD>
<TITLE>Beispieltext</TITLE>
</HEAD>
<BODY>
<B>An:</B> Billy Joel<P>
<B>Von:</B> G. Born<P>
<B> Betr.: </B>Auszeichnungen im Text<P>
Hallo Billy,<BR>
<BR>
```

```
hier siehst du ein Textdokument mit Auszeichnungen. Der Text kann
<B>fette</B> und <I>kursive</I> Stellen enthalten.<P>
Gruss<P>

G. Born
</BODY>
</HTML>
```

Der eigentliche Text ist mit den in spitzen Klammern stehenden HTML-Befehlen (auch Tags genannt) ausgezeichnet. Diese Auszeichnungen im Dokument (im Englischen auch als Markup bezeichnet) legen die Dokumentteile (Kopfteil mit der Titelzeile, den eigentlichen Textkörper als Body bezeichnet) fest und wie bestimmte Dokumentteile darzustellen sind. Wird ein solcher Text in einem Browser geladen, wertet dieser das Dokument aus und stellt dieses anhand der Auszeichnung dar. Das Ergebnis des zuvor genannten Beispiels ist in Abbildung 1.1 zu sehen. Sie erkennen die vorgegebene Titelzeile sowie Textstellen, die fett oder kursiv hervorgehoben sind.

Abb. 1.1: Dokumentanzeige im Internet Explorer

Auf diese oder ähnliche Weise lassen sich Dokumente recht einfach beschreiben und zur Verarbeitung mit unterschiedlichen Programmen und auf unterschiedlichen Rechnerplattformen vorbereiten. Der Erfolg des World Wide Web wäre ohne HTML als Auszeichnungssprache nicht denkbar.

1.3 Warum man trotz HTML XML braucht

Auf den vorhergehenden Seiten haben Sie erfahren, dass zur Beschreibung von Dokumenten oder Daten Auszeichnungssprachen benötigt werden. Ich habe Ihnen auch ein Dokument in einer bereits bestehenden Auszeichnungssprache HTML vorgestellt. Die Lösung ist eigentlich recht einfach. Es stellt sich daher die Frage, warum man nicht einfach HTML oder ggf. eine andere bereits existierende Auszeichnungssprache benutzt, um Dokumente darzustellen. Warum muss ein neuer Standard XML eingeführt werden?

Die Antwort ist für HTML recht einfach: Diese Beschreibungssprache besitzt fest vordefinierte Tags, mit denen der Inhalt des Dokuments sowie dessen Darstellung beschrieben wird. Zudem ist HTML darauf ausgelegt, auch die Darstellung der Dokumentinhalte mit zu spezifizieren. Gemäß dem zuvor genannten HTML-Beispiel definiert ein *<b>*-Tag sowohl den Text als auch dessen Darstellung in fetter Schrift, das Tag *<h1>* vereinbart eine Überschrift der Ebene 1. Es liegt also eine Vermischung der Dokumentinhalte mit Darstellungsinformationen vor, die saubere Abbildung auf unterschiedliche Medien (Papier, Web etc.) ist kaum möglich – denken Sie nur an eine seitenorientierte Ausgabe mit Seitennummerierung.

> Es gibt zwar den nachträglich entwickelten Ansatz, die Darstellung der Seiteninhalte durch die Einführung der Cascading Style Sheets (CSS) zu entkoppeln. So interessant CSS für Webautoren sind, eine universell anwendbare Lösung zur Speicherung von Informationen stellt HTML in Verbindung mit CSS nicht dar.

Die HTML-Tags sowie deren Attribute sind in der Syntax fest vorgegeben. Sie müssen sich bei der Speicherung von Daten zwangsweise auch auf diesen Befehlsumfang beschränken. Kommen Sie mit diesen verfügbaren Befehlen nicht aus, stehen Sie vor einem Problem. Wie wollen Sie beispielsweise Datenstrukturen mit HTML abbilden, wenn es keine entsprechenden Befehle (Tags) gibt? Es müsste jedes Mal ein neuer HTML-Standard »erfunden« werden, der die betreffenden Tags beinhaltet – und die Programmhersteller müssten diese neuen Tags in den nächsten Versionen ihrer Browser unterstützen. Bereits bei der ersten herstellerübergreifend definierten HTML-Version 2.0 stellte man fest, dass viele in HTML-Seiten benötigte Elemente (z.B. Tabellen) fehlten. Dies führt dazu, dass in der Vergangenheit verschiedene HTML-Versionen (2.0, 3.2, 4.0x) definiert wurden. Wer die Entwicklung begleitete, konnte verfolgen, dass die Browserhersteller jahrelang erhebliche Probleme hatten, die vom Standardisierungskomitee W3C definierten HTML-Standards korrekt zu unterstützen. Zudem benutzen viele Anwender noch ältere Browserversionen, wodurch sich die in Webseiten benutzten Erweiterungen nicht darstellen ließen. Designer von Webseiten können ein Lied von dieser Problematik singen.

Der Versuch, zusätzlich Daten mit HTML zu beschreiben, wird daher im Chaos enden – hier müsste der Befehlsumfang (sprich: die HTML-Tags) ständig geändert werden. Zur strukturierten Speicherung von Daten ist ein flexiblerer Ansatz erforderlich, bei dem sich die Tags selbst definieren lassen. Zudem soll der Ansatz auch eine Prüfung der Strukturen auf Gültigkeit ermöglichen.

1.3.1 Historische Entwicklung: SGML, HTML, XML

Bereits Ende der sechziger Jahre des vorigen Jahrhunderts zeigten Militär- und Raumfahrtprojekte der Amerikaner die Probleme auf, die sich bei der Verwaltung großer Dokumentmengen ergaben. In den siebziger Jahren befasste sich Dr. C. F. Goldfarb bei der Firma IBM mit der Problematik der Dokumentbeschreibung. Sein Ziel war es, Dokumente in einer Weise zu beschreiben, dass das Ergebnis nicht anwendungs- oder gerätespezifisch war. Dabei sollte nicht die Formatierung des Dokuments oder dessen Stil, sondern die Dokumentstruktur, bestehend aus Seiten, Kapiteln, Abschnitten etc., abgebildet werden. Um eine Austauschbarkeit zu gewährleisten, wurde eine Syntax (Regel der Sprache; Satzlehre) zur Beschreibung der Struktur definiert. Das Ergebnis dieser Untersuchungen stellte die bei IBM genutzte »Generalized Markup Language« – kurz GML – dar.

GML stellt den Vorläufer verschiedener Dokumentbeschreibungssprachen dar, die sich seit dieser Zeit entwickelt haben. Als firmenspezifische Lösung hatte GML keine Chance, sich auf breiter Front durchzusetzen. Eine andere Lösung wurde Mitte der achtziger Jahre von Microsoft eingeführt. Dieser Hersteller definierte das Rich Text Format (RTF) als universelles Zwischenformat zum Austausch von Textdokumenten zwischen eigenen Word-Versionen und ggf. Fremdprodukten. Auch im Bereich der Tabellenkalkulation wurden Austauschformate wie DIF, SYLK etc. definiert. Aber ein universelles und herstellerunabhängiges Format war nicht dabei. Alle diese Beschreibungssprachen werden zwar noch heute benutzt, sind aber in ihrer Anwendung sehr spezifisch oder durch herstellerspezifische Eigenheiten in der Verwendbarkeit begrenzt.

Die Vorarbeiten bei IBM zu GML führten dazu, das Mitte der achtziger Jahre ein ISO-Komitee mit der herstellerübergreifenden Standardisierung der Dokumentbeschreibungssprache SGML befasst war. Der entsprechende ISO-Standard 8879, »Standardized General Markup Language« oder kurz SGML, entstand dann 1986. In diesem Standard wurden nicht nur die Regeln zur Beschreibung der Dokumentstruktur (Syntax) festgelegt. Der Standard enthält auch Festlegungen zur Identifikation der im Dokument benutzten Zeichen und Objekte oder zur Einbindung externer Daten.

Eigentlich stellte SGML genau das benötigte Werkzeug zur Beschreibung von Daten dar. Aber man hatte mit SGML offenbar des Guten etwas zu viel getan. Seinerzeit hatten die Urheber dieses Standards die Verwaltung umfangreicher Dokumente in größeren Firmen vor Augen. SGML geriet sehr umfangreich, die Implementierung entsprechender Anwendungen, die diese Seitenbeschreibungssprache unterstützen, ist sehr aufwendig, was sich auch in den Kosten der betreffenden Werkzeuge niederschlug. Daher lohnt sich ein Einsatz solcher Tools nur in Firmen, die eine entsprechende Anzahl an Dokumenten elektronisch verwalten müssen. Als Folge dauerte es eine geraume Zeit, bis überhaupt erste SGML-Werkzeuge vorhanden waren, die zumindest Teilmengen der Spezifikation unterstützten. Der Einsatz in der Praxis erfolgt immer noch zögerlich – die Entwicklung anderer wesentlich vereinfachter Lösungen (z.B. zum Einsatz im Web) war daher nur eine Frage der Zeit.

Anfang der neunziger Jahre des vorigen Jahrhunderts begann die Entwicklung des World Wide Web und man suchte eine Beschreibungssprache, mit der sich Webseiten plattform- und herstellerunabhängig darstellen ließen. Dies war die Geburtsstunde von HTML (Hypertext Markup Language). Bei HTML handelt es sich um eine sehr einfache Beschreibungssprache, die eine stark vereinfachte Anwendung von SGML darstellt. Wie bereits auf den vorhergehenden Seiten erwähnt, stellt HTML einen festen Satz an Tags zur Beschreibung des Inhalts zur Verfügung. Dabei wird auf viele Formalien verzichtet, die in SGML zur Plausibilitätsprüfung der Dokumente gefordert werden. Dieser einfache Ansatz ist zwar leicht in einem Browser zu implementieren, wirft aber neben der fehlenden Erweiterbarkeit der Sprache weitere Probleme auf (z.B. werden in HTML keine abschließenden Tags gefordert, die Gültigkeit eines Dokuments lässt sich also nicht prüfen).

Um eine universellere Beschreibungssprache zu haben, die formalere Kriterien zur Überprüfung der Dokumente erlaubt, begann das Web-Standardisierungskomitee W3C Mitte der neunziger Jahre des vorigen Jahrhunderts mit dem Entwurf von XML (Extensible Markup Language). Die Version 1.0 wurde 1998 veröffentlicht. Die seit 2004 verfügbare Version 1.1 bringt im Konzept nicht mehr viele Änderungen, sondern bereinigt lediglich Fehler, die sich in der Version 1.0 der W3C-Empfehlung eingeschlichen hatten. Wie sich XML im Vergleich zu HTML zur Beschreibung von Daten nutzen lässt, wird nachfolgend an einem Beispiel gezeigt.

1.3.2 Beispiel: Daten mit HTML bzw. XML abbilden

Um Ihnen einen ersten Eindruck zu vermitteln, wie problematisch HTML zur Beschreibung von Daten ist und wie elegant sich manches in XML lösen lässt, möchte ich auf ein konkretes Beispiel eingehen. Schauen wir uns einmal das Problem der Aufbereitung dynamischer Daten in einer Tabelle an. In HTML ließe sich eine solche Tabelle folgendermaßen abbilden:

Listing 1.2: Beispiel eines in HTML abgebildeten Dokuments

```
<html>
<head>
<meta http-equiv="Content-Type"
content="text/html; charset=iso-8859-1">
<title>Bezeichnung</title>
</head>
<body bgcolor="#FFFFFF">
<table border="1">
<tr>
 <td>Bezeichnung</td>
 <td>Best.Nr.</td>
 <td>Menge/kg</td>
</tr>
<tr>
 <td>Ingwer</td>
 <td>4710</td>
 <td>300</td>
</tr>
<tr>
 <td>Schwarzer Pfeffer</td>
 <td>4713</td>
 <td>150</td>
</tr>
<tr>
 <td>Muskatnuss</td>
 <td>4700</td>
 <td>20</td>
</tr>
<tr>
 <td>Basilikum</td>
 <td>4701</td>
 <td>10</td>
</tr>
</table>
</body>
</html>
```

Das HTML-Dokument enthält über das *<table>*-Tag die Informationen zum Aufbau der Tabelle. Die *<td>*-Tags legen dabei die Zellstruktur mit den Zellinhalten fest. Das Ergebnis der Darstellung im Browser ist in Abbildung 1.2 zu sehen. Für den menschlichen Betrachter ist das Ergebnis zwar sehr leicht auszuwerten. Anders sieht dies aber für die Übernahme der Daten in einer Anwendung aus. Das Problem bei diesem Ansatz besteht darin, dass Sie zwar wissen, dass ein *<td>*-Tag zur Darstellung der Zellen der Tabellen benutzt wird. HTML fehlt aber die Möglichkeit, eigene Tags für die einzelnen Daten der Tabelle vorzugeben. Sie können daher a priori aber nicht erkennen, welche Tags Bestellnummern und welche Tags Mengen enthalten. Nur wenn Sie voraussetzen, dass die Tabelle die hier gezeigte Struktur besitzt, ließe sich ein

Tag mit der Mengenangabe der ersten Zeile ermitteln. Würde eine zusätzliche Spalte in der Tabelle eingeführt, müssten alle Programme zur Auswertung der Tabellentags umgeschrieben werden.

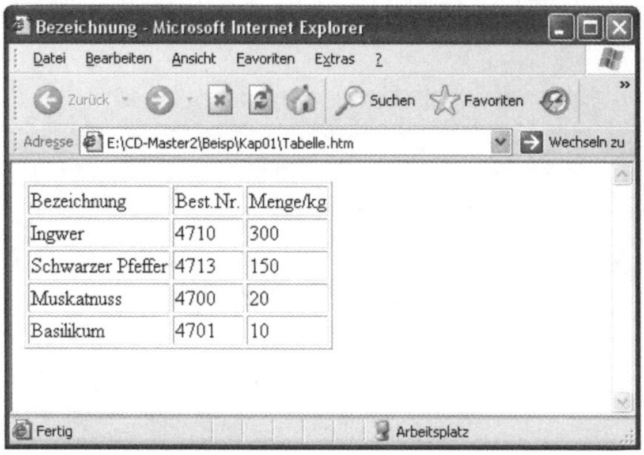

Abb. 1.2: Beispiel einer Datentabelle im Browser

Auch die Zusammenführung der statischen Seiteninhalte mit dem dynamischen Inhalt wirft in Programmen erheblich Probleme auf. Eine HTML-Dokumentdatei enthält ja nicht nur die Tabellentags mit den benötigten Daten, sondern eine Menge anderes Zeug, welches zum Aufbau der Ausgabeseite benötigt wird. Ändert sich ein Wert der Tabelle, müssen Sie die komplette HTML-Seite (ggf. vom Server) neu an das lesende Programm übertragen. Bei Webseiten werden in der Praxis allerlei Tricks benutzt, um nur die geänderten Daten zu übertragen und direkt im Browser in die angezeigte Tabelle einzufügen. Manchmal enthalten HTML-Seiten hierzu Scriptprogramme, die die dynamischen Inhalte der Tabelle anhand einer Datenbankabfrage aktualisieren. In diesem Fall muss das Programm aber »wissen«, was Daten und was statische Seiteninhalte sind – ein fehleranfälliger und aufwendiger Ansatz.

XML löst das Problem der Datenbeschreibung wesentlich eleganter. Hier kann der Benutzer eigene Elemente (z.B. Artikel, Beschreibung, Menge) zur Beschreibung der Dateninhalte definieren. Dann kann ein Programm direkt auf das Element »Menge« zugreifen und den Wert lesen. Nachfolgend sehen Sie die betreffende Tabelle in Form einer XML-Struktur.

Listing 1.3: Beschreibung der Daten über eine XML-Struktur

```
<?xml version="1.0" ?>
<daten>
  <satz>
   <bezeichnung>Ingwer</bezeichnung>
   <best-nr>4710</best-nr>
   <menge unit="kg">300</menge>
  </satz>
```

```
  <satz>
   <bezeichnung>Schwarzer Pfeffer</bezeichnung>
   <best-nr>4713</best-nr>
   <menge unit="kg">150</menge>
  </satz>

  <satz>
   <bezeichnung>Muskatnuss</bezeichnung>
   <best-nr>4700</best-nr>
   <menge unit="kg">10</menge>
  </satz>

  <satz>
   <bezeichnung>Basilikum</bezeichnung>
   <best-nr>4701</best-nr>
   <menge unit="kg">10</menge>
  </satz>

</daten>
```

Ohne auf die Details von XML einzugehen (dies wird im nächsten Kapitel nachgeholt), lässt sich leicht eine hierarchische Struktur der einzelnen Daten erkennen. Jede Tabellenzeile wird durch *<satz>* ... *</satz>* eingeschlossen. Innerhalb dieser Struktur finden Sie dann Elemente, die die Bestellnummer, die Menge oder die Bezeichnung enthalten. Diese Struktur erinnert zwar stark an HTML, der Unterschied besteht aber darin, dass die Elemente (wie *satz*) frei definierbar sind. Sie können sich daher für jeden Datenwert ein eigenes Element vorstellen. Während der Analyse der Tabellendaten kann ein Leseprogramm dann gezielt das betreffende Element suchen und die enthaltenen Daten lesen.

Die so abgelegte Struktur lässt sich in Browsern und Werkzeugen, die XML unterstützen, direkt anzeigen. Abbildung 1.3 zeigt beispielsweise das Ergebnis der vorhergehenden XML-Datei in der Darstellung des Microsoft Internet Explorer. Das Programm liest die Datei, analysiert die XML-Struktur und stellt das Ergebnis als Baum dar. Die einzelnen Tags (XML-Elemente) lassen sich anschließend über das vorangestellte Plus- bzw. Minuszeichen ein- oder ausblenden. Die Werte eines Tags oder eines Attributs werden fett hervorgehoben. Wie Sie dies als Tabelle in einem HTML-Dokument darstellen, wird später noch diskutiert.

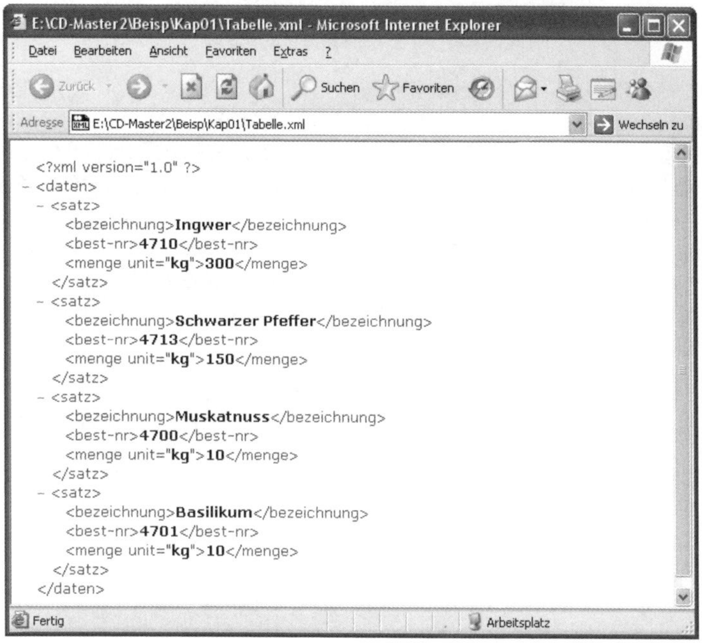

Abb. 1.3: Darstellung einer XML-Datei im Internet Explorer

Dieses einfache Beispiel zeigt bereits den Unterschied zwischen HTML und XML auf. Die zuvor genannten Überlegungen lassen sich beispielsweise sehr leicht auf Datenbanken übertragen. Sollen Daten einer Tabelle aus einer Datenbank in eine andere Anwendung übernommen werden, wird eine Art Austauschformat benötigt. Dieses Austauschformat muss die Felder der Tabelle sowie deren Datensätze beschreiben. Mit XML lässt sich die Struktur einer Datenbanktabelle sehr elegant auf Tags und deren Attribute abbilden. Mit einem kleinen Programm kann aus der Datenbank dann eine XML-Datei erstellt werden, die die zu übertragenden Daten enthält. Das lesende Programm analysiert die XML-Tags und extrahiert die darin enthaltenen Daten.

HINWEIS

Analog zum Tabellenbeispiel lassen sich viele ähnliche Problemstellungen, bei denen es um die Ablage strukturierter Daten geht, mit XML lösen. Selbst die Datenkommunikation zwischen Anwendungen (in Netzwerken und per Internet) kann über XML abgewickelt werden. XML stellt einen Rahmen dar, in dem die Daten in beliebigen Elementen eingebettet werden. Kennen die Kommunikationspartner diese Elemente, können Sie deren Werte leicht aus der XML-Struktur herausfiltern. Mit dem SOAP (Simple Object Access Protocol) wird dieser Mechanismus zur Kommunikation zwischen Objekten genutzt.

1.4 Die XML-Regeln verstehen

Bevor Sie sich im nächsten Kapitel mit dem Aufbau von XML-Dokumenten befassen, möchte ich in diesem Abschnitt noch etwas Hintergrundwissen zum Lesen der XML-Spezifikation vermitteln. Die Struktur von XML-Dokumenten und die zum Aufbau benutzten Regeln (Syntax) sind in der XML-Spezifikation 1.0 (bzw. 1.1) festgehalten. Diese Spezifikation lässt sich von der Webseite *www.w3c.org* als HTML-Dokument abrufen. Um diese Spezifikation jedoch verstehen zu können, müssen Sie neben der englischen Sprache auch die Extended Backus-Naur Form (EBNF) verstehen. Nachfolgend möchte ich daher einige Hinweise zu diesem Thema geben.

1.4.1 Extended Backus-Naur Form (EBNF)

Zur Darstellung der Syntax der XML-Definitionen wird die Extended Backus-Naur Form (EBNF) verwendet. Bei der Backus-Naur Form handelt es sich um eine Metasprache zur Syntaxbeschreibung formaler Sprachen. Die Sprache setzt sich dabei aus einem Satz von Befehlen zusammen, wobei jeder Befehl ein Sprachelement definiert. Ein Sprachelement (auch als Metavariable bezeichnet) wird in eckige Klammern gesetzt.

Die XML-Spezifikation benutzt eine erweiterte Schreibweise zur Definition der Regeln. In dieser Schreibweise werden Bedingungen (Productions) zur Darstellung der Syntax aufgelistet. Jede dieser Bedingungen beschreibt einen Teil der Syntax.

```
[Nummer] Bezeichnung ::= Definition
```

Die Bedingung wird durch eine in eckigen Klammern stehende Nummer eingeleitet. Dann kommt der Bezeichner, der durch zwei Doppelpunkte und ein Gleichheitszeichen von der eigentlichen Definition getrennt ist. In der XML-Spezifikation wird z.B. ein »document« folgendermaßen definiert:

```
[1] document ::= prolog element Misc*
```

Das XML-Dokument »document« besteht gemäß obiger Definition aus einem Prolog, mindestens einem Element und ggf. weiteren Inhalten (Misc) wie beispielsweise Kommentare. Das Zeichen * gibt dabei an, dass das betreffende Element keinmal, einmal oder mehrfach auftreten darf. Die EBNF für einen Kommentar sieht dann folgendermaßen aus:

```
[15] Comment ::= <!--' ((Char - '-')|
  ('-' (Char - "-")))* '-->'
```

Die Zeile besagt, dass die Regel Nummer 15 definiert wird. Diese besitzt die Bezeichnung »Comment«, d.h., es wird das XML-Element für einen Kommentar definiert. Ein Kommentar muss mit *<!--* beginnen. Daran schließt sich eine beliebige Zeichenfolge an, die durch die Regeln in der Klammer spezifiziert

wird. Der Stern * hinter der äußeren Klammer signalisiert, dass diese Regeln mehrfach angewandt werden, um mehr als ein Zeichen im Kommentar einfügen zu können. Der erste Ausdruck in der Klammer besagt, dass das folgende Zeichen beliebig sein darf, solange es nicht dem Zeichen '-' entspricht. Dies wird durch die Konstruktion (Char - '-') erreicht. Folglich könnte ein Kommentar mit *<!-- xyz* beginnen. In der Klammer kommt aber noch ein zweiter Ausdruck vor, der durch einen senkrechten Strich von der ersten Aussage getrennt ist. Das Zeichen | stellt eine Exklusiv-Oder-Bedingung dar, d.h., die Bedingung a oder die Bedingung b darf zutreffen, aber nicht beide. Folglich kann sich an die Zeichenkette <"-- auch ein weiterer Bindestrich '-' anschließen, sofern dieser von einem anderen Zeichen, das nicht dem Zeichen '-' entspricht, gefolgt wird. Durch das Sternchen hinter der äußeren Klammer wird eine Wiederholung zugelassen, wodurch der Kommentartext mehrere Zeichen aufweisen darf. Im Kommentartext darf also "- ein Text", aber nicht so etwas wie "-- ein Text" auftreten. Der Kommentar ist mit den Zeichen '-->' abzuschließen. Die folgende Zeile stellt also einen gültigen XML-Kommentar dar:

```
<!-- Dies ist ein Kommentar -->
```

Auf den nachfolgenden Seiten befassen wir uns mit der Struktur von XML-Dokumenten. Nachfolgend finden Sie daher eine erweiterte Deklaration für den Prolog eines XML-Dokuments.

```
[22] prolog ::= XMLDecl? Misc* (doctypedecl Misc*)?
[23] XMLDecl ::= '<?xml' VersionInfo EncodingDecl?
                 SDDecl? S? '?>'
[24] VersionInfo ::= S 'version' Eq (' VersionNum ' | "
                     VersionNum ")
[25] Eq ::= S? '=' S?
[26] VersionNum ::= ([a-zA-Z0-9_.:] | '-')+
[27] Misc ::= Comment | PI | S
```

Nach dieser Definition (Regel 22) besteht der Prolog des XML-Dokuments aus der XML-Deklaration (XMLDecl). Das Fragezeichen hinter XMLDecl signalisiert, dass diese Angabe sogar optional sein darf. Wie diese XML-Deklaration aussieht, wird dann in Regel 23 detaillierter spezifiziert. Der Ausdruck »Misc« kann für Kommentare, so genannte Processing Instructions (PI) oder für so genannte White Spaces (Leerzeichen etc.) stehen. Dies bedeutet, im Prolog können kein, ein oder mehrere Kommentare sowie Verarbeitungsanweisungen (Processing Instructions) stehen. Der in runden Klammern stehende Ausdruck

```
(doctypedecl Misc*)?
```

besagt, dass im Prolog auch eine optionale Dokumenttyp-Deklaration (doctypedecl) vorkommen darf. Wie diese Dokumenttyp-Deklaration auszusehen hat, wird dann in einer weiteren Regel gemäß der EBNF definiert.

Falls Ihnen die vorhergehenden Ausführungen etwas »schwer verdaulich« vorkommen, haben Sie an dieser Stelle Mut zur Lücke. Sie können die Definitionen erst einmal beiseite legen. Auf den folgenden Seiten geht es etwas praxisnaher zu, Sie finden konkrete Beispiele, die leichter verständlich sind. Ich fand es aber wichtig, dass Sie zumindest eine Idee von der formalen XML-Spezifikation bekommen. Wenn Sie einen ersten Eindruck von XML erhalten haben, können Sie die XML-Spezifikation zur Hand nehmen, um bestimmte Fragestellungen anhand der formalen Regeln zu klären.

1.4.2 Zeichen im XML-Dokument

Ein XML-Dokument besteht aus reinen Textzeichen, die durch den XML-Prozessor gelesen und in Textabschnitte unterteilt werden. Diese Abschnitte lassen sich dann auf »Befehle« hin analysieren.

Die XML-Spezifikation bezeichnet diese zerlegten Textabschnitte als Entities und das Auswerten wird auch als Parsen bezeichnet. Die XML-Spezifikation besagt dabei, »dass ein geparstes Entity aus Text besteht, der seinerseits eine Sequenz aus Einzelzeichen enthält«. Aber dies muss Sie an dieser Stelle nicht wirklich interessieren – wir gehen später noch darauf ein.

Wenn ein Programm also eine Zeile des XML-Dokuments einliest, zerlegt es diese Zeile in ihre einzelnen Bestandteile (die XML-Anweisungen und die eigentlichen Daten). Jede Anweisung und auch die Daten sind dabei Sequenzen aus einzelnen Zeichen.

Vom Prozessor (allgemein als XML-Parser bezeichnet) werden dabei die Befehle (Markup-Befehle) anders behandelt als die »einfachen« Zeichen, die die Daten des Dokuments darstellen.

Die verwendbaren Zeichen sind dabei in der ISO/IEC 10646-Spezifikation definiert (wird nachfolgend noch detaillierter besprochen). Die XML-Spezifikation legt den genauen Bereich der verwendbaren Zeichen fest. In der Praxis sind die Unicode-Zeichen (dies ist ein Standard, der die verfügbaren Zeichen beschreibt) mit Ausnahme der Blocks mit den Codes FFFE und FFFF zur Erzeugung von XML-Dateien zu verwenden. Durch die Verwendung des Unicode-Zeichensatzes können beliebige fremdsprachliche Zeichen (z.B. Umlaute, Accents etc.) im Dokument vorkommen (auf diese Fragestellung kommen wir gleich noch detaillierter zu sprechen).

1.5 Werkzeuge zur XML-Handhabung

Bevor es im nächsten Kapitel konkret an die Gestaltung erster XML-Dokumente geht, sollten Sie noch einen Überblick über die zur Handhabung der Dokumente verfügbaren Werkzeuge haben. Natürlich können Sie einen normalen Texteditor verwenden, der in jedem Betriebssystem zur Verfügung steht, um XML-Dokumente einzugeben, anzuzeigen oder zu verändern. Unter Windows steht dazu beispielsweise der Editor Notepad zur Verfügung. Linux-Nutzer können auf diverse Linux-Editoren wie Emacs oder auf den KDE-Editor Kedit ausweichen. Wer häufig mit XML-Dokumenten arbeitet, wird aber auf Werkzeuge zurückgreifen, die die Eingabe von XML-Dokumenten unterstützen und auch die Prüfung der Eingaben auf Wohlgeformtheit oder gar Gültigkeit unterstützen. Was es mit den Begriffen Wohlgeformtheit und Gültigkeit auf sich hat, lernen Sie in den folgenden Kapiteln. Zudem ist es komfortabel, wenn die betreffenden Werkzeuge eine Darstellung der XML-Dokumentinhalte zulassen. Nachfolgend werden exemplarisch einige Werkzeuge vorgestellt, mit denen Sie XML-Dokumente erstellen und anzeigen können. Weitere Werkzeuge werden in den folgenden Kapiteln erwähnt.

HINWEIS

Nachfolgend werden Sie bei der Beschreibung der Werkzeuge auf einige Begriffe aus der XML-Nomenklatur (Elemente, CDATA-Bereiche etc.) stoßen, die verschiedene Funktionen beschreiben. Lassen Sie sich dadurch nicht verwirren. Die entsprechenden Begriffe werden in Kapitel 2 und in Kapitel 3 behandelt.

1.5.1 XML-Editoren für Windows

Für Windows gibt es eine Reihe an XML-Editoren, mit denen sich XML-Dokumente erstellen und teilweise sogar auf Wohlgeformtheit oder sogar Gültigkeit überprüfen lassen. Nachfolgend finden Sie eine kurze Übersicht über kostenlose und kommerziell angebotene Editoren.

TIPP

Im Ordner *Beisp\Kap02* finden Sie die beiden Dateien *Bsp02_08.xml* und *Bsp02_08a.xml*. Die letztere der beiden Dateien ist nicht wohlgeformt. Sie können die beiden Dateien verwenden, um die XML-Parser der nachfolgend vorgestellten XML-Werkzeuge zu testen. Beim Laden der Datei *Bsp02_08a.xml* muss der XML-Parser melden, dass das Dokument nicht wohlgeformt ist.

XML Notepad

Für Windows-Anwender steht von Microsoft das Programm Microsoft XML Notepad kostenlos zur Verfügung (Abbildung 1.4). Die Installationsdatei ist sehr kompakt und passt nach dem Download auf eine Diskette. Zur Nutzung muss lediglich das Installationsarchiv gestartet werden. XML Notepad greift auf den Internet Explorer 5.0/6.0 zurück. Bei dem Programm handelt es sich um einen sehr einfachen Editor zur Eingabe von XML-Anweisungen, der intuitiv bedienbar ist. Daher erfreut sich das Tool besonders bei Einsteigern, die lediglich einfache XML-Strukturen bearbeiten möchten, einer großen Beliebtheit.

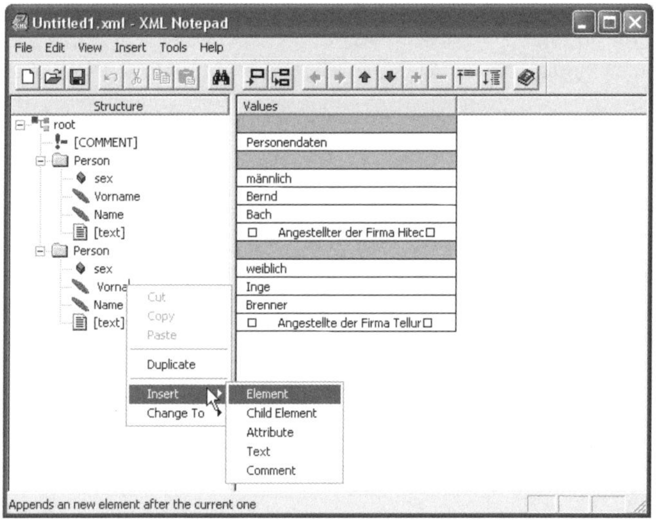

Abb. 1.4: Fenster des XML-Notepad-Editors

- Nach dem Aufruf des Editors wird ein leeres Dokument angezeigt, welche bereits ein Wurzelelement (Root-Element) sowie ein Unterelement (Child-Element) aufweist.
- Um den Namen eines Elements zu ändern, markieren Sie den betreffenden Namen in der linken mit *Structure* bezeichneten Spalte und geben dann den gewünschten Text ein. Sobald Sie eine andere Stelle anklicken, wird die Namensänderung übernommen.
- Klicken Sie mit der rechten Maustaste auf eines der Elemente im Strukturbaum der XML-Elemente, erscheint ein Kontextmenü mit Befehlen zum Bearbeiten der XML-Struktur. Über dessen Befehl *Duplicate* lässt sich das markierte Element kopieren. Der Befehl *Insert* enthält Unterbefehle, um ein neues Element auf der gleichen Ebene (Element) oder ein Unterelement (Child-Element) anzulegen. Zudem können Sie Attribute zu einem Element definieren sowie Text und Kommentare einfügen.

- Zum Setzen der Werte von Attributen oder Elementen klicken Sie in der linken Spalte *Structure* auf das gewünschte Symbol. Anschließend klicken Sie in der rechten Spalte *Values* auf das zugehörige Feld und geben den Wert ein.

In Abbildung 1.4 sind zwei XML-Elemente *Person* definiert, die ihrerseits die Unterelemente *Vorname* und *Name* enthalten. Zudem besitzt das Element *Person* noch das Attribut *sex*. Beiden Unterelementen sowie dem Attribut sind Werte zugewiesen (was XML-Elemente und -Attribute eigentlich sind, lernen Sie in Kapitel 2). Über die Befehle des Menüs *File* können Sie XML-Dokumente laden und speichern.

HINWEIS

Das Programm XML Notepad wird nicht mehr weiterentwickelt und lässt sich kostenlos von der Microsoft Website *www.microsoft.com* herunterladen. Suchen Sie in der Microsoft Website nach dem Begriff »XML Notepad«. Der Programmaufruf erfolgt nach der Installation über das Startmenü. Obwohl der Editor sehr intuitiv bedienbar ist, besitzt er einige gravierende Nachteile. XML Notepad setzt auf dem XML-Parser des Browsers auf und benötigt mindestens den Internet Explorer 5.0, um korrekt zu funktionieren. Beim Laden überprüft das Programm zwar über den XML-Parser das Dokument auf Fehlerfreiheit (Wohlgeformtheit) und löst ggf. einen Fehlerdialog aus (Abbildung 1.5). Leider müssen Sie fehlerhafte Dokumente über einen anderen Editor (z.B. den Windows-Editor) korrigieren (was sehr umständlich ist). Auch das manuelle Einfügen der im nächsten Kapitel behandelten XML-Deklarationen ist in XML Notepad nicht möglich (der Befehl *Source* im Menü *View* erlaubt keine Korrekturen an XML-Anweisungen). Falls Sie das Programm deinstallieren, müssen Sie die Einträge im Startmenü anschließend manuell löschen.

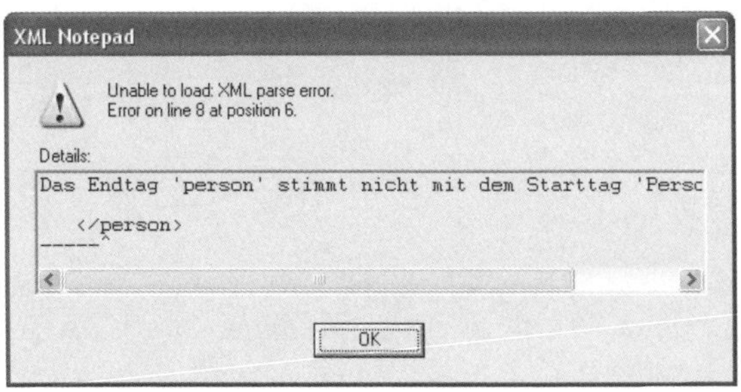

Abb. 1.5: Fehlermeldung beim Laden nicht wohlgeformter XML-Dokumente

EXml

Ein weiterer XML-Editor wurde von der Firma CUESoft (*www.cuesoft.com*) entwickelt und als Freeware unter Windows bereitgestellt. EXml unterstützt den interaktiven Entwurf von XML-Strukturen, wobei sich über Registerkarten sowohl der Quellcode der XML-Struktur als auch die XML-Elemente samt Inhalt und Attributen abrufen und ändern lassen (Abbildung 1.6).

In der Quellcode-Ansicht können Sie die XML-Elemente und XML-Deklarationen direkt im Editorfenster eingeben. Schalten Sie zur *Structured View*-Registerkarte, zeigt die linke Spalte *Structure* den Hierarchiebaum der XML-Elemente. Die Werte werden dagegen in der rechten Spalte *Values* aufgelistet. Unterhalb des Fensters *Structures* finden Sie noch ein Fenster, in dem Attribute und ihre Werte eingeblendet werden. Klicken Sie in der Spalte *Structures* auf ein Element, können Sie über die linken vier Schaltflächen der unteren Symbolleiste die XML-Struktur verändern.

Abb. 1.6: Anzeige einer XML-Datei im EXml-Editor

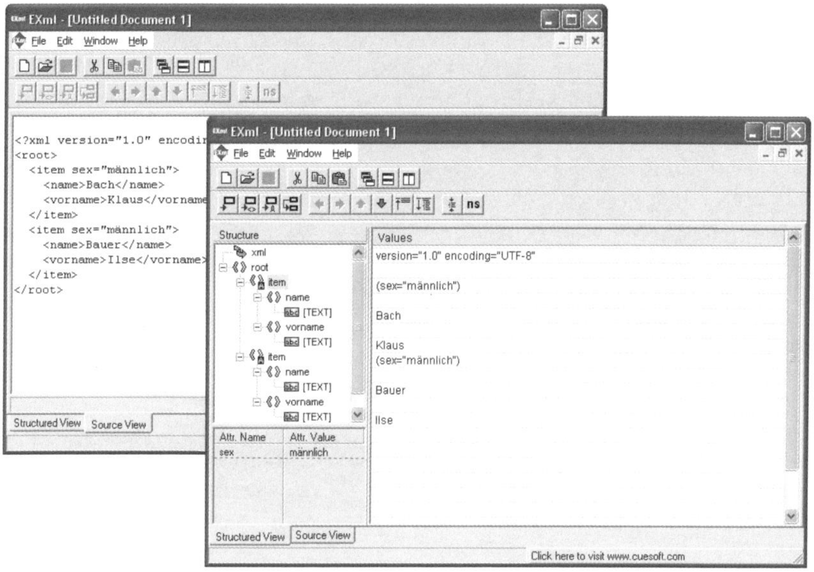

- Die erste Schaltfläche *Insert* öffnet ein Menü mit Befehlen, um neue Elemente, Unterelemente, Kommentare, CDATA-Bereiche und Processing Instructions im Element einzufügen.
- Die zweite Schaltfläche fügt ein neues Element unterhalb der aktuellen Ebene ein. Der Elementname wird über einen Dialog abgefragt.
- Die dritte Schaltfläche von links fügt einen Textplatzhalter im Element ein. Dieser Textplatzhalter dient zur Aufnahme eines Texts, der dem Element zugeordnet werden soll (Wert des XML-Elements).

- Die vierte Schaltfläche der Gruppe dupliziert das markierte Element (ggf. samt den Unterelementen) in der XML-Struktur.
- Um die Attribute eines XML-Elements zu bearbeiten, markieren Sie dieses Element im *Structure*-Fenster per Mausklick. Wenn Sie anschließend im Fenster *Attr Name* ein bereits bestehendes Attribut oder einen freien Bereich mit der rechten Maustaste anklicken, zeigt der Editor ein Kontextmenü mit Befehlen, um neue Attribute einzufügen oder bestehende Attribute zu bearbeiten oder zu löschen. Ein Dialogfeld fragt ggf. den Namen des Attributs sowie dessen Wert ab und hinterlegt diese beim Schließen im *Attribut*-Fenster. Zusätzlich lassen sich Attributwerte auch im Fenster *Values* modifizieren.

Beim Laden benutzt der Editor den XML-Parser des Internet Explorer, um das XML-Dokument auf Wohlgeformtheit zu überprüfen. Wird ein nicht wohlgeformtes XML-Dokument gefunden, meldet der Editor dies in einem Dialogfeld. Sie können dann in einem Bestätigungsdialog wählen, ob der XML-Code im Quellcode-Fenster angezeigt werden soll. Dort lassen sich dann Fehler beheben. Allerdings meldet der Editor nicht, an welcher Stelle die Fehler auftreten. Bei umfangreicheren XML-Dokumenten ist dann die Fehlersuche und -korrektur sehr umständlich.

HINWEIS

Leider hat die Firma CUESoft die Entwicklung des Programms eingestellt. Sie finden diesen Editor daher auf der Begleit-CD-ROM im Ordner *\Tools\EXml*. Das Programm braucht nicht installiert zu werden, es reicht der Aufruf der *.exe*-Datei. Obwohl der Editor Namespaces unterstützt (siehe folgende Kapitel), besitzt er einen gravierenden Nachteil: Er erlaubt keine Eingaben von Dokumenttyp-Deklarationen (DTD) bzw., im Quellcode eingegebene DTD-Anweisungen werden beim Speichern herausgefiltert. Nach Aussagen der Entwickler ist dieses Verhalten beabsichtigt, da die originale DOM-Spezifikation keine DTDs benutzt.

Peters XML-Editor

Der XML-Editor wurde als Freeware von Peter Reynolds für Windows entwickelt. Der Editor unterstützt nach der Installation recht komfortabel den interaktiven Entwurf von XML-Strukturen.

- In der linken Spalte lassen sich die XML-Dokumente sehr komfortabel auswählen. Nach dem Laden werden die Dokumente in der rechten Spalte dargestellt. Dabei lässt sich die Anzeige über Registerkarten am unteren Fensterrand zwischen einer Quellcode-Ansicht, der Anzeige der XML-Struktur und der Darstellung im Browser umschalten (Abbildung 1.7).
- Klicken Sie in der Strukturansicht mit der rechten Maustaste auf ein XML-Element, erscheint ein Kontextmenü mit verschiedenen Befehlen. Sie

können neue Elemente, Unterelemente, Kommentare, CDATA-Bereiche und Processing Instructions im Element einfügen.

- Wählen Sie einen Eintrag in der Spalte *Tree Structure* per Doppelklick an, öffnet der Editor ein Dialogfeld, in dem Sie die Werte von Elementen und Attributen anpassen sowie deren Namen ändern können. Zudem lassen sich Attribute hinzufügen und löschen. Werte können Sie auch anpassen, indem Sie die betreffende Tabellenzelle in der Spalte *Values* anklicken. Werte von XML-Elementen müssen über den *TEXT*-Platzhalter spezifiziert werden.

Abb. 1.7: Peters XML-Editor in verschiedenen Ansichten

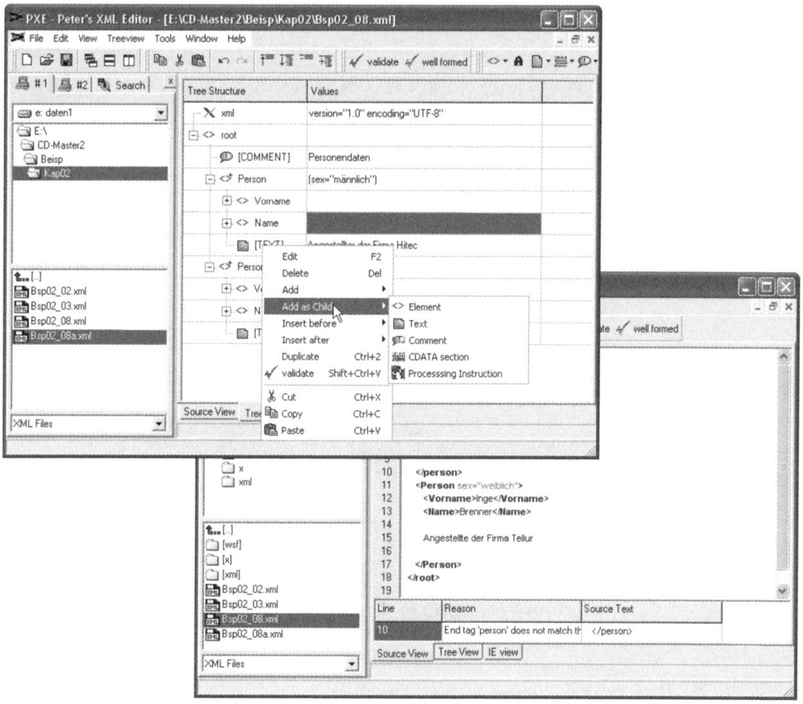

Zusätzlich stehen Ihnen die Befehle zum Einfügen und Anpassen der XML-Elemente über die Schaltflächen der Symbolleiste sowie über die Menüleiste zur Verfügung. In der Quellcode-Ansicht können Sie die XML-Elemente und XML-Deklarationen direkt im Editorfenster eingeben bzw. anpassen. Dann überwacht der XML-Editor aber nicht, ob das Ergebnis auch noch wohlgeformt ist. Allerdings stellt Ihnen das Programm zwei Schaltflächen *validate* und *well formed* in der Symbolleiste bereit. Klicken Sie auf die Schaltfläche *well formed*, führt der XML-Parser eine Überprüfung des Dokuments auf Wohlgeformtheit durch. Diese Überprüfung erfolgt auch beim Laden eines

XML-Dokuments. Verletzungen der XML-Regeln werden übersichtlich in einer Liste am unteren Rand des rechten Teilfensters aufgelistet (Abbildung 1.7, rechts unten). Ist das geladene Dokument wohlgeformt, sperrt das Programm automatisch die Schaltfläche *well formed*. Die Schaltfläche *validate* kann eine Validierung des XML-Dokuments gegen eine DTD vornehmen (siehe folgende Kapitel). Schalten Sie zur *IE View*-Registerkarte, zeigt die rechte Spalte des Fensters die Darstellung des XML-Dokuments im Internet Explorer.

Sie finden diesen Editor auf der Begleit-CD-ROM im Ordner *\Tools\Peter*. Das Programm muss unter Windows installiert werden und kommt mit einer englischsprachigen Online-Hilfe.

HINWEIS

XML Spy

Ein sehr interessanter, aber kostenpflichtiger, Editor ist XML Spy der österreichischen Firma Altova. Dieser unter Windows lauffähige XML-Editor kann mit vielfältigen Funktionen aufwarten und erlaubt XML-Dokumente sowohl auf Wohlgeformtheit als auch auf Gültigkeit zu überprüfen (Abbildung 1.8). Sobald Sie das XML-Dokument geladen haben, können Sie die entsprechenden Schaltflächen verwenden, um diese Kriterien überprüfen zu lassen. XML Spy unterstützt bei der Gültigkeitsprüfung sowohl DTDs als auch XML-Schemata (Details finden Sie in den folgenden Kapiteln). Zudem lässt sich die Darstellung zwischen verschiedenen Modi (Quellcode, Browserdarstellung etc.) umschalten.

Professionelle Entwickler, die häufig unter Windows mit XML-Dokumenten arbeiten, sollten auf jeden Fall einen Blick auf dieses Werkzeug werfen. Unter *www.altova.com* finden Sie eine Übersicht über die verschiedenen Produktversionen und Zusatztools des Herstellers. Nach der Installation muss der Editor beim ersten Start registriert werden. Bei dieser kostenlosen Registrierung wird Ihnen innerhalb weniger Minuten ein Lizenzcode mit einer Gültigkeit von 30 Tagen per E-Mail zugesandt. Möchten Sie das Programm weiternutzen, kann die Lizenz verlängert werden. Für Einsteiger, Schüler und Studenten bietet die Firma Altova mittlerweile die Version XML Spy 2005 Home Edition zur kostenlosen Nutzung an. Die gut 15 MByte große Installationsdatei muss aus dem Internet heruntergeladen und installiert werden. Danach ist eine Registrierung per Internet erforderlich, bei der ein Lizenzschlüssel per E-Mail zugesandt wird.

HINWEIS

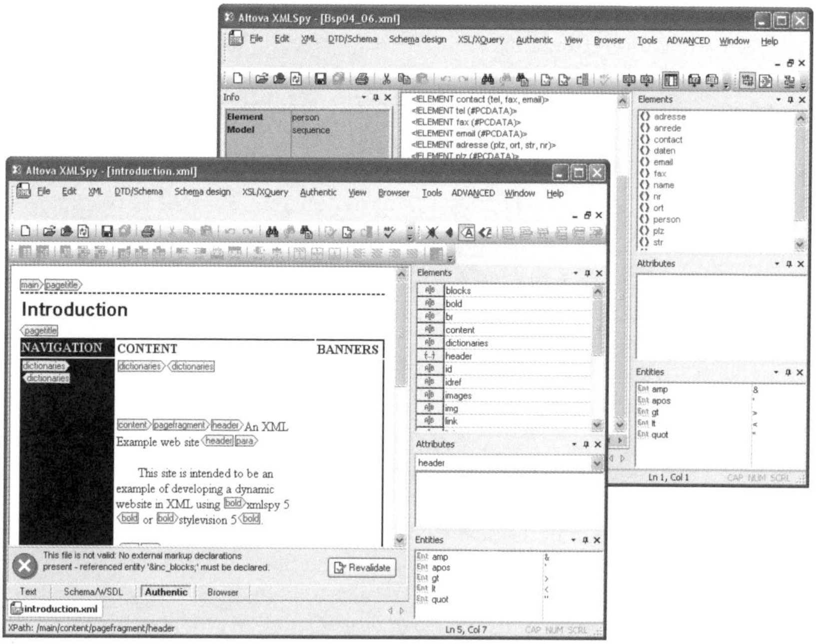

Abb. 1.8: XML Spy Home Edition 2005

1.5.2 XML-Editoren für Linux und andere Plattformen

Wer vorzugsweise unter Linux, dem Mac oder anderen Betriebssystemen arbeitet (oder zwischen Windows und Linux wechselt), kann die im vorherigen Abschnitt aufgelisteten Werkzeuge nicht einsetzen. Es gibt aber eine Reihe an XML-Editoren, die in Java programmiert sind und plattformunabhängig eingesetzt werden. Zudem werden XML-Editoren speziell für einzelne Plattformen angeboten.

Morphon (Windows, Linux, Macintosh etc.)

Ein sehr interessanter XML-Editor, den ich sowohl unter Windows als auch unter Linux einsetze, ist Morphon. Diese in Java realisierte Anwendung kann auch auf anderen Plattformen eingesetzt werden, auf denen eine Java Virtual Maschine (Version 1.4) vorhanden ist.

Bei der Installation werden ein XML-Editor und ein CSS-Editor auf dem Zielsystem eingerichtet. Mit dem XML-Editor lassen sich wohlgeformte und gültige XML-Dokumente erstellen. Dabei stehen verschiedene Darstellungsmodi (Source, Box, Inline-Tags etc.) über das Menü *View* zur Verfügung. Ein neues XML-Dokuments kann allein stehend oder auf einer DTD basierend angelegt werden. Das Einfügen der XML-Elemente und Attribute in ein XML-Dokument erfolgt über Kontextmenübefehle oder die Schaltflächen der Symbolleiste. Der Editor stellt dann verschiedene Dialogfelder bereit, um Elementnamen, Attributnamen und -werte einzugeben (Abbildung 1.9).

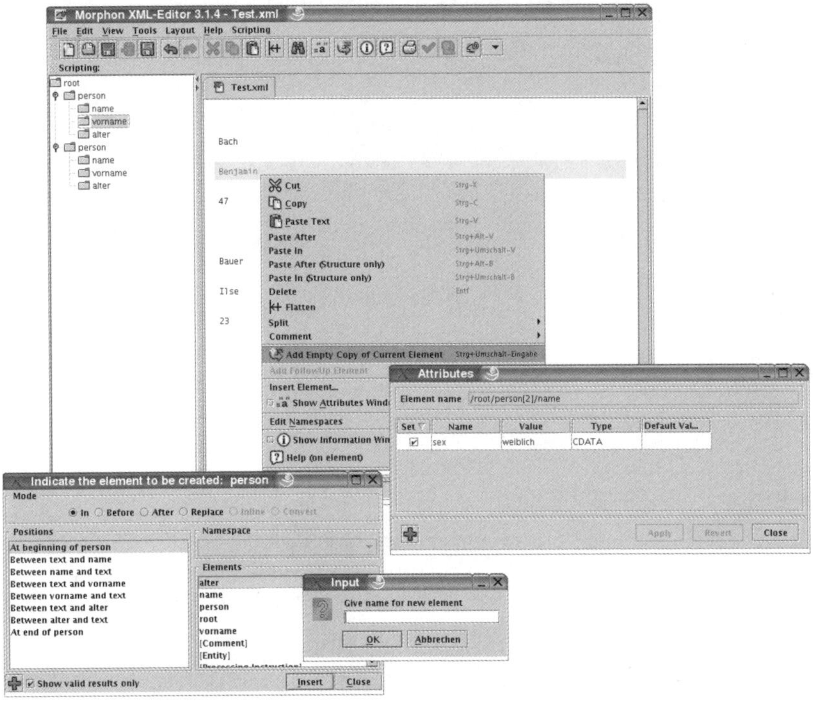

Abb. 1.9: XML-Editor Morphon (Linux-Version)

- Um ein neues Element einzufügen, klicken Sie ein bestehendes Element im Baumdiagramm mit der rechten Maustaste an und wählen im Kontextmenü den Befehl *Insert Element*. Dann öffnet sich das in Abbildung 1.9, links unten, gezeigte Dialogfeld. Über die Plus-Schaltfläche in der unteren linken Ecke lässt sich ein neues Element definieren. Dessen Name wird in einem *Input*-Zudatzdialog abgefragt. Anschließend markieren Sie in der Liste *Elements* den gewünschten Elementnamen, legen über die Optionsfelder oder die Einträge der Spalte *Positions* die Lage des neu einzufügenden Elements fest und klicken dann auf die *Insert*-Schaltfläche.
- Bestehende Elemente lassen sich in einem Zweig per Maus verschieben oder über Kontextmenübefehle löschen. Um Werte einzutragen, wählen Sie am besten im Menü *View* die Darstellung *Boxed Tags*. Dann lassen sich die Textfelder der Elemente in der rechten Spalte anklicken und Sie können die Werte eingeben.
- Um Attribute zu einem XML-Element hinzuzufügen oder zu pflegen, klicken Sie dieses mit der rechten Maustaste an und wählen im Kontextmenü

den Befehl *Show Attributes window*. Im dann angezeigten Dialogfeld (Abbildung 1.9, rechts) können Sie neue Attribute über die Plus-Schaltfläche einfügen. Für jedes Attribut wird eine Zeile mit Name und Wert angezeigt. Sie können dann die Werte direkt im Dialogfeld ändern.

Die mit dem Programm mitgelieferte (englischsprachige) Hilfe beschreibt weitere Funktionen.

HINWEIS

Die Entwicklung des Morphon XML-Editors wurde Ende 2003 eingestellt. Der XML-Editor kann seit dieser Zeit kostenlos von der Internetseite *www.morphon.com* heruntergeladen werden.

1.5.3 Weitere XML-Editioren

Im Internet werden eine Reihe weiterer Editoren für diverse Plattformen angeboten. Die Palette reicht von Freeware über Shareware bis hin zu kommerziellen Lösungen.

Tabelle 1.1: XML-Editoren

Editor	Bemerkungen
Cooktop	Ein für Windows entwickelter XML-Editor, der die Erstellung von XML-, DTD- und XSLT-Dokumenten erlaubt. Cooktop ist kostenlos und lässt sich unter *www.xmlcooktop.com* herunterladen.
MlView	Ein für Linux Gnome entwickelter sehr einfacher XML-Editor. Das Programm ist kostenlos. Download unter *www.freespiders.org/projects/gmlview*.
KXMLEditor	Ein kostenloser XML-Editor, der unter Linux KDE läuft. Allerdings fehlen Funktionen, um mit DTDs arbeiten zu können. Download unter *kxmleditor.sourceforge.net*.
oXygen	Ein in Java erstellter Editor, der unter verschiedenen Plattformen läuft. Der Editor kann als Demo ausprobiert werden, ist aber kostenpflichtig. Download unter *www.oxygenxml.com*.
XMLmind	Ein in Java realisierter XML-Editor, der auf verschiedenen Plattformen läuft und kostenlos ist. Allerdings besitzt dieser XML-Editor den Nachteil, dass er zwingend eine DTD oder ein Schema voraussetzt. Dadurch lassen sich nur Dokumente pflegen, die auf einem der mitgelieferten Vorlagen aufbauen. Download unter *www.xmlmind.com/xmleditor*.
XMLWriter	Ein kommerzieller XML-Editor für Windows, der mit umfangreichen Funktionen aufwarten kann. Download unter *www.xmlwriter.net*.
Xmetal	Ein kommerzieller XML-Editor für Windows und Solaris mit umfangreichen Funktionen. Infos und Download einer Trial unter *www.xmetal.com*.

Die in Tabelle 1.1 sowie auf den vorhergehenden Seiten aufgeführte Aufstellung an XML-Editoren erhebt keinen Anspruch auf Vollständigkeit. Geben Sie die Begriffe »XML Editor« in einer Suchmaschine ein, werden Ihnen aktuelle Listen mit Verweisen auf die relevanten Werkzeuge aufgelistet. Weiterhin können Sie mit kommerziellen Programmen wie Microsoft Office 2003, Adobe Go Live, Macromedia Dreamweaver MX 2004, Visual Studio .NET XML-Dokumente pflegen.

1.5.4 Wie kann ich XML-Dokumente anzeigen bzw. auswerten

Um XML-Dokumente auszuwerten, benötigen Sie einen entsprechenden XML-Parser. Sie können auf standalone XML-Parser wie Exepat zugreifen, um die XML-Dokumente auszuwerten. Oder Sie verwenden die zuvor erwähnten XML-Editoren, um die Struktur der XML-Dokumente darstellen und auf Wohlgeformtheit oder Gültigkeit prüfen zu können.

Zudem gibt es die Möglichkeit, in Browsern integrierte XML-Parser zur Darstellung der XML-Dokumente zu verwenden. Unter Windows wird mit dem Internet Explorer 5.0 ein XML-Parser (*MSXML.dll*) installiert. Sie brauchen daher unter Windows lediglich eine XML-Dokumentdatei per Doppelklick anzuwählen, um deren Inhalt im Internet Explorer 5.0/6.0 anzuzeigen (Abbildung 1.10, rechts unten). XML-Elemente werden dabei mit Ihren Tags als Baumstruktur wiedergegeben. Über ein Pluszeichen vor dem einleitenden Tag lässt sich der untergeordnete Zweig einblenden; ein Minuszeichen erlaubt, den Zweig mit Unterelementen wieder auszublenden.

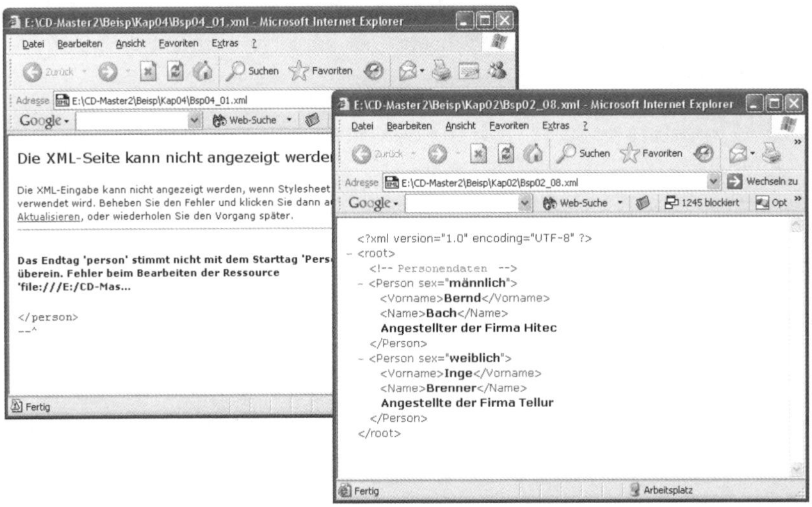

Abb. 1.10: Anzeige von XML-Dokumenten im Internet Explorer

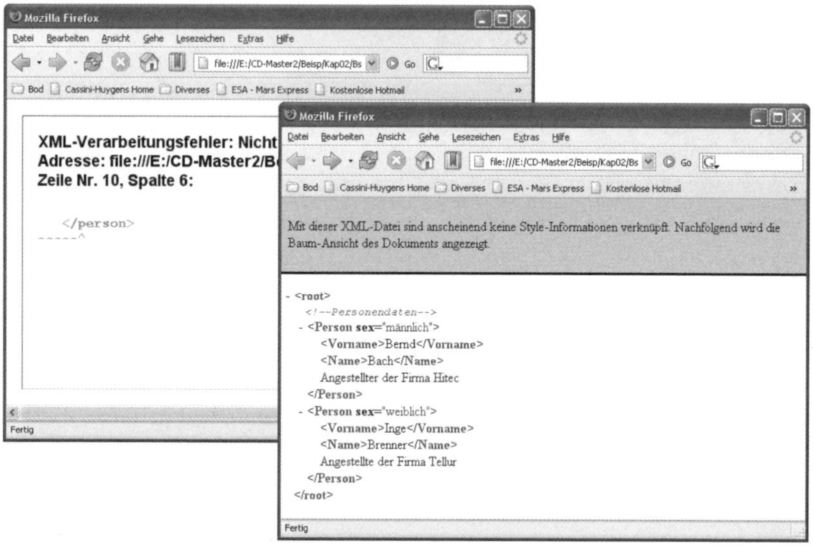

Abb. 1.11: Anzeige von XML-Dokumenten im Firefox-Browser

Bei fehlerhaften XML-Dokumenten (wenn der Inhalt nicht wohlgeformt ist), bricht der XML-Parser das Laden ab und der Internet Explorer meldet den Fehler (Abbildung 1.10, links oben). Sie müssen dann die XML-Datei in einem Editor laden und den Fehler korrigieren.

Wer unter Linux arbeitet oder aus Sicherheitsgründen unter Windows auf den Internet Explorer verzichtet, kann auf den Browser Firefox zurückgreifen. Dieser Browser stellt in der Version 1.0 die gleiche Funktionalität wie der Internet Explorer im Hinblick auf die Darstellung von XML-Dokumenten bereit (Abbildung 1.11). Nach dem Laden der XML-Dokumentdatei wird deren Struktur als Baum wiedergegeben und bei Fehlern erscheint eine entsprechende Meldung im Browserfenster.

XML-Dokumente in HTML konvertieren

Falls Ihr Browser oder Ihre Anwendung kein XML unterstützt, besteht noch die Möglichkeit, XML-Dokumente über einen Konverter in HTML-Code zu überführen. Dieser Ansatz wird von einer Reihe von Anwendungen genutzt. Für Windows lässt sich dabei auf den XML-Prozessor MSXSL des Internet Explorer zugreifen. Viele Windows XML-Editoren (z.B. XMLSpy) setzen auf dieser Funktionalität auf und bieten die Option zur Konvertierung der XML-Daten in HTML-Code. Wir kommen in späteren Kapiteln noch auf das Umwandeln von XML-Dateien in HTML-Dokumente zurück.

Zusammenfassung

Sie haben jetzt gelernt, was Auszeichnungssprachen (Markup Languages) sind und warum existierende Auszeichnungssprachen wie SGML oder HTML für bestimmte Aufgabenstellungen weniger geeignet sind. Außerdem haben Sie einen ersten Eindruck von XML gewonnen. Im nächsten Kapitel geht es dann zur Sache, Sie lernen die ersten Elemente von XML an praktischen Beispielen kennen.

Fragen

1. Warum konnte sich SGML als universelle Auszeichnungssprache nicht durchsetzen?
2. Warum eignet sich HTML weniger zur Beschreibung von Daten?
3. Was versteht man unter EBNF?

Antworten

1. Die Spezifikation zu SGML ist sehr umfangreich und die Implementierung der kompletten Spezifikation erfordert viel Aufwand. Häufig wird dieser Funktionsumfang jedoch nicht benötigt, gefordert ist eine einfach einsetzbare Beschreibungssprache, die sich leicht in Werkzeugen implementieren lässt.
2. HTML besitzt einen festen Satz an Befehlen. Daten, die eine über den HTML-Befehlssatz hinausgehende Auszeichnung erfordern, lassen sich mit HTML (ohne entsprechende Erweiterungen) nicht darstellen.
3. Das Kürzel steht für Extended Backus-Naur Form, eine Syntaxsprache zur Beschreibung formaler Sprachen.

Kapitel 2

jetzt lerne ich

XML-Einführung

In diesem Kapitel finden Sie eine Einführung in die Konzepte von XML. Sie erfahren, wie ein XML-Dokument aufgebaut ist und welche Regeln es in der XML-Spezifikation (Version 1.0 bzw. 1.1) gibt. Um das Ganze nicht allzu theoretisch werden zu lassen, enthält das Kapitel konkrete Beispiele, die die Konsequenzen bestimmter Regeln drastisch aufzeigen.

2.1 Die Struktur eines XML-Dokuments

Nachfolgender Abschnitt zeigt Ihnen die Struktur zum Aufbau einfacher XML-Dokumente und gibt Ihnen Hinweise zur Zeichenkodierung.

2.1.1 Der Aufbau eines XML-Dokuments

XML-Dokumente werden als reine Textdateien (basierend auf dem Unicode-Zeichensatz) gespeichert. Dies hat den Vorteil, dass Sie XML-Dokumente mit jedem Texteditor öffnen und ggf. bearbeiten können. Ein einfaches XML-Dokument könnte folgendermaßen aussehen:

```
A  <?xml version="1.0"?>
B  <!DOCTYPE test system "test.dtd">
C  <personen>
D    <person>
E    <name>Bach</name>
E    <vorname>Hans</vorname>
E    <alter>42</alter>
D    </person>
```

```
D      <person>
E      <name>Meier</name>
E      <vorname>Judith</vorname>
E      <alter>24</alter>
D      </person>
C   </personen>
```

Die Buchstaben am linken Zeilenrand können Sie an dieser Stelle ignorieren, da diese lediglich zur Kennzeichnung der einzelnen Zeilen bzw. Ebenen eingeführt wurden. Sie gehören damit nicht zur XML-Datei.

Das XML-Dokument besteht dabei aus dem Prolog (Zeilen A und B) – d.h., aus der Kopfzeile sowie der Document Type Definition (DTD) oder einem Verweis auf diese DTD – sowie aus dem Dokumentinhalt mit den eigentlichen Daten (alle mit den Buchstaben C bis E markierten Zeilen).

HINWEIS

Ein XML-Dokument muss aber nicht unbedingt eine DTD besitzen. Man kann auch bewusst auf diese Definition verzichten. Dann liegt eine vereinfachte Form zur Beschreibung des Dokuments mit XML vor. Sie müssen lediglich auf einige Funktionen verzichten (z.B. auf die Möglichkeit zur Prüfung des Dokumentinhalts auf Übereinstimmung mit der Definition – dies kann in vielen Fällen wichtig sein). Weiterhin gibt es Anwendungen, in denen vom Entwickler des XML-Parsers die Dokumentdefinition intern festgelegt wurde. Dann »weiß« der XML-Parser, welche Elemente er erwarten darf. Der Vorteil dieses Ansatzes besteht darin, dass der Aufbau der XML-Dokumente sehr einfach wird. Der Benutzer muss sich nicht mehr mit den Definitionen für den Dokumenttyp herumschlagen. Trotzdem kann der XML-Parser bestimmte Prüfungen des Dokuments vornehmen. Meist wird dann in der Dokumentation beschrieben, wie das XML-Dokument aufgebaut sein muss.

2.1.2 Der »Header«

Die mit dem Buchstaben A bezeichnete erste Zeile enthält den Header mit der XML-Signatur (als XML-Deklaration bezeichnet). Sobald ein Programm eine solche Anweisung liest, erkennt der Parser, dass es sich um ein XML-Dokument handelt. Er kann dieser Signatur u.a. auch die zur Formulierung des Dokumentinhalts benutzte XML-Version entnehmen (dazu später mehr). Dies ermöglicht es dem Parser, den nachfolgenden Text zeilenweise zu lesen und auf Übereinstimmung mit den XML-Spezifikationen zu überprüfen.

Die optionale Anweisung in Zeile B definiert, wo der Parser ggf. die Definitionen findet, die den Aufbau des folgenden XML-Dokuments beschreiben. Diese Definition legt fest, welche Elemente im XML-Dokument vorkommen dürfen, in welcher Reihenfolge diese ggf. anzuordnen sind und welche Werte einem Element zugeordnet werden dürfen. Ich gehe später noch auf diese

Zeile ein und beschreibe in Kapitel 3 den Aufbau einer solchen DTD detaillierter.

2.1.3 Der Dokumentinhalt

Der eigentliche Dokumentinhalt findet sich in den Zeilen, die mit Buchstaben wie C, D, E markiert wurden. Die Buchstaben signalisieren auch die Schachtelungsebenen der XML-Elemente. Im zuvor genannten Beispiel werden offensichtlich Name, Vorname und Alter von zwei Personen abgebildet. Die eigentlichen Werte sind dabei in sogenannte XML-Elemente eingefasst. Hierbei gelten grob folgende Regeln:

- XML-Elemente bestehen aus einem Namen, der in spitzen Klammern eingeschlossen ist (z.B. *<vorname>*). Im zuvor genannten Beispiel sind dies die mit dem Buchstaben C markierten Zeilen.
- Für jedes Element muss ein einleitendes Tag (z.B. *<personen>*) und ein abschließendes Tag (z.B. *</personen>*) vorhanden sein. Das abschließende Tag ist durch ein vor dem Elementnamen gestelltes Slash-Zeichen (/) markiert.
- Der Wert eines Elements steht dabei zwischen einleitendem und abschließendem Tag. Ein Element kann dabei Text (z.B. *<name>Meier</name>*) oder weitere Unterelemente (z.B. *<person><name>...</name></person>*) aufweisen.
- Der XML-Dokumentinhalt wird in einem Wurzelelement *<personen>... </personen>* eingeschlossen (im zuvor genannten Beispiel sind dies die mit dem Buchstaben C markierten Zeilen).

Das Wurzelelement sowie die Unterelemente ergeben also eine Hierarchie in Form eines Baums. Laden Sie ein solches Dokument in einem Werkzeug, welches die Struktur darstellen kann, sollte eine entsprechende Hierarchie erscheinen. In Abbildung 2.1 ist die Darstellung im Microsoft Internet Explorer zu sehen.

```
<?xml version="1.0" ?>
- <personen>
  - <person>
      <name>Bach</name>
      <vorname>Hans</vorname>
      <alter>42</alter>
    </person>
  - <person>
      <name>Meier</name>
      <vorname>Judith</vorname>
      <alter>24</alter>
    </person>
  </personen>
```

Abb. 2.1: Darstellung einer XML-Struktur im Internet Explorer

Wenn Sie bereits HTML-Dokumente erstellt haben, kommt Ihnen diese Struktur vermutlich bekannt vor. Es sieht also ganz danach aus, dass XML nichts anderes als eine Struktur ist, mit der sich Daten beschreiben lassen. Was Sie benötigen, ist lediglich etwas »Beiwerk« in Form eines Prologs sowie Elemente, mit denen Sie die Daten einfassen. Aber dazu gleich mehr.

Falls Sie bereits mit HTML zu tun hatten, gibt es aber zwei ganz wichtige Neuerungen. Die für die XML-Elemente benutzten Tags müssen immer paarweise auftreten (*<personen>* ... *</personen>*). Zudem ist es bei XML-Dokumentdateien wichtig, die Groß-/Kleinschreibung bei den Schlüsselwörtern und bei den Anweisungen zu beachten. Eine Angabe der Art *<Personen>* ist daher etwas ganz anderes als etwa *<personen>*. Auf die Details komme nachfolgend zu sprechen.

2.2 Details zum Prolog von XML-Dateien

Damit der XML-Prozessor überhaupt erkennt, dass es sich um ein XML-Dokument und nicht um ein beliebiges Textdokument handelt, muss die Datei mit einer Art »Header« (als Prolog oder Vorspann bezeichnet) signiert werden. Gemäß den Ausführungen im vorhergehenden Abschnitt erlaubt die XML-Spezifikation im Prolog dabei die so genannte XML-Deklaration (erste Zeile) und eine optionale Dokumenttyp-Deklaration (zweite Zeile).

2.2.1 Die XML-Deklaration im Prolog

Die Signatur des Dokuments als XML-Datei erfolgt in der ersten Textzeile. Diese enthält die XML-Deklaration, deren Syntax folgendermaßen definiert ist:

```
XMLDecl ::= '<? xml' VersionInfo EncodingDecl? SDDecl? S? '?>'
```

Diese Regel (in EBNF) besagt, dass die XML-Deklaration als

```
<?xml ...?>
```

zu schreiben ist. Innerhalb dieser Deklaration können Sie verschiedene Optionen (auch als Attribute bzw. Eigenschaften bezeichnet) zur Beschreibung der XML-Version, der Dekodierung und der Dokumenttyp-Definition anfügen. Sobald der XML-Prozessor (XML-Parser) diese Anweisung erkennt, muss er den Rest des Dokuments gemäß den XML-Regeln auswerten. In den folgenden Abschnitten werden die möglichen Optionen für die XML-Deklaration behandelt.

2.2.2 Angaben zur XML-Version

Eine minimale XML-Deklaration gibt dem XML-Parser einen Hinweis, welche XML-Version bei der Auswertung des Dokuments zu berücksichtigen ist. Ein typisches Dokument wird daher mindestens folgenden Prolog aufweisen:

```
<?xml version="1.0"?>
```

Zu der Zeit, als dieses Buch verfasst wurde, gab es nur die XML-Spezifikation mit der Version 1.0. Bei der Überarbeitung des Manuskripts für diese Auflage war gerade die Version 1.1 der XML-Spezifikation als Empfehlung erschienen. Allerdings unterstützten die von mir benutzten Werkzeuge nur XML-Dokumente der Version 1.0. Die Verwendung der Angabe *version="1.0"* stellt aber sicher, dass auch Ihre bereits erstellten Dokumente zu einem späteren Zeitpunkt durch einen XML-Parser korrekt gelesen und als konform mit der Spezifikation 1.0 erkannt werden.

Es wurde bereits erwähnt, dass XML (im Gegensatz zu HTML) Groß-/Kleinschreibung berücksichtigt. Eine Angabe der Art *<?XML VERSION="1.0"?>* ist daher nicht zulässig. Beachten Sie auch, dass das Fragezeichen am Anfang und am Ende der Zeile auftritt. Zudem ist kein Leerzeichen zwischen dem Fragezeichen und dem Bezeichner *xml* zulässig. Ignorieren Sie dies, werden die XML-Werkzeuge beim Einlesen der Dokumentdatei Fehlermeldungen liefern. Sie lernen später noch, dass ein XML-Dokument »wohlgeformt« sein muss, um korrekt verarbeitet werden zu können.

Fehlende XML-Deklaration bei XML 1.0 und XML 1.1

Gemäß der XML 1.0-Spezifikation darf die Kopfzeile mit der XML-Deklaration weggelassen werden. Der Grund für die optionale XML-Deklaration: Es gibt HTML- und SGML-Dokumente, die als XML-Dokumente verwendet werden. Eine Software, die diese Dokumente einliest, könnte beispielsweise durch die *<?xml version="1.0" ?>*-Anweisung Probleme bekommen. Lassen Sie die XML-Deklaration weg, kann der XML-Parser das Dokument trotzdem auf XML-Elemente untersuchen, darf aber bei der Prüfung weniger streng vorgehen. So könnte beispielsweise eine Groß-/Kleinschreibung in den Namen der XML-Elemente toleriert werden.

Das von Microsoft für den Windows Script Host definierte WSF-Format fällt in diese Kategorie. Lassen Sie die XML-Deklaration weg, erlaubt der Parser des WSH eine wesentlich laxere Dokumentstruktur. Der folgende Code definiert ein WSF-Dokument, das XML-Elemente enthält, die ein WSH-Script kapseln.

```
<Job>
 <Script>
  WScript.Echo ("Hallo Welt");
 </script>
</job>
```

Durch die bewusst weggelassene XML-Deklaration ignoriert der Parser auch einige Mängel in der zuvor genannten Datei (z.B. weicht die Groß-/Kleinschreibung zwischen einleitendem und abschließendem Tag bewusst ab). Wer Windows 2000 oder XP besitzt, kann die betreffenden Anweisungen im Windows Editor Notepad eingeben und in einer Datei mit der Dateinamenerweiterung *.wsf* speichern. Wählen Sie diese Datei unter Windows 2000 oder Windows XP per Doppelklick an, wird deren Inhalt geladen und interpretiert. Als Ergebnis erscheint ein Dialogfeld mit der Meldung »Hallo Welt«. Versehen Sie diese *.wsf*-Datei nachträglich mit einer XML-Signatur (*<?xml version="1.0"?>*) in der ersten Zeile und versuchen Sie, das Programm erneut auszuführen, löst der WSH einen Fehler aus und bemängelt die ungleiche Schreibweise der XML-Elemente. Sie können dies testen, indem Sie die im Verzeichnis *Beisp\Kap01* enthaltenen Dateien *Bsp02_01.wsf* und *Bsp02_01a.wsf* unter Windows per Doppelklick aufrufen. Ein vergleichbarer Ansatz wird auch für WSC-Dateien benutzt, die von Microsoft zur Implementierung von Windows Script-Komponenten vorgesehen sind.

Arbeiten Sie mit XML-Dokumenten, die explizit auf die Version 1.1 der Spezifikation abgestimmt sind, sieht es aber etwas anders aus. Die XML-Version 1.1 erlaubt z.B. die Verwendung erweiterter Zeichensätze in XML-Dokumenten, damit diese auch auf IBM-Mainframes genutzt werden können. Dadurch ergibt sich eine Feinheit, die man zumindest kennen sollte. Würde die XML-Deklaration am Dokumentanfang fehlen, stößt der XML-Parser bei der Analyse des Dateiinhalts eventuell auf Zeichen, die gemäß der XML 1.0-Spezifikation nicht zulässig sind – und müsste eine Fehlermeldung auslösen. Daher ist in XML 1.1 die Angabe der Zeile *<?xml version="1.1" ?>* am Anfang eines XML-Dokuments zwingend vorgeschrieben. Erkennt der XML-Parser dies und unterstützt er die Version 1.1, werden die betreffenden Zeichen akzeptiert.

HINWEIS

Da viele Werkzeuge zur Bearbeitung von XML-Dokumenten eine XML-Deklaration verlangen, sollten Sie nach Möglichkeit Ihre XML-Dokumente mit der Zeile *<?xml version="1.0" ?>* signieren (es sei denn, Sie wissen, dass die Dokumente durch eine der besagten Anwendungen verarbeitet werden).

2.2.3 Beispiel: Ein einfaches XML-Dokument

Im ersten Schritt möchte ich ein sehr einfaches XML-Dokument entwerfen. Im Dokument soll eine Namensliste in eine XML-Struktur abgebildet werden. Diese Liste enthält die Vor- und Zunamen, getrennt durch jeweils ein Komma. Gemäß der XML 1.0-Spezifikation könnte die betreffende XML-Dokumentdatei folgendermaßen aussehen:

```
<?xml version="1.0"?>
<root>
  <name>Born, Klaus</name>
  <name>Born, Benni</name>
  <name>Born, Kati</name>
</root>
```

Listing 2.1: Erstes einfaches XML-Dokument

Die erste Zeile enthält die XML-Deklaration, die das Dokument als konform mit der Spezifikation XML 1.0 ausweist. Dabei wird (wie auch in den anderen Beispielen dieses Kapitels) auf die Verwendung einer DTD-Anweisung verzichtet.

An die XML-Deklaration schließt sich dann der Dokumentinhalt an. Das XML-Element *<root> ... </root>* stellt das Wurzelelement zur Aufnahme des Inhalts des XML-Dokuments dar. Jede XML-Dokumentdatei muss genau ein solches Wurzelelement aufweisen.

Innerhalb des Wurzelelements können nun die eigentlichen XML-Elemente enthalten sein, die den Inhalt des XML-Dokuments beschreiben. Im aktuellen Beispiel wurde nur ein *<name>*-Element benutzt, welches dreimal im Wurzelelement auftritt. Jedes dieser *<name>*-Elemente kann einen Namenseintrag aufnehmen, es lassen sich also drei Namenseinträge in der Liste spezifizieren. Um mehr Namen aufzunehmen, brauchen Sie lediglich weitere *<name>*-Elemente im Wurzelelement einzufügen.

Abb. 2.2: Anzeige der XML-Struktur in einem Browser

Laden Sie diese XML-Struktur in einem Browser (z.B. dem Internet Explorer), sollte dieser die in Abbildung 2.2 gezeigte Struktur anzeigen.

Sie finden die fertige Beispieldatei *Bsp02_02.xml* im Ordner *Beisp\Kap02* auf der Begleit-CD zu diesem Buch.

HINWEIS

2.2.4 Kodierung eines XML-Dokuments

XML-Dokumente sind mit dem Unicode-Zeichensatz zu verfassen. Hierbei erlaubt XML jedoch, verschiedene Subsets wie UTF-8 oder UTF-16 der Unicode-Definition zu verwenden. Sofern Sie nur Zeichen aus dem 7-Bit-ASCII-Zeichensatz verwenden, müssen Sie keine Zeichenkodierung angeben. Probleme kann es aber geben, wenn plötzlich Zeichen außerhalb des 7-Bit-Zeichensatzes verwendet werden. Dann löst der XML-Parser u.U. eine Fehlermeldung aus.

Die XML-Spezifikation sieht aber eine Möglichkeit vor, mit der Sie dem XML-Prozessor mitteilen können, welcher Zeichensatz nun konkret verwendet wurde. Hierzu fügen Sie die *encoding*-Angabe in der XML-Deklaration ein. Die folgende Zeile

```
<?xml version="1.0" encoding="ISO-8859-1" ?>
```

vereinbart, dass im Dokument der ISO-8859-1-Zeichensatz zur Kodierung benutzt wird. Mit der Anweisung

```
<?xml version="1.0" encoding="UTF-16" ?>
```

geben Sie an, dass Sie die 16-Bit-Variante des Unicode-Zeichensatzes verwenden möchten. Eine weitere Alternative wäre beispielsweise:

```
<?xml version="1.0" encoding="Unicode" ?>
```

Die Kodierung der Zeichen in Dokumenten erfolgt gemäß verschiedenen ISO-Normen. Die ISO-8859-Norm legt in zehn Untergliederungen die Zeichen verschiedener Sprachen fest. Zusätzlich gibt es noch die ISO/IEC-10646-Norm, die weitere Zeichen definiert. Fehlt die Angabe über den Zeichensatz, verwendet der XML-Parser den Standard-Unicode-Zeichensatz. Abweichende Zeichensätze werden über das *encoding*-Attribut vereinbart, indem Sie einen der in der nachfolgenden Tabelle in der Spalte »Zeichensatz« angegebenen Wert eintragen.

Tabelle 2.1: Zeichenkodierung nach ISO 8859

Zeichensatz	**Bemerkung**
UTF-8	Internationaler Zeichensatz (8 Bit)
UTF-16	Internationaler Zeichensatz (16 Bit)
ISO-8859-1	Westeuropa (Latin-1)
ISO-8859-2	Osteuropa (Latin-2)
ISO-8859-3	Südeuropa (Latin-3)
ISO-8859-4	Nordeuropa (Latin-4)
ISO-8859-5	Kyrillisch
ISO-8859-6	Arabisch

Tabelle 2.1: Zeichenkodierung nach ISO 8859 (Forts.)

Zeichensatz	Bemerkung
ISO-8859-7	Griechisch
ISO-8859-8	Hebräisch
ISO-8859-9	Türkisch (Latin-5)
ISO-8859-10	Nordisch (Latin-6)

Die UTF-8-Kodierung basiert dabei auf Unicode und ist zum 7-Bit-ASCII-Code kompatibel, d.h., die ersten 127 Zeichen des ASCII-Codes sind mit dem UTF-8-Unicode identisch. Ein XML-Prozessor erkennt den UTF-8-Unicode-Zeichensatz automatisch.

HINWEIS

XML-Prozessoren müssen mindestens die Zeichenformate UTF-8 und UTF-16 unterstützen. Die Microsoft XML-Parser halten sich allerdings nicht immer an diese Forderung. Der Versuch, in *.wsf*-Dateien das *encoding*-Attribut mit dem Wert »UTF-16« zu vereinbaren, endet im WSH mit einer Fehlermeldung, dass dieser Zeichensatz nicht unterstützt wird.

Das Umlautproblem in *.wsf*-Dateien

Solange Sie einen Browser wie z.B. den Internet Explorer zur Anzeige von XML-Dokumenten verwenden, werden abweichende Zeichenkodierungen kaum auffallen. Dies kann aber bei anderen XML-Parsern anders aussehen. Wer beispielsweise den Windows Script Host unter Windows 2000/XP verwendet und die Scriptprogramme in *.wsf*-Dateien ablegt, kann auf Probleme stoßen. Dort lassen sich Kommentare zum Beispiel im Scriptteil der Datei hinterlegen (in JScript werden Kommentare mit den Zeichen // eingeleitet, in VBScript verwendet man entweder das Schlüsselwort REM oder ein Hochkomma (') zum Einleiten eines Kommentars). Bei der Umstellung verschiedener WSH-1.0-Scriptdateien auf *.wsf*-Dateien des Windows Script Host 2.0 stieß ich vor einigen Jahren auf das Problem. Die mehrere hundert Zeilen umfassenden Scriptdateien wurden bei der Umstellung einfach in eine XML-Struktur eingebettet und mit einer XML-Signatur *<?xml ... ?>* versehen. Nachfolgendes Listing enthält eine stark vereinfachte Fassung eines in einer *.wsf*-Datei hinterlegten Scriptprogramms, welches die Probleme verdeutlicht.

Listing 2.2: .wsf-Scriptprogramm (Datei Bsp02_04.wsf)

```
<?xml version="1.0" ?>
<job>
 <script>
  // Datei: Beispiel4.wsf (WSH 2.0 JScript)
  // by Günter Born

  WScript.Echo ("Hallo Welt");
 </script>
</job>
```

Der Versuch, diese *.wsf*-Datei anschließend unter Windows im WSH per Doppelklick auszuführen, endet mit einer Fehlermeldung (Abbildung 2.3). Offenbar kann der Prozessor den Inhalt der Datei (die unter Windows im ANSI-Zeichensatz in der Datei gespeichert ist) nicht in den Unicode-Zeichensatz umsetzen. Normalerweise gibt WSH in einem Fehlerdialog die fehlerhafte Zeile an. Der Verweis auf Zeile 0 ist hier nicht sonderlich hilfreich.

Abb. 2.3: Fehler wegen einer falschen Zeichenkodierung

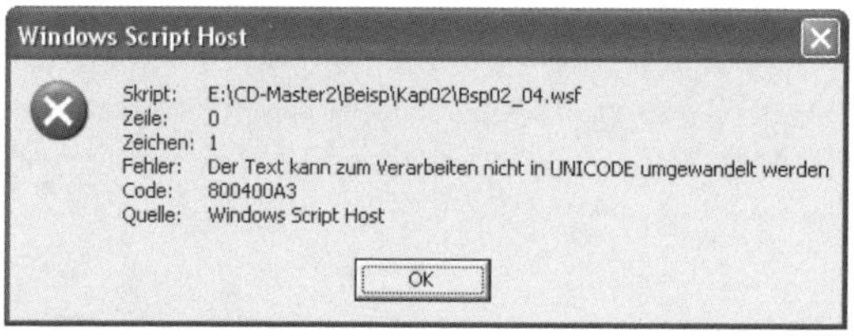

Als der Fehler bei meinen Scripts erstmals auftrat, war ich zunächst ziemlich ratlos. Nachdem ich meinen Vornamen mit dem Umlaut aus dem Kommentarbereich herauslöschte, lief das Scriptprogramm. Da fiel mir ein, was ich irgendwann ein Jahr vorher in der XML-Spezifikation zum Thema Zeichenkodierung gelesen hatte. Der im WSH integrierte XML-Parser stieß beim Lesen der Quelldatei auf den Umlaut (ü) in meinem Vornamen, der aber als Zeichen nicht im UTF-8-Zeichensatz vorkommt. Erst als ich die XML-Deklaration mit einem korrekten Attributwert für die Zeichenkodierung (*encoding="ISO-8859-1"*) versehen hatte, liefen die Scriptprogramme ohne Fehlermeldung.

HINWEIS

Die Datei *Bsp02_04.wsf* mit dem fehlenden *encoding*-Attribut befindet sich im Ordner *\Beisp\Kap02* auf der Begleit-CD. Der gleiche Ordner enthält auch die Datei *Bsp02_04a.wsf* mit der entsprechenden Modifikation im *encoding*-Attribut.

2.2.5 Die *standalone*-Angabe in der XML-Deklaration

Zuvor hatte ich bereits erwähnt, dass eine XML-Dokumentdatei eine Document Type Definition (DTD) aufweisen kann. Es handelt sich um eine separate Datei, in der die Regeln zum Aufbau eines Dokuments hinterlegt sind.

HINWEIS

Man kann es auch präziser ausdrücken: Die DTD enthält die Regeln, nach denen alle Dokumenten, die zu einer bestimmten Dokumentklasse gehören, aufgebaut sind. Die DTD wird nämlich für eine Dokumentklasse (z.B. Buch) festgelegt. Dann gelten für alle XML-Dokumente, die von dieser Dokumentklasse abgeleitet werden, die gleichen Regeln für die Dokumentstruktur. Oder plastischer: Bei einer Dokumentklasse *Buch* haben alle Bücher den gleichen Aufbau (z.B. Titel, Kapitelüberschriften, Zwischenüberschriften etc.).

Ohne jetzt auf den Aufbau einer DTD einzugehen, ist es für den XML-Parser unter Umständen hilfreich zu wissen, ob er eine DTD erwarten kann. In den vorhergehenden Beispielen haben Sie aber gesehen, dass eine solche DTD für das XML-Dokument nicht zwingend erforderlich ist. Es kann ja sein, dass die verarbeitende Anwendung einen festen Dokumenttyp erwartet. Dann ist die DTD a priori festgelegt, wird aber nirgends niedergeschrieben. Oder es gibt für das XML-Element keine DTD.

Um dem XML-Prozessor einen Hinweis zu geben, ob eine externe Dokument Type Definition (DTD) als Datei erwartet wird, kann die XML-Deklaration die Option *standalone* aufweisen. Der Eintrag lässt sich auf *standalone="no"* oder auf *standalone="yes"* setzen. Die Anweisung

```
<?xml version="1.0" standalone="no" ?>
```

signalisiert, dass es zum Dokument eine externe DTD gibt, die in einer *!DOCTYPE*-Anweisung (siehe folgender Abschnitt) referenziert wird. Fehlt diese Option und existiert eine externe DTD, wird *standalone="no"* angenommen. Mit

```
<?xml version="1.0" standalone="yes" ?>
```

signalisieren Sie dem XML-Parser, dass keine externe DTD existiert. Dann fehlt die DTD-Datei oder die DTD ist intern im XML-Dokument hinterlegt.

> In vielen XML-Dokumenten werden Sie diese *standalone*-Option vermissen, da sie eigentlich nicht erforderlich ist (der XML-Parser erkennt ja, ob eine DTD referenziert wird). Es gab aber einen guten Grund, warum die Option eingeführt wurde: In Kapitel 3 lernen Sie, wie eine DTD entworfen wird und dass diese DTD sowohl intern im Dokument, extern als Datei oder kombiniert als interne DTD und externe Datei definiert werden kann. Dann lässt sich die Option *standalone="no"* setzen, um dem XML-Prozessor mitzuteilen, dass der Inhalt des Dokuments nur dann korrekt bearbeitet werden kann, wenn auch die komplette externe DTD berücksichtigt wird.

2.2.6 Die Dokumenttyp-Deklaration

Im vorherigen Abschnitt wurde die *standalone*-Option in der XML-Deklaration erwähnt, die festlegt, ob eine externe Dokument Type Definition (DTD) vorhanden ist. Diese DTD gibt dem XML-Prozessor die Möglichkeit zur Verifizierung der Dokumentinstanz, d.h., in der DTD sind die Regeln für den Aufbau des Dokuments (der Dokumentklasse) hinterlegt. Der XML-Prozessor benötigt die Information, wo die DTD zu finden ist, bevor er mit der Analyse der Dokumentinstanz beginnt. Folglich muss (falls vorhanden) die Deklaration des Dokumenttyps nach der XML-Deklaration, aber vor dem ersten XML-Element auftauchen. In der Regel enthält die zweite Zeile einer XML-Datei die Dokumenttyp-Deklaration.

Diese Documenttyp-Deklaration wird in der Form

```
<!DOCTYPE text system "text.dtd">
```

angegeben. Hier wird dem XML-Prozessor mitgeteilt, dass das folgende Dokument zur Dokumentklasse *text* gehört.

TIPP

Der Name der Dokumentklasse (hier *text*) muss mit dem Namen des Wurzelelements (z.B. *<text>* ... *</text>* der Dokumentinstanz, siehe folgende Seiten »XML-Elemente«) übereinstimmen.

Die Regeln, die für Dokumente dieser Klassen anzuwenden sind, finden sich dabei in der Document Type Definition, die in der Datei *text.dtd* hinterlegt ist. Neben einer externen Definition kann die DTD auch intern im XML-Dokument hinterlegt werden. Auf die Gestaltung einer DTD kommen wir in Kapitel 3 zurück. Dort lernen Sie auch die Vorteile einer DTD kennen.

HINWEIS

Zur Verdeutlichung sollten Sie sich an dieser Stelle klar machen, dass die Dokumenttyp-Deklaration (also die Anweisung *<!DOCTYPE ....>*) etwas anderes darstellt als die eigentliche Document Type Definition (DTD). Die Dokumenttyp-Deklaration besagt nur, wo der XML-Prozessor die DTD finden kann. Die DTD beinhaltet dagegen die Definitionen zum Aufbau des Dokumenttyps.

Einsteiger haben oft auch Schwierigkeiten die Begriffe Dokumentinstanz und Dokumentklasse auseinander zu halten. Eine DTD beschreibt eine Dokumentklasse (z.B. Briefe, Bücher etc.). Alle von dieser DTD abgeleiteten konkreten XML-Dokumente stellen dann Dokumentinstanzen dieser Klasse dar.

Nachfolgend sehen Sie noch eine XML-Deklaration, die die auf den vorhergehenden Seiten beschriebenen Varianten abbildet:

```
<?xml version="1.0" encoding="UTF-16" standalone="No" ?>
<!DOCTYPE brief system "briefe.dtd">
```

Die erste Zeile zeigt die XML-Deklaration, die die Kodierung festlegt und angibt, dass eine DTD existiert. Die zweite Anweisungszeile enthält die Dokumenttyp-Deklaration, die die Dokumentklasse sowie die Lage der DTD festlegt.

2.3 XML-Elemente: Das sollten Sie wissen

Der Inhalt der Dokumentinstanz (z.B. der Text für das Dokument) wird in XML in Elementen (die für die Dokumentklasse in der DTD definiert sind) abgelegt. Der folgende XML-Code enthält das Wurzelelement *person*, das die Dokumentinstanz beinhaltet.

```
<?xml version="1.0"?>
<!DOCTYPE person system "person.dtd">
<person>
  <name>Braun</name>
  <vorname>Hans</vorname>
</person>
```

In der Dokumentinstanz lassen sich die Informationen durch Schachtelung weiterer Elemente strukturieren. So ist *name* ein Element, das zum Element *person* gehört.

> Ob Sie Elemente schachteln dürfen, ist ebenfalls in der DTD der Dokumentklasse festgelegt. Der Name des Wurzelelements muss gemäß den XML-Regeln mit der Dokumentklasse (z.B. *person*) übereinstimmen.

Dabei gibt es in XML zwei Kategorien von Elementen: Elemente, die einen Inhalt haben, und Elemente, die leer sind. Beide Elemente können sich in der Schreibweise etwas unterscheiden. Nehmen wir einmal ein Element, das einen Namen aufnehmen soll. Dieses XML-Element könnte folgendermaßen aussehen:

```
<name>Braun</name>
```

Das Element mit dem Namen *name* wird dabei durch ein Start- und ein Endtag dargestellt. Diese Tags bestehen dabei ähnlich wie in HTML aus dem in spitzen Klammern eingeschlossenen Elementnamen (dies wurde bereits eingangs erwähnt).

- Ein Starttag beginnt also mit einer spitzen Klammer <, gefolgt vom Namen des Elementtyps (generische Bezeichner genannt) und wird mit einer schließenden spitzen Klammer > beendet. *<name>* ist also das Starttag des XML-Elements *name*.
- Das Endtag entspricht im Aufbau dem Starttag. Allerdings muss nach der spitzen Klammer < ein Schrägstrich /, gefolgt vom Namen des Elementtyps sowie die schließende spitze Klammer > kommen. *</name>* ist damit ein Endtag, das zum Starttag *<name>* passt.

Zwischen Start- und Endtag kann das Element dann Daten enthalten. Dies können Text, weitere XML-Elemente, Daten etc. sein. Der Inhalt des Elements *name* besteht aus dem Text »Braun«.

> Wer sich mit dem Entwurf von HTML-Dokumenten befasst hat, kennt das alles schon. Auch in HTML werden Start- und Endtags benutzt. Allerdings hat HTML die Eigenart, dass es einige Elemente (z.B. *<hr>*) gibt, die zwar ein Starttag, aber kein Endtag aufweisen. In XML ist dies jedoch unzulässig, jedes Starttag muss zwingend ein Endtag aufweisen. Aus diesem Grund wird in diesem Buch auch der Begriff »XML-Element« benutzt. Die Angabe *name* als XML-Element impliziert, dass es sich um ein Element handelt, das durch *<name> ... </name>* dargestellt wird. Die Angabe *<name>* wäre dagegen nicht eindeutig, da hier das Starttag angegeben wird.

XML-Elemente können, ähnlich wie in HTML die Tags, geschachtelt werden (ein *<BODY>*-Tag steht in HTML immer innerhalb eines *<HTML>*-Tags). Wenn wir uns auf die Ebene der Tags eines XML-Elements begeben, ist es wichtig, dass die Schachtelung der einzelnen Tags korrekt erfolgt (HTML-Browser tolerieren manchmal fehlende Tags oder falsche Tag-Reihenfolgen XML-Parser dagegen nicht). Da das abschließende Tag *</name>* hinter dem Tag *</person>* steht, weist die folgende Konstruktion eine ungültige Schachtelung der Tags auf:

```
<person>
   <name>Braun
</person>
</name>
```

Sofern Sie mit XML-Editoren arbeiten, übernehmen diese aber die korrekte Schachtelung der Tags eines XML-Elements.

> Es wurde bereits mehrfach erwähnt, kann aber nicht oft genug wiederholt werden: Denken Sie immer daran, dass bei den XML-Elementnamen zwischen Groß-/Kleinschreibung unterschieden wird. Die DTD legt fest, ob ein Name groß, klein oder in gemischter Schreibweise anzugeben ist.

Kommen wir noch auf einen Spezialfall zu sprechen. Da ein Element nicht unbedingt einen Inhalt haben muss, wäre gemäß den XML-Regeln die Konstruktion

```
<LeerTag></LeerTag>
```

anzuwenden, d.h., auf das Starttag folgt sofort das Endtag. Hier kennt die XML-Spezifikation jedoch eine verkürzte Notation.

Das betreffende Tag wird dann einfach als

```
<LeerTag/>
```

geschrieben. Das /-Zeichen am Ende des Starttags signalisiert den Abschluss des Elements, d.h., es handelt sich um ein leeres Element. Auf den folgenden Seiten lernen Sie Beispiele für leere XML-Elemente kennen.

> In HTML stellt das *<img>*-Tag ein solches leeres Element dar. In der XML-Nomenklatur würde beispielsweise ein *img*-Element mit einer Referenz auf eine Bilddatei folgendermaßen angegeben: *<img src="Bild1.gif" />*. Das HTML-*
*-Tag müsste in XML-Notation als *
* geschrieben werden. Mittlerweile gibt es eine XHTML-Empfehlung (*www.w3c.org*), die die HTML-Tags im Hinblick auf XML-Konformität neu spezifiziert. Neben der Kleinschreibung für alle Namen werden dabei auch abschließende Tags bzw. Leertags gefordert.

2.3.1 Attribute

Sie haben nun gelernt, dass die zwischen Start- und Endtag enthaltenen Zeichen den Inhalt des betreffenden Elements darstellen. Zudem kennen Sie leere Elemente, bei denen kein Inhalt existiert und folglich das Start- und Endtag zusammengefasst werden. Neben dem Inhalt können XML-Elemente auch Attribute aufweisen, die die Eigenschaften des Elements beschreiben.

> Wer mit HTML gearbeitet hat, kennt diese Attribute bereits. Beim bereits erwähnten *<img>*-Tag gibt beispielsweise das Attribut *src* die Lage der Bilddatei an (z.B. *<img src="Bild1.gif" >*).

XML-Attribute werden genau wie in HTML im Starttag des XML-Elements abgelegt. Ein (zugegebenermaßen schlechtes) Beispiel für ein Attribut könnte beispielsweise folgendermaßen aussehen:

```
<person gewicht="150kg">G. Born</person>
```

Hier stellt *gewicht* ein Attribut des Elements *person* dar. Abhängig von der Definition in der DTD kann ein Element kein, ein oder mehrere Attribute aufweisen. Die folgende Anweisung enthält zwei Attribute:

```
<person gewicht="150kg" alter="30">G. Born</person>
```

Bei der Verwendung von Attributen gehen Sie wie in HTML vor: Der Attributname wird durch ein Gleichheitszeichen, gefolgt vom Attributwert, aufgeführt.

Gegenüber HTML gibt es aber einen gravierenden Unterschied. Während in HTML der Browser toleriert, dass Sie den Wert eines Attributs mit oder ohne Anführungszeichen angeben, müssen in XML Attributwerte zwingend in Anführungszeichen gesetzt werden. Zudem muss beim Attributnamen die Groß-/Kleinschreibung berücksichtigt werden.

Für die Anführungszeichen sieht die XML-Spezifikation dabei die Zeichen »"« und »'« vor, wobei immer ein Zeichenpaar benutzt werden muss. Und noch eine Regel sollten Sie kennen: Wenn Sie ein Zeichenpaar zum Klammern des Werts verwenden, können Sie das andere Zeichen innerhalb des Werts verwenden. Ein Attribut mit dem Namen *Zitat* ließe sich beispielsweise folgendermaßen angeben:

```
Zitat="Dies ist's, sprach er"
```

Der Wert wird durch Anführungszeichen eingeschlossen, während das Hochkomma innerhalb des Werts als normales Zeichen vorkommt. Mit diesem Trick können Sie sehr elegant Anführungszeichen oder Hochkommata in einem Wert verwenden. Die folgenden Beispiele demonstrieren die Anwendung dieser Regeln:

```
<person height='70"'>G. Born</person>
<person info="'lovely and smart'">G. Born</person>
<person text="hab's nie bereut">G. Born</person>
```

Die Information, wo in einem Tag ein Attribut auftreten darf, wird in der Document Type Definition hinterlegt. Die DTD beschreibt auch, welche Werte das Attribut annehmen darf. Außerdem legt die DTD die Schreibweise des Attributs fest. Näheres finden Sie in Kapitel 3.

Die Frage, ob Sie Informationen lieber in Attributen oder in Elemente ablegen, bleibt Ihnen überlassen. Wenn es sich um eigenständige Informationen handelt, sollten Sie aber Elemente bevorzugen. Attribute eignen sich, wenn sichergestellt werden muss, dass sie sich auf ein bestimmtes Element beziehen.

Beispiel: Attribute in WSF-Elementen

Als Beispiel zur Verwendung von Attributen möchte ich auf die unter Windows 2000/XP einsetzbaren Windows Script Host-*.wsf*-Dateien zurückgreifen. Microsoft hat in den XML-Elementen, die dem *.wsf*-Format zugrunde liegen, auch die Möglichkeit zur Verwendung von Attributen vorgesehen. Über das *script*-Element können Sie WSH-Scriptcode in unterschiedlichen Sprachen in der Datei hinterlegen. Um den XML-Parser anzuweisen, einen bestimmten Befehlsprozessor zur Interpretation der Scriptanweisungen aufzurufen, wird ein Attribut des *script*-Elements benutzt. Das folgende Beispiel demonstriert u.a. den Einsatz des *language*-Attributs im *script*-Element in einer WSF-Datei.

Listing 2.3: .wsf-Datei mit XML-Elementen und Attributen

```
<?xml version="1.0" encoding="ISO-8859-1"?>
<package>
 <comment>
  Datei: Bsp02_05.wsf (WSH 2.0 JScript)
  Autor: Günter Born
 </comment>

 <job id="T1">
  <script language="VBScript">
   WScript.Echo "Erstes Skript"
  </script>
  <script language="JScript">
   WScript.Echo ("Zweites Skript");
  </script>
 </job>

 <job id="T2">
  <script language="VBScript" src="Test.vbs"/>
 </job>
</package>
```

Im Beispiel fungiert das *package*-Element als Wurzelelement (ist in der internen DTD zur Gestaltung von *wsf*-Dateien so vorgeschrieben). Den zwei *job*-Elementen wird dann über das *id*-Attribut jeweils ein eindeutiger Text (Bezeichner) zur Identifizierung übergeben. Das *id*-Attribut erlaubt dem Benutzer auf der Befehlsebene eines der in den zwei *job*-Elementen hinterlegten Scriptprogramme ausführen zu lassen. Mit dem Befehl

```
WScript //Job:T2 <pfad>Bsp02_05.wsf
```

ließe sich dann der zweite Job der Datei aktivieren. Ein Doppelklick auf die Scriptdatei bewirkt, dass WSH standardmäßig den ersten Job ausführt.

Das vorhergehende Beispiel benutzt auch das *language*-Attribut im *script*-Element, um die benutzte Scriptsprache anzugeben. Ein fehlendes oder falsches Attribut verursacht eventuell eine Fehlermeldung, da der WSH standardmäßig JScript als Scriptsprache verwendet. Im zweiten *job*-Element wird noch eine Besonderheit benutzt: Der WSH 0 unterstützt das Einbinden bereits bestehender Scriptdateien (JS- und VBS-Dateien). Anstatt die Scriptanweisungen im *script*-Element anzugeben, wird einfach ein Verweis auf die betreffende Scriptdatei mittels des *src*-Attributs definiert. Wichtig ist aber, dass das *language*-Attribut der betreffenden Anweisung zur externen Scriptdatei passt. Die hier angegebene Form

```
<script language="VBScript" src="Test.vbs"/>
```

stellt übrigens ein Beispiel für ein leeres XML-Element dar, verwendet also das /-Zeichen im Starttag, da ja kein Scriptcode folgt.

Sie finden die Beispieldateien *Bsp02_05.wsf* und *Test.vbs* auf der Begleit-CD im Ordner *\Beisp\Kap02*.

2.4 Spezialitäten bei der Zeichenbehandlung

Zuvor hatte ich bereits ausgeführt, dass XML-Dokumente aus Textzeichen aufgebaut sind. Sie haben auch erfahren, dass Sonderzeichen wie Umlaute durch die Angabe der zu verwendenden Zeichenkodierung abgebildet werden können. Beim Verfassen von XML-Dateien müssen Sie sich aber noch mit einigen weiteren Feinheiten herumschlagen.

2.4.1 White-Space-Behandlung

Neben den darstellbaren Zeichen gibt es auch noch so genannte »White-Space«-Zeichen wie das Leerzeichen (Space, Unicode/ASCII 32), den Tabulator (Tab, Unicode/ASCII 9), den Zeilenumbruch (CR, Unicode/ASCII 13) und den Zeilenvorschub (LF, Unicode/ASCII 10), die im XML-Dokument benutzt werden dürfen. Diese Zeichen werden vom XML-Prozessor anders als die restlichen Zeichen behandelt. XML-Werkzeuge benutzen beispielsweise Zeilenumbrüche, um das XML-Dokument in Zeilen aufzuteilen. Oder es werden mehrere Leerzeichen zur optischen Aufbereitung der Elementstruktur eingefügt.

Ähnlich wie bei HTML-Dokumenten muss der XML-Parser solche White-Space-Zeichen in XML-Elementen anders als normale Zeichen behandeln. Sofern die XML-Spezifikation ein solches White-Space-Zeichen an einer Stelle erlaubt, dürfen Sie beliebig viele dieser Zeichen (z.B. mehrere Leerzeichen) einfügen. Diese Zeichen werden bei der Auswertung des XML-Elements ignoriert (oder der Parser fasst dann mehrere Leerzeichen z.B. zu einem Leerzeichen zusammen). Die folgenden beiden Zeilen sind daher synonym, auch wenn in der ersten Zeile zusätzliche Leerzeichen im Element sowie im Wert vorkommen:

```
<name    > Born </name >
<name> Born </name>
```

Der XML-Prozessor entfernt dann die White-Space-Zeichen in *<name>* (d.h. in den in der ersten Zeile benutzten Tags).

Achten Sie darauf, wo White-Space-Zeichen zulässig sind und wo nicht. Andernfalls kann es böse Überraschungen geben. Bei Windows Script Host-*.wsf*-Dateien wird eine Angabe *< job>* vom WSH-XML-Parser als Fehler gemeldet. Auch in Attributwerten sind Leerzeichen als White-Spaces unzulässig. In Datenbereichen hängt es von der Definition des Elements in der Document Type Definition (DTD) ab, ob White-Space-Zeichen unbeeinflusst bleiben.

2.4.2 Die CDATA-Anweisung

Bei der Analyse der XML-Dateien wertet der XML-Parser alle Zeichen aus. Der Parser weiß ja nicht, wo das aktuelle XML-Element endet, muss also auch den Datenbereich des Elements auswerten. Erst wenn der Parser auf das abschließende Tag des Elements stößt, wird das Element als vollständig erkannt.

XML-Elemente können jedoch Daten enthalten, die nicht für den XML-Prozessor bestimmt sind. Denken Sie beispielsweise an ein Scriptprogramm, das durchaus so etwas wie *<!-- .... -->* als Kommentartext oder als Zeichenkette aufweisen darf. Und im Kommentartext könnte ja ein Hinweis auf ein verwendetes Element auftreten (z.B. "<!-- verwende jetzt das <object>-Tag -->"). Um zu verhindern, dass der XML-Prozessor diese Teile des XML-Dokuments auswertet und falsch interpretiert, müssen Sie diese mit einer CDATA-Anweisung klammern:

```
<name>
<![CDATA[
Dies ist ein       Text       mit vielen Leerzeichen.
Zeilenumbrüchen und <elementen>.
<!-- es folgt der </name>-Tag -->
]]>
</name>
```

Sobald der XML-Prozessor auf die Anweisung *<![CDATA* stößt, überliest er alle Zeichen, die zwischen den inneren eckigen Klammern [...] stehen. Dies ermöglicht Ihnen faktisch, Informationen wie Bilddaten, Programmanweisungen etc. im XML-Element einzubauen. Auf den folgenden Seiten zeige ich ein Beispiel (*.wsf*-Datei), wo die Verwendung von CDATA-Anweisungen erforderlich ist.

2.4.3 Entities, was ist das?

Bei der Behandlung von Zeichen sollte ich auch auf Entities zu sprechen kommen. Was steckt hinter diesem im deutschen Sprachraum wenig gebräuchlichen Begriff? Nun, Entities stellen in XML eine Möglichkeit dar, einen Wert durch einen Namen zu repräsentieren. Dies ist in bestimmten Fällen unbedingt erforderlich und in anderen Fällen ganz nützlich.

Nehmen wir einmal den ersten Fall: Ähnlich wie bei HTML gibt es Sonderzeichen, die sich nicht direkt von der Tastatur abrufen lassen oder in XML eine andere Bedeutung haben. So dürfen Sie die spitzen Klammern < > nicht direkt im Text als Daten einsetzen (da diese beiden Zeichen ja gemäß der XML-Spezifikation zur Kennzeichnung der XML-Tags vorgesehen sind).

Soll ein Text solche Zeichen enthalten, müssen Sie eine Art Platzhalter verwenden, der dem XML-Prozessor signalisiert, dass er während der Analyse den Platzhalter durch den eigentlichen Wert ersetzen soll. Und diese Platzhalter werden als Entities bezeichnet. Ein Entity ist also ein Name, der einen Wert repräsentiert. Ein Entity beginnt mit dem &-Zeichen und wird mit einem Semikolon abgeschlossen. Sie können ein Entity entweder in der Form *&#xxx;* oder als *&name;* angegeben. In der ersten Variante ist anstelle des Platzhalters xxx dann der Zeichencode anzugeben. Bei der zweiten Variante muss der Entity-Name vereinbart sein.

HINWEIS

Wer bereits mit HTML gearbeitet hat, kennt dies vermutlich. Einige Zeichen sind direkt über die Zeichencodes oder die Zeichennamen im Text einzusetzen. Es gibt auch Personen, die noch eine Unterscheidung zwischen Entities und vordefinierten Zeichen wie *>* treffen. In diesem Buch bezeichne ich aber die in XML vordefinierten Zeichen auch als Entities.

Nehmen wir als Beispiel das >-Zeichen, welches ein Tag abschließt. Soll dieses Zeichen im Text auftreten, müssen Sie dieses als *›* oder als *>* kodieren. In beiden Fällen wird der Zeichencode durch das geforderte &-Zeichen als Escape-Charakter eingeleitet und durch ein Semikolon abgeschlossen. In der ersten Variante gibt die Zahl den Zeichencode als Dezimalzahl an. Die Zeichencodes lassen sich aus den ISO-Tabellen zur Zeichenkodierung ermitteln. Für einige Zeichen gibt es vordefinierte Entity-Namen, die Sie verwenden können. Die folgende Tabelle enthält die in XML vordefinierten Entities.

Tabelle 2.2: Namen vordefinierter Zeichen für XML

Entity	**Zeichen**
&	&
<	<
>	>
'	'
"	"

Diese vordefinierten Entities sind erforderlich, um die entsprechenden Zeichen in XML-Elementen (z.B. in einem Text) einfügen zu können. Der XML-Parser setzt die Entities bei der Analyse dann in die betreffenden Zeichen um.

Es gibt noch einen zweiten Ansatz, wo Entities genutzt werden: Nehmen wir an, ein Wert kommt häufiger in einem Textdokument vor, soll aber an zentraler Stelle anpassbar sein (z.B. ein Name in einem Textdokument). Dann könnten Sie ein Entity anstelle des betreffenden Werts im Dokument hinterlegen.

```
&name;

Lieber Herr &name;,
....
```

Wird der Wert dieser Entity in der Document Type Definition beispielsweise mit "Born" belegt, setzt der Parser den zuvor genannten Text bei der Analyse folgendermaßen um:

```
Born

Lieber Herr Born,
....
```

Entities eröffnen Ihnen also elegante Möglichkeiten zur Manipulation der Dokumentinhalte. Auf die Definition der Entity-Werte kommen wir später noch zu sprechen (siehe Kapitel 3).

Beispiel: CDATA- und Entity-Probleme in WSF-Dateien

An dieser Stelle möchte ich an einem speziellen Beispiel demonstrieren, wie Entities bzw. fehlende CDATA-Anweisungen in eine XML-Anwendung hineinspielen können. Auf das Problem bin ich beim Umsetzen von WSH-Scriptdateien in das *.wsf*-Format gestoßen. Das folgende WSF-Dokument sollte eigentlich bei der Ausführung im WSH ein Dialogfeld mit dem Text »Hallo Welt« ausgeben.

Listing 2.4: Fehlerhafte .wsf-Datei Bsp02_06.wsf

```
<?xml version="1.0" encoding="ISO-8859-1"?>
 <job id="T1">
  <script language="VBScript">
   name = "Welt"
   WScript.Echo "Hallo " & name
  </script>
  </script>
 </job>
```

Hierzu wird in der vierten Zeile die Variable *name = "Welt"* vereinbart. In der darauf folgenden Anweisung

```
WScript.Echo "Hallo " & name
```

wird die *Echo*-Methode zur Anzeige des Texts in einem Dialogfeld benutzt. Der auszugebende Text besteht dabei aus der Textkonstanten "Hallo " sowie dem Inhalt der Variablen *name*. Beide Teiltexte sollen nun über den &-Operator aus VBScript zu einer Zeichenkette verknüpft werden. Leider macht uns der XML-Parser, der sich an die XML-Definition hält, einen Strich durch die Rechnung. Der XML-Parser liest den Inhalt des *script*-Elements als Zeichensequenz und sucht das abschließende *</script>*-Tag. Stößt er auf das &-Zeichen im Scriptcode, muss der XML-Parser dieses als Einleitung für ein Entity interpretieren. Das folgende Leerzeichen wird als White Space herausgefiltert und der Bezeichner *name* als Entity-Name benutzt. Folglich sieht der Parser den Ausdruck *&name*, was verteufelt einer Entität gleicht. Lediglich das abschließende Semikolon fehlt, was auch prompt im Fehlerdialog bemängelt wird (Abbildung 2.4).

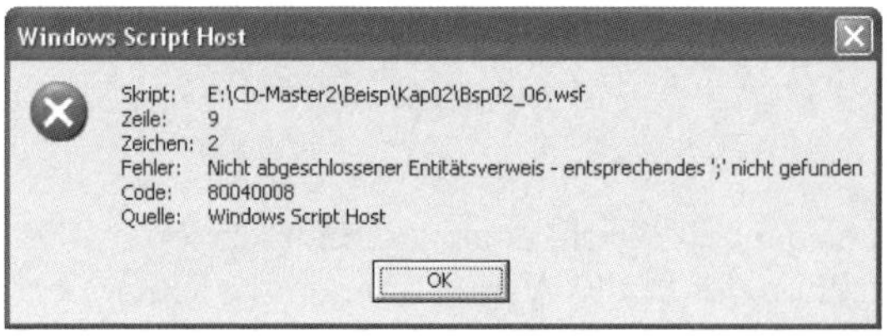

Abb. 2.4: Fehlermeldung bei fehlender CDATA-Anweisung

Was für den XML-Parser logisch ist, löst auf Benutzerseite ziemliches Kopfzerbrechen aus. Als bei mir der Fehler auftrat, glaubte ich zuerst an einen Bug im WSH. Gewarnt durch das zuvor beschriebene Umlautproblem klopfte ich das Listing auf Verstöße gegen die XML-Konventionen ab und stieß so auf die betreffende Textstelle. Um solche Probleme zu vermeiden, müssen Sie entsprechende Elementinhalte mit CDATA-Anweisungen kapseln. Dann sieht die WSF-Datei folgendermaßen aus:

Listing 2.5: .wsf-Datei Bsp02_06a.wsf mit CDATA-Anweisung

```
<?xml version="1.0" encoding="ISO-8859-1"?>
 <job id="T1">
  <script language="VBScript">
    <![CDATA[
     name = "Welt"
     WScript.Echo "Hallo " & name
      ]]>
  </script>
 </job>
```

Der eigentliche Scriptcode wird mit CDATA gekapselt. Dann weiß der XML-Parser, dass in dem in den inneren Klammern [...] stehenden Teil keine XML-Anweisungen zu finden sind und überliest die betreffenden Zeichen. Mit dieser Modifikation läuft das Script.

Bei Datenbereichen, die Programmcode enthalten, könnte es aber vorkommen, dass die Endemarke *]]>* eines *CDATA*-Abschnitts in den Anweisungen auftritt. Bei JScript werden Feldindizes beispielsweise mit eckigen Klammern angegeben. Dort wäre es denkbar, dass eine Anweisung der Art *if (a[c[4]]> 0)* auftritt. Der XML-Parser würde dann im Ausdruck das Ende des *CDATA*-Abschnitts erkennen und beim nachfolgenden Code vermutlich einen Fehler melden. In diesem Fall müssen Sie zu einem Trick greifen und zwei *CDATA*-Abschnitte verwenden. Die betreffende Programmstelle sähe dann so aus:

```
if (a[c[4]]]]><![CDATA[> 0)
```

Die beiden *]]*-Zeichen werden einfach verdoppelt. Dann überliest der XML-Prozessor die ersten beiden Zeichen. Die Zeichenfolge *]]>* wird zwangsweise als Ende eines CDATA-Abschnitts erkannt (dies lässt sich nicht verhindern). Nun gilt es, den Restcode wieder in einen CDATA-Abschnitt einzubetten. Hierzu setzen wir einfach *<!CDATA[* erneut ein. Da das >-Zeichen durch den XML-Prozessor »verschluckt« wurde, fehlt es im Programmcode. Folglich wird auch noch das Zeichen > an der betreffenden Dokumentstelle eingefügt.

2.5 Verschiedenes

Auf den vorherigen Seiten haben Sie eine Einführung in XML erhalten. In einigen Beispielen wurden Ihnen auch die Fallstricke aufgezeigt. Im letzten Abschnitt dieses Kapitels möchte ich noch auf einige spezielle Themen wie Processing Instructions und Wohlgeformtheit zu sprechen kommen.

2.5.1 Processing Instructions

Ziel von XML ist es, ein Dokument in einer vordefinierten Struktur (den XML-Elementen) abzubilden. Der Inhalt des XML-Dokuments wird durch den XML-Parser ausgewertet und dann als Dokument dargestellt. Nun kann aber durchaus der Bedarf bestehen, dem verarbeitenden Programm zusätzliche Anweisungen zu geben. Hierzu gelangen die so genannten Processing Instructions (Verarbeitungsanweisungen) zum Einsatz. Eine Processing Instruction wird in der Form

```
<?PITarget Anweisung ?>
```

im XML-Dokument angegeben. *PITarget* steht für ein fest vorgegebenes Schlüsselwort (z.B. *xml*), welches der XML-Parser kennen muss. Dann kann er die Anweisungen auswerten und entsprechend reagieren. Ihnen ist bereits eine Prozessing Instruction begegnet – denn bei der Anweisung

```
<?xml version="1.0" ?>
```

handelt es sich um nichts anderes als um eine Anweisung an den XML-Parser, das Dokument nach den XML-Regeln zu bearbeiten. Je nach verwendetem XML-Prozessor können weitere Processing Instructions vereinbart sein. Zuvor hatten Sie WSH-Scriptbeispiele im WSF-Format kennen gelernt. Der XML-Parser des Microsoft Windows Script Host (ab Version 2.0) unterstützt verschiedene Processing Instructions. Das folgende Beispiel enthält neben der *xml*-Processing-Instruction noch eine weitere *job*-Processing-Instruction:

Listing 2.6: .wsf-Datei Bsp02_07.wsf mit Processing Instruction

```
<?xml version="1.0" encoding="ISO-8859-1"?>
 <job id="T1">
 <?job debug="false" error="false" ?>
  <script language="VBScript">
    <![CDATA[
     name = "Welt"
     WScript.Echo "Hallo " & name
      ]]>
  </script>
 </job>
```

Im *job*-Element findet sich die *job*-Processing-Instruction, die dem Parser mitteilt, ob die Funktionen zum Debugging sowie zur Anzeige von Fehlermeldungen aktiviert sind oder nicht. Details zu den zulässigen Processing Instructions entnehmen Sie der Dokumentation des jeweiligen XML-Werkzeugs. Sie finden das Beispiel in der Datei *Bsp02_07.wsf* im Ordner *\Beisp\Kap02* der Begleit-CD.

2.5.2 Kommentare in XML-Dokumenten

Die XML-Spezifikation kennt auch die Möglichkeit, Kommentare in einem XML-Dokument zu hinterlegen. Diese Kommentaranweisungen dienen ggf. einem menschlichen Leser, der das XML-Dokument in einem Editor lädt oder ausdruckt. Der XML-Parser übergeht diese Kommentare aber beim Parsen des XML-Dokuments. In XML können Kommentare in der Form

```
<!-- ... -->
```

angegeben werden. Der Kommentar wird also mit der Zeichenfolge *<!--* eingeleitet und mit der Zeichensequenz --> abgeschlossen.

Zusammenfassung

In diesem Kapitel haben Sie die Grundlagen zum Einstieg in XML kennen gelernt. Sie wissen, was eine XML-Deklaration ist und wie eine Dokumenttyp-Deklaration geschrieben wird. Außerdem wissen Sie, was XML-Elemente, Attribute, Processing Instructions und Entities sind. Damit sollten Sie die Strukturen in einem XML-Dokument erkennen sowie einfache XML-Dokumente erstellen können. Für viele XML-Anwendungen (z.B. den Microsoft Windows Script Host) reicht dieses Wissen bereits aus. Anhand konkreter Beispiele haben Sie die Probleme kennen gelernt, die sich bei der Bearbeitung durch XML-Prozessoren ergeben können. Im nächsten Kapitel lernen Sie, was Wohlgeformtheit (wellformed) bei XML-Dokumenten bedeutet und wie man deren Gültigkeit überprüft. Zusätzlich erfahren Sie, was es mit der Document Type Definition (DTD) auf sich hat und wie man diese erstellt.

Fragen

1. Wozu werden Processing Instructions benötigt?
2. Nennen Sie einige Kriterien, die beim Aufbau von XML-Dokumenten zu beachten sind.
3. Wie lassen sich Sonderzeichen wie < > in einem XML-Dokument als Daten hinterlegen?
4. Welche Aufgabe hat der CDATA-Abschnitt?

Antworten

1. Processing Instructions geben dem XML-Prozessor Anweisungen zur Verarbeitung der XML-Datei.
2. Ein Root-Element, Groß-/Kleinschreibung in Tagnamen beachten, Elemente immer mit Start- und Endtag oder als leeres Tag angeben, eine XML-Deklaration am Dokumentanfang angeben.
3. Die Zeichen müssen als Entities der Form > oder < etc. hinterlegt werden oder Sie klammern die Textstellen durch CDATA-Abschnitte.
4. Er markiert einen Abschnitt im Dokument, der nicht durch den Parser auf XML-Anweisungen untersucht wird.

Kapitel 3

jetzt lerne ich

DTDs und benutzerdefinierte XML-Dokumenttypen

In den ersten beiden Kapiteln haben Sie eine grobe Einführung in XML erhalten und können einfache XML-Dokumente erstellen. Dieses Kapitel befasst sich nun mit der Frage, wie sich XML-Dateien überprüfen lassen. Sie erfahren, was sich hinter dem Begriff der »Wohlgeformtheit« verbirgt und wie man die »Gültigkeit« eines XML-Dokuments überprüfen kann. Zur Gültigkeitsprüfung benötigen Sie aber eine Document Type Definition (DTD). Daher lernen Sie in diesem Kapitel auch, wie Sie eine DTD für eigene Dokumenttypen erstellen und über die Dokumenttyp-Deklaration einbinden.

3.1 Wohlgeformtheit und Gültigkeit in XML

Beim Laden von XML-Dokumenten führt ein XML-Parser eine Überprüfung auf Wohlgeformtheit (englisch »wellformed«) durch. Nur wohlgeformte XML-Dokumente lassen sich sinnvollerweise mit dem XML-Parser auswerten und weiterverarbeiten. Noch einen Schritt weiter geht die Prüfung, ob ein XML-Dokument auch gültig ist. In diesem Abschnitt lernen Sie, was man unter Wohlgeformtheit und Gültigkeit versteht und testen dies an konkreten Beispielen, die diese Kriterien verletzen, aus.

3.1.1 Was sind wellformed XML-Dokumente?

Beim Arbeiten mit XML-Dokumenten werden Sie früher oder später über den Begriff der Wohlgeformtheit (wellformed XML-Documents) stolpern. Wenn ein XML-Prozessor ein mit der *<?xml ... ?>*-Processing-Instruction versehenes XML-Dokument erkennt, muss er den Dokumentinhalt vor der Verarbeitung auf Wohlgeformtheit überprüfen. Nur wenn das Dokument dieses Kriterium erfüllt, macht eine weitere Verarbeitung der Elemente in einem XML-Parser Sinn.

Was bedeutet nun diese Wohlgeformtheit eigentlich? Wohlgeformtheit bedeutet nicht mehr und nicht weniger, als dass das XML-Dokument gemäß den Regeln der XML-Spezifikation aufgebaut ist. Diese Regeln haben Sie in Kapitel 2 kennen gelernt. Es kann aber nicht schaden, wenn wir uns die Kriterien für wohlgeformte XML-Dokumente noch einmal ansehen.

- Ein wohlgeformtes XML-Dokument muss die XML-Regeln für *documents* erfüllen, d.h., es muss eine *<?xml ...?>*-Processing-Instruction sowie genau ein Wurzelelement aufweisen.
- XML-Elemente können Text (Daten) und andere (Unter-)Elemente enthalten. Bei XML-Elementen, die Unterelemente aufweisen, müssen deren zugehörige Tags korrekt geschachtelt sein (z.B. *<b> text <i>kursiv</i></b>* und nicht *<b> text <i>kursiv</b></i>*).
- Jedes Starttag eines XML-Elements muss ein korrespondierendes Endtag aufweisen. Leere Elemente müssen in der Form <.../> geschrieben werden.
- Außerdem wird die Groß-/Kleinschreibung bei Element- und Attributnamen berücksichtigt. Die Elemente müssen gemäß den Vorgaben in der DTD geschrieben werden. Fehlt die DTD, müssen die Namen im Start- und Endtag eines Elements die gleiche Schreibweise aufweisen.
- Attributwerte sind zwingend in Hochkommas oder Anführungszeichen einzuschließen.
- Spezielle Zeichen wie <, >, & etc. müssen als Entities kodiert werden, falls Sie als Text und nicht als Anweisungen im XML-Dokument auftauchen sollen. Enthält ein Element Daten, die sich als XML-Entities oder spitze Klammern interpretieren lassen, müssen diese Daten in einer *CDATA*-Anweisung gekapselt werden.

Zusätzlich müssen Sie darauf achten, dass im XML-Dokument der richtige Zeichensatz vereinbart wird. Außerdem ist daran zu denken, dass White-Space-Zeichen eventuell herausgefiltert werden.

3.1.2 Fehlerbeispiel 1: Falsche Tag-Schreibweise

Die Wohlgeformtheit eines Dokuments kann bei der manuellen Eingabe der Elemente sehr schnell verletzt werden. Dies soll jetzt an einem einfachen Beispiel demonstriert werden. Starten Sie einen Texteditor und geben Sie die nachfolgenden Anweisungen ein:

Listing 3.1: XML-Dokument zur Aufnahme von Personendaten

```
<?xml version="1.0" encoding="ISO-8859-1"?>

<Person>
   <name>Braun</name>
   <vorname>Hans</vorname>
</person>
```

Diese Struktur dient dazu, die Daten einer Person (Name und Vorname) per XML zu beschreiben. Beachten Sie, dass ich im Quellcode das schließende Tag *</person>* mit Kleinbuchstaben geschrieben habe. Gemäß den XML-Regeln ist dies unzulässig.

Speichern Sie die Datei als Textdokument (z.B. unter dem Namen *Bsp03_01.xml*) und versuchen Sie dann, das Dokument in einem Browser (Internet Explorer oder Firefox) oder in einem XML-Editor zu laden. Die XML-Deklaration in der ersten Zeile der Datei weist das Dokument als XML-Dokument aus. Der Parser findet dann ein Element *person*, das die Unterelemente *name* und *vorname* aufweist. Beim Laden im Internet Explorer erscheint aber die Fehlermeldung aus Abbildung 3.1.

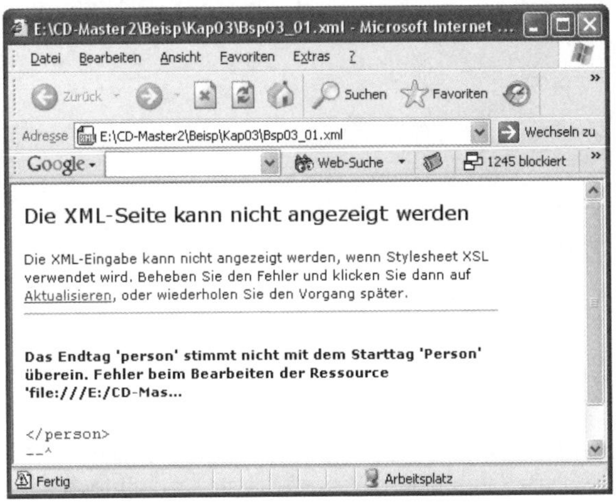

Abb. 3.1: Anzeige einer fehlerhaften XML-Datei

Das Starttag *<Person>* passt in der Schreibweise nicht zum Endtag *</person>*. Das Dokument ist also nicht wohlgeformt. Der XML-Parser hat dieses Problem erkannt und zeigt auch eine entsprechende Meldung an. Um das XML-Dokument korrekt mit seinen Elementen anzeigen oder verarbeiten zu können, muss die Schreibweise der Tags im Element *person* korrigiert werden.

HINWEIS

Es ist dabei übrigens egal, ob Sie Elementnamen in Groß- oder Kleinbuchstaben schreiben. Sie müssen lediglich konsequent vorgehen, d.h., die Schreibweise muss für Start- und Endtag übereinstimmen. Am einfachsten ist es, wenn Sie Elementnamen immer mit Kleinbuchstaben schreiben. Sie finden die fehlerhafte XML-Datei *Bsp03_01.xml* im Ordner *Beisp\Kap03* auf der Begleit-CD. Die Datei *Bsp03_01a.xml* im gleichen Ordner enthält den bereits korrigierten Code. Verwenden Sie XML-Editoren wie XML Spy etc. zur Erstellung der XML-Dokumente, treten solche Schreibfehler kaum auf. Diese Werkzeuge verifizieren die Gültigkeit der Eingaben spätestens beim Speichern und prüfen auch beim Laden, ob das XML-Dokument wohlgeformt ist.

3.1.3 Fehlerbeispiel 2: Kein Wurzelelement

Ein weiteres nicht wohlgeformtes XML-Dokument liegt in folgendem Listing vor. Das XML-Dokument soll eine Adressenliste bestehend aus Name, Vorname und Telefonnummer aufnehmen.

Listing 3.2: XML-Dokument zur Ablage einer Telefonliste

```
<?xml version="1.0"?>

<person>
   <name>Braun</name>
   <vorname>Hans</vorname>
   <tel>069-305-7023</tel>
</person>
<person>
   <name>Meier</name>
   <vorname>Ute</vorname>
   <tel>069-305-1033</tel>
</person>
```

Das XML-Dokument benutzt das XML-Element *person* mit drei Unterelementen, um den Namen, Vornamen und die Telefonnummer einer Person abzulegen. Für jede Person der Liste wird einfach ein Element *person* mit den zugehörigen Unterelementen im XML-Dokument hinzugefügt. Das Beispiel wurde in diesem Listing auf zwei Datensätze beschränkt, das Hinzufügen weiterer Datensätze sollte kein prinzipielles Problem darstellen. Sobald Sie jedoch die betreffende XML-Dokumentdatei in einem XML-Parser analysieren lassen, wird dieser einen Fehler melden. Abbildung 3.2 zeigt die Fehlermeldung, die beim Laden der Dokumentdatei im Internet Explorer erscheint. Der XML-Parser des Browsers bemängelt das Element *person* und gibt an, dass ein XML-Dokument nur ein Element auf der obersten Ebene aufweisen kann.

Auch dieses XML-Dokument verletzt also die Kriterien der Wohlgeformtheit. Denn Wohlgeformtheit verlangt, dass ein XML-Dokument genau ein Wurzelelement aufweist. Dies ist aber im zuvor genannten Beispiel nicht der Fall; wir haben zwei *person*-Elemente.

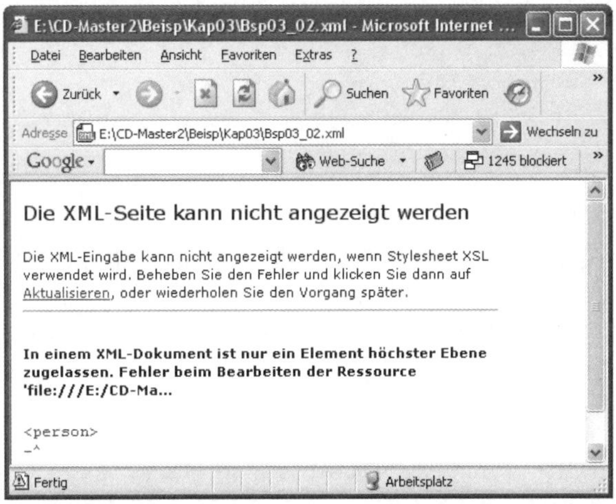

Abb. 3.2: Fehlermeldung wegen fehlendem Wurzelelement

Das Kriterium der Wohlgeformtheit lässt sich aber leicht erreichen, indem Sie ein neues Wurzelelement, nennen wir es *daten*, einfügen. Dieses Wurzelelement kann dann Elemente vom Typ *person* aufnehmen, die jeweils Informationen zu einer Person enthalten.

Sie finden die fehlerhafte XML-Datei *Bsp03_02.xml* im Ordner *Beisp\Kap03* auf der Begleit-CD. Die Datei *Bsp03_02a.xml* im gleichen Ordner enthält den bereits korrigierten Code mit dem neuen Wurzelelement.

HINWEIS

3.1.4 Fehlerbeispiel 3: Falsche Zeichencodes

Beim Bearbeiten der XML-Dokumente mit dem Windows Texteditor kann ein weiteres Problem auftreten, das bereits in Kapitel 2 angerissen wurde. Schauen Sie sich einmal die folgende XML-Struktur an.

Listing 3.3: Erweitertes XML-Dokument zur Ablage der Telefonliste

```
<?xml version="1.0"?>
<daten>
  <person>
    <name>Braun</name>
    <vorname>Hans</vorname>
    <tel>069-305-7023</tel>
  </person>
  <person>
    <name>Meier</name>
    <vorname>Ute</vorname>
    <tel>069-305-1033</tel>
  </person>
  <person>
    <name>Müller</name>
    <vorname>Jan</vorname>
    <tel>069-305-4103</tel>
    <status>Azubi</status>
  </person>
</daten>
```

Auf den ersten Blick wurde der XML-Struktur nur ein weiteres Element *person* hinzugefügt. Allerdings weist dieses XML-Element ein weiteres Unterelement *status* auf. Wenn Sie die XML-Struktur im Windows Editor eingeben und in einer XML-Datei speichern, wird beim Laden des Dokuments ein Fehler im XML-Parser angezeigt.

HINWEIS

Wer die Ursache im neu eingefügten *status*-Unterelement vermutet, ist aber auf dem Holzweg. Dies ist zulässig, da die Zahl der Unterelemente in einem XML-Element wegen der fehlenden DTD nicht beschränkt ist. Sie können daher in den Elementen nicht benötigte Unterelemente weglassen.

Leider verhalten sich die verschiedenen XML-Parser bezüglich der Fehlermeldung recht unterschiedlich. Der Internet Explorer (Abbildung 3.3, rechts unten) meldet, dass ein ungültiges Zeichen gefunden wurde und blendet das Element mit dem fehlerhaften Wert ein. Laden Sie das Dokument in Mozilla, wird dieser Browser keinen Fehler anzeigen. Es erscheint lediglich der Platzhalter für ein Sonderzeichen im Namen »Müller«. Der in XML Spy 2005 integrierte XML-Parser markiert dagegen das abschließende Tag des letzten *person*-Elements und bemängelt ein nicht wohlgeformtes Dokument (Abbildung 3.3, links oben). Erst ein genauer Blick auf die Werte dieses Elements zeigt, dass in *name* ein Sonderzeichen eingeblendet wird.

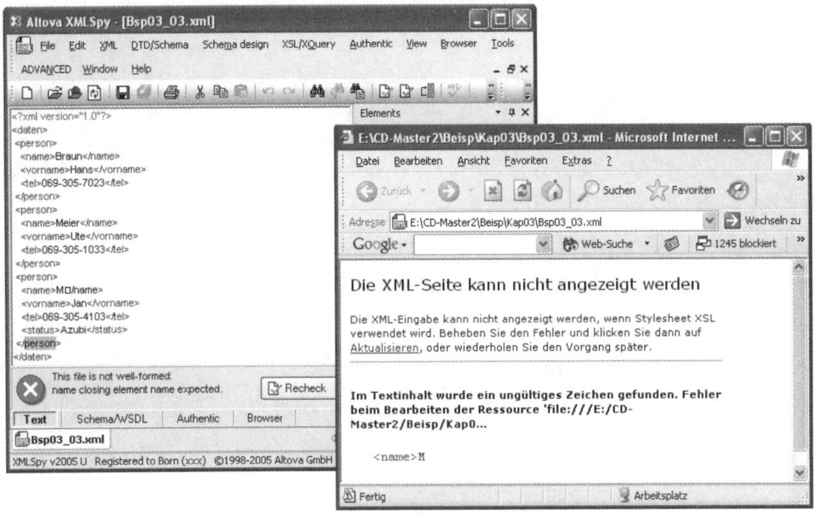

Abb. 3.3: Fehlermeldung wegen ungültigen Zeichen

Der eigentliche Fehler steckt in der XML-Deklaration, in der kein *encoding*-Attribut enthalten ist. Danach muss der XML-Parser eine Zeichenkodierung gemäß UTF-8 annehmen. Beim Speichern der XML-Struktur im Windows Editor wird aber ggf. der ANSI-Zeichensatz verwendet. Umlaute werden aber beim ANSI-Zeichensatz anders als bei UTF-8-Unicode kodiert. Das tückische an dieser Sache ist, dass solche XML-Dokumente fehlerfrei geparst werden, solange keine Umlaute oder Sonderzeichen als Daten eingegeben werden. Möchten Sie sicher sein, dass das XML-Dokument Adressdaten mit beliebigen Sonderzeichen verwenden kann, müssen Sie das Attribut *encoding="ISO-8859-1"* in der XML-Deklaration hinterlegen.

> Sie finden die fehlerhafte XML-Datei *Bsp03_03.xml* im Ordner *Beisp\Kap03* auf der Begleit-CD. Die korrigierte Datei *Bsp03_03a.xml* befindet sich im gleichen Ordner.

3.1.5 Gültigkeitsprüfung in XML

Wohlgeformtheit ist das einfachste Kriterium, das ein XML-Dokument erfüllen sollte. Andernfalls kann der XML-Parser nicht sicher sein, dass er das Dokument fehlerfrei einlesen und in Entities zerlegen kann. Die meisten Parser werden die Bearbeitung von XML-Dokumenten, die nicht wohlgeformt sind, ablehnen. Ist Wohlgeformtheit also die minimale Grundvoraussetzung zur weiteren Verarbeitung eines XML-Dokuments in einem Parser, wird oft auch gefordert, dass das Dokument gültig ist. Was steckt hinter der Gültigkeit und warum braucht man dieses Kriterium?

Nehmen wir an, dass zwei Firmen Daten (z.B. Adresslisten) zwischen ihren Anwendungsprogrammen austauschen müssen. Die Entwickler haben sich telefonisch darauf geeinigt, dass ein Wurzelelement *daten* ein oder mehrere Unterelemente *person* mit den Daten aufnehmen darf. Die Daten des Elements *person* sind in den Unterelementen *name*, *vorname* und *tel-nr* zu hinterlegen. Der Entwickler aus Firma B benutzt die folgende XML-Datenstruktur als Basis für die Importfunktion:

Listing 3.4: Entwurf der Basis-Datenstruktur

```
<?xml version="1.0"?>
<daten>
 <person>
   <name>...</name>
   <vorname>...</vorname>
   <tel>...</tel>
 </person>
</daten>
```

Diese Konstruktion erfüllt die Regeln auf Wohlgeformtheit und lässt sich folglich durch einen XML-Parser einlesen. Der Entwickler in Firma A ist leider etwas kreativ und benutzt eine variierte Schreibweise mit Groß-/Kleinschreibung der Elementnamen. Zudem überlegt er sich, dass die Angabe von Name, Vorname und Telefonnummer nicht ausreicht. Er ergänzt die Datensätze der Personen willkürlich um weitere Daten mit Wohnort, Postleitzahl, Straße und Hausnummer. Da lediglich eine Wohlgeformtheit der XML-Daten vereinbart ist, könnte seine XML-Struktur beispielsweise folgenden Aufbau haben:

Listing 3.5: Erweiterte XML-Datenstruktur

```
<?xml version="1.0" encoding="ISO-8859-1"?>
<Daten>
 <Person>
   <Name>Braun</Name>
   <Vorname>Hans</Vorname>
   <Tel>069-305-7023</Tel>
 </Person>
 <Person>
   <Name>Meier</Name>
   <Vorname>Ute</Vorname>
   <Tel>069-305-1033</Tel>
   <Adresse>
    <plz>60130</plz>
    <ort>Frankfurt</ort>
    <strasse>Westend</strasse>
    <nr>99</nr>
   </Adresse>
 </Person>
 <person>
   <name>Müller</name>
   <vorname>Jan</vorname>
   <tel>069-305-4103</tel>
```

```
    <status>Azubi</status>
     <plz>60130</plz>
     <ort>Frankfurt</ort>
     <strasse>Westend</strasse>
     <nr>99</nr>
  </person>
</Daten>
```

Beide Entwickler können die jeweilige Datenstruktur in einem XML-Parser laden und bekommen die Wohlgeformtheit ihres XML-Dokuments bestätigt. Ein kurzer Blick auf die XML-Struktur aus Listing 3.5 zeigt aber, dass diese alles andere als optimal ist. Die Schreibweise des Elements *person* variiert von Eintrag zu Eintrag. Ein XML-Parser wird also diese Einträge als unterschiedliche XML-Elemente interpretieren. Zudem ist es kritisch, dass pro Element *person* eine unterschiedliche Anzahl an Unterelementen vorliegen kann. Entwickler A hätte sogar die Möglichkeit, das Element für die Personendaten einmal mit *person* und dann wieder mit *personen* etc. zu bezeichnen. Solange nur Wohlgeformtheit gefordert ist, lässt sich die Struktur der XML-Daten nach Gusto frei verändern. Fehler sind dann bereits vorprogrammiert. Die Auswertung solcher in der XML-Struktur gespeicherter Daten per Programm wird schwierig bis unmöglich. Das Programm muss sich darauf verlassen können, dass bestimmte Informationen (sofern vorhanden) an einer bestimmten Stelle in der Struktur hinterlegt sind. Zur Auswertung bietet sich dabei eine Baumstruktur an (z.B. alle Adressdaten finden sich immer im Zweig *daten\person\adresse*). Dann kann das Programm die betreffenden Elemente analysieren und ggf. die Daten extrahieren.

Sicherlich ist das Beispiel etwas gekünstelt, Entwickler B könnte seinem Kollegen den Entwurf zusenden und festlegen, dass diese Struktur die Basis für den Datenaustausch ist. Aber in der Praxis erweist sich die Aussage »Vertrauen ist gut, Kontrolle ist besser« als äußerst hilfreich. Für Entwickler B wäre es wichtig, wenn er den XML-Parser anweisen könnte, die Struktur der von Firma A angelieferten Daten auf Übereinstimmung mit seinem Entwurf zu überprüfen. Nur wenn alle formalen Kriterien eingehalten wurden, werden die XML-Daten zum Import akzeptiert.

Man kann sogar noch einen Schritt weitergehen und auch fordern, dass die in den XML-Elementen enthaltenen Daten gültig sind. Wer von verschiedenen Personen ausgefüllte Formulare auswertet, kennt das Problem: Fast jeder Mensch bevorzugt seine eigene Schreibweise. Da wird Ortsnamen die Postleitzahl vorangestellt, das dafür vorgesehene Feld bleibt leer. Oder beim Straßennamen findet sich die Hausnummer direkt dahinter. Telefonnummern werden mit Slash-Zeichen, Bindestrichen oder Leerzeichen strukturiert etc. Wer solche Daten per Programm einlesen will, muss sichergehen, dass die »Felder« der Eingangsdaten gültige Einträge enthalten. Ein Ortsname darf keine vorangestellte Postleitzahl aufweisen etc. Und damit sind wir bei der restriktiveren Forderung nach der Gültigkeit eines XML-Dokuments.

- Ein gültiges XML-Dokument erfüllt automatisch die Kriterien der Wohlgeformtheit.
- Gültigkeit setzt aber voraus, dass der Inhalt des XML-Dokuments mit den Regeln dieser Dokumentklasse konform ist.

Die Regeln, nach der eine Dokumentklasse aufgebaut ist, werden aber an einer zentralen Stelle festgelegt: in der Document Type Definition (DTD). Eine Überprüfung auf Gültigkeit setzt daher voraus, dass eine DTD (oder ein XML-Schema, wie Sie in den folgenden Kapiteln noch feststellen werden) existiert. Der XML-Parser validiert dann das angegebene XML-Dokument auf Übereinstimmung mit der DTD und weist dieses dann als gültig oder ungültig im Sinne der Spezifikation aus. Die Gültigkeit setzt also immer die Prüfung gegen eine DTD (oder eine andere Definition) voraus. Das Dokument ist gültig, wenn die Dokumentstruktur den in der DTD aufgestellten Regeln entspricht (z.B. Art der verwendeten Elemente, deren Schachtelung, Art der verwendeten Attribute, Einhaltung der Wertegrenzen für Attributwerte etc.).

HINWEIS

Da aber die bisherigen Beispiele keine DTD benutzen, ist einen Prüfung auf Gültigkeit nicht möglich. Nachfolgend lernen Sie daher, wie eine DTD aufzubauen und im XML-Dokument einzubinden ist.

3.1.6 Wie validiert man XML-Dokumente?

Zur Validierung (also zur Prüfung auf Gültigkeit) müssen Sie den XML-Parser anweisen, das XML-Dokument auf Übereinstimmung mit den Regeln der Dokumentdefinition (DTD) zu testen. Das Laden von XML-Dokumenten in einem XML-Parser (z.B. dem Internet Explorer oder Firefox) reicht offensichtlich zur Validierung nicht aus (da nur die Wohlgeformtheit getestet wird). Glücklicherweise besitzen die in Kapitel 1 erwähnten XML-Editoren wie XML Spy, Morphon etc. Funktionen zur Validierung eines geladenen XML-Dokuments.

Dies soll nun an einigen einfachen Beispielen demonstriert werden. Hierzu wird ein auf einer DTD basierendes XML-Dokument benutzt. Abbildung 3.4 zeigt das Anwendungsfenster von XML Spy 2005, in dem ein XML-Dokument einer Validierung unterzogen wurde. In der zweiten Zeile des XML-Dokuments findet sich der Verweis auf eine externe DTD-Datei *person.dtd*.

```
<!DOCTYPE daten SYSTEM "person.dtd">
```

Ohne überhaupt auf deren Inhalt eingehen zu müssen, bemängelt der XML-Parser bereits die Verletzung einer Gültigkeitsregel. Der in der Dokumenttyp-Deklaration angegebene Name *daten* passt nicht zum Wurzelelement *data* des XML-Dokuments.

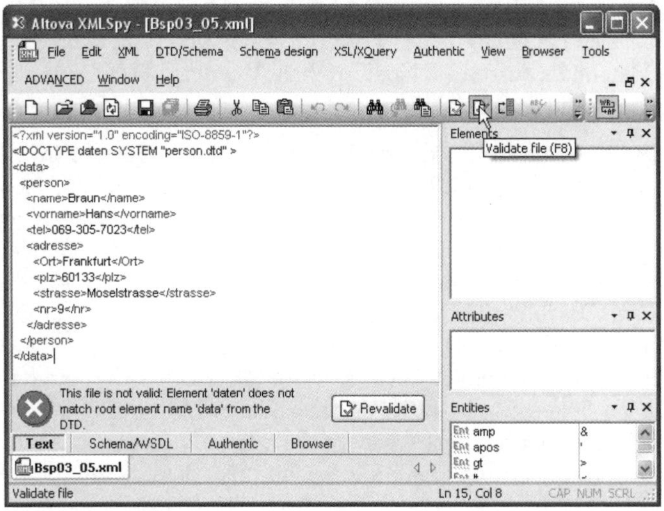

Abb. 3.4: Validierungsfehler, Anzeige in XML Spy

XML Spy prüft beim Laden zuerst, ob das XML-Dokument wohlgeformt ist. Trifft dies zu, schließt sich eine Gültigkeitsprüfung an. Validierungsfehler werden daher sofort nach dem Laden angezeigt. XML Spy meldet jedoch nur den ersten gefundenen Validierungsfehler. Sie müssen die XML-Quelldatei korrigieren und können dann eine erneute Gültigkeitsprüfung über eine Schaltfläche der Symbolleiste ausführen (Abbildung 3.4).

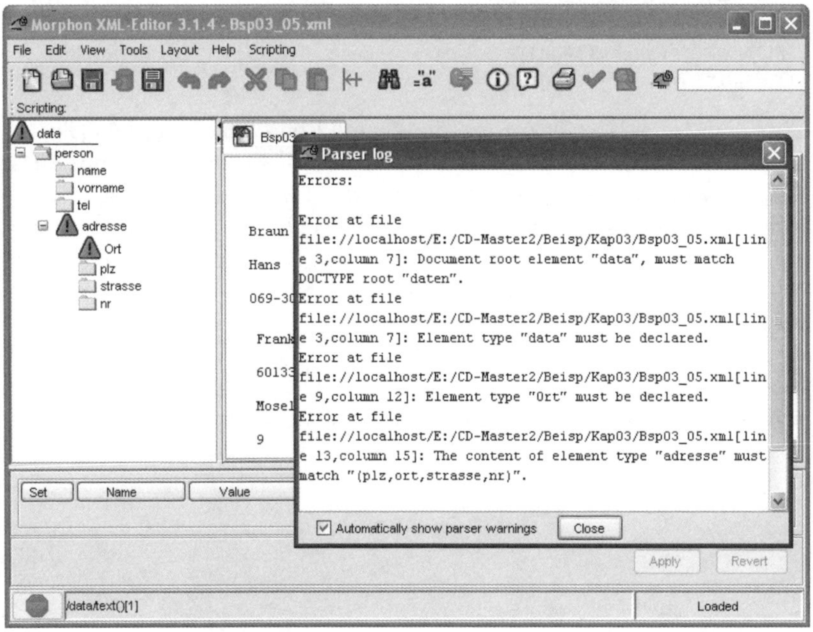

Abb. 3.5: Validierungsfehler, Anzeige in Morphon

Setzen Sie dagegen den in Kapitel 1 erwähnten Morphon XML-Editor ein, ergibt sich ein etwas anderes Bild. Morphon überprüft beim Laden eines XML-Dokuments dessen Wohlgeformtheit. Wird eine DTD gefunden, schließt sich eine Gültigkeitsprüfung an.

Der in Morphon integrierte XML-Parser listet aber alle im XML-Dokument verletzten Gültigkeitskriterien in einem separaten Fehlerdialog auf. In Abbildung 3.5 (Vordergrund) erkennen Sie, dass neben der fehlerhaften Angabe des Namens für die Dokumentinstanz weitere Fehler gefunden wurden. Das Wurzelelement *data* ist offenbar nicht in der DTD deklariert. Auch für das Element *Ort* fehlt die Deklaration. Zudem bemängelt der XML-Parser, dass im Element *adresse* die gefundenen Einträge nicht mit der Deklaration in der DTD übereinstimmen. Gleichzeitig hebt der Editor die betreffenden Elemente in der linken Spalte in der eingeblendeten XML-Struktur deutlich mit einem Fehlersymbol hervor (Abbildung 3.5, Hintergrund). Schalten Sie zur Quellcodeansicht des Editors um, erkennen Sie, dass dieser automatisch den Namen des Root-Elements anpasst. Um aber Details hinsichtlich der verletzten Gültigkeitsregeln zu erhalten, empfiehlt sich ein Blick in die im XML-Dokument referenzierte externe DTD *person.dtd*.

Listing 3.6: DTD person.dtd

```
<!ELEMENT daten    (person)+>
<!ELEMENT person   (name, vorname, tel, adresse)>
<!ELEMENT name     (#PCDATA)>
<!ELEMENT vorname  (#PCDATA)>
<!ELEMENT tel      (#PCDATA)>
<!ELEMENT adresse  (plz, ort, strasse, nr)>
<!ELEMENT ort      (#PCDATA)>
<!ELEMENT plz      (#PCDATA)>
<!ELEMENT strasse  (#PCDATA)>
<!ELEMENT nr       (#PCDATA)>
```

Ohne nun auf die Details der Deklaration in Listing 3.6 einzugehen (dies lernen Sie auf den nachfolgenden Seiten), lässt sich doch einiges erkennen. Das XML-Dokument muss das Wurzelelement *daten* aufweisen und nicht das im vorhergehenden Beispiel benutzte Wurzelelement *data*. Zudem fällt auf, dass der Elementname für das Element *ort* mit Kleinbuchstaben geschrieben wurden. Wer sich die in Abbildung 3.4 gezeigte XML-Struktur sehr genau ansieht, bemerkt auch, dass die Reihenfolge der Unterelemente des Elements *adresse* falsch ist. Die DTD gibt in der Zeile *<!ELEMENT adresse ...>* an, dass die Unterelemente in der Reihenfolge *plz*, *ort*, *strasse*, *nr* aufzuführen sind. In Abbildung 3.4 enthält die XML-Struktur aber die Ortsangabe vor der Postleitzahl.

Dies sind bereits einige wichtige Lehren, die Sie aus diesem Beispiel ziehen können. Achten Sie immer darauf, dass der in der Dokumentyp-Deklaration angegebene Bezeichner für die Dokumentinstanz mit dem Namen des Wurzelelements übereinstimmt. Zudem muss die Schreibweise der Elementnamen sowie die Reihenfolge der Elemente mit der Definition übereinstimmen.

Sie müssen also den Bezeichner für das Wurzelelement in *daten* korrigieren, die Schreibweise für das Element *ort* ändern und die Reihenfolge der XML-Elemente in *adresse* anpassen. Laden Sie die XML-Dokumentdatei anschließend erneut in einem XML-Editor, wird dieser ein gültiges XML-Dokument vorfinden. Der Morphon XML-Editor lädt dann die betreffende XML-Struktur und zeigt den Dokumentinhalt an. Bei XML Spy können Sie die Prüfung auf Gültigkeit über eine separate Schaltfläche der Symbolleiste mehrfach durchführen. Das Ergebnis dieser Gültigkeitsprüfung wird im Dokumentfenster gemeldet (Abbildung 3.6).

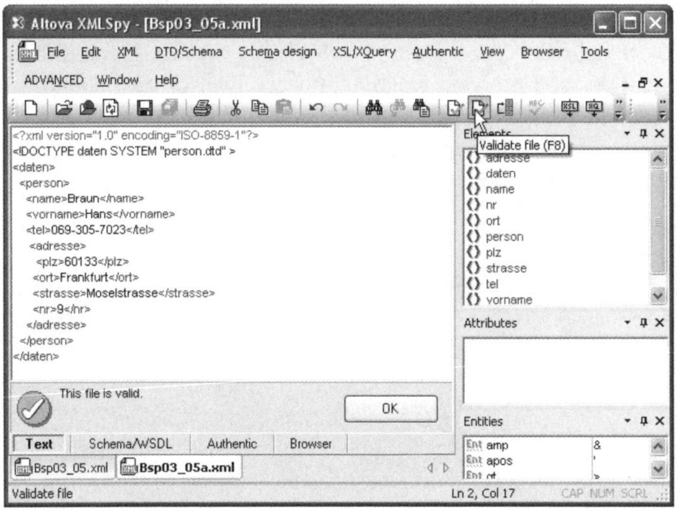

Abb. 3.6: Meldung der Gültigkeit eines XML-Dokuments

Die benötigte DTD *person.dtd* finden Sie im Ordner *Beisp\Kap03* auf der Begleit-CD. In diesem Ordner sind auch die fehlerhafte XML-Datei *Bsp03_05.xml* sowie die korrigierte (gültige) XML-Datei *Bsp03_05a.xml* hinterlegt. Um die Gültigkeitsprüfung in einem XML-Editor durchzuführen, brauchen Sie lediglich die XML-Dateien zu laden. Die Datei *Bsp03_05a.xml* sollte von einem validierenden XML-Parser als gültig gegenüber der DTD gemeldet werden.

TIPP

Die zuvor skizzierten Probleme mit falsch geschriebenen XML-Elementnamen oder mit falscher Anordnung von XML-Elementen vermeiden Sie, indem Sie beim Erstellen der XML-Dokumente einen XML-Editor verwenden, der direkt die Eingaben mit der DTD abgleicht und nur gültige Elemente zulässt. Zum Erstellen der XML-Beispiele in diesem Kapitel wurde daher XML Spy verwendet.

3.2 XML-Strukturen mit DTD entwerfen

Die Ausführungen im vorhergehenden Abschnitt haben die Unterschiede zwischen wohlgeformten und gültigen XML-Dokumenten aufgezeigt. Um eine Validierung der XML-Dokumente mit einem XML-Parser vornehmen zu können, benötigen Sie also eine DTD. Diese definiert die Regeln, nach denen das XML-Dokument aufgebaut werden darf. Der folgende Abschnitt vermittelt die Kenntnisse zum Aufbau einer solchen Document Type Definition (DTD).

3.2.1 Ein DTD-Beispiel im Überblick

Die Document Type Definition legt fest, welche Elemente ein XML-Dokument des betreffenden Dokumenttyps aufweisen darf. Daher soll das auf den vorherigen Seiten zur Demonstration der Validierung benutzte Beispiel erneut herangezogen werden. Das XML-Dokument soll die folgende Elementstruktur aufnehmen können.

Listing 3.7: Gewünschte Struktur für die XML-Datei

```
<daten>
 <person>
   <name> ... </name>
   <vorname> ... </vorname>
   <tel> ... </tel>
   <adresse>
    <plz> ... </plz>
    <ort> ... </ort>
    <strasse> ... </strasse>
    <nr> ... </nr>
   </adresse>
 </person>
</daten>
```

Aus der Struktur dieser Elemente geht hervor, wie die betreffenden Daten anzuordnen sind. Mit dieser Information lässt sich jetzt eine DTD (die Dokumentklasse, aus der alle Dokumentinstanzen abgeleitet werden) erzeugen, die folgenden Aufbau hat:

```
<!ELEMENT daten   (person)+>
<!ELEMENT person  (name, vorname, tel, adresse)>
<!ELEMENT name    (#PCDATA)>
<!ELEMENT vorname (#PCDATA)>
<!ELEMENT tel     (#PCDATA)>
<!ELEMENT adresse (plz, ort, strasse, nr)>
<!ELEMENT ort     (#PCDATA)>
<!ELEMENT plz     (#PCDATA)>
<!ELEMENT strasse (#PCDATA)>
<!ELEMENT nr      (#PCDATA)>
```

Listing 3.8: DTD für die vorangegangene XML-Struktur

Jede dieser Zeilen beschreibt den Aufbau eines Elements in einer Dokumentinstanz. Ohne jetzt allzu sehr auf die Details einzugehen (dies erfolgt später) lässt sich Folgendes festhalten:

- Das Root-Element besitzt hier den Namen *daten* und kann Unterelemente vom Typ *person* aufnehmen. Das Pluszeichen hinter dem geklammerten Elementnamen *(person)* gibt an, dass das betreffende Element mehrfach auftreten darf. Dies ist gewollt, da die Datenstruktur mehrere Datensätze mit dem Element *person* enthalten soll.
- Das Element mit dem Namen *person* kann seinerseits Unterelemente mit den Namen *name, vorname, tel* und *adresse* aufweisen. Über diese Elemente lässt sich dann eine Person charakterisieren.
- In den restlichen Zeilen wird dann beschrieben, wie die Unterelemente aussehen dürfen. Die Angabe (#PCDATA) besagt, dass ein Element beliebige Daten enthalten kann. PCDATA ist die Abkürzung für »Parsed Character Data«, was so viel wie analysierte Zeichendaten bedeutet. Dies bedeutet, das Element darf beliebige Zeichendaten enthalten, die ihrerseits wieder auf XML-Anweisungen analysiert werden.

Eine Definition wird ähnlich wie ein Tag in spitze Klammern < > gestellt und mit einem Schlüsselwort wie !ELEMENT eingeleitet. Auf die weiteren Details der Document Type Definition komme ich später zurück.

Zusammenfassend kann gesagt werden, dass die vorangegangene DTD die zulässigen XML-Elemente der betreffenden Dokumentklasse sowie deren Struktur angibt. Es ist mit dieser DTD beispielsweise unzulässig, dass im Element *person* direkt ein Unterelement *strasse* auftritt. Vielmehr muss das Unterelement *strasse* zwingend im Element *adresse* enthalten sein. Auch die Schreibweise der Elementnamen ist durch die DTD festgelegt. Ein XML-Dokument, das sich auf diese Dokumentklasse bezieht und beispielsweise die Start- bzw. Endtags *<Ort>* ... *</Ort>* aufweist, ist unzulässig. Selbst die Reihenfolge der Unterelemente von *person* und *adresse* ist in der DTD über die in Klammern gestellten Sequenzen festgelegt.

HINWEIS

Sie können diese DTD entweder per Editor eingeben und dann als Textdatei unter dem Namen *person.dtd* speichern oder Sie verwenden die Datei aus dem Ordner *\Beisp\Kap03* für die folgenden Beispiele.

Die DTD in einem XML-Dokument referenzieren

Nachdem die DTD als Datei vorliegt, soll ein XML-Dokument auf Basis dieser Klasse erstellt werden. In Kapitel 2 wurde bereits kurz skizziert, dass die Dokumenttyp-Deklaration direkt nach der XML-Deklaration anzugeben ist:

```
<!DOCTYPE daten SYSTEM "person.dtd" >
```

Diese Anweisung definiert die Dokumentklasse *daten*, deren Spezifikation (d.h. die DTD) in der Datei *person.dtd* hinterlegt ist. Gemäß meinen bisherigen Ausführungen entspricht die Dokumentklasse *daten* gleichzeitig dem Wurzelelementnamen des XML-Dokuments. Daher muss das Root-Element der XML-Datei den Namen *daten* aufweisen.

Das Schlüsselwort SYSTEM gibt an, dass die DTD lokal für das System gilt und nicht öffentlich ist. Hinter diesem Schlüsselwort muss dann der Speicherort für die DTD hinterlegt werden. Bei einer externen Datei wird der Pfad zur Datei entweder relativ oder absolut angegeben. Im zuvor genannten Beispiel liegt eine relative Adressangabe auf die Datei *person.dtd* ohne weitere Pfadangabe vor. Dies bedeutet hier, dass die DTD-Datei im gleichen Verzeichnis wie die XML-Dokumentdatei gespeichert werden muss. Eine XML-Datei (Dokumentinstanz), die sich auf die betreffende DTD bezieht, könnte dann folgendermaßen aussehen:

Listing 3.9: XML-Dokument mit einem Personendatensatz

```
<?xml version="1.0" encoding="ISO-8859-1"?>
<!DOCTYPE daten SYSTEM "person.dtd" >
<daten>
  <person>
    <name>Braun</name>
    <vorname>Hans</vorname>
    <tel>069-305-7023</tel>
    <adresse>
      <plz>60133</plz>
      <ort>Frankfurt</ort>
      <strasse>Moselstrasse</strasse>
      <nr>9</nr>
    </adresse>
  </person>
</daten>
```

Der XML-Quellcode enthält nur einen Datensatz mit den Daten einer Person. Die DTD wird in der zweiten Zeile eingebunden und der Name der Dokumentklasse stimmt mit dem Wurzelelement *daten* überein. Auch die Unterelemente wurden korrekt geschachtelt. So sind die Adressangaben beispielsweise in einem Element *adresse* hinterlegt. Laden Sie dieses XML-Dokument in einen validierenden XML-Parser, sollte dieser eine gültige Dokumentinstanz melden.

Bei XML-Parsern unterscheidet man validierende und nicht validierende Parser. Erkennt ein nicht validierender XML-Parser eine XML-Deklaration *<?xml version="1.0"?>*, muss er das Dokument beim Laden zumindest auf Wohlgeformtheit überprüfen. Ein validierender XML-Parser wird ein wohlgeformtes XML-Dokument auch einer Gültigkeitsprüfung anhand der referenzierten DTD (oder des referenzierten XML-Schemas) unterziehen. Das im vorherigen Listing gezeigte XML-Dokument ist in der Datei *Bsp03_06.ml* im Ordner *Beisp\Kap03* auf der Begleit-CD hinterlegt. Sie können das Beispiel also in einem validierenden XML-Parser laden und auf Gültigkeit überprüfen.

3.2.2 Informationen zur Dokumenttyp-Deklaration

Der XML-Prozessor benötigt die Information, wo die DTD zu finden ist, bevor er mit der Analyse der Dokumentinstanz beginnt. Zuvor haben Sie gelernt, dass die dafür erforderliche Deklaration des Dokumenttyps nach der XML-Deklaration in der zweiten Zeile einer XML-Datei erfolgen muss. Die DTD kann dabei aber als externe Datei (z.B. auf dem lokalen Rechner in einer Datei im gleichen Verzeichnis wie die XML-Datei) im Web unter einer angegebenen URL (Uniform Resource Locator) oder als interne DTD direkt im XML-Dokument hinterlegt sein. Die DOCTYPE-Deklaration besitzt gemäß der XML-Spezifikation 1.0 die Syntax:

```
[28] doctypedecl ::= '<!DOCTYPE' S Name (S ExternalID)? ('['
markupdecl | PEReference | S)* ']' S?)? '>'
[75] ExternalID ::= 'SYSTEM" S SystemLiteral
        | 'PUBLIC' S PubidLiteral S SystemLiteral
[29] markupdecl ::= elementdecl | AttlistDecl | EntityDecl |
NotationDecl | PI | Comment
```

Die Syntax besagt, dass die Deklaration mit <!DOCTYPE eingeleitet und von einem Namen gefolgt wird. Der Name ist dabei der Name des Wurzelelements. An den Namen schließt sich dann ein Schlüsselwort für den Typ der DTD an. Es werden zwei Varianten über ein in Großbuchstaben geschriebenes Schlüsselwort unterschieden:

- SYSTEM: Es handelt sich um einen Systembezeichner, der auf eine absolute oder relative DTD verweist. Die DTD ist nur lokal für das System relevant.
- PUBLIC: Es handelt sich um einen öffentlichen Bezeichner, der sich auf eine öffentlich publizierte DTD bezieht.

In den meisten Fällen wird eine nicht öffentliche DTD für XML-Dokumente verwendet, die durch die Angabe SYSTEM identifiziert wird. Die DTD kann dann intern im Dokument auftreten oder extern in einer Datei vorliegen (die letztere Variante hat den Vorteil, dass die DTD für mehrere XML-Dokumente verwendbar ist). Bei einer externen DTD-Datei folgt auf das Schlüsselwort SYSTEM die Adressangabe (URL) der DTD-Datei. Die URL kann dabei relativ oder absolut angegeben werden. Eine solche Dokumenttyp-Deklaration ließe sich beispielsweise in der bereits mehrfach benutzten Form

```
<!DOCTYPE person SYSTEM "text.dtd">
```

angegeben. Hier wird dem XML-Prozessor mitgeteilt, dass das folgende Dokument zur Dokumentklasse *person* gehört. Die Regeln, die für Dokumente dieser Klassen anzuwenden sind, finden sich dabei in der Document Type Definition, die in der Datei *text.dtd* hinterlegt ist. Da hier eine relative Adressierung verwendet wird, muss die Datei *text.dtd* im gleichen Verzeichnis wie das XML-Dokument hinterlegt sein (auch dies wurde bereits auf den vorhergehenden Seiten erläutert und auch in Beispielen genutzt). Denkbar wäre aber auch, eine Referenz auf eine Webseite

```
<!DOCTYPE person SYSTEM "http://www.borncity.de/text.dtd">
```

zu verwenden. Das Wort *person* in der Dokumenttyp-Deklaration gibt auch hier den Namen der Dokumentklasse an. Der Parser muss aber die DTD von der angegebenen Speicherstelle holen. Bei der URL handelt es sich um eine absolute Adressangabe, die auf eine Internetadresse verweist.

Bei allgemein gebräuchlichen Dokumentklassen wäre es sicherlich unökonomisch, wenn sich jede Anwendung die so genannten Entities und DTD-Komponenten selbst definiert (und ggf. von einem Server herunterlädt). So gibt es mit der Wireless Markup Language (WML) eine XML-Anwendung zur Gestaltung von WAP-Seiten. Da dieser Dokumenttyp von vielen Geräten benutzt wird, wurde die zugehörige DTD öffentlich publiziert. Statt SYSTEM wird in der Dokumenttyp-Deklaration das Wort PUBLIC benutzt. Dann weiß der XML-Parser, dass es sich um einen öffentlichen XML-Dokumenttyp handelt. Die Entities und die DTD für diesen Dokumenttyp könnten dann fest im XML-Prozessor implementiert sein. Oder die Informationen werden über eine öffentlich zugängliche Stelle im Internet heruntergeladen. Auf das Schlüsselwort PUBLIC folgen zwei Angaben mit der Referenz auf die DTD. Die erste Angabe ist ein eindeutiger Name, der den Dokumenttyp identifiziert. Die zweite Angabe enthält die URL, von der sich die DTD ggf. herunterladen lässt. Ein Beispiel wäre:

```
<!DOCTYPE wml PUBLIC "-//WAPFORUM//DTD WML 1.1//en" "http://
www.wapforum.org/DTD/wml_1.1.xml">
```

Damit lässt sich die DTD für WML-Dokumente referenzieren. Die erste Zeichenkette stellt dabei den eindeutigen Namen dar, der dem XML-Parser die Identifikation des Dokumenttyps (wml) erlaubt. Wird dieser Name nicht erkannt, gibt der Systembezeichner in der zweiten Zeichenkette die URL an, von der sich die Definition laden lässt.

Im öffentlichen DTD-Namen ist ein Präfix-Zeichen zulässig, das die Art der DTD näher spezifiziert. Beginnt der Name mit ISO, handelt es sich bei der DTD um einen ISO-Standard. Ein Pluszeichen (+) signalisiert, dass die DTD zu einem »approved non-ISO-Standard« gehört. Ein Minuszeichen (-) steht für eine nicht genehmigte (unapproved) nicht ISO-Standard-DTD.

Die interne Document Type Declaration

Neben einer externen Definition darf die DTD auch intern in der XML-Dokumentdatei (in der Dokumenttyp-Deklaration) hinterlegt werden. Dies kann dann folgendermaßen aussehen:

```
<!DOCTYPE test [ ... ]>
```

Mit *test* wird der Name des Wurzelelements festgelegt, das die Dokumentinstanz enthält. In den eckigen Klammern [...] lassen sich dann die Definitionen für die im Dokument zulässigen Elemente, deren Attribute, Entities etc. hinterlegen. Eine solche Deklaration könnte beispielsweise folgendermaßen aussehen:

```
<!DOCTYPE person [
  <!ELEMENT person (name, vorname)>
  <!ELEMENT name (#PCDATA)>
  <!ELEMENT vorname (#PCDATA)>
]>
```

Die einzelnen Elemente der Dokumentklasse *person* werden über das Wurzelelement *person* beschrieben. Die Deklaration erfolgt über die *<!ELEMENT ...>*-Anweisung (siehe auch folgende Seiten). Im zuvor genannten Beispiel besitzt das Element *person* die Unterelemente *name* und *vorname*. Das Komma zwischen *name* und *vorname* legt übrigens fest, dass das Element *name* dem Element *vorname* vorausgehen muss. Falls Sie eine Alternative zwischen beiden Elemente definieren möchten, ist ein | anstelle des Kommas einzusetzen (z.B. *<!ELEMENT person (name | vorname)>*).

Die weiteren Deklarationen besagen, dass in den Unterelementen *name* und *vorname* Daten (PCDATA) abgelegt werden. Das folgende Beispiel zeigt eine komplette XML-Datei, in der die Document Type Definition in der *<!DOCTYPE ...>*-Anweisung intern untergebracht ist.

Listing 3.10: XML-Dokument mit interner DTD

```
<?xml version="1.0"?>
<!DOCTYPE person [
  <!ELEMENT person (name, vorname)>
  <!ELEMENT name (#PCDATA)>
  <!ELEMENT vorname (#PCDATA)>
]>
<person>
   <name>Braun</name>
   <vorname>Hans</vorname>
</person>
```

HINWEIS

Sie finden dieses Beispiel in der Datei *Bsp03_07.xml* im Ordner *\Beisp\Kap03* der Begleit-CD. Die DTD ist dabei so angelegt, dass die XML-Datei nur einen Eintrag für eine Person aufnehmen kann. Sie können dies aber leicht korrigieren, indem Sie ein neues Wurzelelement (z.B. *personen*) einführen, welches das Unterelement *person* enthalten darf. In diesem Fall müssen Sie auch den Namen der Dokumentklasse innerhalb der Dokumenttyp-Deklaration in Zeile 2 in *personen* ändern.

Vielleicht an dieser Stelle noch eine Anmerkung zur Frage, ob Sie nun eine interne DTD oder eine externe DTD verwenden sollten. Bei kurzen DTDs ist es meist einfacher, die wenigen Anweisungen direkt im XML-Dokument mit aufzunehmen. Den Vorteil, dass eine DTD eine Dokumentklasse beschreibt, die in vielen Dokumentinstanzen genutzt werden kann, bieten jedoch nur externe DTDs. Sie müssen dann lediglich einmal eine externe DTD-Datei entwerfen und später pflegen. Alle Dokumente dieser Klasse können sich dann auf diese DTD-Datei beziehen.

Externe und interne DTDs kombinieren

Bei Bedarf können Sie auch interne und externe DTDs kombinieren. Dies erlaubt beispielsweise, einen globalen Dokumenttyp zu erweitern. Das folgende Beispiel zeigt diesen Ansatz:

Listing 3.11: XML-Dokument mit interner und externer DTD

```
<?xml version="1.0"?>
<!DOCTYPE person SYSTEM "person.dtd" [
   <!ELEMENT status (#PCDATA)>
]>
<person>
   <name>Braun</name>
   <vorname>Hans</vorname>
   <status>Azubi</status>
</person>
```

In diesem Beispiel wird die DTD aus der Datei *personen.dtd* übernommen. Dann wird zusätzlich das Element *status* hinzugefügt. Die Definitionen der internen DTD besitzen dabei eine höhere Priorität als die externe Definition.

3.2.3 Elemente und Elementtypen deklarieren

In den vorherigen Beispielen wurden die für den Dokumenttyp zulässigen Elemente in der DTD definiert. Ein XML-Element kann aber verschiedene Typen aufweisen. So gibt es leere XML-Elemente, Elemente, die nur Daten enthalten können, Elemente, die nur Unterelemente aufweisen und Elemente, die gemischt Daten und Unterelemente enthalten. Bei der Definition eines Elements wird also nicht nur der Elementname, sondern auch der Typ des Elements vereinbart. Man spricht in diesem Zusammenhang auch von einer Elementtyp-Deklaration.

Eine solche Elementtyp-Deklaration beginnt mit der Zeichenkette *<!ELEMENT*. Daran schließt sich der Name für den Elementtyp sowie die Inhaltsspezifikation an. Die Inhaltsspezifikation legt fest, was im Element enthalten sein darf. Hierbei gibt es folgende Varianten:

- EMPTY besagt, dass das Element keinen Inhalt haben darf. Dieser Typ wird in der Regel für Elemente benutzt, die nur Attribute, aber keine Daten aufweisen. Elemente der Art *
* oder *<img src="bild.gif" />* müssen mit diesem Schlüsselwort deklariert werden.
- ANY erlaubt dem Element, beliebige Werte aufzunehmen.
- Mixed: Dieser Typ erlaubt dem Element, Zeichendaten und untergeordnete Elemente (gemischter Inhalt) aufzunehmen.
- Children: Mit diesem Typ kann ein Element nur Unterelemente enthalten.

Dabei darf kein Elementtyp mehr als einmal in der Dokumenttyp-Deklaration vereinbart werden. Das Ganze klingt etwas abstrakt, lässt sich aber an einigen Beispielen sehr schnell demonstrieren. Die Deklaration für ein leeres Element sieht z.B. folgendermaßen aus:

```
<!ELEMENT test EMPTY>
```

Diese Zeile besagt, dass das XML-Element den Namen *test* besitzt, aber keine Daten aufnehmen kann. Das Element würde dann im XML-Dokument als *<test />* eingefügt.

> Wenn Sie bereits mit HTML (oder XHTML) gearbeitet haben, kennen Sie das *
*-Tag, das einen Zeilenumbruch bewirkt. Die Deklaration für dieses Tag sähe als XML-Element folgendermaßen aus:
>
> ```
> <!ELEMENT br EMPTY>
> ```
>
> Im XML-Dokument wird dann das Tag als *
* eingefügt (das Zeichen / markiert ein Leertag). Die an XML angelehnte Spezifikation XHTML fordert diese Schreibweise (während Sie von HTML vermutlich nur die Schreibweise *
* oder *
* kennen).

HINWEIS

Soll ein Element beliebige Daten aufnehmen können, verwenden Sie folgende Deklaration:

```
<!ELEMENT test ANY>
```

Ein Element, das nur Zeichendaten zulässt, ist folgendermaßen zu deklarieren:

```
<!ELEMENT test (#PCDATA)>
```

In diesem Beispiel kann das Element *test* wegen des Schlüsselworts #PCDATA beliebige Zeichendaten (Parsed Character Data) aufnehmen. Sie könnten in einer solchen Deklaration auch die Namen anderer Elemente angeben:

```
<!ELEMENT para (#PCDATA | b | i)*>
```

Hier kann das Element *para* neben Zeichendaten auch die Unterelemente *b* und *i* aufweisen.

HINWEIS

Das Zeichen | in der Deklaration steht für eine Exclusiv-Oder-Verknüpfung und besagt, dass das Element entweder PCDATA-Inhalte oder eines der untergeordneten Elemente *b* oder *i* aufnehmen darf. Durch die Exclusiv-Oder-Bedingung kann aber nur jeweils eine der Varianten vorkommen. Dies wirft aber ein Problem auf: Was ist, wenn nun ein *b*- und ein *i*-Unterelement benutzt werden sollen, oder falls PCDATA und *b* und *i* auftreten müssen? Dieses Problem wird durch das Sternchen * hinter der Klammer gelöst. Dieses Zeichen bewirkt, dass die in der Klammer angegebene Elementkombination keinmal, einmal oder mehrfach auftreten darf. Beachten Sie auch, dass vor und hinter dem Zeichen | White-Space-Zeichen auftreten dürfen. Weiterhin muss PCDATA immer als Erstes angegeben und durch das Zeichen | von den anderen Elementen getrennt werden.

Ein XML-Dokument könnte dann das Element *para* folgendermaßen einsetzen:

```
<para>
Dies ist ein Absatztext mit <i>kursivem</i> und
<b>fettem</b> Text.
<para>
```

Das Element *para* kann einfachen Text enthalten oder aber die Elemente *b* bzw. *i*. Welchen Inhalt diese Unterelemente *b* und *i* besitzen dürfen, wird in deren Elementdeklaration beschrieben. Mit einer Definition der Art

```
<!ELEMENT person (name, vorname)>
```

kann das Element *person* dagegen nur die Unterelemente *name* und *vorname*, und zwar in der angegebenen Reihenfolge, aufnehmen. Zuvor hatten wir ein entsprechendes Beispiel benutzt.

> Ein Komma in der Deklaration der Bezeichner zeigt an, dass die Elemente als Sequenz auftreten müssen. *(name, vorname)* legt z.B. fest, dass das Element *name* immer vor dem Element *vorname* kommt. Beachten Sie auch, dass vor und hinter dem Komma White-Space-Zeichen auftreten dürfen. Der senkrechte Strich | legt dagegen eine Alternative (Auswahl) fest, d.h., es kann eines und nur eines der Elemente verwendet werden.

Sie können die Alternativen (|) und die Abfolgen (,) in der Deklaration der Bezeichner unter Verwendung von Klammern kombinieren. Ein Beispiel sähe dann so aus:

```
<!ELEMENT person (name, vorname, (text | bild))>
```

Hier müssen die Elemente *name* und *vorname*, gefolgt von einem dritten Element, auftreten. Beim dritten Element kann aber als Element *text* oder *bild* benutzt werden.

Festlegungen für Wiederholungen oder optionale Elemente

Die *<!ELEMENT ..>*-Deklaration vereinbart ein Element des XML-Dokuments. Über die Inhaltsspezifikation können Sie dann, wie beschrieben, die zulässigen Inhalte des Elements sowie die Abfolge (mit dem Komma ,) bzw. die Auswahl (Zeichen |) festlegen. Häufig benötigen Sie aber zusätzliche Angaben, z.B. ob ein Element zwingend erforderlich ist oder ob ein Element mehrfach auftreten darf.

> XML ermöglicht Ihnen in der DTD die Angabe, ob ein Teil der Inhaltsspezifikation (auch als Inhaltspartikel bezeichnet) optional, zwingend oder wiederholbar ist. Hierzu werden die drei Zeichen ? (optional), + (zwingend wiederholend) und * (optional wiederholend) als Indikatoren eingesetzt. Fehlen diese Zeichen, muss das Element genau einmal auftreten.

Das Fragezeichen (?) zeichnet beispielsweise einen Inhaltspartikel als optional aus:

```
<!ELEMENT image (caption?)>
```

Diese Deklaration vereinbart ein Element mit dem Namen *image*, das ein Unterelement *caption* besitzt. Das Fragezeichen bewirkt, dass dieses Unterelement als optional angesehen wird (sprich: ein Bild muss nicht unbedingt eine

Bildüberschrift besitzen). Das betreffende Unterelement kann daher fehlen oder darf maximal einmal auftreten.

Soll das Element mindestens einmal auftreten, aber ggf. auch mehrfach benutzt werden können? Hierfür ist das Pluszeichen (+) zu verwenden. Mit der Anweisung

```
<!ELEMENT image (caption+)>
```

erreichen Sie über das angehängte Pluszeichen, dass bei jedem *image*-Element zwingend ein *caption*-Unterelement enthalten sein muss. Bei Bedarf kann das *caption*-Element aber auch mehrfach im übergeordneten Element vorkommen.

Um eine optionale Wiederholung zu definieren, ist dagegen das Sternchen zu verwenden. Die Anweisung

```
<!ELEMENT kommentar (p, p*)>
```

vereinbart das Element *kommentar*, welches mindestens ein *p*-Element enthalten muss, aber (bedingt durch *p**) weitere zusätzliche *p*-Elemente enthalten darf. Mit der Angabe

```
<!ELEMENT kommentar (p*)>
```

könnte das Element *kommentar* dagegen kein oder mehrere *p*-Elemente aufweisen.

3.2.4 Beispiel: Darstellung einer Kontaktliste

Auf den vorherigen Seiten haben Sie erfahren, wie sich Elemente definieren und wie sich Optionen für diese Elemente (z.B. Wiederholungen etc.) setzen lassen. Nach den bisherigen Ausführungen ist es an der Zeit, dieses Wissen an einem Beispiel auszuprobieren und zu vertiefen. Das folgende Beispiel benutzt eine interne DTD, um eine Kontaktliste mit Namen, Adressen und Telefonnummern per XML abzubilden. Die Grundstruktur der Adressliste soll folgendermaßen definiert werden:

Listing 3.12: Grundstruktur der Adressliste

```
<daten>
   <person>
      <name>...</name>
      <vorname>...</vorname>
      <anrede>...</anrede>
      <contact>
         <tel>...</tel>
         <fax>...</fax>
         <email>...</email>
      </contact>
      <adresse>
         <plz>...</plz>
```

```
      <ort>...</ort>
      <str>...</str>
      <nr>...</nr>
    </adresse>
  </person>
</daten>
```

Das Wurzelelement *daten* enthält für jeden Kontakt ein Unterelement *person*, das die relevanten Daten dieses Kontakts enthalten kann. Die Daten werden dabei gemäß der Struktur des vorhergehenden Listings in eigenen XML-Elementen hinterlegt. Der nachfolgende XML-Quellcode zeigt einen ersten Entwurf mit einer internen DTD sowie einem Datensatz:

Listing 3.13: XML-Dokument mit interner DTD

```
<?xml version="1.0" encoding="ISO-8859-1"?>
<!-- hier kommt die interne DTD -->
<!DOCTYPE daten [
  <!ELEMENT daten (person)>
  <!ELEMENT person (name, vorname, anrede,
            contact, adresse)>
  <!ELEMENT name (#PCDATA)>
  <!ELEMENT vorname (#PCDATA)>
  <!ELEMENT anrede (#PCDATA)>
  <!ELEMENT contact (tel, fax, email)>
  <!ELEMENT tel (#PCDATA)>
  <!ELEMENT fax (#PCDATA)>
  <!ELEMENT email (#PCDATA)>
  <!ELEMENT adresse (plz, ort, str, nr)>
  <!ELEMENT plz (#PCDATA)>
  <!ELEMENT ort (#PCDATA)>
  <!ELEMENT str (#PCDATA)>
  <!ELEMENT nr (#PCDATA)>
]>
<!-- hier folgen die XML-Elemente mit den Daten -->
<daten>
  <person>
    <name>Braun</name>
    <vorname>Karl</vorname>
    <anrede>Herr</anrede>
    <contact>
      <tel>069-305-103</tel>
      <fax>069-305-104</fax>
      <email>kbraun@hotmail.com</email>
    </contact>
    <adresse>
      <plz>60130</plz>
      <ort>Frankfurt</ort>
      <str>Westend</str>
      <nr>1</nr>
    </adresse>
```

```
  </person>
</daten>
```

Das Element *person* legt über die folgende Anweisung die möglichen Unterelemente fest:

```
<!ELEMENT person (name, vorname, anrede,
          contact, adresse)>
```

Die Elemente *name, vorname* und *anrede* sind in Folgezeilen als PCDATA spezifiziert, d.h., hier kann der Benutzer direkt die Daten als Zeichenketten hinterlegen. Bei *contact* und *adresse* handelt es sich um Elemente, die weitere XML-Strukturen aufnehmen (d.h., es wird der Elementtyp *children* benutzt). Die Unterelemente dieser beiden Elemente werden dann über weitere Definitionen festgelegt. Das zuvor genannte Beispieldokument enthält zusätzlich die Daten eines Datensatzes.

> Sie können die Beispieldatei *Bsp03_08.xml* aus dem Ordner *\Beisp\ Kap03* von der Begleit-CD in einem XML-Parser laden und validieren lassen. Der Parser wird das betreffende Dokument als gültig erkennen.

Leider besitzt dieser Ansatz gravierende Schwächen! Versuchen Sie einmal, die Daten für einen weiteren Kontakt zu diesem Dokument hinzuzufügen. Sobald Sie ein weiteres Element *person* einfügen, das Dokument speichern und im XML-Parser validieren lassen, wird dieser ein ungültiges XML-Dokument melden (es ist kein zweites Element *person* zulässig).

Um den Entwurf einer DTD praxisgerechter zu machen, muss diese etwas korrigiert werden. Als Erstes soll das XML-Dokument natürlich eine beliebige Anzahl an *person*-Elementen aufnehmen können. Dies erreichen wir, indem die folgende Definition benutzt wird:

```
<!ELEMENT daten (person)*>
```

Das Zeichen * hinter der Elementdeklaration gibt an, dass das betreffende Element keinmal, einmal oder mehrfach in der Struktur auftreten darf. Dies ist genau das, was wir benötigen. Zu Beginn kann das Dokument ja noch leer sein (es liegt dann nur ein *daten*-Element vor, damit das XML-Dokument das Wellformed-Kriterium erfüllt, das mindestens ein Wurzelelement fordert). Ein Pluszeichen (+) hilft hier übrigens nicht weiter, da dann mindestens ein *person*-Element im Dokument zwingend erforderlich wäre.

Analysieren wir die vorangegangene DTD nochmals auf weitere Schwächen. Das Element *name* kann nur einmal in der Struktur vorkommen. Beim Vornamen könnte es aber sein, dass eine Person zwei Vornamen besitzt. Daher sollte dieses Element mindestens einmal, aber auch mehrfach vorkommen dürfen. Die Anrede ist dagegen optional; bei einer Firma wird wohl selten

Herr oder Frau vorkommen. Nicht immer wird eine Telefonnummer oder eine Adresse vorliegen. Daher sollten diese Elemente optional sein. Die Definition für das Element *person* könnte dann so aussehen:

```
<!ELEMENT person (name, vorname+,
         anrede?, contact?, adresse?)>
```

Durch die angehängten Zeichen + oder ? werden die Elemente als optional bzw. als optionale Mehrfacheinträge gekennzeichnet (siehe auch die Hinweise im vorhergehenden Abschnitt).

Werfen wir nun noch einen Blick auf das *contact*-Element. In diesem Element sollen optional eine Telefonnummer, eine Faxnummer und/oder eine E-Mail-Adresse hinterlegt werden. Nicht jeder Teilnehmer wird Telefon, Fax und E-Mail haben, aber es gibt durchaus Teilnehmer, die mehrere Telefonnummern bzw. E-Mail-Adressen besitzen. Dies lässt sich mit folgender Definition regeln:

```
<!ELEMENT contact (tel*, fax*, email*)>
```

Das Zeichen * sorgt dafür, dass die Unterelemente keinmal, einmal oder mehrmals im Element *contact* auftreten können.

> Nachfolgend lernen Sie die Definition von Attributen kennen. Über Attribute ließe sich zum Beispiel regeln, ob der Wert (z.B. die Telefonnummer) privat oder geschäftlich ist.

Als Nächstes sollte noch die Angabe zur Adresse etwas modifiziert werden. Nehmen wir an, Sie möchten sowohl Personen als auch Firmen in der Kontaktliste aufnehmen. Die Angaben zur Postleitzahl und zum Ortsnamen treffen bei beiden Kategorien zu, sollten aber optional sein (falls Sie nur eine Telefonnummer, aber keine Adresse haben). Schwieriger wird es jedoch bezüglich der Straße. Hat eine Firma nur ein Postfach, wären Sie »aufgeschmissen«. Ich habe mich daher entschlossen, diese Information in einem eigenen Unterelement *location* unterzubringen:

```
<!ELEMENT adresse (plz?, ort?, location?)>
```

Das Unterelement *location* kann dann seinerseits wahlweise ein Unterunterelement *strasse* oder *postf* aufweisen. Beide Unterelemente sind dabei optional und werden als Auswahl definiert. Wir dürfen daher bei der Definition kein Komma als Separator für die Elementnamen einsetzen, sondern müssen ein | -Zeichen verwenden:

```
<!ELEMENT location (strasse? | postf?)>
```

Das Zeichen bewirkt, dass das Element *location* entweder ein Unterelement *strasse* oder ein Element *postf* enthalten darf (oder keines dieser beiden). Beachten Sie aber, dass nicht gleichzeitig *strasse* und *postf* auftreten dürfen. Müssen oder möchten Sie diesen Fall abhandeln, verwenden Sie doch das Komma als Separator und deklarieren die Unterelemente als optional:

```
<!ELEMENT location (strasse?, postf?)>
```

Dann könnte eine Briefadresse (Postfach) und eine Firmenadresse (Straße und Hausnummer) untergebracht werden. Wird das Unterunterelement *strasse* gewählt, sind in diesem Element optional zwei Unterelemente *str* und *nr* anzugeben. Die Definition sieht dann folgendermaßen aus:

```
<!ELEMENT strasse (str?, nr?)>
```

Wenn Sie die zuvor genannten Ergänzungen durchführen, besitzt die DTD folgende Struktur:

Listing 3.14: DTD für die gewünschte XML-Dokumentklasse

```
<!DOCTYPE daten [
  <!ELEMENT daten (person)*>
  <!ELEMENT person (name, vorname+,
            anrede?, contact?, adresse?)>
  <!ELEMENT name (#PCDATA)>
  <!ELEMENT vorname (#PCDATA)>
  <!ELEMENT anrede (#PCDATA)>
  <!ELEMENT contact (tel*, fax*, email*)>
  <!ELEMENT tel (#PCDATA)>
  <!ELEMENT fax (#PCDATA)>
  <!ELEMENT email (#PCDATA)>
  <!ELEMENT adresse (plz?, ort?, location?)>
  <!ELEMENT plz (#PCDATA)>
  <!ELEMENT ort (#PCDATA)>
  <!ELEMENT location (strasse? | postf?)>
  <!ELEMENT strasse (str?, nr?)>
  <!ELEMENT str (#PCDATA)>
  <!ELEMENT nr (#PCDATA)>
  <!ELEMENT postf (#PCDATA)>
]>
```

Sie können dann diese Struktur als interne DTD in eine XML-Dokumentdatei einbauen und Daten eingeben. Der folgende XML-Quellcode zeigt ein Beispiel für eine solche Datei mit zwei eingetragenen Datensätzen, wobei ein Datensatz zwei Vornamen sowie optionale Angaben für Telefon- oder Faxnummer aufweist. Der zweite Datensatz verwendet dagegen eine Postfachadresse.

Listing 3.15: XML-Dokument mit interner DTD und zwei person-Elementen

```
<?xml version="1.0" encoding="ISO-8859-1"?>
<!-- Modifizierte DTD -->
<!DOCTYPE daten [
  <!ELEMENT daten (person)*>
  <!ELEMENT person (name, vorname+, anrede?,
            contact?, adresse?)>
```

```
  <!ELEMENT name (#PCDATA)>
  <!ELEMENT vorname (#PCDATA)>
  <!ELEMENT anrede (#PCDATA)>
  <!ELEMENT contact (tel*, fax*, email*)>
  <!ELEMENT tel (#PCDATA)>
  <!ELEMENT fax (#PCDATA)>
  <!ELEMENT email (#PCDATA)>
  <!ELEMENT adresse (plz?, ort?, location?)>
  <!ELEMENT plz (#PCDATA)>
  <!ELEMENT ort (#PCDATA)>
  <!ELEMENT location (strasse? | postf?)>
  <!ELEMENT strasse (str?, nr?)>
  <!ELEMENT str (#PCDATA)>
  <!ELEMENT nr (#PCDATA)>
  <!ELEMENT postf (#PCDATA)>
]>
<daten>
  <person>
    <name>Braun</name>
    <vorname>Heinrich</vorname>
    <vorname>Karl</vorname>
    <anrede>Herr</anrede>
    <contact>
      <tel>069-305-103</tel>
      <fax>069-305-104</fax>
      <email>kbraun@hotmail.com</email>
    </contact>
    <adresse>
      <plz>60130</plz>
      <ort>Frankfurt</ort>
      <location>
        <strasse>
          <str>Westend</str>
          <nr>1</nr>
        </strasse>
      </location>
    </adresse>
  </person>
  <person>
    <name>Huber</name>
    <vorname>Maria</vorname>
    <contact>
      <tel>089-5034</tel>
      <email>mHuber@web.de</email>
    </contact>
    <adresse>
      <plz>80233</plz>
      <ort>München</ort>
```

```
        <location>
          <postf>100 322</postf>
        </location>
      </adresse>
    </person>
  </daten>
```

Sie finden dieses Beispiel in der Datei *Bsp03_08a.xml* im Ordner *\Beisp\Kap03* auf der Begleit-CD. Die betreffenden Definitionen wurden mit dem XML-Editor XML Spy erstellt. XML-Editoren besitzen i.d.R. den Vorteil, dass sie nur gültige Elemente im Dokumentfenster anbieten bzw. beim Einfügen zulassen. In XML Spy lassen sich Elemente über das separate Fenster *Elements* per Doppelklick abrufen (Abbildung 3.7). Gleichzeitig lässt sich jede Änderung direkt verifizieren bzw. auf Gültigkeit überprüfen.

Abb. 3.7: Erstellen des XML-Dokuments in XML Spy

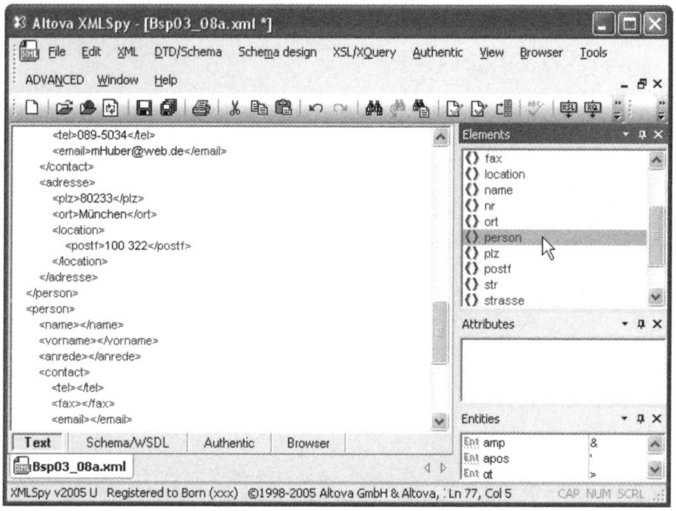

3.2.5 Attribute deklarieren

Einem Element lassen sich über Attribute zusätzliche Informationen mitgeben. Attribute kennen Sie bereits aus den Beispielen der vorangegangenen Kapitel (oder aus HTML). Um ein Attribut in der Dokumenttyp-Deklaration für ein bestimmtes Element zu vereinbaren, wird diese mit der Zeichenkette *<!ATTLIST* an die *ELEMENT*-Deklaration angefügt:

```
<!ELEMENT elementname (#PCDATA)>
  <!ATTLIST elementname attributname typ #option>
```

Hinter *!ATTLIST* folgt der Name des Elements. Dann kommen eine oder mehrere Attributdeklarationen, bestehend aus dem Attributnamen, dem Datentyp sowie Informationen, ob das Attribut erforderlich ist. Weiterhin kann ein Initialisierungswert für das Attribut vereinbart werden. Nehmen wir einmal folgende Zeilen:

```
<!ELEMENT person (#PCDATA)>
  <!ATTLIST person email CDATA #REQUIRED>
```

In dieser Anweisung wird das Attribut *email* für das Element *person* definiert. Der Typ für den Wert des Attributs wird als CDATA (Character Data) vereinbart, d.h., der Wert ist eine Zeichenkette, die nicht durch den XML-Parser ausgewertet wird (siehe auch Kapitel 2). Das Schlüsselwort *#REQUIRED* fordert, dass das Attribut im Element anzugeben ist. Sie sehen, es steckt nicht allzu viel hinter dieser Definition.

Besitzt ein Element mehrere Attribute, können Sie mehrere *<!ATTLIST...>*-Deklarationen gemäß der zuvor genannten Struktur aufbauen.

```
<!ELEMENT person (#PCDATA)>
  <!ATTLIST person email CDATA #REQUIRED>
  <!ATTLIST person tel CDATA #REQUIRED>
```

Transparenter ist es jedoch, wenn Sie die Attribute für ein Element in einer *<!ATTLIST...>*-Deklaration unterbringen. Dann sieht die Anweisung beispielsweise folgendermaßen aus:

```
<!ELEMENT person (#PCDATA)>
  <!ATTLIST person email CDATA #REQUIRED
                  tel CDATA #REQUIRED>
```

Die Attribute des Elements *person* werden in der Attributdeklaration aufgeführt. Dabei empfiehlt es sich aus Gründen der Lesbarkeit, diese Deklaration in Zeilen aufzuteilen.

Attributwerte vereinbaren

Weiterhin können Sie festlegen, welche Werte in einem Attribut hinterlegt werden dürfen bzw. ob ein Vorgabewert dem Attribut zugewiesen wird. Die folgende Anweisung

```
<!ELEMENT line EMPTY>
  <!ATTLIST line farbe (red|green|blue) "red">
```

definiert ein leeres Element *linie*, welches das Attribut *farbe* aufweist. Dieses Attribut kann die Werte *red*, *green* oder *blue* annehmen. Aber die Anweisung besitzt noch eine Besonderheit: Wenn kein Wert zugewiesen wird, soll der XML-Prozessor einen Vorgabewert verwenden. Dies wird durch das Wort *red* definiert, welches auf die Liste der zulässigen Attributwerte am Ende der Zeile angehängt wurde. Die folgende Deklaration vereinbart dagegen drei Attribute für das Element *linie*:

```
<!ATTLIST linie
   length CDATA #REQUIRED
   thick CDATA "1"
   color (red | green | blue) "red"
>
```

Die zweite Zeile vereinbart das Attribut *length* und legt fest, dass ein Wert für die Länge der Linie anzugeben ist (ohne Wert macht das Element keinen Sinn, da es sich um eine Linie ohne Länge handeln würde). Die nächste Anweisung legt den Vorgabewert *thick* für die Liniendicke auf den Wert 1 fest. Damit kann ein XML-Werkzeug dem Element automatisch das Attribut samt Wert zuweisen. Der Benutzer hat die Möglichkeit, den Standardwert zu überschreiben. Das Attribut *color* wird auf die Menge der Werte *red, green* und *blue* festgelegt, wobei der Vorgabewert *red* zugewiesen wird.

ACHTUNG

Wenn Sie einen Standardwert für ein Attribut vorgeben möchten, darf das Schlüsselwort *#REQUIRED* nicht in der Definition auftauchen.

Optionale Attribute deklarieren

Möchten Sie zulassen, dass der Attributwert im XML-Dokument weggelassen werden darf, verwenden Sie das Schlüsselwort *#IMPLIED*:

```
<!ELEMENT person (#PCDATA)>
 <!ATTLIST person email CDATA #IMPLIED
                  tel CDATA #IMPLIED >
```

Gemäß dieser Definition könnte dann *person* als *<person> ... </person>* genutzt werden. Die beiden Attributwerte *email* und *tel* können entfallen.

Attributwerte mit festem Wert deklarieren

Zusätzlich gibt es noch die Angabe *#FIXED*, mit der dem Attribut ein fester Wert zugewiesen wird:

```
<!ATTLIST person status CDATA #FIXED "test" >
```

In dieser Deklaration erhält das Attribut *status* den festen Wert *test* zugewiesen. Dieser Wert lässt sich dann vom Autor eines XML-Dokuments nicht ändern.

3.2.6 Attributtypen vereinbaren

In den zuvor genannten Beispielen hatten wir den Wert eines Attributs als CDATA vereinbart, d.h., der Attributwert kann aus beliebigen Zeichen oder aus einer leeren Zeichenkette ("") bestehen. Dies ist aber nicht immer erwünscht, manchmal sollen die möglichen Attributwerte eingegrenzt werden. Die Attribute eines Elements lassen sich über Typen klassifizieren. Die folgende Tabelle gibt die zulässigen Typen an.

Tabelle 3.1: Zulässige Attributtypen

Typ	Bemerkung
CDATA	Steht für »Character Data«. Das Attribut kann als Wert einfache Zeichendaten aufnehmen.
ID	Gibt einen eindeutigen Bezeichner (Identifier) für das Attribut an. Pro Elementtyp darf dieser Attributtyp nur einmal auftreten. Der Wert kann nur *#IMPLIED* oder *#REQUIRED* sein.
IDREF	Wird benutzt, um Referenzen zu anderen Elementen zu definieren.
IDREFS	Erlaubt mehrere ID-Werte getrennt durch Kommas anzugeben.
ENTITY	Erlaubt einen vordefinierten Entity-Namen als Attributwert zu verwenden.
ENTITIES	Erlaubt mehrere Entity-Namen getrennt durch White-Space-Zeichen als Wert anzugeben.
NMTOKEN	Als Wert wird ein Namenstoken (Name Token) für das Attribut benutzt.
NMTOKENS	Es sind mehrere NMTOKEN-Werte getrennt durch White-Space-Zeichen als Attributwert eintragbar.

Die Verwendung des Attributtyps CDATA ist ja noch recht einsichtig. Mit der folgenden Deklaration vereinbaren Sie zum Beispiel, dass das Element *para* das Attribut *color* aufweisen kann:

```
<!ELEMENT para (#PCDATA)>
 <!ATTLIST para color CDATA #REQUIRED>
```

Als Wert kann dann später im XML-Element eine Zeichenkette (z.B. *<para color="#ff0000">Text</para>*) angegeben werden.

Alternativ haben Sie die Möglichkeit, eine Auswahl verschiedener Werte (ohne explizite Typdefinition) zuzulassen. Dies entspräche einer Art CHOICE-Attributtyp, der aber nicht in Tabelle 3.1 aufgeführt ist. Die folgende Anweisung verdeutlicht die Verwendung dieses Typs:

```
<!ATTLIST para color (red|green|blue) #REQUIRED>
```

Diese Variante haben Sie bereits kennen gelernt. Ein Attribut darf dann nur die Werte *red, green* oder *blue* annehmen (dies ist eine Einschränkung gegenüber CDATA).

Eine Einschränkung gegenüber dem CDATA-Attributtyp stellt auch der Namenstoken-Attributtyp dar, der über das Schlüsselwort NMTOKEN vereinbart wird:

```
<!ELEMENT name (#PCDATA)>
 <!ATTLIST name tel NMTOKEN #REQUIRED>
```

Gegenüber CDATA-Werten sind NMTOKEN-Attributwerte auf Zeichenketten, die aus Buchstaben, Ziffern und Sonderzeichen wie Punkt (.), Bindestrich (-), Unterstrich (_) und Doppelpunkt (:) bestehen, begrenzt (die genaue Deklaration für Namenstoken ist der XML-Spezifikation zu entnehmen).

HINWEIS

Namenstoken lassen sich einsetzen, wenn Werte Sonderzeichen wie Bindestriche aufweisen können, aber leere Strings unzulässig sind (ein Leerstring ist kein Namenstoken).

Zwei hervorgehobene Attributtypen sind ID und IDREF. Ein ID-Attributtyp erzwingt einen eindeutigen Bezeichner für ein Element:

```
<!ATTLIST para id ID #REQUIRED>
```

Hier wird das Attribut *id* mit dem Attributtyp ID vereinbart. Wer bereits mit HTML und Scripts gearbeitet hat, kennt vermutlich das *id*-Attribut. Über dieses Attribut lässt sich einem Element ein eindeutiger Bezeichner zuweisen. Dieser Bezeichner (ID) ist beim Zugriff auf das Element per Script recht hilfreich, da er sich als Objektname verwenden lässt. Mit IDREF wird eine Referenz auf eine ID eines anderen Elements vereinbart:

```
<!ATTLIST name id ID #REQUIRED>
<!ATTLIST name ref IDREF #REQUIRED>
```

Mit dieser Deklaration erhält das Element *name* zwei Attribute. Dann ließe sich beispielsweise ein solches XML-Dokument vorstellen:

```
<name id="10" ref="20">born</name>
<name id="20" ref="10">born</name>
```

Das *ref*-Attribut gibt dann den *id*-Wert eines anderen Elements an. Sie könnten solche Attribute für Verweise auf andere Elemente nutzen.

3.2.7 Ein Beispiel für Attributwerte

Die Verwendung verschiedener Attributwerte soll jetzt an einem sehr einfachen XML-Beispiel demonstriert werden. Vektorgrafiken lassen sich als Vektoren (Linien) beschreiben (aber ich habe hier ein zusätzliches Element *arc* für Kreisbögen zugelassen). Die Elemente lassen sich dann zur Beschreibung einer Zeichnung benutzen. Die folgende XML-Deklaration benutzt dabei zwei leere XML-Elemente, wobei die Attribute die Eigenschaften der jeweiligen Elemente beschreiben.

Listing 3.16: Attributbeispiel

```
<?xml version="1.0" encoding="ISO-8859-1"?>
<!--DTD einer Grafik-->
<!DOCTYPE grafik [
   <!ELEMENT grafik (linie | arc)*>
   <!ELEMENT linie EMPTY>
   <!ATTLIST linie
      x CDATA #REQUIRED
      y CDATA #REQUIRED
      angle CDATA #REQUIRED
      length CDATA #REQUIRED
      thick CDATA "1"
      color (red | green | blue) "red">

   <!ELEMENT arc EMPTY>
   <!ATTLIST arc
      x CDATA #REQUIRED
      y CDATA #REQUIRED
      radius CDATA #REQUIRED
      thick CDATA "1"
      angle CDATA "360"
      color (red | green | blue) "red"
      solid CDATA #FIXED "Yes">
]>
<grafik>
 <linie length="100" thick="1" angle="45"
    color="green" x="0" y="0"/>
 <arc radius="60" angle="360" color="blue"
    solid="Yes" x="0" y="0"/>
</grafik>
```

Sie finden die Datei *Bsp03_09.xml* im Ordner *Beisp**Kap03* auf der Begleit-CD.

3.3 Arbeiten mit Entities

Auf den vorhergehenden Seiten tauchte der Begriff der Entities bereits mehrfach auf. Es handelt sich dabei um Abkürzungen (Bezeichner), die dann bei der Bearbeitung des XML-Codes vom Parser durch den vollständigen Ausdruck ersetzt werden können. Im nachfolgenden Abschnitt lernen Sie, wie Sie solche Entities (Existenzen) vereinbaren und in XML-Dokumenten nutzen.

3.3.1 Grundbemerkungen

Bei Entities werden verschiedene Varianten unterschieden:

- Interne geparste Entities: Diese Entities werden in der DTD (entweder intern im XML-Dokument oder in der DTD-Datei) vereinbart und erlauben anschließend die Verwendung des Entity als Abkürzung im XML-Dokument. Der XML-Parser erkennt das Entity und ersetzt das Entity im Dokument durch den Wert.

- Externe geparste Entities: Diese Entities verweisen auf externe Datenquellen (z.B. Dateien) und lassen sich im XML-Dokument angeben. Zur Bearbeitungszeit ersetzt der XML-Parser den Namen durch den Wert (d.h. den Inhalt der Datei). Der Inhalt kann anschließend geparst werden.

- Externe ungeparste Entities: Diese Entities verweisen ebenfalls auf externe Dateien, dürfen durch den XML-Parser aber nicht ausgewertet werden.

Zusätzlich können Entities noch vordefiniert sein. Beispiele für solche vordefinierten Entities sind *≶* *>* oder * *. Diese brauchen dann nicht mehr explizit deklariert zu werden.

> In Kapitel 2 wurde bereits erwähnt, dass Sie neben Entities wie *>* auch Zeichencodes wie *{* im XML-Dokument einfügen können. Obwohl die Schreibweise mit der für Entities übereinstimmt, handelt es sich um kein Entity, sondern um ein Zeichen. Der XML-Parser fügt das Zeichen mit dem angegebenen Code im Dokument ein. Sie können die Zeichencodes dabei als Dezimalzahl oder als Hexadezimalzahl (das *x* in *&xC9;* signalisiert das Hexadezimalsystem) angeben. Die Zeichen müssen lediglich im Unicode-Zeichensatz vorhanden sein.

3.3.2 Vereinbarung interner Entities

Möchten Sie in einem XML-Dokument allgemeine interne Entities deklarieren, gehen Sie wie bei der Definition eines Elements vor. In der *DOCTYPE*-Deklaration ist ein *<!ENTITY ...>*-Eintrag einzufügen, der das Entity vereinbart.

```
<!ENTITY name "wert">
```

Das Entity besteht dabei aus dem Namen und dem Wert. Die folgenden Anweisungen vereinbaren ein internes geparstes Entity mit dem Namen *autor* und dem Wert »Günter Born«.

```
<!ENTITY autor "Günter Born">
```

Sie können später im XML-Dokument das Entity als *&autor;* an beliebiger Stelle einfügen. Bei der Bearbeitung des betreffenden XML-Dokuments setzt der XML-Prozessor den Wert »Günter Born« ein.

3.3.3 Ein Beispiel für interne Entities

Die zuvor gewonnene Erkenntnis soll an einem sehr einfachen XML-Dokument verifiziert werden, welches zwei Entities *autor* und *email* nutzt, um einen Text abzubilden. Die DTD für das vorherige Dokument könnte beispielsweise folgendermaßen aussehen:

Listing 3.17: Definition von Entities in der DTD

```
<!DOCTYPE text [
  <!ELEMENT text (#PCDATA | b | i)*>
  <!ELEMENT b (#PCDATA)>
  <!ELEMENT i (#PCDATA)>
  <!ENTITY autor "Günter Born">
  <!ENTITY email "GBorn@test.com">
]>
```

Es wird das Wurzelelement *text* vereinbart, das Daten oder die Unterelemente *b* bzw. *i* aufnehmen kann. Durch das Sternchen hinter der Klammer können Sie diese Elemente beliebig im Dokument wiederholen. Zusätzlich finden sich die beiden Entities *autor* und *email*. Da diese in der internen DTD auftreten, handelt es sich um interne geparste Entities. Sie können diese Entities an jeder Stelle innerhalb des *text*-Wurzelelements einfügen.

Schauen wir uns nun an, wie sich diese Entities verwenden lassen. Der folgende XML-Code beschreibt einen einfachen Text, der die in der DTD vereinbarten Elemente zur Auszeichnung nutzt. Hierbei kommen das *text*-Element sowie die Elemente *i* und *b* zum Einsatz.

HINWEIS

Falls Sie mit HTML oder WML gearbeitet haben, sollten Sie die Elemente *b* und *i* der zuvor genannten DTD nicht mit den Tags *<b>* und *<i>* zur Auszeichnung von Texten verwechseln. Hier wurden lediglich zwei XML-Elemente vereinbart, die im XML-Dokument auftreten dürfen. Was diese Elemente letztendlich bezwecken, bleibt an dieser Stelle einmal dahingestellt. Ein HTML- oder WML-Browser weist diesen Elementen natürlich eine besondere Bedeutung für die Darstellung zu. Dies hat aber nichts mit XML zu tun. In den folgenden Kapiteln zeige ich Ihnen aber, wie Sie solche XML-Elemente mit geeigneten Formatvorlagen visualisieren können.

Das folgende Listing enthält eine interne DTD, die Elemente und Entities vereinbart und danach im XML-Teil anwendet.

Listing 3.18: Anwendung von Entities

```
<?xml version="1.0" encoding="ISO-8859-1"?>
<!-- Dokument mit Entities -->
<!DOCTYPE text [
   <!ELEMENT text (#PCDATA | b | i)*>
   <!ELEMENT b (#PCDATA)>
   <!ELEMENT i (#PCDATA)>
   <!ENTITY autor "Günter Born">
   <!ENTITY email "GBorn@test.com">
]>
<text>
   <b>An: &autor;</b>
   <i>E-Mail: &email;</i>
Dies ist eine E-Mail von &autor;.
</text>
```

Im *text*-Element wird das Entity *&autor;* zweimal verwendet: einmal im Element *b* und einmal im laufenden Text. Das Entity *&email;* tritt dagegen nur im Element *i* auf (was aber hier keine besondere Bedeutung besitzt).

Sobald Sie das XML-Dokument einem Parser übergeben, wertet dieser die XML-Struktur aus und ersetzt die gefundenen Entities einfach durch den zugehörigen Wert. Das Ergebnis nach dem Parsen des XML-Dokuments ist in Abbildung 3.8 zu sehen. Dort wurde im XML-Editor XML Spy zum Anzeigemodus eines Browsers umgeschaltet. In der Anzeige fehlen plötzlich die Entity-Namen; stattdessen wurden die Werte in den Elementen *b* und *i* sowie im Text eingefügt.

Sie können sich ein Entity als eine Art Variable vorstellen, die im Dokument eingesetzt wird. Immer wenn das Dokument verarbeitet wird, verwendet der XML-Prozessor den Wert dieser Variablen. Der Einsatz von Entities bietet sich vor allem an, wenn ein Wert global im Dokument geändert werden muss. Vereinbaren Sie ein Entity und setzen Sie im Dokument nicht den direkten Wert, sondern den Entity-Namen ein. Ändert sich später beispielsweise Ihre E-Mail-Adresse, passen Sie einfach den betreffenden Entity-Wert in der DTD an. Sobald das betreffende XML-Dokument geparst wird, verwendet der XML-Parser automatisch diesen neuen Wert und im Dokument wird sofort die geänderte E-Mail-Adresse benutzt – eine sehr komfortable Sache.

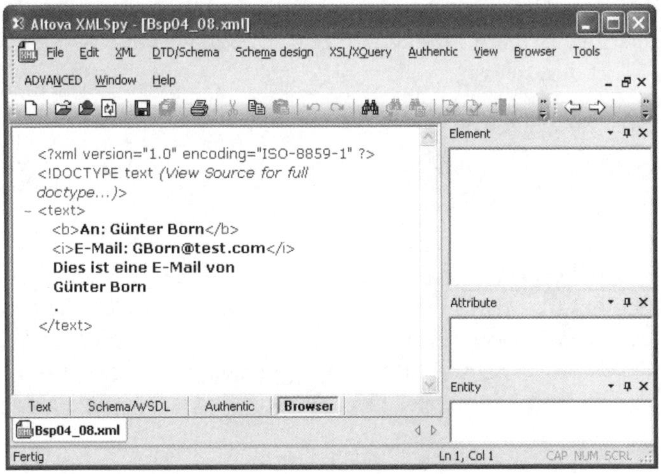

Abb. 3.8: Darstellung der Entities im Browser

Sie finden das Beispiel in der Datei *Bsp03_10.xml* im Ordner *\Beisp\Kap03* auf der Begleit-CD.

Hinweise zu allgemeinen Entities

Die Verwendung von Entities kann eine sehr hilfreiche Sache sein, birgt aber auch Fallen. Sie müssen bei der Verwendung der Entities immer darauf achten, dass das Dokument wohlgeformt bleibt. Grundsätzlich kann ein Entity ja auch Markup-Befehle (XML-Elemente) enthalten. Dann gilt die Regel, dass sich diese XML-Elemente nicht über Entity-Grenzen erstrecken. Nehmen wir einmal die folgende Definition:

```
<!DOCTYPE text [
   <!ENTITY start "test>Ein Testtext ">
   <!ENTITY ende "in XML</test>">
]>
```

Diese Deklaration ist an sich zulässig. Sie müssen aber sehr aufpassen, wo diese Deklaration eingesetzt wird. Die Verwendung im XML-Dokument in der Form

```
<text><&start;&ende;<text>
```

ist unzulässig. Nach dem Expandieren der Entities *&start;* und *&ende,* würde sich folgender Inhalt ergeben:

```
<text><test>Ein Testtext in XML</test><text>
```

In diesem Fall erstreckt sich aber das XML-Element *test* über die Entity-Grenzen hinweg, was unzulässig ist. Setzen Sie dagegen das Entity als reinen Text ein, ist dies zulässig:

```
<text>&start; <text>
```

Die Anweisung würde dann zu *test>Ein Testtext* umgesetzt. *test>* ist aber kein XML-Element.

TIPP

Bei Verwendung von Markup-Befehlen in Entities sollten Sie sich immer überlegen, wie das expandierte Ergebnis aussieht. Sie können mit Entities durchaus erreichen, dass ein wohlgeformtes XML-Element vorliegt. Dieses Dokument muss dann aber nicht unbedingt gültig sein, wenn beispielsweise ein per Entity definiertes Element nicht in der DTD definiert ist.

Durch die Art, wie Entities geparst werden, lassen sich auch einige ungewöhnliche Ansätze realisieren:

```
<!DOCTYPE text [
   <!ENTITY first "&second;">
   <!ENTITY second "test ">
]>
```

In dieser Definition bezieht sich das Entity *&second;* in der ersten Zeile auf die Definition in der Folgezeile. Normalerweise sollte man annehmen, dass dies zu einer Fehlermeldung führt, da der XML-Parser ja beim Parser der ersten Zeile nicht weiß, wie das Entity *&second;* definiert ist. Der Gedankenfehler besteht darin, dass der XML-Parser das Entity nicht in der Deklaration ersetzt. Vielmehr tritt das Entity *&first;* erst im Dokumentbereich auf. Dann ist aber die Definition für *&second;* bekannt, folglich kann der Parser die Entities auflösen.

HINWEIS

Und falls Sie es vergessen haben sollten: Auch bei Entities ist die Klein-/Großschreibung relevant. Sie müssen die gleiche Schreibweise wie in der Deklaration verwenden. Sie können die Schreibweise aber auch gezielt einsetzen, um bei speziellen Entities Hinweise auf die Schreibweise von Zeichen zu geben (z.B. *Ö* für Ö und *ö* für ö).

3.3.4 Beispiel: Interne Entities aus externer DTD-Datei

Die Verwendung von Entities, die in externen DTD-Dateien vereinbart sind, ist genauso einfach wie das Arbeiten mit in internen DTDs definierten Entities. Sie verlagern die Entity-Definition einfach in eine externe DTD-Datei und referenzieren diese DTD dann über eine *<!DOCTYPE ...>*-Anweisung im XML-Dokument. Für diesen Zweck möchte ich auf das vorangegangene Beispiel zurückgreifen. Die DTD besitzt folgenden Aufbau und wird in der Datei *entity.dtd* hinterlegt:

Listing 3.19: Vereinbarung von Entities in einer DTD

```
<?xml version="1.0" encoding="ISO-8859-1"?>
<!ELEMENT text ANY>
<!ELEMENT b (#PCDATA)>
<!ELEMENT i (#PCDATA)>
<!ENTITY autor "Günter Born">
<!ENTITY email "GBorn@test1.com">
```

Vielleicht wundern Sie sich an dieser Stelle über die XML-Deklaration in der ersten Zeile. Standardmäßig sollte diese Deklaration nicht erforderlich sein. Da aber im Entity *autor* ein Umlaut auftritt, löst der XML-Parser einen Fehler beim Laden des XML-Dokuments aus. Zumindest im Microsoft XML-Parser ließ sich das Problem durch Einführen der XML-Deklaration mit passendem *encoding*-Attribut beheben.

Der Quellcode des XML-Dokuments ist dann sehr stark vereinfacht, Sie müssen nur die DTD-Datei in *<!DOCTYPE...>* referenzieren.

Listing 3.20: Beispiel zur Verarbeitung von Entities

```
<?xml version="1.0" encoding="ISO-8859-1"?>
<!-- Beispiel externe Entities  -->
<!DOCTYPE text SYSTEM "entity.dtd">
<text>
  <b>An:     &autor;</b>
  <i>E-Mail: &email;</i>
Dies ist eine E-Mail von &autor;.
</text>
```

Wichtig ist hier (wegen der relativen Pfadangabe) lediglich, dass die DTD-Datei im gleichen Verzeichnis wie die XML-Dokumentdatei hinterlegt wird. Dann verwendet der XML-Prozessor die in der DTD definierten Entities und ersetzt deren Namen durch die definierten Werte. Dieser Ansatz hat Vorteile, wenn Sie beispielsweise für viele Dokumente globale Entities verwalten möchten. Ändert sich ein Wert, passen Sie die Entity-Definition in der DTD-Datei an. Anschließend wird der geänderte Wert in allen neu geparsten XML-Dokumenten benutzt, die auf dieser DTD basieren.

Sie finden das Beispiel in der Datei *Bsp03_11.xml* sowie die DTD-Datei *entity.dtd* im Ordner *\Beisp\Kap03* auf der Begleit-CD.

Externe geparste Entities

Sie haben zusätzlich die Möglichkeit, externe geparste Entities zu verwenden. Dies ist beispielsweise hilfreich, wenn Sie den Inhalt einer externen Datei im XML-Dokument einfügen möchten. Bei entsprechender Deklaration des Entity reicht es, dieses im Dokument anzugeben. Dann übernimmt der XML-Parser den Inhalt der im externen Entity angegebenen Datei und fügt diese im Dokument ein.

> HINWEIS: Allerdings ist es dem XML-Parser freigestellt, ob er ein externes Entity auch wirklich parst. Aus Aufwandsgründen könnte die Implementierung auf das Auswerten der Entities verzichten. Sie müssen daher ggf. einen Blick auf den XML-Parser werfen, um herauszufinden, ob dieser das Entity unterstützt.

Ein externes geparstes Entity müssen Sie in der Entity-Deklaration folgendermaßen angeben:

```
<!ENTITY name Systembezeichner "URL">
```

Hinter dem Schlüsselwort *!ENTITY* folgt der Entity-Name. Daran schließt sich ein Systembezeichner, entweder *SYSTEM* oder *PUBLIC*, an. Verwenden Sie *SYSTEM*, handelt es sich um eine private Entity-Definition, im letzten Parameter ist dann die URL zur betreffenden Datei zu hinterlegen. Bei einer öffentlichen Entity-Definition würde der Bezeichner *PUBLIC*, gefolgt vom eindeutigen Entity-Namen und der URL auf die Datei, folgen.

Der betreffende Befehl in der *<!DOCTYPE...>*-Deklaration für ein privates externes Entity sieht dann z.B. folgendermaßen aus:

```
<!ENTITY c SYSTEM "Bsp03_08.xml">
```

Hier wird das Entity *c* als externes Entity mit einem Verweis auf die Datei *Bsp05_08.xml* vereinbart.

> ACHTUNG: Sie müssen bei der Definition der externen geparsten Entities sehr vorsichtig sein. Wenn Sie DTD-Dateien oder XML-Dokumente angeben, muss das Ergebnis ein wohlgeformtes und ggf. gültiges XML-Dokument ergeben. Ich habe z.B. die Feststellung gemacht, dass der Microsoft XML-Parser solche Versuche mit einer Fehlermeldung abbricht.

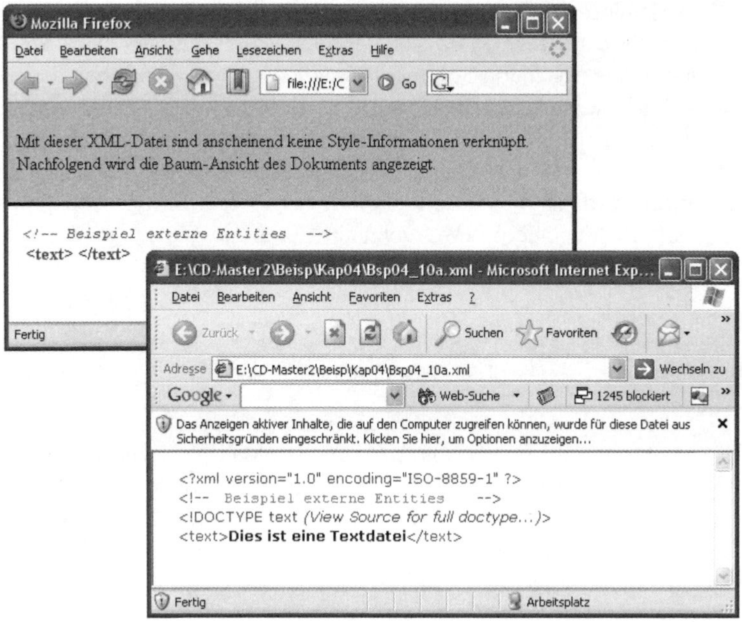

Abb. 3.9: Anzeige eines XML-Dokuments mit externen Entities

Zur Verifizierung dieses Ansatzes möchte ich trotzdem ein konkretes Beispiel zeigen und die Ergebnisse im Microsoft Internet Explorer abrufen. Nehmen wir einmal an, Sie verfügen über eine Textdatei *test.txt*, die den folgenden Inhalt besitzt:

```
Dies ist eine Textdatei
```

Es handelt sich um reinen Text, d.h., es sollte keine Probleme beim Einbinden in das XML-Dokument geben. Soll dieser Inhalt im XML-Dokument verwendet werden, können Sie folgende Entity-Deklaration benutzen:

```
<!ENTITY test SYSTEM "test.txt">
```

Immer wenn das Entity *&test;* im XML-Dokument auftritt, setzt der XML-Parser den Inhalt der Datei ein. Der folgende XML-Code demonstriert diesen Ansatz.

Listing 3.21: Einbinden externer Entities

```
<?xml version="1.0" encoding="ISO-8859-1"?>
<!-- Beispiel externe Entities  -->
<!DOCTYPE text [
 <!ENTITY test SYSTEM "Test.txt">
]>
<text>
&test;
</text>
```

Wenn Sie dieses XML-Dokument im Internet Explorer (ab Version 5.0) laden und sich die Datei *test.txt* im gleichen Verzeichnis befindet, wird der Browser den Inhalt aus Abbildung 3.9, rechts unten, anzeigen. Der Inhalt der Textdatei wurde im Dokument übernommen. Der Browser Firefox kann (zumindest in der Version 1.0) das externe Entity *test* nicht verarbeiten (Abbildung 3.9, links oben). Der Morphon XML-Editor meldet zwar, dass das Element *text* nicht deklariert wäre, zeigt aber den Inhalt der Datei *test.txt* an. XML Spy meldet dagegen ein ungültiges XML-Dokument und verweigert die Darstellung im Browsermodus.

HINWEIS: Sie finden das Beispiel *Bsp03_12.xml* sowie die Textdatei *test.txt* im Ordner *\Beisp\Kap03* auf der Begleit-CD.

Externe Entities werden (wie im vorhergehenden Beispiel gezeigt) von einigen XML-Parsern durch ihren Inhalt ersetzt. Anschließend kann der Browser den expandierten Text erneut auf XML-Anweisungen analysieren. Dies wird an folgendem kleinen Beispiel demonstriert. Bei diesem Experiment besitzt die Datei *Test1.txt* folgenden Inhalt:

```
Hallo &name;
```

In der Textdatei kommt ein Entity *&name;* vor, der im XML-Dokument vereinbart ist. Das zugehörige XML-Dokument sieht folgendermaßen aus:

Listing 3.22: XML-Beispiel mit externen und internen Entities

```
<?xml version="1.0" encoding="ISO-8859-1"?>
<!-- Beispiel externe Entities  -->
<!DOCTYPE text [
 <!ENTITY test SYSTEM "Test1.txt">
 <!ENTITY name "Welt">
]>
<text>
&test;
</text>
```

Das externe Entity *&test;* in der Dokumentinstanz wird vom Parser durch den Inhalt der Datei *Test1.txt* ersetzt. Analysiert der XML-Parser auch das Entity, müsste dann das Entity *&name;* durch den im XML-Dokument definierten Wert »Welt« ersetzt werden. Laden Sie das XML-Dokument im Internet Explorer, zeigt dieser wie erwartet die Darstellung aus Abbildung 3.10.

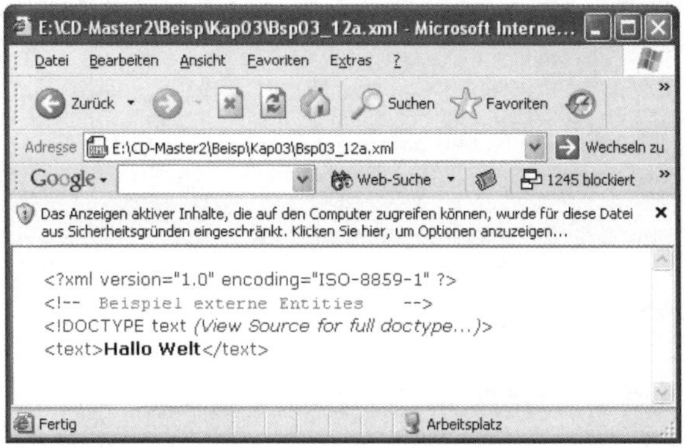

Abb. 3.10: Anzeige des geparsten externen Entity-Werts im Internet Explorer

Die Auswertung externer Entities ist für XML-Parser optional – dieser kann daher aus Aufwandsgründen auf die Auswertung verzichten. Das zuvor genannte Beispiel klappt also nicht, falls Sie einen anderen XML-Parser (XML Spy, Mozilla etc.) verwenden.

Sie finden das Beispiel *Bsp03_12a.xml* sowie die Textdatei *test1.txt* im Ordner *\Beisp\Kap03* auf der Begleit-CD.

Ungeparste externe Entities

Das vorherige Beispiel demonstrierte, dass externe Entities vom Parser expandiert und deren Daten anschließend analysiert werden. Dies ist aber nicht immer erwünscht bzw. sinnvoll. Nehmen wir einmal den Fall, dass ein externes Entity auf eine Grafikdatei verweist. Die Grafikdaten dürften wohl in den seltensten Fällen sinnvollen XML-Inhalt enthalten. Sie müssen in diesem Fall dafür sorgen, dass der Browser den Entity-Inhalt nicht auswertet. Dies wirft aber zwei kleinere Probleme auf: Einmal müssen Sie dem Browser mitteilen, dass die Analyse des Entity unterbleiben soll. Weiterhin dürfen ungeparste externe Entities nur auf besondere Art im Dokument integriert werden. Aber alles der Reihe nach. Um ein ungeparstes externes Entity zu vereinbaren, verwenden Sie folgende Anweisung:

```
<!ENTITY test SYSTEM "bullet.gif" NDATA GIF>
```

Die Deklaration ähnelt den bisherigen Anweisungen und vereinbart das Entity *test*, das auf eine GIF-Datei verweist. Neu sind lediglich die beiden Schlüsselwörter am Zeilenende. Das Schlüsselwort NDATA (steht für *numeric data*) signalisiert dem XML-Parser, dass die Daten nicht auszuwerten sind.

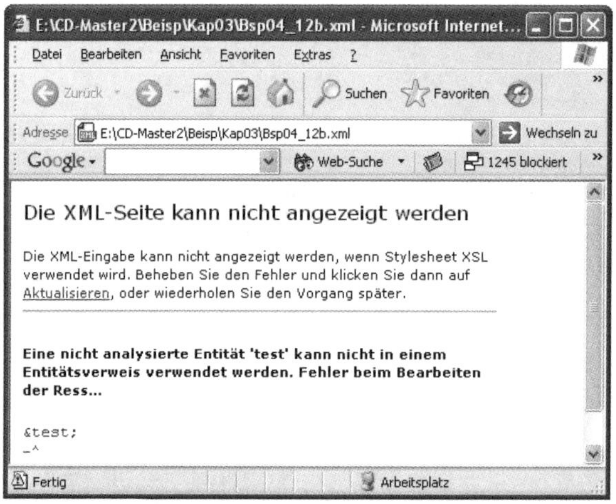

Abb. 3.11: Fehlermeldung bei ungeparstem Entity (Internet Explorer)

Nun weiß der XML-Parser a priori nicht, was er mit den Daten anstellen soll. Sie müssen der verarbeitenden Anwendung ggf. mitteilen, wie die Daten durch externe Programme genutzt werden können. Die Angabe *GIF* in der Definition besagt, dass die Daten zu einer Definition GIF passen. Nachfolgend lernen Sie, wie Sie diese Definition über eine *<!NOTATION...>*-Anweisung festlegen.

Kommen wir nun zur Frage, wie sich ein solches nicht analysiertes externes Entity im XML-Dokument referenzieren lässt? Die bereits erwähnte Datei *Test1.txt* sollte sich mit folgenden XML-Anweisungen als ungeparstes externes Entity verwenden lassen:

Listing 3.23: Beispiel zum Einbinden ungeparster externer Entities

```
<?xml version="1.0" encoding="ISO-8859-1"?>
<!-- Beispiel externe Entities  -->
<!DOCTYPE text [
 <!ENTITY test SYSTEM "Test1.txt" NDATA TXT>
 <!ENTITY name "Welt">
 <!NOTATION TXT SYSTEM "Notepad.exe">
]>
<text>
&test;
</text>
```

Gegenüber dem vorherigen Beispiel *Bsp03_12a.xml* hat sich lediglich eine Änderung ergeben: In der Deklaration des externen Entity findet sich das Schlüsselwort NDATA. An dieser Stelle sollten Sie das Schlüsselwort TXT für den Dateityp und die Zeile mit der *<!NOTATION...>*-Anweisung lediglich zur Kenntnis nehmen. Interessant ist, was der XML-Parser aus dem Dokument *Bsp03_12b.xml* beim Laden macht – der Parser liefert lediglich eine Fehlermeldung (Abbildung 3.11).

Die Fehlermeldung aus Abbildung 3.11 war zu erwarten, denn nicht analysierte externe Entities dürfen nicht wie andere Entities im Dokumentbereich mit *&name;* eingefügt werden. Vielmehr fordert die XML-Definition, dass sie den Entity-Namen (ohne &-Zeichen und Semikolon ;) als Wert eines Attributs an ein Element übergeben.

Dies lässt sich am Beispiel einer Grafikdatei demonstrieren. Das folgende Beispiel unterscheidet sich vom vorherigen Beispiel dadurch, dass jetzt eine GIF-Datei adressiert wird.

Listing 3.24: Einbinden einer GIF-Datei als externes ungeparstes Entity

```
<?xml version="1.0" encoding="ISO-8859-1"?>
<!-- Beispiel externe Entities  -->
<!DOCTYPE test [
 <!ENTITY bild SYSTEM "bilder/blume.gif" NDATA GIF>
 <!NOTATION GIF SYSTEM "Viewer GIF">
]>
<test>
 <img src="bild" />
</test>
```

Hier wird im Wert des Attributs *src* des Elements *img* der Entity-Name hinterlegt. Laden Sie die Beispieldatei *Bsp03_12c.xml* in einem XML-Parser (z.B. Internet Explorer), wird dieser das betreffende XML-Dokument einwandfrei laden und die XML-Struktur darstellen. Wie dann die Daten des externen Entity *bild* ausgewertet werden, bleibt der Anwendung überlassen. Im betreffenden Beispiel passiert gar nichts, da nicht festgelegt wurde, wie der Internet Explorer die Grafikdatei bearbeiten soll (hier ist XML neutral).

Sie finden das Beispiel *Bsp03_12c.xml* im Ordner *\Beisp\Kap03* auf der Begleit-CD.

3.3.5 NOTATION-Deklarationen

Im letzten Abschnitt wurde bereits die *<!NOTATION...>*-Anweisung eingesetzt. NOTATION-Einträge werden benutzt, um ungeparste Entities (nicht XML-Daten), Elemente mit Notationsattributen oder spezifische Processing Instructions im Dokument zu definieren:

```
<!NOTATION name SYSTEM "URL-Angabe">
<!NOTATION name PUBLIC "public ID">
<!NOTATION name PUBLIC "public ID" "URL-Angabe im Internet">
```

Eine Deklaration könnte folgendermaßen aussehen:

Listing 3.25: NOTATION-Deklaration in einer XML-Datei

```
<?xml version="1.0" encoding="ISO-8859-1"?><!DOCTYPE img [
  <!ELEMENT img EMPTY>
  <!ATTLIST img src ENTITY #REQUIRED>
  <!ENTITY logo SYSTEM "http://www.borncity.com/logo.gif"
         NDATA gif>
  <!NOTATION gif PUBLIC "gif viewer">
<img src="&logo;" />
```

Hier wird ein Element *img* vereinbart, dem im Dokumentteil der Wert *logo* zugewiesen wird. Das Entity verweist auf eine URL, an der die GIF-Datei hinterlegt ist. Dabei wird angegeben, dass es sich um numerische Daten (NDATA) handelt, die über die Notation *gif* definiert sind. Die Notation *gif* gibt dann an, dass von der Anwendung ein GIF-Anzeigeprogramm benutzt werden soll.

3.3.6 Parameter-Entities – Entities in DTDs

An dieser Stelle möchte ich noch auf eine Spezialität eingehen: Bisher haben wir Entities immer nur in der Dokumentinstanz benutzt. Im Grunde können Sie Entities auch innerhalb einer DTD verwenden, um mit Abkürzungen zu arbeiten. Man spricht dann von Parameter-Entities, die nur in der DTD auftreten dürfen.

HINWEIS

Für Parameter-Entities wird eine veränderte Schreibweise benutzt. Statt ein Entity als *&name;* anzugeben, wird in der DTD die Schreibweise *%name;* benutzt. Weiterhin ist dieser Ansatz (zumindest beim Microsoft XML-Parser) nur in externen DTD-Dateien zulässig.

Diese Unterscheidung hat gute Gründe: Wird ein Entity mehrfach deklariert, verwendet der XML-Parser die erste Definition zur Wertzuweisung. In einer DTD müssten Sie daher peinlich darauf achten, dass ein Parameter-Entity nicht bereits als allgemeines Entity deklariert ist. Durch die Verwendung des %-Zeichens kann der Parser das Parameter-Entity aber erkennen und es kommt zu keinen Konflikten mit bereits definierten allgemeinen Entities.

Das folgende Beispiel zeigt den Quellcode der DTD-Datei *entity1.dtd*.

Listing 3.26: DTD-Datei entity1.dtd

```
<?xml version="1.0" encoding="ISO-8859-1"?>
<!ENTITY % name "Günter Born">
<!ENTITY email "GBorn@test1.com">
<!ENTITY autor "Herr %name;">

<!ENTITY % id "id ID #IMPLIED">
<!ENTITY % color "color (red|blue|green) 'red'">
```

```
<!ELEMENT text (#PCDATA | b | i)*>
<!ELEMENT b (#PCDATA)>
<!ELEMENT i (#PCDATA)>
<!ATTLIST b
  %id;
  %color;
>
<!ATTLIST i
  %id; %color;
>

<!ENTITY email "GBorn@test1.com">
<!ENTITY autor "Herr %name;">
```

Dieser Quellcode verwendet verschiedene Entities. Gehen wir die einzelnen Anweisungen schrittweise durch, um die Wirkung zu analysieren. Die erste Anweisungszeile ist erforderlich, damit der Parser die Umlaute in der DTD erkennt. In der zweiten Zeile wird ein lokales Entity für die DTD vereinbart.

```
<!ENTITY % name "Günter Born">
```

Das % vor dem Entity-Namen signalisiert, dass sich dieses auf die DTD bezieht. In der Deklaration muss zwischen dem %-Zeichen und dem Namen ein Leerzeichen kommen. Anschließend kann das Entity *name* in einer DTD-Anweisung (hier in der letzten Zeile) im Wert eingesetzt werden:

```
<!ENTITY autor "Herr %name;">
```

Der XML-Parser ersetzt bei der Analyse den Namen *%name;* durch den vereinbarten Entity-Wert »Günter Born«, so dass als Wert für das neue Entity *autor* der Text »Herr Günter Born« definiert wird. Wenn das betreffende Entity in einem XML-Dokument eingefügt wird, kommt dieser Text zur Anwendung.

> Beachten Sie an dieser Stelle, dass das Entity in der Zeichenkette steht. Eine Angabe der Art *<!ENTITY autor %name;>* löst dagegen im XML-Parser des Internet Explorer einen Fehler aus. Dies ist an dieser Stelle auch korrekt, da die Anführungszeichen fehlen, in die der Wert in der Definition einzuschließen ist.

HINWEIS

Die vorangegangene Sequenz definiert aber noch zwei weitere Parameter-Entities *id* und *color*:

```
<!ENTITY % id "id ID #IMPLIED">
<!ENTITY % color "color (red|blue|green) 'red'">
```

Als Wert wird dabei die Definition für einen Attributwert hinterlegt. Beachten Sie dabei, dass ich in der zweiten Anweisung den Standardwert *'red'* in einfache Anführungszeichen gestellt habe. Dieser Trick ist erforderlich, da ein normales Anführungszeichen (") die Zeichenkette der Definition abgeschlossen hätte (gemäß der XML-Spezifikation dürfen Sie aber " und ' mischen). Wenn Sie im Verlaufe der DTD dann Attributlisten erstellen, könnten Sie auf die vordefinierten Entities zurückgreifen. Die folgende Anweisung erzeugt eine Attributliste für das Element *i*.

```
<!ATTLIST i %id; %color;>
```

Die Anweisung verwendet die beiden Entities *id* und *color*, die bei der Auswertung durch den XML-Parser in folgenden Code expandiert werden:

```
<!ATTLIST i id ID #IMPLIED
          color (red|blue|green) 'red'>
```

Dies entspricht aber genau dem, was Sie bereits einige Seiten zuvor kennen gelernt haben.

HINWEIS

Falls Sie ein bestimmtes Attribut für alle Elementtypen einer Dokumentklasse verwenden möchten, vereinbaren Sie die Attributdefinition als Entity. Dann müssen Sie nur noch das Entity in der *<!ATTLIST >*-Zeile hinzufügen, um das Attribut zu vereinbaren.

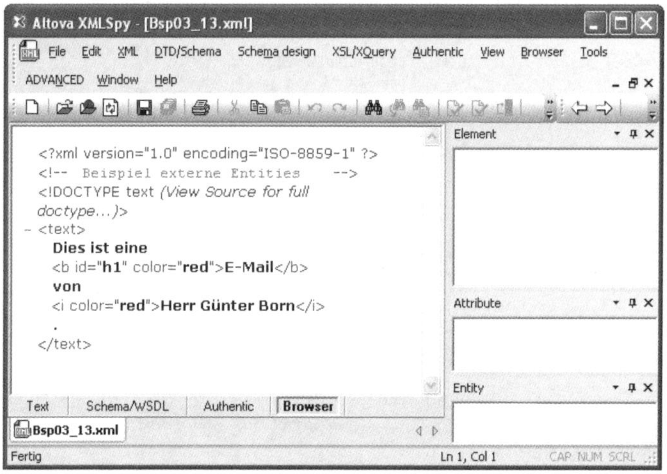

Abb. 3.12: Anzeige des XML-Dokuments

Das folgende XML-Dokument benutzt die in der zuvor genannten DTD-Datei definierten Elemente und Entities.

Listing 3.27: XML-Dokument mit referenzierter externer DTD

```
<?xml version="1.0" encoding="ISO-8859-1"?>
<!-- Beispiel externe Entities  -->
<!DOCTYPE text SYSTEM "entity1.dtd">
<text>
Dies ist eine E-Mail von &autor;.
</text>
```

Sobald Sie diese Datei in einem validierenden XML-Parser laden, wird dieser die DTD in der Datei *entity1.dtd* auswerten und die Entities expandieren. Im Internet Explorer wird Ihnen dann die Dokumentstruktur samt den Textdaten und den Attributen angezeigt (Abbildung 3.12).

Sie finden die Dateien *entity1.dtd* und *Bsp03_13.xml* im Ordner *\Beisp\Kap03* auf der Begleit-CD.

3.3.7 Das Attribut xml:space

Die Behandlung von White-Space-Zeichen wird durch den Parser geregelt. Viele Parser entfernen überflüssige White-Space-Zeichen. Dadurch werden aber ggf. die Dokumentdaten verfälscht. Einige Parser unterstützen daher das Attribut *space*, welches die Behandlung von signifikantem White Space in Datenbereichen von Elementen regelt. Mit dem Wert *"default"* bleibt die Behandlung von White Space dem Parser überlassen. Mit der Angabe *"preserve"* darf der Parser signifikanten White Space nicht entfernen. Das folgende Beispiel zeigt, wie das Attribut eingesetzt werden kann.

```
<?xml version="1.0" encoding="ISO-8859-1"?>
<!-- Beispiel preserve-Angabe  -->
<!DOCTYPE text SYSTEM "entity1.dtd">
<text xml:space="preserve">
Dies ist eine
<b id="h1">E-Mail</b> von <i>  &autor;</i>.
</text>
```

Listing 3.28: XML-Dokument mit dem xml:space-Attribut

Im *text*-Element dürfen White-Space-Zeichen nicht entfernt werden. Allerdings unterstützt nicht jeder XML-Parser dieses Attribut.

Sie finden eine Testdatei *Bsp03_14.xml* im Ordner *\Beisp\Kap03* auf der Begleit-CD.

3.3.8 Das Attribut xml:lang

Ein weiteres Attribut erlaubt die Sprache festzulegen, die für den Dokumenttext benutzt wurde. Hierzu muss *xml:lang* angegeben werden.

```
<?xml version="1.0" encoding="ISO-8859-1"?>
<!-- Beispiel lang-Angabe  -->
<!DOCTYPE text SYSTEM "entity1.dtd">
<text xml:lang="de">
Ein deutscher Text
</text>
```

Listing 3.29: XML-Dokument mit dem xml:lang-Attribut

Als Werte für die Attribute werden Länderkürzel (*"de"*, *"en"*, *"en-US"*, *"en-UK"*, *"de-DE"* etc.) eingesetzt.

3.3.9 Bedingte Deklarationen

Beim Erstellen von DTD-Deklarationen ist es mitunter hilfreich, wenn bestimmte Teile der Deklaration deaktiviert werden können. Programmierern ist so etwas unter dem Begriff konditionale Abschnitte (Conditional Sections) bekannt – Sie können damit angeben, ob bestimmte Abschnitte bei der Analyse bearbeitet werden sollen oder nicht. XML erlaubt für die DTD ebenfalls solche Abschnitte. Diese werden mit

```
<![ IGNORE [ zu ignorierender Teil ]]>
```

von der Verarbeitung ausgeschlossen. Mit

```
<![ INCLUDE [ zu bearbeitender Teil ]]>
```

wird dagegen der zu bearbeitende Teil eingeschlossen. Sie können diese beiden Anweisungen verwenden, um beispielsweise beim Testen bestimmte Informationen aus der DTD auszuklammern oder aufzunehmen.

Um zu vermeiden, dass Sie bei jeder Änderung die gesamte DTD nach diesen Schlüsselwörtern durchsuchen müssen, können Sie auf Parameter-Entities zurückgreifen. Dies wird an folgendem Beispiel deutlich:

Listing 3.30: Beispiel mit bedingten Deklarationen

```
<!ENTITY % draft 'INCLUDE'>
<!ENTITY % final 'IGNORE'>
<![ %draft; [
<!ELEMENT book (title, autor, text, comments)*>

]]>
<![ %final; [
<!ELEMENT book (title,autor, text, summary)>
]]>
<!ELEMENT title (#PCDATA)>
<!ELEMENT autor (#PCDATA)>
<!ELEMENT text (#PCDATA)>
<!ELEMENT comments (#PCDATA)>
<!ELEMENT summary (#PCDATA)>

<!ENTITY name 'G. Born'>
```

Hier werden zwei Entities *draft* und *final* definiert. Diese Entities werden dann im Verlauf der weiteren Deklarationen eingesetzt, um die bedingten Abschnitte mit INCLUDE und IGNORE zu markieren. Durch Ändern der Entity-Werte können Sie anschließend ganze Teile der DTD aktivieren oder deaktivieren.

Im Ordner *\Beisp\Kap03* finden Sie die Dateien *book.dtd* und *Bsp03_15.xml*. In *book.dtd* ist der vorhergehende Code enthalten, während *Bsp03_15.xml* die XML-Dokumentdaten basierend auf der DTD enthält. Im Internet Explorer lässt sich das Dokument laden und wird vom XML-Parser bei der Validierung als gültig erkannt. Der Editor XML Spy 2005 lädt das Dokument ebenfalls und zeigt die gleiche Darstellung im Browsermodus.

Zusammenfassung

In diesem Kapitel haben Sie gelernt, wie sich XML-Dokumente auf Wohlgeformtheit und Gültigkeit überprüfen lassen. Eine Validierung auf Gültigkeit erfordert jedoch eine Document Type Definition. Diese DTD definiert die Regeln zum Aufbau der XML-Dokumente. Wie eine solche DTD aufgebaut ist und was es zu beachten gilt, wurde ebenfalls in diesem Kapitel beschrieben. Damit verfügen Sie bereits über alle erforderlichen Kenntnisse, um XML-Dokumente zu erstellen oder DTDs zu entwerfen. Da das Arbeiten mit DTDs das Erlernen einer zusätzlichen Syntax erfordert, haben Firmen wie Microsoft bereits frühzeitig nach Alternativen gesucht. Ziel war es, die Regeln zum Aufbau eines XML-Dokuments mit XML-Befehlen zu beschreiben und in einem so genannten Schema zu hinterlegen. Dieser Ansatz wurde mittlerweile vom W3C-Konsortium aufgegriffen und in Form eines Vorschlags publiziert. Wie sich ein Schema zur Definition von XML-Dokumentklassen ohne DTD verwenden lässt, erfahren Sie im nächsten Kapitel.

Fragen

1. Wie unterscheiden sich validierende und nicht validierende XML-Parser?
2. Welche Voraussetzungen sind erforderlich, damit ein XML-Parser die Gültigkeit eines Dokuments überprüfen kann?
3. Wie wird ein Entity deklariert?
4. Geben Sie die Definition für ein Element *Buch* an, das die Unterelemente *Kapitel*, *Absatz* und *Kommentare* enthält.
5. Wie wird ein Attribut in der DTD definiert?

Antworten

1. Ein nicht validierender XML-Parser überprüft das XML-Dokument nur auf Wohlgeformtheit, während ein validierender XML-Parser das XML-Dokument gegenüber der DTD auf Gültigkeit verifiziert.
2. Um die Gültigkeit eines XML-Dokuments per XML-Parser zu validieren, muss eine DTD vorhanden sein.

3. In der *<!DOCTYPE...>*-Deklaration ist *<!ENTITY name "wert">* einzufügen. *Name* gibt den Entity-Namen an.

4. *<!ELEMENT Buch (Kapitel, Absatz, Kommentare)*>*

5. *<!ATTLIST buch title CDATA #REQUIRED>*

KAPITEL 4

jetzt lerne ich

Namensräume und XML-Schema

Im vorhergehenden Kapitel haben Sie sich mit benutzerspezifischen XML-Dokumenten befasst, deren Struktur über DTDs definiert wurde. Das aktuelle Kapitel befasst sich mit der Frage, wie sich Dokumenttypen über Schemata definieren lassen. Außerdem erfahren Sie, was sich hinter dem in diesem und den folgenden Kapiteln häufiger benutzten Konzept der Namensräume (Namespaces) verbirgt.

4.1 Einführung in Namensräume

Bevor ich Sie mit dem Konzept der Schemata bekannt mache, möchte ich auf das Thema Namensraum (bzw. englisch Namespaces) zu sprechen kommen.

4.1.1 Was sind Namensräume (Namespaces)?

Auf den nachfolgenden Seiten werden Sie häufiger Namensräume verwenden. Vermutlich stellen Sie sich an dieser Stelle die Frage: Was sind Namensräume und wozu werden diese benötigt?

Nehmen wir ein Beispiel aus dem täglichen Leben: In einer Firma gibt es zwei Mitarbeiter mit genau dem gleichen Vor- und Familiennamen. Um Verwechslungen auszuschließen, müssen Sie ein zusätzliches Kriterium zur Identifikation dieser beiden Mitarbeiter verwenden. Sie könnten beispielsweise die Abteilung oder den Wohnort als Unterscheidungskriterium benutzen (z.B. Vertrieb: Müller, Einkauf: Müller).

Vor einem ähnlichen Problem stehen Sie, wenn Sie XML-Daten aus unterschiedlichen Quellen zusammenführen. Dann kann es durchaus vorkommen, dass der gleiche Name für ein Element oder ein Attribut in unterschiedlichen Kontexten auftritt. Nehmen wir z.B. an, Sie verwenden folgende Struktur in einem XML-Dokumenttyp, um Zeitschriftenbeiträge zu beschreiben:

```
<artikel>
  <titel>Zeitschriftentitel</titel>
  <verlag>Verlag</verlag>
  ...
</artikel>
```

Gleichzeitig haben Sie von irgendwo noch eine Struktur erhalten, die Informationen über die Lektoren der jeweiligen Artikel in XML abbildet.

```
<lektor>
  <titel>Cheflektor</titel>
  <name>Benson</name>
  ...
</lektor>
```

Solange Sie diese Strukturen selbst entwerfen, können Sie für eindeutige Element- und Attributnamen sorgen. Auch wenn Sie nur mit einem Dokumenttyp arbeiten, werden die Namen eindeutig sein. Aber es ist wohl einsichtig, dass bei der Menge der weltweit existierenden Dokumenttypen gleiche Namen für Elemente oder Attribute recht häufig auftreten.

Im vorangegangenen Beispiel besitzen sowohl das Element *artikel* als auch das Element *lektor* ein Unterelement mit dem Namen *titel*. Beide *titel*-Elemente enthalten aber gänzlich unterschiedliche Informationen. Wenn Sie jetzt eine XML-Dokumentstruktur benutzen, die Unterelemente aus den Elementen *artikel* und *lektor* zusammenführt, stehen Sie vor einem Problem – Sie müssen entscheiden, welches Element *titel* nun gewünscht wird. Während Sie dies als menschlicher Leser noch anhand der Inhalte erkennen können, muss ein Programm dies etwas genauer wissen (denn es können unterschiedliche Definitionen, z.B. in den zugehörigen DTDs, für das Element vorliegen).

An dieser Stelle kommen nun Namensräume ins Spiel. Ein Namensraum umfasst eine Sammlung von Namen, die in einem bestimmten Kontext gültig sind. Sie können beispielsweise einen Namensraum *a* für alle Namen in *artikel* definieren. Und Sie legen einen zweiten Namensraum *b* für alle Namen in *lektor* an (die Elemente könnten ja in getrennten DTDs definiert sein). Geben Sie bei Referenzen auf einzelne Elemente dann den Namensraum an, ist eindeutig klar, welches Unterelement gemeint ist. Sie könnten beispielsweise Folgendes versuchen:

```
<a:titel>Bundesminister tritt zurück</a:titel>
<b:titel>Matthias Schnell</b:titel>
```

Obwohl das Element *<titel>* zweimal vorkommt, wird durch den als Präfix benutzten Buchstaben sehr deutlich, um welche Variante es sich handelt. Das heißt, das Präfix gibt an, auf welchen Namensraum sich das Element bezieht. Die erste Zeile bezieht sich auf die Elemente im Namensraum *a*, während das zweite Element den Namensraum *b* referenziert.

Sie werden gleich noch sehen, dass genau diese Notation in XML-Anweisungen vorkommt, um Namensräume zu referenzieren. Lassen Sie dagegen das Präfix weg, bezieht sich das Ganze auf den so genannten Standard-Namensraum. Diesen Namensraum haben Sie quasi bereits in den vorherigen Kapiteln benutzt. Der Standard-Namensraum umfasst also alle Namen (von Elementen oder Attributen), die im XML-Dokument auftreten und nicht explizit in einem anderen Namensraum definiert sind.

4.1.2 Namensräume deklarieren

Wenn Sie also in einem XML-Dokument Daten zu Artikeln und Lektoren zusammenführen möchten, müssen Sie entsprechende Namensräume verwenden. Im vorhergehenden Beispiel klang bereits an, wie Sie Namensräume innerhalb eines Elements referenzieren: Sie setzen einfach ein Präfix, getrennt durch einen Doppelpunkt, vor den jeweiligen Namen. Das Präfix ist dabei frei wählbar. Mit

```
<lek:titel>Matthias Schnell</lek:titel>
```

definiert das Präfix *lek* eine Referenz auf einen Namensraum. Der XML-Parser muss jetzt aber noch wissen, wie er an die Namen dieses Namensraums herankommt. Hierzu enthält das XML-Dokument im Wurzelelement eine Deklaration, die das Präfix vereinbart und einen Verweis auf den Namensraum enthält:

```
<daten xmlns:art="http://www.borncity.com/artikel"
       xmlns:lek="http://www.borncity.com/lektor">
  <beitrag>
   <art:titel>Vögel im Winter</art:titel>
   <lek:titel>Fachlektor</lek:titel>
   <lek:name>Meier<Zeitschriftentitel<lek:name>
  </beitrag>
  ...
</daten>
```

In diesem Beispiel wird ein Dokumenttyp benutzt, dessen Element *daten* das Unterelement *beitrag* aufweisen darf. Im Unterelement *beitrag* sollen jetzt Daten aus den Namensräumen der Artikel und der Lektoren zusammengefasst werden. Beide Typen sind in getrennten DTDs definiert und benutzen den gleichen Elementnamen. Im Wurzelelement *daten* wird jetzt über das Attribut *xmlns* eine Referenz auf den gewünschten Namensraum im Format

```
xmlns:<prefix>=<URI>
```

vereinbart. Der Attributname *xmlns* ist dabei fest vordefiniert und signalisiert dem XML-Parser, dass die Deklaration eines Namensraums folgt. *<prefix>* ist hier der Platzhalter für eine Zeichenkombination, die die Abkürzung für den Namensraum vereinbart. Denkbar wären Texte wie *lek*, *art* etc. Das Präfix sollte zur Reduzierung des Schreibaufwands nicht zu lang sein, aber andererseits eine leichte Identifizierung erlauben. Hinter dem Gleichheitszeichen folgt dann der Attributwert, der einen Verweis (URI) auf den Namensraum enthält.

HINWEIS

Der Begriff URI steht für Unique Resource Identifier, d.h. für einen weltweit eindeutigen Bezeichner. URLs (Uniform Resource Locator) ins World Wide Web sowie URNs (Uniform Resource Names) sind beides Varianten eines URI, Sie können also eine Webadresse oder einen Namensraum als Attributwert angeben.

Im vorangegangenen Beispielcode wurde in beiden Fällen ein Verweis auf eine URL im Web eingetragen. An dieser Stelle sollte sich dann die Datei mit den Definitionen der Elemente befinden. Der XML-Parser ordnet alle am betreffenden Ort gefundenen Namen dem Namensraum zu.

Falls Sie keine Webadresse nutzen möchten, können Sie als Attributwert auch einen Uniform Resource Name benutzen. Beim Microsoft XML-Parser besitzt ein Verweis auf einen URN folgendes Format:

```
<daten xmlns:art="urn:test.org:artikel">
```

Hier würde der Namensraum über den URN *test.org:artikel* beschrieben. Immer wenn Sie anschließend im XML-Dokument das Präfix vor einen Element- oder Artikelnamen setzen, greift der XML-Parser auf die Definitionen dieses Namensraums zurück.

Anmerkungen zum Scope eines Namensraums

Wenn Sie mit Namensräumen arbeiten, ist es hilfreich zu wissen, auf welche Elemente sich ein Namensraum bezieht. Ich hatte ja bereits ausgeführt, dass bei einem vorangestellten Präfix der zugehörige Namensraum referenziert wird. Fehlt das Präfix (z.B. *<titel>...</titel>* besitzt kein Präfix), verwendet der Parser den Standard-Namensraum. Geben Sie für ein Element ein Präfix an, gilt dieser Namensraum auf für alle Unterelemente, die kein Präfix aufweisen. Die folgende Struktur benutzt zwei Namensräume, einen Default-Namensraum und einen durch den Präfix *lek* identifizierten Namensraum.

```
<daten xmlns:lek="http://www.borncity.com/lektor">
  <kommentar>Beiträge aus 1999</kommentar>
  <beitrag xmlns ="http://www.borncity.com/artikel">
   <titel>Vögel im Winter</titel>
   <lek:titel>Fachlektor</lek:titel>
   <lek:name>Meier Zeitschriftentitel<lek:name>
   <autor>Heimüller</autor>
  </beitrag>
</daten>
```

Listing 4.1: Beispiel zur Verwendung eines Namespace

Im Element *daten* wird der Namensraum für *Lektor* vereinbart. Alle Unterelemente mit dem Präfix *lex* beziehen sich eindeutig auf diesen Namensraum. Elemente, die kein Präfix aufweisen, beziehen sich auf den Standard-Namensraum. Beim Unterelement *kommentar* entspricht der Standard-Namensraum aber dem Namensraum *Lektor.* Die Unterelemente *<titel>...</titel>* und *<autor>...</autor>* in *<beitrag>...<beitrag>* besitzen ebenfalls kein Präfix, beziehen sich also auch auf den Standard-Namensraum. Da aber dem Element *beitrag* ein neuer Namensraum *Artikel* zugewiesen wurde, wird in Unterelementen wie *<titel>...</titel>* und *<autor>...</autor>* der Namensraum *Artikel* benutzt.

Vom W3C gibt es eine Empfehlung für Namespaces in XML, deren aktuelle Fassung von der Webseite dieser Organisation (*www.w3c.org*) heruntergeladen werden kann.

4.2 Einführung in XML-Schema

XML-Schema stellt einen neuen Ansatz dar, um XML-Dokumenttypen unter Verzicht auf DTDs zu vereinbaren. In diesem Abschnitt wird diskutiert, was sich hinter dem Ansatz der W3C-Schemata verbirgt und wie einfache Beispiele aussehen. Der Entwurf solcher Schemata kann manuell erfolgen. In diesem Abschnitt wird u.a. aber gezeigt, wie Sie XML Spy 2005 Home Edition zum Entwurf und zum Einsatz solcher XML-Schemata nutzen.

4.2.1 Warum ein Schema statt einer DTD verwenden?

In der XML-Spezifikation 1.0 wird die Document Type Definition (DTD) benutzt, um Dokumenttypen zu definieren. Dieser Aspekt wurde in Kapitel 3 ausführlicher behandelt. Nachdem Sie mit DTDs umgehen können, stellt sich die Frage, warum ein neuer Ansatz zur Definition der Dokumenttypen benutzt wird und was es damit auf sich hat? Nun, bei der Verwendung von DTDs zur Definition von Dokumenttypen tauchen mehrere Probleme auf:

- Einmal ist es natürlich recht ungeschickt, wenn zur Definition des Dokumenttyps eine andere Notation als zur Erstellung des Dokuments benutzt wird. Smarter wäre es doch, zur Definition der Document Type Declaration ebenfalls XML-Elemente zu verwenden.
- Die DTD sieht für XML-Elemente nur vier rudimentäre Datentypen vor, wobei fast alles darauf hinausläuft, dass ein Element Zeichenketten aufnimmt, die Unterelemente oder Daten darstellen. Der Versuch, die Werte eines Elements auf Zahlen, Integerwerte etc. zu beschränken ist damit zum Scheitern verurteilt.

Weiterhin lässt sich die DTD nicht erweitern, da der Umfang der möglichen Schlüsselwörter etc. in der XML-Spezifikation 1.0 fest vorgeschrieben ist.

HINWEIS

> Wenn Sie ein auf einer DTD basierendes XML-Dokument validieren, gibt es keine Möglichkeit, nicht deklarierte Elemente zu verwenden. Sie müssen entweder auf eine Validierung verzichten oder die DTD erweitern. Bei XML-Schema haben Sie die Möglichkeit, zusätzlich zum validierbaren Dokumentinhalt neue Elemente oder Attribute einzufügen.

Aus diesem Grund begannen Firmen (z.B. Microsoft), die sich mit praktischen Anwendungen von XML befassten, bereits frühzeitig mit der Entwicklung von Alternativen. Es kristallisierte sich recht schnell heraus, dass eine Dokumentstruktur eigentlich direkt durch XML-Elemente beschreibbar sein sollte. Nehmen wir einmal einen einfachen XML-Dokumenttyp, der folgende Struktur besitzt:

```
<daten>
 <person>
  <name>...</name>
  <vorname>...</vorname>
  <tel>...</tel>
 </person>
</daten>
```

Eine DTD für diese Struktur sähe dann folgendermaßen aus:

```
<!ELEMENT daten    (person)+>
<!ELEMENT person   (name, vorname, tel)>
<!ELEMENT name     (#PCDATA)>
<!ELEMENT vorname  (#PCDATA)>
<!ELEMENT tel      (#PCDATA)>
```

Auch wenn diese DTD nicht sonderlich kompliziert ist, erfordert die Anwendung der Syntaxregeln schon etwas Erfahrung. Andererseits haben wir mit der zuvor genannten Definition der XML-Elementstruktur doch so etwas wie eine Schablone – auch als Schema bezeichnet –, die in etwa die Struktur des

Dokumenttyps beschreibt. Würde dieser Ansatz weiterentwickelt, ließe sich die Struktur des XML-Dokumenttyps doch einfach mit XML-Elementen beschreiben. Und genau hier setzt ein XML-Schema an. Sie könnten doch die Struktur auch folgendermaßen beschreiben:

Listing 4.2: W3C-Schema für ein XML-Dokument

```
<?xml version="1.0" encoding="UTF-8"?>
<xs:schema xmlns:xs="http://www.w3.org/2001/XMLSchema">
<xs:element name="daten">
 <xsd:annotation>
  <xsd:documentation>Einfache Liste</xsd:documentation>
 </xsd:annotation>
 <xs:complexType>
  <xs:sequence minOccurs="0" maxOccurs="unbounded">
   <xs:element name="person">
    <xs:complexType>
     <xs:sequence>
      <xs:element name="name" type="xs:string"/>
      <xs:element name="vorname" type="xs:string"/>
      <xs:element name="tel" type="xs:string" />
     </xs:sequence>
    </xs:complexType>
   </xs:element>
  </xs:sequence>
 </xs:complexType>
</xs:element>
</xs:schema>
```

Das Wurzelelement *schema* definiert über das Attribut *xmlns* eine Referenz auf den Namensraum, in dem die zulässigen Elemente für die Schemadatei festgelegt sind (hier wird ein Namensraum *http://www.w3.org/2001/XMLSchema* des W3C für XML-Schema angegeben). Dieser Namensraum wird dann über das Präfix *xs* (ist ein allgemein verwandtes Kürzel für XML-Schema) referenziert.

HINWEIS

In den im Ordner *Beisp\Kap04* hinterlegten Beispieldateien für Schemata finden Sie im *schema*-Element noch die beiden Attribute *elementFormDefault* und *attributeFormDefault*, deren Werte auf »qualified« gesetzt sind. Fehlen diese optionalen Attribute, nimmt ein XML-Parser die Einstellung »unqualified« an. Ein Eintrag *elementFormDefault="qualified"* bewirkt, dass alle Elemente in XML-Instanzen über eine Namensraum- Präfix qualifiziert werden müssen. Fehlt das Attribut, dürfen in XML-Instanzen nur globale Elemente ein Präfix aufweisen. Für Attribute in XML-Instanzen gilt das Gleiche.

Das Wurzelelement *schema* (der Schemadatei) enthält weitere XML-Elemente, die die Struktur der XML-Dokumentklasse beschreiben. Mit der Anweisung

```
<xs:element name="daten">
```

wird das Wurzelelement *daten* der Dokumentklasse festgelegt. Zur Analyse einer Schemadatei durch die Benutzer besitzen diese häufig noch einen Kommentar (z.B. mit Hinweisen zur Version oder zum Zweck des Schemas) im Dokumentkopf, der durch die folgende Sequenz an XML-Elementen abgebildet wird.

```
<xs:annotation>
 <xs:documentation>Einfache Liste</xs:documentation>
</xs:annotation>
```

Das Element *annotation* markiert den Kommentar, der in einem *documentation*-Element hinterlegt ist. Die Struktur der Unterelemente des Wurzelelements *daten* wird dann über eine weitere Sequenz von XML-Elementen vereinbart. Das Wurzelelement *daten* kann kein, ein oder mehrere Unterelemente *person* aufnehmen. Zur Beschreibung eines XML-Elements, das seinerseits Unterelemente aufnehmen kann, wird im Schema ein *complexType*-Element (nachfolgend auch als Komponente bezeichnet) benutzt. Die folgende Sequenz definiert das Element *person* im XML-Schema:

```
<xs:complexType>
  <xs:sequence minOccurs="0" maxOccurs="unbounded">
   <xs:element name="person">
...
   </xs:element>
  </xs:sequence>
 </xs:complexType>
```

Mit dem *sequence*-Element lässt sich eine Auswahl an XML-Elementen in der Dokumentklasse vereinbaren. Die Attribute *minOccurs* und *maxOccurs* geben an, wie häufig das übergeordnete XML-Element auftreten darf. Der Name des gewünschten Unterelements wird dann in einem separaten *element*-Element über das *name*-Attribut definiert. Mit dieser Sequenz wird also ein Element *person* im Wurzelelement eingefügt, welches beliebig oft auftreten dar. Innerhalb des *person*-Elements kann nun die restliche Struktur der XML-Dokumentklasse deklariert werden. Im aktuellen Beispiel enthält das Element *person* die Unterelemente *name*, *vorname* und *tel* gemäß folgender Struktur:

```
<xs:complexType>
 <xs:sequence>
   <xs:element name="name" type="xs:string"/>
   <xs:element name="vorname" type="xs:string"/>
   <xs:element name="tel" type="xs:string" />
```

```
  </xs:sequence>
</xs:complexType>
```

Auch hier kapselt ein *complexType*-Element die Beschreibung des Inhaltsmodells, wobei zur Kombination der Unterelemente wiederum ein *sequence*-Element benutzt wurde. Die eigentlichen XML-Elemente werden über *element*-Elemente definiert. Das *name*-Attribut dieser Elemente definiert den Namen des zugehörigen XML-Elements. Das *type*-Attribut definiert den Datentyp (hier *string*) der Werte, die für das betreffende XML-Element in der Dokumentklasse zulässig sind.

Wenn Sie einfach das »Beiwerk« weglassen und sich auf die *element*-Einträge konzentrieren, lässt sich, auch ohne detaillierte Kenntnisse über den Aufbau eines W3C-XML-Schemas, die Struktur des XML-Dokuments aus der vorangegangenen Definition ablesen. Ein XML-Schema spezifiziert also die Struktur einer XML-Dokumentklasse und enthält Hinweise auf die zulässigen Elemente bzw. Attribute. Die Struktur wird im Allgemeinen in Dateien mit der Dateinamenerweiterung *.xsd* (steht für XML-Schema-Definition) gespeichert. Die Sprache, in der diese XML-Schemata beschrieben werden, wird als XML Schema Definition Language (XSDL) bezeichnet.

HINWEIS

XML-Schemata stellen einen sehr interessanten Ansatz zur Beschreibung von Dokumentklassen dar. Allerdings entwickelten sich – da das W3C die Empfehlung für XML-Schema erst 2001 verabschiedete – historisch bedingt, verschiedene (teilweise firmenspezifische) Ansätze zur Beschreibung solcher Schemata. Da W3C-XML-Schema bei der Implementierung der XML-Parser MSXML (Version 2.0 bis 3.0) nicht verabschiedet war, setzte Microsoft seinerzeit auf die Standards XML Data Reduced, abgekürzt XDR (*http://www.w3.org/TR/1998/NOTE-XML-data-0105*, vom Januar 1998) und Document Content Description (DCD) (*http://www.w3.org/TR/NOTE-dcd*). Diese Implementierung verzichtet auf Vererbung und einige objektorientierte Ansätze dieser Dokumente und konzentriert sich auf Funktionen, die zum Ersetzen einer DTD benötigt werden. Die Implementierung im Microsoft XML-Parser (MSXML 3.0) des Internet Explorer 5.0 wurde daher als XDR-Schema bezeichnet und weicht vom W3C-XML-Schema ab. Mittlerweile steht von Microsoft MSXML 4.0 zur Verfügung. Dieser XML-Parser sowie die Parser gängiger XML-Editoren wie XML Spy 2005 unterstützen den W3C-Standard XML-Schema aus dem Jahr 2001. In der Überarbeitung dieses Buches wird XML-Schema gemäß der W3C-Empfehlung mit den Elementen im Namensraum *http://www.w3.org/2001/XMLSchema* benutzt. Seit Oktober 2004 existiert aber die Second Edition des W3C-Standards für XML-Schema als Empfehlung (dies ist eine Überarbeitung der Empfehlung aus 2001).

4.2.2 Ein XML-Schema im XML-Dokument einbinden

Sobald Sie eine Schemadatei vorliegen haben, muss diese (ähnlich wie eine DTD) im XML-Dokument referenziert werden. Die Einbindung eines W3C-XML-Schemas in der Version 2001 könnte dann folgendermaßen aussehen:

```
<?xml version="1.0" encoding="ISO-8859-1"?>
<daten xmlns:xsi="http://www.w3.org/2001/XMLSchema-instance"
xsi:noNamespaceSchemaLocation="Liste.xsd">
 <person>
   <name>Bach</name>
   <vorname>Inge</vorname>
   <tel>4711</tel>
  </person>
</daten>
```

Die XML-Dokumentdatei gleicht dem Aufbau, der in den vorangegangenen Kapiteln benutzt wurde. Es wird lediglich die *DOCTYPE*-Anweisung im XML-Prolog verwendet. Stattdessen benutzt man den Namespace-Ansatz, der über Attribute des Wurzelelements (hier *daten*) definiert wird. Das Attribut *xmlns* samt dem Präfix *xsi* vereinbart einen Verweis auf den Namensraum, in dem die zulässigen (W3C-)Schemaelemente vereinbart sind (hier *http://www.w3.org/2001/XMLSchema-instance*). Diesen Ansatz kennen Sie bereits aus dem vorherigen Abschnitt. Nun gilt es noch, den Verweis auf die eigentliche Schemadatei unterzubringen. Dieser Verweis auf die lokale Schemadatei erfolgt über das *noNamespaceSchemaLocation*-Attribut:

```
xsi:noNamespaceSchemaLocation="Liste.xsd"
```

Der Name des Attributs signalisiert dem menschlichen Leser bereits, dass es sich nicht um eine Referenz auf einen Namensraum, sondern um einen Verweis auf den Speicherort (Location) des Schemas handelt. Das vorangestellte Präfix *xsi* bezieht das Attribut auf den definierten Namensraum *http://www.w3.org/2001/XMLSchema-instance* (in dem die Attributdefinition für *noNameSpaceSchemaLocation* zu finden ist). Der Wert des Attributs verweist auf die Schemadatei. Bei dem hier benutzten Wert *Liste.xsd* handelt es sich um eine relative Pfadangabe auf die Datei, d.h., die Schemadatei muss im gleichen Verzeichnis wie die XML-Dokumentdatei liegen, damit der Parser diese nutzen kann. Es können auch absolute Pfadangaben der Art *E:\CD-Master2\Beisp\Kap04\Liste.xsd* oder *file:/born/kap04/liste.xsd* benutzt werden.

Die Attribute im Wurzelelement signalisieren dem XML-Parser, dass er das XML-Dokument gegenüber der angegebenen Schemadatei validieren kann. Die eigentlichen XML-Elemente der Dokumentinstanz samt deren Inhalte sind dann im Wurzelelement einzufügen. Gegenüber den bisherigen Ausführungen hat sich an dieser Stelle nichts geändert. Sie können die Beispieldatei in einen XML-Editor (z.B. XML Spy) laden, validieren (Abbildung 4.1, unten rechts) und anzeigen lassen (Abbildung 4.1, oben links).

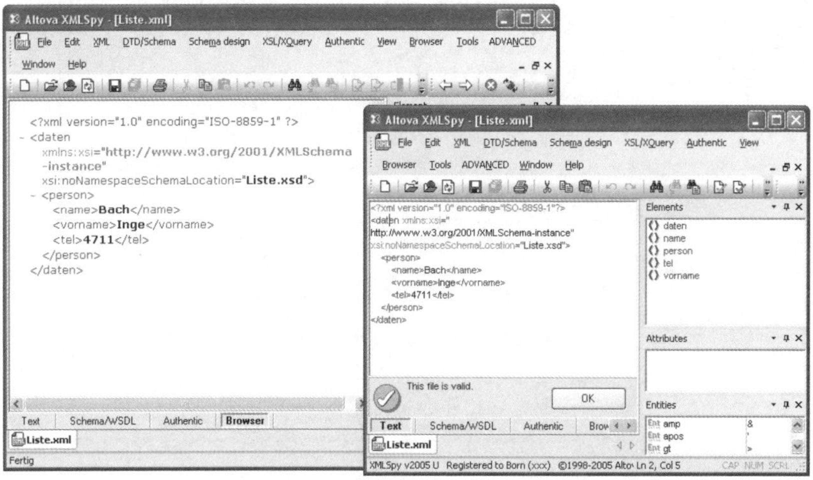

Abb. 4.1: Darstellung eines auf XML-Schema basierenden XML-Dokuments in XML Spy 2005 (Text- und Browsermodus)

Sie finden die Schemadatei *Liste.xsd* im Ordner *\Beisp\Kap04* der Begleit-CD. Die XML-Dokumentdatei *Liste0.xml* enthält die XML-Struktur ohne Einbindung der Schemadatei. Das in Abbildung 4.1 benutzte XML-Dokument findet sich im gleichen Ordner in der Datei *Liste.xml* und bindet das XML-Schema ein. In der Datei *Liste1.xml* dieses Ordners habe ich ein zusätzliches Element *alter*, das in der Schemadatei nicht aufgeführt ist, eingefügt. Validieren Sie diese Beispieldatei in einem XML-Parser, muss diese als ungültig abgewiesen werden.

4.2.3 Entwurf von XML-Schemata mit Werkzeugen

Schemadateien können Sie manuell mit beliebigen Editoren erstellen und dann in *.xsd*-Dateien speichern. Effizienter ist es jedoch, einen entsprechenden XML-Editor zum Entwerfen der Schemadatei zu verwenden. Der Altova XML-Editor XML Spy 2005 unterstützt bereits in der Home Edition den Entwurf von W3C-Schemata. Hierzu reicht es, in der Symbolleiste des Programmfensters die Schaltfläche *New* für neue Dokumente anzuklicken und dann im Dialogfeld zur Auswahl des gewünschten Dateityps den Eintrag »xsd W3C Schema« zu markieren. Nach dem Schließen des Dialogs legt der Editor ein leeres Schema an. Über die am unteren Rand des Dokumentfensters befindlichen Registerkarten lässt sich im Editor zwischen verschiedenen Darstellungs- bzw. Entwurfsmodi wechseln. Wählen Sie die Registerkarte *Text*, erscheint die Quellcodedarstellung des XML-Schemas (Abbildung 4.2).

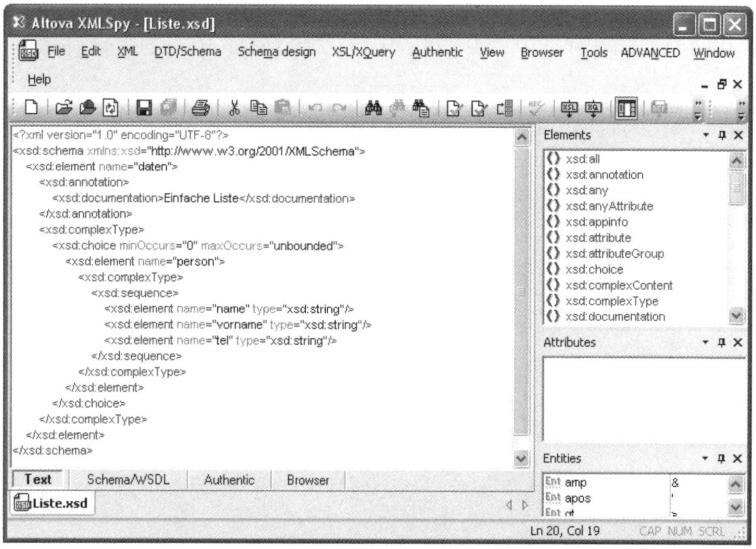

Abb. 4.2: Schemadefinition im Quellcode in XML Spy 2005

Bei einem neuen Schema erzeugt der XML-Editor eine XML-Struktur mit XML-Deklaration und dem Wurzelelement *schema*, das bereits die korrekte Namespace-Definition auf den W3C-Namensraum enthält. Zudem legt der XML-Editor bereits das Wurzelelement der Dokumentklasse (*<xsd:element name="root ...">*) an und fügt einen Kommentarblock (*<xsd:annotation> <xsd:documentation>...*) im Dokument ein. Sie brauchen dann nur noch den Platzhalter (der Wert des *name*-Attributs des ersten *element*-Eintrags) des Wurzelelements mit dem Namen der Dokumentklassen zu ersetzen. Zusätzlich können Sie den Kommentarblock mit einem Text versehen. Danach lassen sich die Definitionen für die restlichen XML-Elemente des Schemas über das Fenster *Elements* einfügen. Details zur Reihenfolge, in der die Schemaelemente einzusetzen sind, finden Sie in den folgenden Abschnitten.

Grafischer Entwurf eines W3C-XML-Schemas

Der Pfiff beim Altova XML-Editor XML Spy 2005 ist, dass dieser Ihnen bereits in der Home Edition eine grafische Oberfläche zur Verfügung stellt, über die Sie sehr komfortabel die gewünschte Schemastruktur entwerfen können (Abbildung 4.3). Der grafische Entwurfsmodus lässt sich über die Registerkarte *Schema/WSDL* des Dokumentfensters abrufen.

Erscheint bei Anwahl der Registerkarte die in Abbildung 4.3 (Hintergrund) sichtbare Tabellendarstellung, ändern Sie ggf. den Namen des Root-Elements und tragen einen Kommentar in der Tabellenzeile ein. Anschließend klicken Sie auf die unterhalb der Symbolleiste neben dem Eintrag »element« sichtbare Schaltfläche (siehe Abbildung 4.3, Hintergrund), um zum grafischen Entwurfsmodus (Abbildung 4.3, Vordergrund) zu wechseln. Anschließend können Sie das Schema aus grafischen Elementen zusammenfügen.

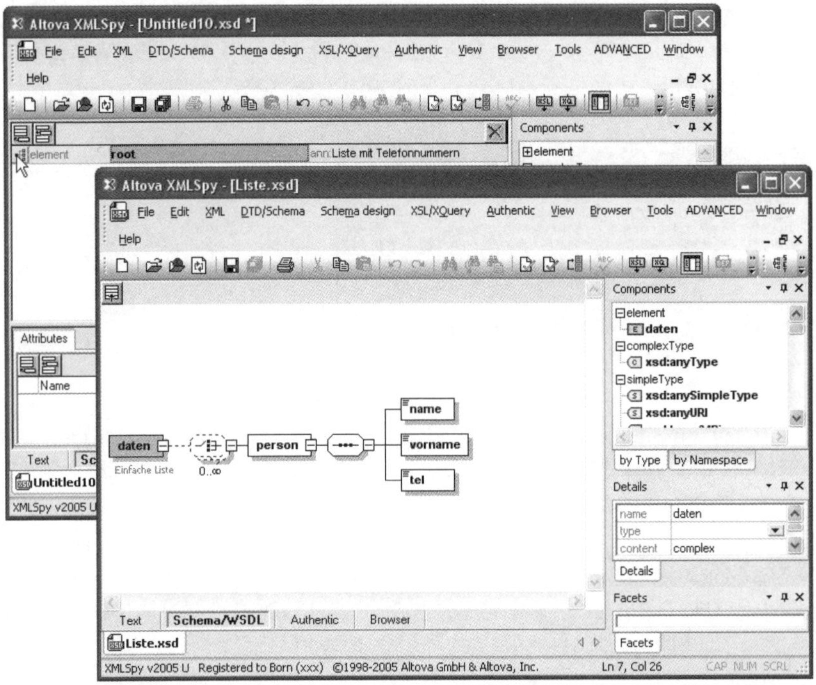

Abb. 4.3: Grafischer Schemaentwurf in XML Spy 2005

- Klicken Sie das gewünschte Element mit der rechten Maustaste im Entwurfsfenster an und wählen Sie im Kontextmenü den gewünschten Befehl, um weitere Komponenten (z.B. Unterelemente oder Attribute) einzufügen. Sie müssen dabei lediglich wissen, welche Befehle anzuwenden sind, um die richtigen Komponenten abzurufen.
- Die Attribute für diese Komponenten (sprich Schemaelemente) lassen sich komfortabel über die entsprechenden Felder des *Details*-Fensters (befindet sich in der rechten unteren Ecke des XML-Editorfensters) anpassen.

Während der Definition können Sie den Schemaentwurf über die betreffenden Schaltflächen der Symbolleiste auf Wohlgeformtheit und auf Gültigkeit überprüfen lassen. Die Überprüfung auf Gültigkeit erfolgt dann gegenüber der W3C-Schemadefinition, die im Namespace angegeben wurde. Anschließend lässt sich das Schema über den Befehl *Save As* des Menüs *File* in einer *.xsd*-Datei speichern.

W3C-XML-Schema in XML Spy in XML-Dokumente einbinden

Auch das Einbinden eines Schemas ist in XML Spy sehr einfach. Legen Sie im XML-Editor ein neues Dokument über die Schaltfläche *New* an und wählen im Auswahldialog den Dokumenttyp »xml Extensible Markup Language«, fragt XML Spy 2005 in einem Folgedialog (Abbildung 4.4) nach, ob sich dieses Dokument auf eine DTD oder ein Schema beziehen soll.

Abb. 4.4: Dialogfeld New File

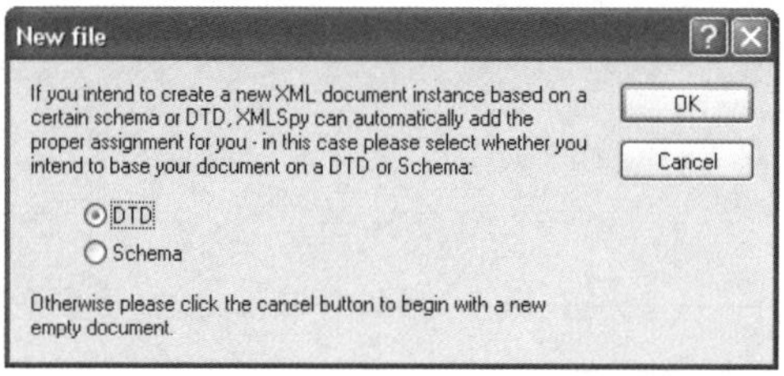

- Schließen Sie dieses Dialogfeld über die *Cancel*-Schaltfläche, wird eine allein stehende XML-Datei (die Sie lediglich auf Wohlgeformtheit überprüfen können) erzeugt.
- Markieren Sie das Optionsfeld *DTD* und schließen Sie das Dialogfeld über die *OK*-Schaltfläche, fragt XML Spy in einem Zusatzdialog den Namen der DTD-Datei ab und generiert anschließend die *DOCTYPE*-Anweisung zum Einbinden der Dokumenttyp-Deklaration.
- Wählen Sie dagegen das Optionsfeld *Schema*, wird beim Schließen des Dialogfelds über die *OK*-Schaltfläche der Name der Schemadatei in einem Dialogfeld abgefragt. Nach Auswahl dieser Datei können Sie das Dialogfeld schließen. XML Spy generiert dann eine leere XML-Dokumentstruktur mit der XML-Signatur und dem Wurzelelement. Das Wurzelelement erhält dann den im Schema vereinbarten Namen. Zudem ist im Wurzelelement bereits der Verweis auf den W3C-Namensraum für Schemata und das *noNamespaceSchemaLocation*-Attribut hinterlegt.

Die beim Schreiben des Buches verwendete XML Spy-Version besitzt jedoch die Eigenart, das Wurzelelement als leeres XML-Element (z.B. *<data xmlns:.... />*) anzulegen. Um die XML-Struktur ergänzen zu können, müssen Sie das Zeichen / im Wurzelelement löschen und dann ein abschließendes Tag (z.B. *</data>*) im Quellcode eingeben. Danach können Sie die im Schema deklarierten XML-Elemente über das betreffende *Elements*-Fenster (rechte Spalte im Anwendungsfenster) des Editors abrufen und mit Daten ergänzen. Details zum Arbeiten mit XML Spy liefert die im Programm verfügbare Hilfe. Dort finden Sie auch Tutorials, die das Erstellen von XML-Dokumenten oder XML-Schemata erläutern.

Altova entwickelte den XML Spy für die Windows-Plattform. Leser(innen), die unter Linux oder MacOS arbeiten, müssten sich nach alternativen XML-Editoren umsehen, die auch W3C-XML-Schema unterstützen. Der in Kapitel 1 erwähnte XML-Editor Morphon bietet leider keine solche Unterstützung. Wer unter Linux oder MacOS nicht auf den Komfort von XML Spy verzichten will, kann das Werkzeug über Emulatoren auf diesen Plattformen einsetzen. Gemäß den Hinweisen auf der Altova-Website *www.altova.com* (einfach nach dem Stichwort »Linux« suchen) ist XML Spy 2005 unter Red Hat-Linux 8 im Wine-Emulator lauffähig. Auf dem Macintosh lässt sich der Virtual PC 6 unter Mac OS X installieren. Danach kann unter Virtual PC ein Windows-System samt XML Spy aufgesetzt werden.

4.3 Arbeiten mit XML-Schema (XSDL)

Die XML Schema Definition Language (XSDL) des W3C stellt einen Ansatz dar, mit dem sich XML-Schemata für XML-Dokumentklassen entwerfen lassen. Seit 2001 steht vom W3C eine Empfehlung für »XML Schema« bereit, die im Oktober 2004 durch die Second Edition ersetzt wurde. Der nachfolgende Abschnitt enthält eine Einführung in den Entwurf von XML-Schemata gemäß der W3C-Empfehlung (die Fassung mit dem Namensraum *http://www.w3.org/2001/XMLSchema-instance*).

4.3.1 XML-Schemakomponenten – ein Überblick

Gemäß den Ausführungen in den vorhergehenden Abschnitten ist ein XML-Schema letztendlich eine XML-Dokumentdatei, die bestimmte im angegebenen Namensraum hinterlegte XML-Elemente enthält. Über diese XML-Elemente (Komponenten) wird dann die Struktur der XML-Dokumentklasse beschrieben. Der hier benutzte Begriff Komponente, als Synonym für die XML-Elemente der Schemadefinition, dient zur sprachlichen Unterscheidung zwischen den der XML-Schemadefinition und den damit definierten XML-Elementtypender Dokumentklasse. Man kann also sagen: Ein XML-Schema ist aus (Schema-)Komponenten aufgebaut, die als XML-Elemente geschrieben werden. Durch entsprechende Kombination dieser Komponenten lassen sich Inhaltsmodelle für die XML-Elementtypen definieren. Diese Elementtypen beschreiben die Struktur einer XML-Dokumentinstanz, die auf der XML-Dokumentklasse basiert. Welche Komponenten zulässig sind, ist in der W3C-Spezifikation für XML-Schema festgelegt. Die folgenden Schemakomponenten besitzen dabei eine besondere Bedeutung zur Definition eines XML-Schemas.

- *element*: Diese Komponente vereinbart ein XML-Element in der Dokumentklasse (z.B. *<xsd:element name="daten">*). Ein solches XML-Element kann Attribute besitzen und wiederum Unterelemente und/oder Daten aufnehmen. Je nach Inhalt muss für das XML-Element daher ein neuer

Elementtyp über eine der beiden folgenden Komponenten abgeleitet werden.

- *complexType:* Diese Komponente wird in Kombination mit einer *element*-Komponente benutzt, um einen komplexen XML-Elementtyp zu vereinbaren. Dieser Elementtyp ist erforderlich, falls ein XML-Element Attribute enthalten oder seinerseits Unterelemente und Daten aufnehmen soll.
- *simpleType:* Die Komponente wird mit *element* kombiniert, um einen einfachen XML-Elementtyp zu vereinbaren, der lediglich Daten aufnehmen kann.

HINWEIS

Neben diesen Elementen kennt das W3C-XML-Schema noch weitere Komponenten wie *unique, key* etc., die an dieser Stelle aber unbehandelt bleiben. Komponenten zum Kombinieren von Unterelementen (*choice, sequence, all*), zur Gruppierung (*group*), zur Referenzierung (*ref*) etc. lernen Sie auf den folgenden Seiten kennen.

Die *element*-Komponente ermöglicht Ihnen, XML-Elemente für die Dokumentklasse zu vereinbaren. Über eine Typdefinition (*complexType*, *simpleType*) lässt sich dann festlegen, welchen Inhalt der Elementtyp aufnehmen kann. Ein XML-Element (z.B. das Wurzelelement der Dokumentklasse), das i.d.R. Unterelemente enthält, muss also auf einen *complexType*-Elementtyp abgeleitet werden. Eine *complexType*-Komponente darf nur bestimmte Unterkomponenten (*annotation*, *simpleContent*, *complexContent*, *group*, *all*, *sequence*, *attribut* etc.) kapseln. Um einem XML-Element mehrere Unterelemente zuzuweisen, kommen Gruppierungselemente (Gruppierungskomponenten) zum Einsatz.

- *sequence*: Definiert eine Sequenz (Folge) von Unterelementen (oder Strukturen), die in der Reihenfolge der Definition im betreffenden Element des Dokuments auftreten müssen.
- *choice*: Definiert eine Auswahl aus mehreren Unterelementen (oder Gruppendefinitionen), von denen ein Unterelement der Auswahl (Child) im betreffenden Element des Dokuments auftreten darf.
- *all*: Definiert, dass alle Unterelemente (maximal einmal) im betreffenden Element der XML-Dokumentinstanz in beliebiger Reihenfolge auftreten dürfen. Dieses Gruppierungselement darf aber nur in der Wurzel eines Inhaltsmodells (also einer Strukturdefinition) auftreten und die Unterelemente dürfen selbst keine Gruppierungen darstellen.

Der Designer eines Schemas kann durch Auswahl eines entsprechenden Gruppierungselements festlegen, wie diese Unterelemente in der Dokumentinstanz anzuordnen sind (z.B. ob alle Elemente erforderlich sind, ob diese in der angegebenen Reihenfolge auftreten müssen etc.).

In der Dokumentinstanz kann es vorkommen, dass bestimmte XML-Elemente des Inhaltsmodells mehrfach auftreten dürfen (z.B. das Wurzelelement enthält mehrere *person*-Elemente). Hierzu lassen sich den Komponenten (z.B. *element, choice, sequence*) des XML-Schemas die Attribute *minOccurs* und *maxOccurs* zuweisen. Diese Attribute legen fest, wie häufig ein XML-Element in der Dokumentinstanz an der betreffenden Dokumentstelle auftreten darf. Mit *minOccurs="0"* ist es zulässig, dass das XML-Element keinmal vorkommt. Mit *maxOccurs="unbound"* darf das betreffende Element beliebig häufig wiederholt werden. Was dies genau bedeutet, lernen Sie an konkreten Beispielen in den folgenden Abschnitten kennen.

4.3.2 Elemente in einem XML-Schema definieren

Zentraler Teil eines XML-Schemas sind die Anweisungen zur Definition der Inhaltsmodelle (XML-Elemente) einer XML-Dokumentklasse. Dies soll jetzt an einem einfachen Beispiel diskutiert werden. Wer XML Spy 2005 (z.B. die Home Edition) einsetzt, kann das betreffende XML-Schema grafisch gemäß Abbildung 4.5 definieren.

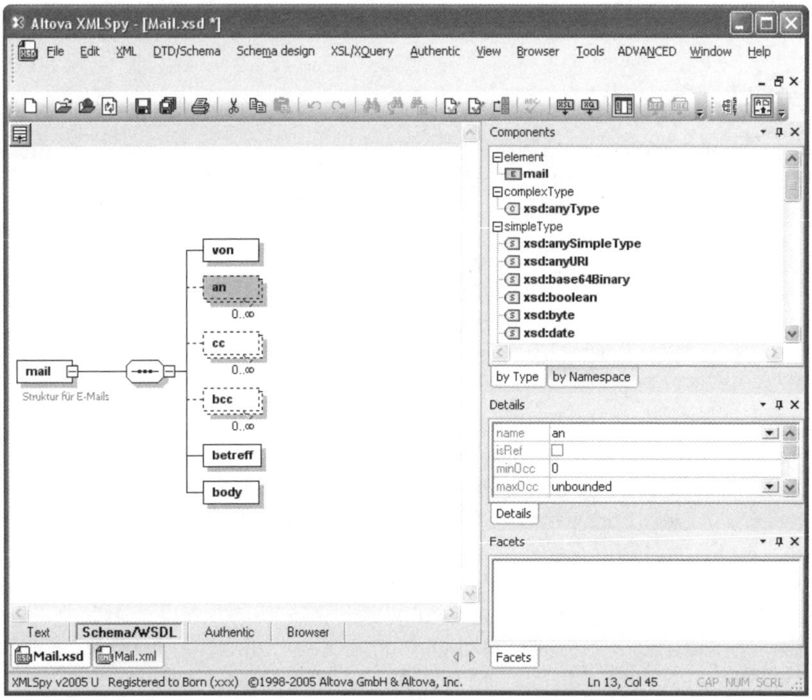

Abb. 4.5: Entwurf des Schemas in XML Spy 2005

Dieses Schema bildet die nachfolgende XML-Struktur zum Speichern von E-Mails ab.

```
<mail>
  <von>...</von>
  <an>...</an>
  <cc>...</cc>
  <bcc>...</bcc>
  <betreff>...</betreff>
  <body>... </body>
</mail>
```

Das Wurzelelement *mail* nimmt die Unterelemente *von*, *an*, *cc*, *bcc*, *betreff* und *body* auf. Allerdings gibt es eine Besonderheit. Während die Elemente *von*, *betreff* und *body* jeweils nur einmal im XML-Dokument auftreten, müssen ggf. mehrere *an*-, *cc*- und *bcc*-Elemente definierbar sein. Sie müssen diese Eigenart im XML-Schema berücksichtigen. Der Quellcode für dieses XML-Schema ist nachfolgendem Listing zu entnehmen.

Listing 4.3: Komplettes XML-Schema zur Abbildung von E-Mails

```
<?xml version="1.0" encoding="UTF-8"?>
<xsd:schema xmlns:xsd="http://www.w3.org/2001/XMLSchema">
 <xsd:element name="mail">

  <xsd:annotation>
   <xsd:documentation>Struktur für E-Mails</xsd:documentation>
  </xsd:annotation>

  <xsd:complexType>
   <xsd:sequence>
     <xsd:element name="von"/>
     <xsd:element name="an" minOccurs="0" maxOccurs="unbounded"/>
     <xsd:element name="cc" minOccurs="0" maxOccurs="unbounded"/>
     <xsd:element name="bcc" minOccurs="0" maxOccurs="unbounded"/>
     <xsd:element name="betreff"/>
     <xsd:element name="body"/>
   </xsd:sequence>
  </xsd:complexType>
 </xsd:element>
</xsd:schema>
```

Die Zeile mit der XML-Signatur sowie die Definition des *xsd*-Namespace in der zweiten Zeile mit dem *schema*-Element wurde bereits auf den vorhergehenden Seiten besprochen. Die eigentliche Definition des Inhaltsmodells beginnt in der dritten Zeile, die ein *element*-Element enthält. Diese *element*-Komponente vereinbart das Wurzelelement der Dokumentklasse und weist den Namen dieses Elements (hier *mail*) über das *name*-Attribut der *element*-Komponente zu. Jede *.xsd*-Datei wird diese Zeile aufweisen, wobei lediglich der Wert des *name*-Attributs an den Namen des Wurzelelements der XML-Dokumentinstanz angepasst ist.

Der Kommentarblock

In vorangegangenem Listing folgt auf das Starttag der *element*-Komponente ein optionaler Kommentarblock, der dem menschlichen Leser des XML-Schemas Hinweise zum Sinn und Zweck der Datei geben soll. Sie könnten dort auch Informationen zur Version sowie zum Autor des Schemas hinterlegen. Ein Kommentarblock wird immer durch ein *annotation*-Element geklammert.

```
<xsd:annotation>
 <xsd:documentation>Struktur für E-Mails</xsd:documentation>
 <xsd:documentation>Version 1.0, Autor: G. Born</xsd:documentation>
</xsd:annotation>
```

Der eigentliche Kommentartext kann dann in einem oder mehreren *documentation*-Elementen hinterlegt werden.

> HINWEIS: Die Spezifikation für XML-Schema kennt noch ein *appinfo*-Element für Kommentare. Dieses sollte aber nur genutzt werden, um Hinweise für Werkzeuge im XML-Schema zu hinterlegen.

Der Block zur Definition der *mail*-Unterelemente

Nun gilt es, die Unterelemente des Wurzelelements zu definieren. Hierzu muss aus dem einfachen *element*-Typ (des Wurzelelements) ein erweiterter Elementtyp abgeleitet werden, der die Unterelemente aufnehmen kann. Gemäß den Erläuterungen im vorhergehenden Abschnitt ist die *complexType*-Komponente für diesen Zweck erforderlich. Das folgende Codefragment zeigt die Struktur, mit der sich im Inhaltsmodell eines Elements die Ableitung eines *complexType*-Elements vereinbaren lässt.

```
<xsd:element name="mail">
  ...
  <xsd:complexType>
  ...
  </xsd:complexType>
 </xsd:element>
```

Hier wurde das Wurzelelement *mail* als Element benutzt, dem mit der *complexType*-Komponente ein Typ zugewiesen wurde. Nun wird noch eine Komponente – also eine Art Container – benötigt, die festlegt, was der neue Typ beinhalten soll. Erweiterte Elementtypen lassen sich über die Gruppierungselemente *choice*, *select* oder *all* ableiten (die Ableitung eingeschränkter Typen wird nachfolgend behandelt). Das hier benutzte *select*-Gruppierungselement erlaubt, die Unterelemente in einer vorgebbaren Reihenfolge festzulegen. Die Definitionen der betreffenden Unterelemente erfolgt dann über entsprechende *element*-Komponenten. Die folgende Codesequenz zeigt das *sequence*-

Gruppierungselement und die darin enthaltenen *element*-Einträge zur Beschreibung der Unterelemente.

```
<xsd:sequence>
  <xsd:element name="von"/>
  <xsd:element name="an" minOccurs="0" maxOccurs="unbounded"/>
  <xsd:element name="cc" minOccurs="0" maxOccurs="unbounded"/>
  <xsd:element name="bcc" minOccurs="0" maxOccurs="unbounded"/>
  <xsd:element name="betreff"/>
  <xsd:element name="body"/>
</xsd:sequence>
```

Für jedes XML-Element der Mailstruktur findet sich ein *element*-Eintrag im Block. Bei den Elementen *an*, *cc* und *bcc* wurden zusätzlich die Attribute *minOccurs* und *maxOccurs* eingefügt. Der Wert 0 in *minOccurs* spezifiziert, dass das betreffende Element in der XML-Dokumentinstanz entfallen darf (eine E-Mail könnte keinen Eintrag im *an*-Feld, dafür aber mehrere *bcc*-Einträge aufweisen). Der Wert »unbounded« im Attribut *maxOccurs* spezifiziert, dass das betreffende XML-Unterelement in der Dokumentinstanz auch mehrfach im zugehörigen XML-Element auftreten darf.

HINWEIS

Möchten Sie ein XML-Element in der Dokumentinstanz erzwingen, fügen Sie einfach das Attribut *minOccurs="1"* zur Elementdefinition hinzu. So könnten Sie beispielsweise vorgeben, dass das *von*-Element auf jeden Fall in der Dokumentinstanz auftreten muss. In XML Spy 2005 steht bei der Definition des Schemas ein Eigenschaftenfenster zur Verfügung, in dem sich die Werte für *minOccurs* oder *maxOccurs* direkt anpassen lassen.

Sie finden die Schemadatei *Mail.xsd* im Ordner *Beisp\Kap04* auf der Begleit-CD. Eine passende XML-Dokumentdatei *Mail.xml* ist im gleichen Ordner hinterlegt.

4.3.3 Datentypen für Elemente festlegen

Den in einem XML-Schema definierten XML-Elementen ist automatisch der komplexe Datentyp »anyType« zugeordnet. Das heißt, die XML-Elemente der Dokumentinstanz können beliebige Daten aufnehmen. Eine der Vorteile von XML-Schema besteht darin, dass Sie Elementen explizit einen Datentyp zuweisen können. Dann lässt sich beispielsweise vorgeben, dass ein XML-Element der Dokumentinstanz nur Dezimalzahlen aufnehmen kann. Ein anderes Element darf z.B. nur Zeichenketten enthalten. Die Definition eines entsprechenden XML-Schemas soll nun an folgender XML-Datenstruktur demonstriert werden:

```
<bestand>
 <artikel>
  <artnr>4711</artnr>
  <name>Küchenrolle Mini</name>
  <menge>30</menge>
</artikel>
<artikel>
 ...
</artikel>
</bestand>
```

Die XML-Datenstruktur bildet Warenbestände ab. Das Element *artikel* beschreibt über Unterelemente die Artikelnummer, den Artikelnamen und den noch vorhandenen Bestand. Für die Artikelnummern und die Bestände sollen nur ganzzahlige Werte (Integer) zulässig sein, während der Artikelname aus Zeichenketten besteht. Nachfolgendes Listing zeigt die Struktur des zugehörigen XML-Schemas:

Listing 4.4: Datentypen für Elemente vereinbaren

```
<?xml version="1.0" encoding="UTF-8"?>
<xs:schema xmlns:xs="http://www.w3.org/2001/XMLSchema">
 <xs:element name="bestand">
   <xs:sequence>
    <xs:element name="artikel" minOccurs="0" maxOccurs="unbounded">
     <xs:complexType>
      <xs:sequence>
       <xs:element name="artnr" type="xs:integer"/>
       <xs:element name="name" type="xs:string"/>
       <xs:element name="menge" type="xs:integer"/>
      </xs:sequence>
     </xs:complexType>
    </xs:element>
   </xs:sequence>
  </xs:complexType>
 </xs:element>
</xs:schema>
```

Gegenüber dem im vorherigen Beispiel gezeigten XML-Schema hat sich nicht viel geändert. Es sind hier lediglich zwei ineinander geschachtelte *sequence*-Elemente erforderlich, um mehrere *artikel*-Unterelemente mit deren Unterelementen im Wurzelelement aufzunehmen. Die Neuerung in zuvor genanntem Listing besteht aus den fett hervorgehobenen *type*-Attributen in den *element*-Komponenten zur Definition der Unterelemente *artnr*, *name* und *menge*. Der Wert dieses Attributs spezifiziert den Datentyp für das XML-Element.

HINWEIS

Sie haben hier die vereinfachte Form zur Vereinbarung eines Datentyps für ein Element kennen gelernt. Diese ist nur zulässig, wenn lediglich ein Datentyp aus der Liste der für *simpleType*-Komponenten verfügbaren Basistypen für das Element vereinbart wird. Sollen weitere Restriktionen (z.B. Facetten zur Eingabe der Werte) benutzt werden, muss ein eingeschränkter Elementtyp abgeleitet werden. Dies wird später diskutiert.

Die für *simpleType*-Komponenten verfügbaren Basis-Datentypen sind in der W3C-Definition für XML-Schema (Teil 2) aufgeführt. Die folgende Tabelle listet die wichtigsten Datentypen auf.

Tabelle 4.1: Basis-Datentypen für simpleTyp-Elemente

Typ	Bemerkung
string	Erlaubt die Darstellung von Zeichenketten im XML-Element.
boolean	Erlaubt die Abbildung boolescher Werte (true, false) in einem XML-Element.
decimal	Erlaubt die Abbildung von Dezimalzahlen (z.B. 1.20, -23.45) im XML-Element.
float	Erlaubt die Abbildung von IEEE-32-Bit-single-precision Float-Werten im XML-Element. Die dezimale Mantisse muss durch den Exponenten ergänzt werden (z.B. 1.23E-2, 100.23E10).
double	Erlaubt die Abbildung von IEEE-64-Bit-double-precision Float-Werten im XML-Element (also doppelte Genauigkeit zu float).
duration	Dient zur lexikalischen Darstellung von Zeitspannen (Jahre, Monate, Tage, Stunden, Minuten, Sekunden) im Gregorianischen Kalender. Beispiele (P1347Y steht für 1347 Jahre, P1Y3M4D3H5M30S beschreibt eine Zeitspanne von 1 Jahr, 3 Monaten, 4 Tagen, 3 Stunden, 5 Minuten und 30 Sekunden).
dateTime	Bildet einen Datums- und Zeitwert (Jahr, Monat, Tag, Stunden, Minuten, Sekunden) im XML-Element im Format yyyy-mm-ddThh:mm:ss ab (z.B. 2004-10-10T12:00:00). Zeitangaben können aber auch in Teilen einer Sekunde angegeben werden.
time	Bildet einen Zeitwert in Stunden, Minuten, Sekunden und optional Nanosekunden (hh:mm:ss:ssssss) im XML-Element ab (z.B. 13:05:40).
date	Bildet einen Datumswert (Jahr, Monat, Tag) im XML-Element ab (z.B. 2004-12-21). Erlaubt optional eine Zeitzone anzugeben.
gYearMonth	Kann Jahreszahl und Monat im gregorianischen Kalender abbilden.
gYear	Bildet eine Jahreszahl (z.B. 1999) im gregorianischen Kalender ab.
gMonthDay	Kann den Monat und den Tag im gregorianischen Kalender abbilden (Format MM-TT, z.B. 12-24).

Tabelle 4.1: Basis-Datentypen für simpleTyp-Elemente (Forts.)

Typ	Bemerkung
gDay	Bildet den Tag als Zahl im gregorianischen Kalender ab (z.B. 21).
gMonth	Bildet den Monat als Zahl im gregorianischen Kalender ab (z.B. 10).
hexBinary	Erlaubt die Abbildung einer binären Zahl mittels Hexadezimalschreibweise (z.B. 12FB).
base64Binary	Erlaubt die Abbildung von base64-kodierten binären Zahlen. Base64 ist eine Möglichkeit, Binärdaten als 7-Bit-Zeichen zu kodieren.
anyURI	Erlaubt die Abbildung eines Uniform Rescource Identifier (z.B. eine URL auf eine Webseite).
QName	Steht für einen qualifizierten XML-Namen.
NOTATION	Steht für eine XML-Notation.

Von diesen Basistypen lassen sich weitere Datentypen (z.B. Integer, positive Integer, negative Integer etc.) ableiten. Die Spezifikation für XML-Schema listet die abgeleiteten Datentypen ebenfalls in Teil 2 auf. Wenn Sie einen Editor wie XML Spy zum Schemaentwurf benutzen, lassen sich die verfügbaren Datentypen für das *type*-Attribut abrufen.

Sie finden die Schemadatei *Bestand.xsd* im Ordner *Beisp\Kap04* der Begleit-CD. Eine passende XML-Dokumentdatei *Bestand.xml* ist im gleichen Ordner hinterlegt.

4.3.4 Attribute im Schema definieren

Ähnlich wie bei DTDs können Sie in einem Schema auch Attribute für die jeweiligen Elemente vereinbaren. Solche Attribute lassen sich in XML-Schemata mittels der *attribute*-Komponente im Entwurf einfügen. Wie dies konkret aussieht, soll nun an einem einfachen Beispiel demonstriert werden. Im Wurzelelement *daten* sollen Persondaten über das Element *person* hinterlegt werden. Das Element *person* besitzt dabei die Unterelemente *name* und *vorname*, wobei *name* drei Attribute *size*, *age* und *sex* besitzt.

Abbildung 4.6 zeigt den grafischen Entwurf für das Schema in XML Spy 2005. Bei den Attributen wurde *sex* zur Benutzung gesperrt (durch ein Kreuz im Entwurf markiert), *size* ist optional und das Attribut *alter* muss im Element *name* der Dokumentinstanz unbedingt angegeben werden.

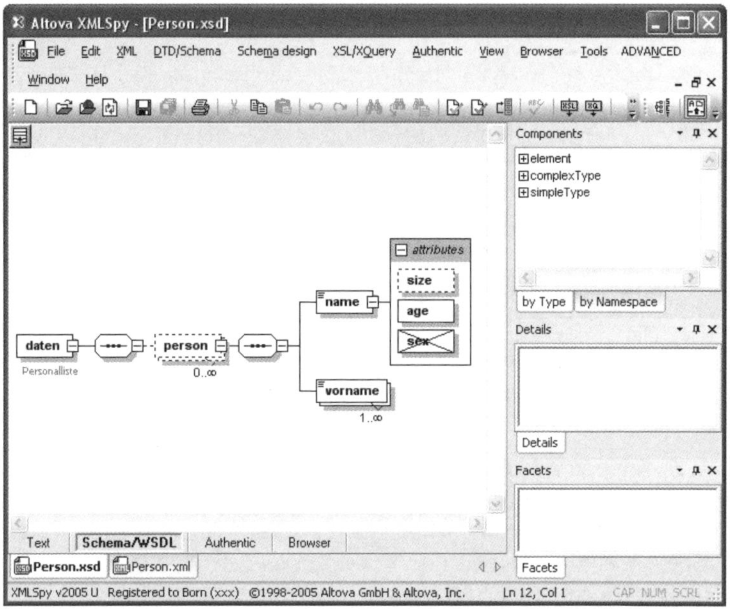

Abb. 4.6: Schemaentwurf mit Attributen in XML Spy 2005

HINWEIS

Der Entwurf dieses Schemas ist in XML-Spy sehr einfach. Ein einzelnes Attribut fügen Sie in diesem Editor ein, indem Sie das betreffende Element mit der rechten Maustaste anklicken und im Kontextmenü die Befehle *Add Child/Attribute* wählen. Anschließend geben Sie im Designbereich den Namen in das angezeigte Attributkästchen ein. Um weitere Attribute zum Element hinzuzufügen, können Sie auf den Platzhalter für Attribut mit der rechten Maustaste klicken und dann den Kontextmenübefehl *Insert/Attribute* verwenden. Markieren Sie das Attribut mit einem Mausklick, können Sie dessen Name und die weiteren Eigenschaften des Attributs wie Typ, Länge etc. über die Fenster *Details* und *Facets* des Editorfensters anpassen. Für den Wert eines Attributs lassen sich auf diese Weise Datentypen, minimale und maximale Länge etc. festlegen. Die Eigenschaft *use* spezifiziert, ob das Attribut optional, verboten oder zwingend erforderlich ist.

Der Quellcode der zugehörigen XML-Schemadefinition ist in nachfolgendem Listing enthalten.

Listing 4.5: XML-Schema mit Attributdefinitionen

```
<?xml version="1.0" encoding="UTF-8"?>
<xs:schema xmlns:xs="http://www.w3.org/2001/XMLSchema">
 <xs:element name="daten">
  <xs:complexType>
   <xs:sequence>
    <xs:element name="person" minOccurs="0" maxOccurs="unbounded">
```

```
      <xs:complexType>
       <xs:sequence>
        <xs:element name="name">
         <xs:complexType>
            <xs:attribute name="size"/>
            <xs:attribute name="age" use="required"
                          type="xs:integer"/>
            <xs:attribute name="sex" use="prohibited"/>
         </xs:complexType>
        </xs:element>
        <xs:element name="vorname" type="xs:string"
                    maxOccurs="unbounded"/>
       </xs:sequence>
      </xs:complexType>
     </xs:element>
    </xs:sequence>
   </xs:complexType>
  </xs:element>
</xs:schema>
```

Die Grundstruktur des Schemas zur Definition der Elemente ist Ihnen bereits von den vorhergehenden Seiten bekannt. Um Attribute zu einem XML-Element hinzuzufügen, wird für dieses wieder eine Ableitung über eine *complexType*-Komponente definiert. Sofern keine Datentypen für das Element vereinbart wurden, lassen sich die Attributdefinitionen direkt im *complexType*-Element hinterlegen.

```
<xs:complexType>
   <xs:attribute name="size"/>
   <xs:attribute name="age" use="required" type="xs:integer"/>
   <xs:attribute name="sex" use="prohibited"/>
</xs:complexType>
```

Für das Attribut ist eine *attribute*-Komponente zu hinterlegen. Die Eigenschaften des Attributs werden dabei über die Attribute der Komponente definiert.

- Das *name*-Attribut der Komponente vereinbart den Attributnamen, der in der Instanz des XML-Elements benutzt wird, fest.
- Über ein optionales *type*-Attribut kann in der Komponente ein Typ für den Wert des Attributs vereinbart werden. Dabei lassen sich die bereits im vorherigen Abschnitt beschriebenen Datentypen für Elemente nutzen.
- Das optionale Attribut *default* erlaubt es, den Standardwert des deklarierten Attributs festzulegen.
- Mit dem optionalen *use*-Attribut lässt sich in der Komponente festlegen, wie das Attribut des XML-Elements zu behandeln ist.

Wenn das *use*-Attribut fehlt, ist das vereinbarte Attribut des XML-Elements optional, braucht also nicht in der XML-Dokumentinstanz angegeben zu werden. Setzen Sie den Wert des *use*-Attributs auf »required«, muss beim Einfügen des XML-Elements in der Dokumentinstanz ein Attributwert eingetragen werden. Der Wert »prohibited« sperrt ein Attribut für die Benutzung.

HINWEIS

Bei einer *complexType*-Komponente, die Unterelemente und Attribute aufweist, werden die Attribute immer nach den Elementen definiert. Die Attribute müssen dann durch eine zweite *complexType*-Komponente gekapselt werden.

Sie finden die Datei *Person.xsd* mit der Schemadefinition im Ordner *Beisp\Kap04* auf der Begleit-CD. Die im gleichen Ordner enthaltene Datei *Person.xml* setzt auf dieses XML-Schema auf und enthält zwei Datensätze als Beispiel.

4.3.5 Elemente durch Einschränkung ableiten

Auf den vorhergehenden Seiten haben Sie bereits gelernt, wie sich der Datentyp für die Werte eines Elements oder eines Attributs im Schema definieren lässt. XML-Schema erlaubt aber weitergehende Restriktionen für die Werte eines Elements. Haben Sie einem Element den Datentyp *string* zugewiesen, ist es vielleicht erwünscht, die minimale und maximale Länge der aufzunehmenden Zeichenketten vorzugeben. Oder es wird eine Formatschablone für die Werte eines XML-Elements gewünscht (z.B. kann eine Telefonnummer nur aus den Ziffern 0 bis 9 bestehen, darf aber ggf. Bindestriche oder Leerzeichen zum Trennen der Vorwahl oder der Länderkennziffer aufweisen). Hierzu müssen Sie einen Elementtyp in einem XML-Schema bei der Ableitung mit Einschränkungen versehen. Zudem bietet XML-Schema so genannte Facetten, über die sich eine Beschreibung der zulässigen Werte eines Elements bzw. eines Attributs in Form regulärer Ausdrücke hinterlegen lassen.

Die Anwendung der betreffenden Komponenten in einem XML-Schema soll nun an einem weiteren Beispiel behandelt werden. Das Schema soll eine Kontaktliste mit dem Wurzelelement *liste* abbilden, in der beliebig viele Unterelemente mit dem Namen *person* hinterlegt werden können. Das Element *person* bildet nun die Kontaktdaten einer einzelnen Person (Name, Vorname, Telefonnummer, E-Mail-Adresse, Anschrift etc.) in separaten Unterelementen ab. Abbildung 4.7 zeigt den grafischen Entwurf des gewünschten Schemas im Editor XML Spy 2005. Da eine Person mehrere Vornamen haben darf, muss das betreffende Element auch mehrfach im Element *person* auftreten dürfen. Bei einigen der Unterelemente wie *name* oder *vorname* soll zudem der Datentyp sowie die zulässige Länge der Einträge vorgegeben werden. Bei der Telefonnummer kommt noch eine Besonderheit hinzu. Die Definition dieses

Inhaltstyps soll Eingaben nur in ganz besonderen Formaten (z.B. 069-305 111) zulassen.

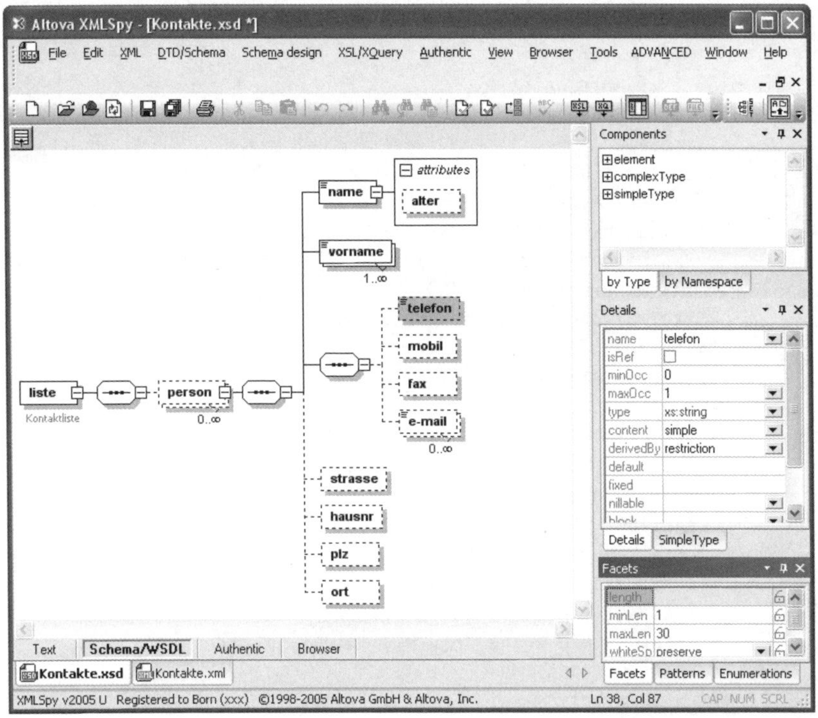

Abb. 4.7: Entwurf des neuen Schemas in XML Spy 2005

Im XML-Editor XML Spy 2005 ist das Entwerfen des Schemas kein größeres Problem. Sie müssen, ausgehend vom Wurzelelement, einfach die Unterelemente und Gruppierungskomponenten über das Kontextmenü abrufen. Die Eigenschaften der Komponenten lassen sich dann über das Fenster *Details* im Editorfenster wählen. Formatschablonen für Eingabewerte werden dagegen im Fenster *Facets* über die Registerkarte *Patterns* als reguläre Ausdrücke eingegeben. XML Spy generiert dann ein XML-Schema aus diesen Angaben, das sich über die Registerkarte *Text* ansehen lässt. Nachfolgendes Listing zeigt die komplette Schemadefinition im Quellcode.

Listing 4.6: XML-Schema für die Kontaktliste

```
<?xml version="1.0" encoding="UTF-8"?>
<xs:schema xmlns:xs="http://www.w3.org/2001/XMLSchema">
 <xs:element name="liste">
  <xs:complexType>
   <xs:sequence>
    <xs:element name="person" minOccurs="0" maxOccurs="unbounded">
     <xs:complexType>
      <xs:sequence>
```

```
<xs:element name="name">
 <xs:complexType>
  <xs:simpleContent>
   <xs:extension base="xs:string">
    <xs:attribute name="alter" type="xs:integer"/>
   </xs:extension>
  </xs:simpleContent>
 </xs:complexType>
</xs:element>
<xs:element name="vorname" maxOccurs="unbounded">
 <xs:simpleType>
  <xs:restriction base="xs:string">
   <xs:minLength value="0"/>
   <xs:maxLength value="30"/>
   <xs:whiteSpace value="preserve"/>
  </xs:restriction>
 </xs:simpleType>
</xs:element>
<xs:sequence>
 <xs:element name="telefon" minOccurs="0">
  <xs:simpleType>
   <xs:restriction base="xs:string">
    <xs:minLength value="1"/>
    <xs:maxLength value="30"/>
    <xs:whiteSpace value="preserve"/>
    <xs:pattern value="([0-9]|-|\(|\)|\p{Zs})+"/>
   </xs:restriction>
  </xs:simpleType>
 </xs:element>
 <xs:element name="mobil" minOccurs="0"/>
 <xs:element name="fax" minOccurs="0"/>
 <xs:element name="e-mail" minOccurs="0" maxOccurs="unbounded">
  <xs:simpleType>
   <xs:restriction base="xs:string">
    <xs:minLength value="6"/>
    <xs:maxLength value="30"/>
    <xs:whiteSpace value="preserve"/>
   </xs:restriction>
  </xs:simpleType>
 </xs:element>
</xs:sequence>
<xs:element name="strasse" minOccurs="0"/>
<xs:element name="hausnr" minOccurs="0"/>
<xs:element name="plz" minOccurs="0"/>
<xs:element name="ort" minOccurs="0"/>
</xs:sequence>
</xs:complexType>
</xs:element>
```

```
    </xs:sequence>
   </xs:complexType>
  </xs:element>
</xs:schema>
```

Die Schemadefinition benutzt viele bereits aus den vorhergehenden Abschnitten bekannte Komponenten. Im Wurzelelement *liste* wird über die *element*-Komponente das Element *person* als *complexType* abgeleitet und über ein *sequence*-Gruppierungselement mit den Definitionen für die Unterelemente des Inhaltsmodells gefüllt.

Der im Listing kursiv hervorgehobene Abschnitt zeigt, wie ein Element mit einem Datentyp und einem Attribut versehen werden kann. Die nachfolgende Sequenz definiert den Elementtyp *name* und leitet dann einen eingeschränkten *complexType*-Elementtyp ab. Dieser besitzt aber nur einen einfachen Inhalt (*simpleContent*) in Form eines Attributs und der Daten. Der zulässige Datenbereich wird durch die *extension*-Komponente definiert. Das *base*-Attribut legt den Typ fest. Zusätzlich kapselt die Komponente die Attributdefinition.

```
<xs:element name="name">
 <xs:complexType>
  <xs:simpleContent>
   <xs:extension base="xs:string">
    <xs:attribute name="alter" type="xs:integer"/>
   </xs:extension>
  </xs:simpleContent>
 </xs:complexType>
</xs:element>
```

Die im Listing fett hervorgehobenen Definitionen der Elemente *vorname* und *telefon* enthalten die Anweisungen für den eingeschränkten Elementtyp.

Das Element *vorname* einer XML-Dokumentinstanz soll nur Zeichenketten mit einer Länge von 0 bis 30 Zeichen aufnehmen dürfen. Dabei ist es wichtig, dass Leerzeichen im Namen nicht als White Spaces herausgefiltert werden. Neben dem Datentyp sind also auch die zulässige Länge und die Behandlung von Leerzeichen etc. zu vereinbaren. Hierzu wird von der *element*-Komponente ein *simpleType*-Elementtyp abgeleitet.

```
<xs:element name="vorname" maxOccurs="unbounded">
 <xs:simpleType>
  <xs:restriction base="xs:string">
         <xs:minLength value="0"/>
         <xs:maxLength value="30"/>
         <xs:whiteSpace value="preserve"/>
  </xs:restriction>
 </xs:simpleType>
</xs:element>
```

Ein untergeordnetes *restriction*-Element legt die Einschränkungen für die Werte des abgeleiteten XML-Elements fest. Das *base*-Attribut der *restriction*-Komponente vereinbart den Datentyp (hier »xs:string«) des XML-Elements. Über die *value*-Attribute der beiden Komponenten *minLength* und *maxLength* lässt sich die minimal und maximal zulässige Länge für die Daten dieses XML-Elements eingrenzen. Die Komponente *whiteSpace* spezifiziert über die Werte »preserve« und »replace«, ob Leerzeichen (White-Space-Zeichen) herausgefiltert werden oder erhalten bleiben.

Die Facette zur Filterung gültiger Werte im XML-Element *telefon* benutzt zur Definition der Einschränkungen einen ähnlichen Aufbau.

```
<xs:element name="telefon" minOccurs="0">
 <xs:simpleType>
  <xs:restriction base="xs:string">
   <xs:minLength value="1"/>
   <xs:maxLength value="30"/>
   <xs:whiteSpace value="preserve"/>
   <xs:pattern value="([0-9]|-|\(|\)|\p{Zs})+"/>
  </xs:restriction>
 </xs:simpleType>
</xs:element>
```

Neu ist lediglich die hier fett hervorgehobene *pattern*-Komponente. Deren *value*-Attribut enthält einen regulären Ausdruck, der die zulässigen Zeichenkombinationen für gültige Werte des XML-Elements in der Dokumentinstanz angibt. In vorherigen Beispiel legt der reguläre Ausdruck fest, welche Zeichen für die Telefonnummer zulässig sind. In der Klammer werden verschiedene Muster vorgegeben und über das Zeichen | mit Oder verknüpft. Die Telefonnummer besteht aus Ziffern von 0 bis 9 (Angabe *[0-9]*). Zusätzlich dürfen ein Bindestrich, eine öffnende und eine schließende runde Klammer ( ) sowie Leerzeichen (\p{Zs}) zur Eingabe der Telefonnummer benutzt werden. Das Pluszeichen im Klammerausdruck *(...)+* besagt, dass sich das angegebene Muster mehrfach wiederholen darf.

HINWEIS

Sie finden die Datei *Kontakte.xsd* mit der Schemadefinition im Ordner *Beisp\Kap04* auf der Begleit-CD. Die im gleichen Ordner enthaltene Datei *Kontakte.xml* setzt auf dieses XML-Schema auf und enthält zwei Datensätze mit Kontaktdaten.

4.3.6 Elementauswahl über *choice*-Komponenten

Um zu einem abgeleiteten *complextType*-Elementtyp weitere Unterelemente zu definieren, wurde in den vorhergehenden Beispielen die *sequence*-Komponente benutzt. Diese gibt dem XML-Parser vor, dass das XML-Element der Dokumentinstanz alle Unterelemente in der im Schema definierten Reihenfolge enthalten muss. Möchten Sie wahlweise jeweils nur eines der definierten Unterelemente im XML-Element der Dokumentinstanz einfügen, müssen Sie mit der *choice*-Komponente arbeiten.

Das in Abbildung 4.8 in grafischer Form im XML Spy-Entwurfsfenster sichtbare XML-Schema bildet eine Kontaktliste für verschiedene Personen ab. Für jede Person findet sich in der XML-Dokumentinstanz später ein *person*-Element. Dieses enthält die Unterelemente *name* und *vorname* sowie wahlweise eine Telefonnummer oder eine E-Mail-Adresse. Das zugehörige XML-Schema besitzt den im nachfolgenden Listing gezeigten Aufbau.

Listing 4.7: XML-Schema mit choice-Komponente

```
<?xml version="1.0" encoding="UTF-8"?>
<xs:schema xmlns:xs="http://www.w3.org/2001/XMLSchema"
elementFormDefault="qualified" attributeFormDefault="unqualified">
 <xs:element name="liste">
  <xs:annotation>
   <xs:documentation>Kontaktliste</xs:documentation>
  </xs:annotation>
  <xs:complexType>
   <xs:sequence>
    <xs:element name="person" minOccurs="0" maxOccurs="unbounded">
     <xs:complexType>
      <xs:sequence>
       <xs:element name="name" type="xs:string"/>
       <xs:element name="vorname" type="xs:string"/>
       <xs:choice>
        <xs:element name="telefon" type="xs:string"/>
        <xs:element name="e-mail" type="xs:string"/>
       </xs:choice>
      </xs:sequence>
     </xs:complexType>
    </xs:element>
   </xs:sequence>
  </xs:complexType>
 </xs:element>
</xs:schema>
```

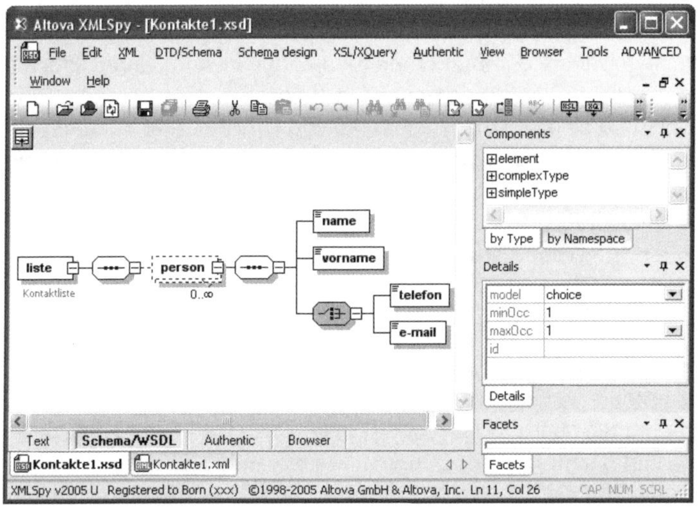

Abb. 4.8: Schemaentwurf mit choice-Element in XML Spy 2005

Das *choice*-Gruppierungselement wurde hier fett hervorgehoben und enthält lediglich die beiden *element*-Komponenten zur Definition der Elemente für Telefonnummer oder E-Mail-Adresse. Bei Bedarf können Sie anstelle der einfachen *element*-Komponenten auch *complexType*-Elementtypen vereinbaren, um komplette Zweige mit Inhaltsmodellen zu definieren. Weist die *choice*-Komponente Unterelemente mit unterschiedlichen Datentypen zu, müssen Sie im Starttag der *complexType*-Anweisung das Attribut *mixed="true"* einfügen.

HINWEIS

Sie finden die Datei *Kontakte1.xsd* mit der Schemadefinition im Ordner *Beisp\Kap04* auf der Begleit-CD. Die im gleichen Ordner enthaltene Datei *Kontakte1.xml* setzt auf dieses XML-Schema auf und enthält zwei Datensätze mit Kontaktdaten.

4.3.7 Benutzung der *all*-Komponente

Um alle Unterelemente eines Elements in beliebiger Reihenfolge in der XML-Dokumentinstanz einfügen zu können, müssen Sie im Schema auf das *all*-Gruppierungselement zugreifen. Nachfolgendes Listing demonstriert dies an einer sehr einfachen XML-Struktur, die zu einem Element *person* die Unterelemente *name*, *vorname*, *tel*, *strasse*, *hausnr*, *plz* und *ort* definiert.

Listing 4.8: XML-Schema mit all-Komponente

```
<?xml version="1.0" encoding="UTF-8"?>
<xs:schema xmlns:xs="http://www.w3.org/2001/XMLSchema"
elementFormDefault="qualified" attributeFormDefault="unqualified">
 <xs:element name="daten">
  <xs:complexType>
```

```
    <xs:sequence minOccurs="0" maxOccurs="unbounded">
     <xs:element name="person">
      <xs:complexType>
       <xs:all>
        <xs:element name="name"/>
        <xs:element name="vorname"/>
        <xs:element name="tel"/>
        <xs:element name="strasse"/>
        <xs:element name="hausnr"/>
        <xs:element name="plz"/>
        <xs:element name="ort"/>
       </xs:all>
      </xs:complexType>
     </xs:element>
    </xs:sequence>
   </xs:complexType>
  </xs:element>
</xs:schema>
```

Das *all*-Gruppierungselement ist hier fett hervorgehoben und enthält eine Sequenz an *element*-Komponenten zur Definition der gewünschten Unterelemente. Auch hier lassen sich bei Bedarf *complexType*-Elementtypen von *element*-Komponenten ableiten. Achten Sie lediglich darauf, dass die *all*-Komponente nicht in anderen Gruppierungselementen wie *choice*, *sequence* etc. vorkommen darf.

Sie finden die Datei *Kontakte2.xsd* mit der Schemadefinition im Ordner *Beisp\Kap04* auf der Begleit-CD. Die im gleichen Ordner enthaltene Datei *Kontakte2.xml* setzt auf dieses XML-Schema auf und enthält zwei Datensätze, in denen die Elemente in unterschiedlicher Reihenfolge auftreten.

HINWEIS

4.3.8 Schemata mit Referenzen strukturieren

Wenn Sie XML-Schemata manuell entwerfen, wird durch die Verschachtelung der Komponenten die Lesbarkeit stark reduziert. Sie haben aber die Möglichkeit, die Struktur innerhalb eines XML-Schemas zu vereinfachen. Dabei werden die Elemente und Attribute separat definiert und in einem weiteren Block zur eigentlichen Schemastruktur zusammengefasst. Dies soll an einem kleinen Beispiel demonstriert werden. Dabei kommt auch eine neue Komponente zur Gestaltung von Auflistungen zum Einsatz.

Aufgabe ist es, ein (zugegebenermaßen sehr einfaches) XML-Schema für den Fuhrpark eines Autonarren zu entwerfen. Dieser besitzt eine Sammlung von Wagen verschiedener Hersteller, die er in einem XML-Dokument hinterlegen möchte. Zur Vereinfachung des Schemas soll er dabei nur die Marke, das Alter sowie die Farbe des Wagens eingeben können. Allerdings hat der Besitzer der Fahrzeuge eine Vorliebe für Autos in den Farben Rot, Blau und Grün, d.h., es sollen sich keine Fahrzeuge anderer Farben eintragen lassen. Die grafische Struktur dieses XML-Schemas ist in Abbildung 4.9 abgebildet. Das Wurzelelement *root* kann beliebig viele Unterelemente *auto* aufnehmen. Jedes dieser *auto*-Elemente enthält die Daten eines Fahrzeugs. Die Marke und die Farbe werden dabei in separaten Unterelementen hinterlegt, wobei die Werte des Elements *farbe* über eine Auflistung definiert wurden. Das Alter des Fahrzeugs wird über ein Attribut im Element *marke* verwaltet. Das manuell entworfene XML-Schema besitzt dabei den im nachfolgenden Listing gezeigten Aufbau.

Abb. 4.9: Schemaentwurf der Autoliste in XML Spy 2005

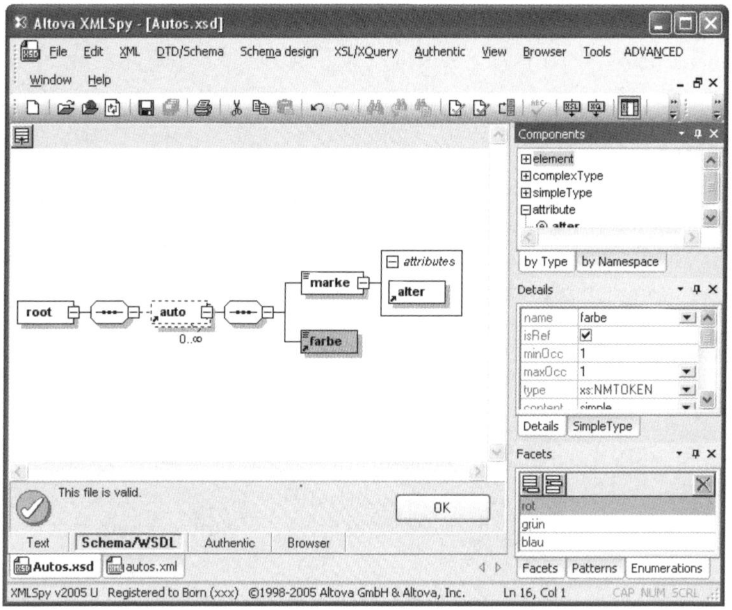

Listing 4.9: XML-Schema für die Autoliste

```
<?xml version="1.0" encoding="ISO-8859-1"?>
<xs:schema xmlns:xs="http://www.w3.org/2001/XMLSchema"
elementFormDefault="qualified" attributeFormDefault="unqualified">
 <!-- Definition der Attribute -->
 <xs:attribute name="alter" type="xs:integer" default="1"/>
 <!-- Deklaration der Aufzählung für die Farben -->
 <xs:element name="farbe">
  <xs:simpleType>
   <xs:restriction base="xs:NMTOKEN">
    <xs:enumeration value="rot"/>
    <xs:enumeration value="grün"/>
    <xs:enumeration value="blau"/>
   </xs:restriction>
```

```
   </xs:simpleType>
  </xs:element>
  <!-- Definition des Elements auto-->
  <xs:element name="auto">
   <xs:complexType>
    <xs:sequence>
     <xs:element name="marke">
      <xs:complexType>
       <xs:simpleContent>
        <xs:extension base="xs:string">
         <xs:attribute ref="alter" use="required"/>
        </xs:extension>
       </xs:simpleContent>
      </xs:complexType>
     </xs:element>
     <xs:element ref="farbe"/>
    </xs:sequence>
   </xs:complexType>
  </xs:element>
  <!-- Jetzt das Schema auf root aufbauen -->
  <xs:element name="root">
   <xs:complexType>
    <xs:sequence>
     <xs:element ref="auto" minOccurs="0" maxOccurs="unbounded"/>
    </xs:sequence>
   </xs:complexType>
  </xs:element>
</xs:schema>
```

Zur Strukturierung wurden im Listing verschiedene Kommentare eingefügt (im Listing kursiv ausgezeichnet). Diese zeigen den Beginn eines Strukturierungsblocks an. Im ersten Block wird das Attribut *alter* mit folgender Anweisung vereinbart:

```
<xs:attribute name="alter" type="xs:integer" default="1"/>
```

Der Attributwert ist vom Typ *integer* und wird mit dem Vorgabewert 1 belegt. Beachten Sie an dieser Stelle, dass noch keine Zuordnung des Attributs zu einem Element erfolgt.

Der nächste Block enthält die Definition für das Element *Farbe*. Da es sich um eine Aufzählung mit den Farben Rot, Grün und Blau handelt, muss ein Element mit Aufzählungskomponenten definiert werden. Dies lässt sich über die nachfolgende Struktur erreichen.

```
<xs:element name="farbe">
 <xs:simpleType>
  <xs:restriction base="xs:NMTOKEN">
   <xs:enumeration value="rot"/>
```

```
    <xs:enumeration value="grün"/>
    <xs:enumeration value="blau"/>
   </xs:restriction>
  </xs:simpleType>
 </xs:element>
```

Das Element *farbe* wird auf einen *simpleType* gesetzt und erhält als Wertetyp NMTOKEN zugewiesen. Dann lassen sich innerhalb der Struktur *enumeration*-Komponenten mit den Aufzählungswerten hinterlegen. Die Werte werden im *value*-Attribut der jeweiligen Komponente eingetragen.

Der nächste Block dient zur Definition des Elements *auto*, das die Unterelemente *marke* und *farbe* enthält. Das Attribut *alter* wird dabei dem Unterelement *marke* zugeordnet. Die folgende Struktur vereinbart das gewünschte Inhaltsmodell in Form eines Elements *auto* vom Typ *complexType*.

```
<!-- Definition des Elements auto-->
 <xs:element name="auto">
  <xs:complexType>
   <xs:sequence>
    <xs:element name="marke">
     <xs:complexType>
      <xs:simpleContent>
       <xs:extension base="xs:string">
        <xs:attribute ref="alter" use="required"/>
       </xs:extension>
      </xs:simpleContent>
     </xs:complexType>
    </xs:element>
    <xs:element ref="farbe"/>
   </xs:sequence>
  </xs:complexType>
 </xs:element>
```

Die Zuordnung der Unterelemente *marke* und *farbe* erfolgt über eine *sequence*-Komponente. Dabei sind zwei Klimmzüge erforderlich. Um dem Element *marke* das Attribut *alter* zuweisen zu können, enthält es eine *complexType*-Komponente zugewiesen. Diese Komponente schachtelt dann ein *simpleContent*-Element, in dem das Attribut *alter* untergebracht ist. Da das Attribut *alter* aber bereits im Kopf der Struktur definiert wurde, kommt eine Neuerung zum Tragen: Über das *ref*-Attribut wird ein Verweis auf die benannte Komponente *alter* erzeugt. Die gleiche Technik kommt beim Einbinden des Aufzählungselements *farbe* zum Einsatz.

Der letzte Block des Schemas definiert dann nur noch das Element *auto* als Unterelement des Wurzelelements und gibt an, dass *auto* mehrfach auftreten darf. Durch diese Strukturierung können Sie komplexere Elemente schrittweise definieren und dann zu einem XML-Schema kombinieren.

HINWEIS

Sie finden das Schema in der Datei *Auto.xsd* im Ordner *\Beisp\Kap04* auf der Begleit-CD. Die Datei *Auto.xml* enthält eine XML-Dokumentinstanz, in der verschiedene Fahrzeuge mit ihren Daten eingetragen wurden. Sie können die XML-Dokumentdatei in einem XML-Editor laden und gegenüber dem Schema validieren lassen.

4.3.9 Der Scope von Namen im XML-Schema

Wenn Sie ein Element oder ein Attribut definieren, wird diesem ein Name zugewiesen. Benennen Sie zwei unterschiedliche Elemente im XML-Schema mit gleichem Namen, müssen Sie sich über die Gültigkeit dieser Namen Gedanken machen.

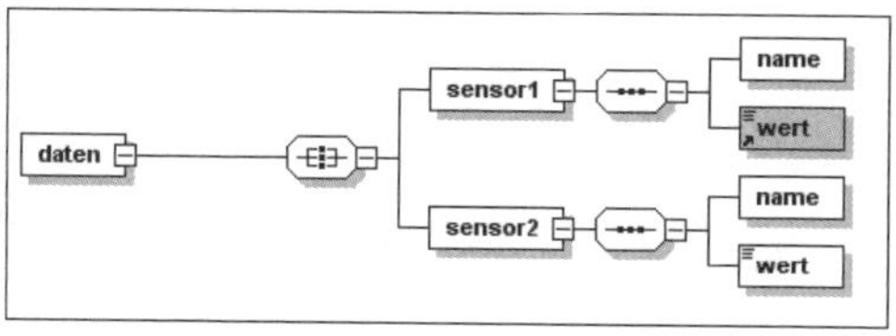

Abb. 4.10: Schemaentwurf mit identischen Namen in Elementen

Abbildung 4.10 zeigt den grafischen Entwurf eines Schemas, in dem zwei Elemente mit den Namen *sensor1* und *sensor2* vereinbart wurden. Beide Elemente besitzen die Unterelemente *name* und *wert*. Das Element *wert* des Inhaltsmodells *sensor1* wurde dabei vom Datentyp *integer* definiert und auf den Wertebereich zwischen 0 und 100 fixiert. Das Element *wert* im Zweig *sensor2* ist aber vom Typ *double* und besitzt keine weitere Einschränkung des Wertebereichs. Die *name*-Elemente in den beiden Zweigen sind dagegen mit dem Typ *string* vereinbart.

Hier tritt offenbar ein Konflikt auf, da ein Elementname mehrfach im Schema vorkommt und sich die Definitionen für das Element *wert* innerhalb der einzelnen Inhaltsmodelle widersprechen. Glücklicherweise ist dies aber kein Problem, denn ein Name besitzt nur eine lokale Gültigkeit innerhalb des aktuellen Inhaltsmodells des jeweiligen Elements. Der Name *wert* im Zweig *sensor1* ist also nur auf dieser Ebene gültig. Sie könnten also kein zweites Unterelement *name* in *sensor1* definieren.

Möchten Sie den Scope eines Namens global im Schema vereinbaren, müssen Sie diesen als global vereinbaren. XML Spy bietet Ihnen dafür im Kontextmenü eines Elements oder Attributs den Befehl *Make Global* an. Wenden Sie den Befehl auf ein Element an, wird dieses als separate Deklaration im Schema gespeichert. Innerhalb des *complexType*-Elementtyps ist dann eine Referenz auf das gewünschte Element einzufügen. Nachfolgendes Listing zeigt die Details des XML-Schemas zur Abbildung der Messdaten.

Listing 4.10: XML-Schema zur Abbildung der Messdaten

```
<?xml version="1.0" encoding="UTF-8"?>
<xs:schema xmlns:xs="http://www.w3.org/2001/XMLSchema"
elementFormDefault="qualified" attributeFormDefault="unqualified">
 <xs:element name="daten">
  <xs:annotation>
   <xs:documentation>Messdaten, Demonstration lokaler
                  und globaler Namen im Schema
   </xs:documentation>
  </xs:annotation>
  <xs:complexType>
   <xs:all>
    <xs:element name="sensor1">
     <xs:complexType>
      <xs:sequence>
       <xs:element name="name"/>
       <xs:element ref="wert"/>
      </xs:sequence>
     </xs:complexType>
    </xs:element>
    <xs:element name="sensor2">
     <xs:complexType>
      <xs:sequence>
       <xs:element name="name"/>
       <xs:element name="wert" type="xs:decimal"/>
      </xs:sequence>
     </xs:complexType>
    </xs:element>
   </xs:all>
  </xs:complexType>
 </xs:element>
<!-- hier folgt die Defintion des globalen Elements wert -->
 <xs:element name="wert">
  <xs:simpleType>
   <xs:restriction base="xs:integer">
    <xs:totalDigits value="3"/>
    <xs:minInclusive value="0"/>
    <xs:maxInclusive value="100"/>
   </xs:restriction>
  </xs:simpleType>
 </xs:element>
</xs:schema>
```

Die fett hervorgehobenen Anweisungen im Listing zeigen, dass die Definition des Elements *wert* im Element *sensor1* über eine *ref*-Komponente erfolgt. Das globale Element ist am Ende des Listings als separate Definition zu finden. In der betreffenden Sequenz finden Sie übrigens auch die Deklarationen, um den *simpleType*-Elementtyp auf einen Wertebereich zu begrenzen. Das Element *totalDigits* vereinbart die Zahl der zulässigen Dezimalstellen, während über *minInclusive* der niedrigste zulässige Wert und über *maxInclusive* der höchste zulässige Wert des Elements festgelegt wird. Das Element *wert* im Element *sensor2* ist dagegen nur lokal definiert und erhält über das *type*-Attribut den Datentyp *integer* zugewiesen.

Sie finden das XML-Schema in der Datei *Daten.xsd* im Ordner *\Beisp\Kap04* auf der Begleit-CD. Die Datei *Daten.xml* enthält eine XML-Dokumentinstanz, in der entsprechende Messdaten eingetragen wurden. Sie können das Dokument in einem XML-Parser gegenüber dem Schema validieren lassen. Dieser sollte dann ein gültiges XML-Dokument melden.

4.3.10 Gruppierungen von Elementen/Attributen

XML-Schema erlaubt es, Elemente oder Attribute zu Gruppen zusammenzufassen. Diese benannten Gruppen lassen sich dann in Typ- und Elementdefinitionen wiederverwenden. Das folgende Listing demonstriert diesen Ansatz.

Listing 4.11: Gruppierung von Elementen und Attributen

```
<?xml version="1.0" encoding="UTF-8"?>
<xs:schema xmlns:xs="http://www.w3.org/2001/XMLSchema"
elementFormDefault="qualified" attributeFormDefault="unqualified">
 <xs:attributeGroup name="attrib">
  <xs:attribute name="alter" type="xs:integer" use="required"/>
  <xs:attribute name="size" type="xs:integer"/>
 </xs:attributeGroup>

 <xs:group name="fon">
  <xs:sequence>
   <xs:element name="telefon"/>
   <xs:element name="mobil"/>
   <xs:element name="fax"/>
   <xs:element name="email"/>
  </xs:sequence>
 </xs:group>

 <xs:element name="daten">
  <xs:complexType>
   <xs:sequence maxOccurs="unbounded">
    <xs:element name="item">
     <xs:complexType>
      <xs:sequence>
       <xs:element name="name"/>
       <xs:element name="vorname"/>
       <xs:group ref="fon"/>
      </xs:sequence>
      <xs:attributeGroup ref="attrib"/>
     </xs:complexType>
    </xs:element>
```

```
      </xs:sequence>
    </xs:complexType>
  </xs:element>
</xs:schema>
```

Mehrere über *attribute*-Komponenten definierte Attribute lassen sich durch eine *attributeGroup*-Komponente zu einer Attributgruppe zusammenfassen. Das *name*-Attribut dieser Komponente gibt dabei den Namen der Attributgruppe an. Die *group*-Komponente wird im Listing benutzt, um eine Liste von *element*-Einträgen zu einer Gruppierung zusammenzufassen. Die auf diese Weise definierten Elementgruppen können anschließend über *<xs:group ref="fon"/>* in *element-* oder *complexType*-Definitionen referenziert werden. Attribute werden dagegen über *<xs:attributeGroup ref="attrib"/>*-Anweisungen referenziert. Gruppen bilden also einen schönen Ansatz, um beispielsweise mehrere Elemente oder Attribute mit einer Zeile einem *complexType*-Elementtyp zuzuweisen.

HINWEIS

Sie finden das XML-Schema in der Datei *Group.xsd* im Ordner *\Beisp\Kap04* auf der Begleit-CD. Die Datei *Group.xml* enthält eine XML-Dokumentinstanz, in der verschiedene Fahrzeuge mit ihren Daten eingetragen wurden. Sie können die XML-Dokumentdatei in einem XML-Editor laden und gegenüber dem Schema validieren lassen.

4.3.11 XML-Schema mit beliebigem Inhalt

Zuvor hatte ich ausgeführt, dass der Inhalt (präziser: das Inhaltsmodell) eines Elements über die *element*-Komponente beschrieben wird. Erstellen Sie eine XML-Dokumentinstanz, darf diese bei einer Gültigkeitsprüfung nur die im Schema definierten Elemente aufweisen. Um neue Elemente in den XML-Dokumentinstanzen verwenden zu können, müssen Sie entweder das XML-Schema erweitern oder auf die Validierung verzichten. Gelegentlich wäre es aber hilfreich, ein XML-Schema zu haben, welches das Einfügen beliebiger XML-Elemente an bestimmten Stellen des Inhaltsmodells erlaubt, während andere Zweige des Inhaltsmodells strikt gemäß den Vorgaben im Schema validiert werden. Dies möchte ich abschließend an einem einfachen Beispiel demonstrieren. Das betreffende XML-Schema ist in Abbildung 4.11 in grafischer Form zu sehen.

Das Wurzelelement *daten* kann beliebig viele *person*-Elemente aufweisen. Diese Elemente sollen die Kontaktdaten verschiedener Personen enthalten. Dabei muss zwingend ein Name (Element *name*) und eine Telefonnummer (Element *tel*) eingegeben werden. Eine Mobilfunknummer ist über das optionale Element *mobil* hinterlegbar. Die Besonderheit besteht nun darin, dass im Element *namen* neben dem Unterelement *name* weitere beliebige Unterelemente eingebbar sind. Ein Benutzer könnte also Unterelemente *vorname*, *ti-*

tel, *anrede* etc. frei definieren und mit Werten belegen. Dieses offene Inhaltsmodell wurde in Abbildung 4.11 mit der Bezeichnung *Any* versehen. Bei einer Gültigkeitsprüfung würden Elemente des Inhaltsmodells *Any* nicht bemängelt. Fehlt aber im Element *person* eines der Unterelemente *namen* und *tel* oder tritt dort ein neues, undefiniertes Unterelement auf, muss der XML-Parser bei der Validierung ein ungültiges XML-Dokument melden. Das hierzu benötigte XML-Schema ist im nachfolgenden Listing aufgeführt.

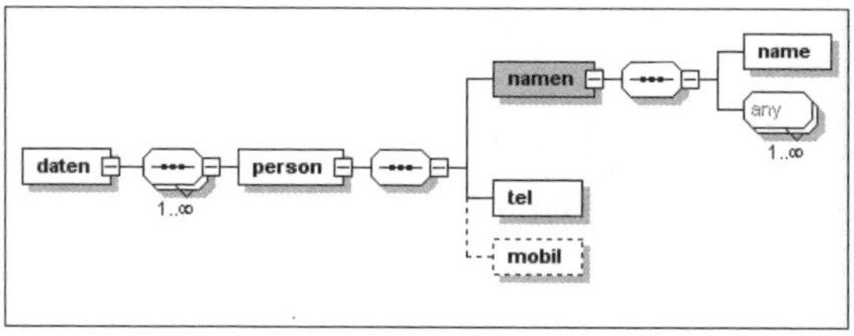

Abb. 4.11: Schemaentwurf mit offenem Inhaltsmodell

Listing 4.12: XML-Schema mit offenem Inhaltsmodell

```
<?xml version="1.0" encoding="UTF-8"?>
<xs:schema xmlns:xs="http://www.w3.org/2001/XMLSchema"
elementFormDefault="qualified" attributeFormDefault="unqualified">
 <xs:element name="daten">
  <xs:complexType>
   <xs:sequence maxOccurs="unbounded">
    <xs:element name="person">
     <xs:complexType>
      <xs:sequence>
       <xs:element name="namen">
        <xs:complexType>
         <xs:sequence>
          <xs:element name="name"/>
          <xs:any processContents="lax" maxOccurs="unbounded"/>
         </xs:sequence>
        </xs:complexType>
       </xs:element>
       <xs:element name="tel"/>
       <xs:element name="mobil" minOccurs="0"/>
      </xs:sequence>
     </xs:complexType>
    </xs:element>
   </xs:sequence>
  </xs:complexType>
 </xs:element>
</xs:schema>
```

Die Anweisung zur Definition eines offenen Inhaltsmodells ist im Listing fett hervorgehoben. Das Element *namen* wurde als *complexType*-Inhaltstyp abgeleitet, um die beiden Elemente *name* und *any* aufnehmen zu können. Das

Element *any* erlaubt einen beliebigen Inhalt. Über das Attribut *processContent* lässt sich vorgeben, ob der XML-Parser den Inhalt validieren darf. Im Beispiel wurde der Wert des Attributs auf »lax« gesetzt, wodurch eine Validierung entfällt, wenn das Schema nicht gelesen werden kann. Beim Wert »skip« überspringt der XML-Parser die Elemente des Inhaltsmodells komplett. Das Attribut *maxOccurs="unbounded"* bewirkt, dass beliebig viele XML-Elemente in der betreffenden Dokumentinstanz im Element *namen* aufgenommen werden dürfen. Die Wirkung ist in folgendem Listing zu sehen. Dieses bildet eine XML-Dokumentinstanz ab, die einige neu definierte XML-Elemente enthält.

Listing 4.13: XML-Dokumentinstanz mit neuen XML-Elementen

```
<?xml version="1.0" encoding="UTF-8"?>
<daten xmlns:xsi="http://www.w3.org/2001/XMLSchema-instance"
xsi:noNamespaceSchemaLocation="Any.xsd">
<person>
 <namen>
 <!-- hier dürfen beliebige Elemente eingefügt werden -->
  <name>Bauer</name>
  <vorname>Ilse</vorname> <!-- kein Gültigkeitskonflikt -->
 </namen>
 <!-- hier nur im Schema definierte Elemente einfügen! -->
 <tel>345</tel>
 <mobil>172-1234</mobil>
</person>
<person>
 <namen>
  <name>Bauer</name>
  <vorname>Ilse</vorname> </namen>
 <tel>345</tel>
 <fax>172-1234</fax> <!-- löst einen Gültigkeitskonflikt aus -->
</person>
</daten>
```

Ein offenes Inhaltsmodell erlaubt Ihnen also, zusätzliche Elemente und Attribute in der XML-Dokumentinstanz einzufügen (die nicht im XML-Schema definiert sind). Allerdings gilt es zu beachten, dass Inhalte, die die Definition eines Schemas verletzen, unzulässig sind. Dies eröffnet Ihnen eine hohe Flexibilität gegenüber DTD-basierenden XML-Dokumenten. Andererseits birgt dies auch die Unsicherheit, dass die Dokumente als gültig klassifiziert werden, obwohl eine Übereinstimmung mit den Regeln des Schemas nicht gegeben ist.

Sie finden das XML-Schema in der Datei *Any.xsd* im Ordner *\Beisp\Kap04* auf der Begleit-CD. Die im gleichen Ordner gespeicherte Datei *Any.xml* enthält eine XML-Dokumentinstanz, in der verschiedene undeklarierte XML-Elemente eingefügt wurden. Die Datei *Any1.xml* wird dagegen bei der Validierung als ungültig gemeldet, da dort ein (undeklariertes) Element *fax* eingefügt wurde.

4.3.12 XML-Schema mit include einbinden

Bei umfangreichen XML-Schemata ist es teilweise erforderlich, diese in getrennten Dateien zu speichern. Denkbar ist auch, dass Sie sich Bibliotheken an XML-Schemata anlegen, die dann in neuen XML-Schemata mit benutzt werden. Für diesen Zweck müssen sich die Schemadateien in der neuen XML-Schemadatei einbinden lassen. Hierzu wird das *include*-Element benutzt. Die Nutzungsmöglichkeiten werden an einem einfachen Beispiel demonstriert. Es existiert eine XML-Schemadatei *Artikel.xsd* mit folgendem Inhalt:

Listing 4.14: XML-Schema Artikel.xsd

```
<?xml version="1.0" encoding="ISO-8859-1"?>
<xs:schema xmlns:xs="http://www.w3.org/2001/XMLSchema"
    elementFormDefault="qualified"
    attributeFormDefault="unqualified">
 <xs:element name="artikel">
  <xs:annotation>
   <xs:documentation>Beschreibung eines Artikels</xs:documentation>
  </xs:annotation>
  <xs:complexType>
   <xs:sequence>
    <xs:element name="artnr" type="xs:integer"/>
    <xs:element name="name" type="xs:string"/>
    <xs:element name="menge" type="xs:integer"/>
   </xs:sequence>
  </xs:complexType>
 </xs:element>
</xs:schema>
```

Die XML-Schemadatei definiert das Inhaltsmodell *artikel* zur Abbildung eines Artikels mit den Elementtypen *artnr*, *name* und *menge*. Um das Beispiel nicht zu komplex werden zu lassen, habe ich mich auf diese drei Elemente beschränkt.

Nun soll eine XML-Struktur zur Beschreibung eines Lagerbestands entworfen werden. Ein Wurzelelement *bestand* soll für jeden Artikel des Lagers ein Unterelement *ware* aufweisen. Dieses Unterelement beschreibt die Bestandsdaten des betreffenden Artikels. Diese Struktur könnte folgendermaßen aussehen:

```
<bestand>
 <artikel>
  <artnr>...</artnr>
  <name>...</name>
  <menge>...</menge>
 </artikel>
<bestand>
```

Der Entwurf des XML-Schemas kann in der gewohnten Art erfolgen. Statt jedoch das Inhaltsmodell für den Elementtyp *artikel* erneut in der XML-Schemadatei zu vereinbaren, wird diese einfach aus dem bereits bestehenden Schema *Artikel* importiert. Die betreffende XML-Schemadatei könnte folgendermaßen aussehen:

Listing 4.15: XML-Schemadatei Lager.xsd

```
<?xml version="1.0" encoding="UTF-8"?>
<xs:schema xmlns:xs="http://www.w3.org/2001/XMLSchema"
elementFormDefault="qualified" attributeFormDefault="qualified">
 <xs:include schemaLocation="Artikel.xsd"/>
 <xs:element name="bestand">
  <xs:annotation>
   <xs:documentation>Warenbestände</xs:documentation>
  </xs:annotation>
  <xs:complexType>
   <xs:sequence maxOccurs="unbounded">
    <xs:element ref="artikel"/>
   </xs:sequence>
  </xs:complexType>
 </xs:element>
</xs:schema>
```

Gegenüber den auf den vorhergehenden Seiten diskutierten Ansätzen hat sich kaum etwas geändert. Hinter dem Starttag des *schema*-Elements findet sich lediglich das *include*-Element zum Einbinden der Schemadatei *Artikel.xsd* in das aktuelle XML-Schema. Das Attribut *schemaLocation* gibt die Lage der Schemadatei an (wobei hier ein relativer Pfad benutzt wird). Anschließend lässt sich der in *Artikel.xsd* definierte Elementtyp *artikel* im aktuellen Schema über das *ref*-Attribut von *element*-Anweisungen adressieren. Die betreffende Anweisung wurde in vorhergehenden Listing fett hervorgehoben. Die XML-Datei zur Abbildung des Warenbestands könnte dann folgenden Aufbau aufweisen:

Listing 4.16: XML-Dokumentdatei Lager.xml

```
<?xml version="1.0" encoding="UTF-8"?>
<bestand xmlns:xsi="http://www.w3.org/2001/XMLSchema-instance"
xsi:noNamespaceSchemaLocation="Lager.xsd">
 <artikel>
   <artnr>4710</artnr>
   <name>Okra</name>
   <menge>15</menge>
  </artikel>
```

```
 <artikel>
  <artnr>4511</artnr>
  <name>Oliven</name>
  <menge>30</menge>
 </artikel>
 <artikel>
  <artnr>4513</artnr>
  <name>Kapern</name>
  <menge>10</menge>
 </artikel>
</bestand>
```

In der XML-Dokumentdatei wird im Wurzelelement lediglich ein Verweis auf die Schemadatei *Lager.xsd* über das *noNamespaceSchemaLocation*-Attribut gesetzt. Anschließend sucht sich der XML-Parser die betreffenden Schemadefinitionen aus dieser Datei (und den über *include* eingebundenen Schemadateien) zusammen.

Sie finden die XML-Schemadateien *Artikel.xsd* und *Lager.xsd* im Ordner *\Beisp\Kap04* auf der Begleit-CD. Die im gleichen Ordner gespeicherte Datei *Lager.xml* enthält eine XML-Dokumentinstanz, in der verschiedene Datensätze eingefügt wurden. Falls Sie das Beispiel in XML Spy 2005 Home Edition bearbeiten möchten, beachten Sie, dass diese Version des XML-Editors den grafischen Entwurf im *Schema/WSDL*-Fenster nicht unterstützt. In der Professional Edition können Sie externe XML-Schemadateien direkt im grafischen Entwurfsmodus über einen *Include*-Kontextmenübefehl einbinden.

4.3.13 Import eines XML-Schemas

Manchmal müssen Elemente aus mehreren Namensräumen in einem XML-Dokument kombiniert werden. Hierzu lässt sich das *import*-Element in einer Schemadatei verwenden. Als Beispiel soll die bereits im vorhergehenden Abschnitt entworfene XML-Schemadatei *Artikel.xsd* in ein neues Schema importiert werden. Die neue XML-Schemadatei *Lager1.xsd* soll die Elementtypen aus der Datei *Artikel.xsd* importieren. Dies könnte folgendermaßen aussehen:

Listing 4.17: XML-Schemadatei LagerImport.xsd

```
<?xml version="1.0" encoding="ISO-8859-1"?>
<xs:schema xmlns:xs="http://www.w3.org/2001/XMLSchema"
      targetNamespace="Artikel.xsd"
      elementFormDefault="qualified"
      attributeFormDefault="qualified">
 <xs:import schemaLocation="Artikel.xsd"/>
 <xs:element name="bestand">
  <xs:annotation>
   <xs:documentation>Warenbestände</xs:documentation>
  </xs:annotation>
```

```
    <xs:complexType>
     <xs:sequence maxOccurs="unbounded">
      <xs:element ref="artikel"/>
     </xs:sequence>
    </xs:complexType>
  </xs:element>
</xs:schema>
```

Gegenüber dem im vorhergehenden Abschnitt diskutierten Ansatz wurde hier noch ein Namensraum auf die Schemadatei *Artikel.xsd* über das *targetNamespace*-Attribut im *schema*-Element eingefügt. Sie können dort eine Webseite (z.B. *http://www.borncity.de/bestand*) angeben. Aktuell wurde nur der Name der lokalen Schemadatei *Artikel.xsd* hinterlegt. Anschließend lässt sich im aktuellen Schema auf die Elementtypen des importierten XML-Schemas über das *ref*-Attribut einer *element*-Komponente zugreifen. Die betreffende Anweisung wurde im vorangegangenen Listing fett hervorgehoben. Die XML-Datei zur Abbildung des Warenbestands könnte dann folgenden Aufbau aufweisen:

Listing 4.18: XML-Dokumentdatei LagerImport.xml

```
<?xml version="1.0" encoding="UTF-8"?>
<n:bestand xmlns:n="Artikel.xsd"
   xmlns:xsi="http://www.w3.org/2001/XMLSchema-instance"
   xsi:schemaLocation="Artikel.xsd LagerImport.xsd">
 <artikel>
  <artnr>4711</artnr>
   <name>Boskop</name>
   <menge>300</menge>
 </artikel>
 <artikel>
   <artnr>4712</artnr>
   <name>Birne Helene</name>
   <menge>800</menge>
 </artikel>
 </n:bestand>
```

In der XML-Dokumentdatei werden im Wurzelelement jetzt zwei Verweise auf die Schemadateien *LagerImport.xsd* und *Artikel.xsd* über das *schemaLocation*-Attribut gesetzt.

HINWEIS

Sie finden die XML-Schemadateien *Artikel.xsd* und *LagerImport.xsd* im Ordner *Beisp**Kap04* auf der Begleit-CD. Die im gleichen Ordner gespeicherte Datei *LagerImport.xml* enthält eine XML-Dokumentinstanz, in der verschiedene Datensätze eingefügt wurden. Falls Sie das Beispiel in XML Spy 2005 Home Edition bearbeiten möchten, beachten Sie, dass diese Version des XML-Editors den grafischen Entwurf im *Schema/WSDL*-Fenster nicht unterstützt. In der Professional Edition können Sie externe XML-Schemadateien direkt im grafischen Entwurfsmodus über einen *Import*-Kontextmenübefehl einbinden.

Zusammenfassung

Dieses Kapitel hat Ihnen einen Einstieg in die Möglichkeiten zum Entwurf von XML-Schemata vermittelt. Sie kennen die wichtigsten Komponenten, um selbsttätig W3C-XML-Schemata zu entwerfen. In der Praxis wird man aber den Schemaentwurf nicht manuell, sondern über Werkzeuge wie XML Spy durchführen. Solche Werkzeuge erlauben die Inhaltsmodelle der einzelnen Elemente sehr elegant festzulegen und generieren das benötigte XML-Schema. Beachten Sie aber beim Einsatz der XML Spy 2005 Home Edition, dass diese nicht alle Features im grafischen Designmodus unterstützt. Diese Erweiterungen stehen nur in der Professional bzw. Enterprise Edition zur Verfügung. Sofern Sie weitergehende Informationen zum XML-Schema benötigen, laden Sie sich die betreffenden Dokumente von den W3C-Webseiten (*www.w3c.org*) herunter.

Fragen

1. Nennen Sie einige Vorteile von XML-Schema gegenüber DTDs zur Beschreibung von XML-Dokumentklassen.
2. Wie wird eine Elementinstanz im XML-Schema vereinbart?
3. Wie werden Attribute im XML-Schema deklariert?
4. Welche Bedeutung besitzt das *sequence*-Element im XML-Schema?

Antworten

1. XML-Schemata verwenden XML-Elemente und damit die gleiche Syntax zur Definition der Dokumentstruktur. XML-Schema bietet wesentlich mehr Datentypen als eine DTD. XML-Schemata erlauben ein offenes Inhaltsmodell, d.h., Sie können die Struktur der XML-Klasse erweitern, ohne die Elemente deklarieren zu müssen.
2. Mit dem *element*-Eintrag legen Sie eine Definition für ein Element an. Dann müssen Sie einen *complexType*-Elementtyp ableiten und über ein Gruppierungselement (z.B. *sequence* mit Elementen füllen). Die nachfolgende Sequenz definiert ein Element *person* mit den Unterelementen *name*, *vorname* und *tel*.

```
<xsd:element name="person">
 <xsd:complexType>
  <xsd:sequence>
   <xsd:element name="name" type="xsd:string"/>
   <xsd:element name="vorname" type="xsd:string"/>
   <xsd:element name="tel" type="xsd:string"/>
  </xsd:sequence>
 </xsd:complexType>
</xsd:element>
```

3. Legen Sie einen Elementtyp mit der *element*-Komponente an und leiten Sie einen *complexType*-Elementtyp ab. Anschließend können Sie die Attributtypen mit *attribute*-Einträgen definieren. Das *name*-Attribut der *attribut*-Komponente legt den Namen des Attributtyps fest. Die nachfolgende Sequenz definiert ein Element *name* mit den Attributen *size*, *age* und *sex*. Das *use*-Attribut der Komponente legt fest, ob das Attribut angegeben, optional oder gesperrt ist.

```
<xs:element name="name">
        <xs:complexType>
         <xs:attribute name="size"/>
         <xs:attribute name="age" type="xs:integer"
use="required"/>
         <xs:attribute name="sex" use="prohibited"/>
        </xs:complexType>
       </xs:element>
```

4. Der *sequence*-Eintrag ist ein Gruppierungselement, um Unterelemente in der angegebenen Reihenfolge in der Dokumentinstanz zu übernehmen. Mit dem *sequence*-Eintrag kapseln Sie im Schema die Definitionen der untergeordneten Elemente.

```
<xsd:element name="person">
 <xsd:complexType>
  <xsd:sequence>
   <xsd:element name="name" />
   <xsd:element name="vorname" />
   <xsd:element name="tel" />
  </xsd:sequence>
 </xsd:complexType>
</xsd:element>
```

Kapitel 5

jetzt lerne ich

XML mit CSS darstellen

Die bisherigen Kapitel befassten sich mit der Frage, wie XML-Dokumente erstellt und Dokumenttypen mittels DTD oder XML-Schema definiert werden können. In diesem Kapitel lernen Sie, wie sich XML-Dokumente in Browsern mit Hilfe von Cascading Style Sheets darstellen lassen. Es geht dabei vor allem darum, die Daten der XML-Elemente in geeigneter Weise darzustellen. Diese Technologie eröffnet Ihnen die Verwendung von XML zur Gestaltung von Webseiten.

5.1 Darstellung von XML-Dokumenten

Zur Darstellung von XML-Dokumenten können Sie neben XML-Editoren auch Browser benutzen. Werfen wir doch einen kurzen Blick auf die Frage, wie Browser XML-Dokumente (d.h. deren Daten) darstellen können. Als Beispiel soll ein einfaches XML-Dokument dienen:

Listing 5.1: Beispieldokument mit XML-Struktur

```
<?xml version="1.0" ?>

<daten>
  <satz>
   <bezeichnung>Ingwer</bezeichnung>
   <best-nr>4710</best-nr>
   <menge unit="kg">300</menge>
  </satz>

  <satz>
   <bezeichnung>Schwarzer Pfeffer</bezeichnung>
   <best-nr>4713</best-nr>
```

```
    <menge unit="kg">150</menge>
  </satz>

  <satz>
    <bezeichnung>Muskatnuss</bezeichnung>
    <best-nr>4700</best-nr>
    <menge unit="kg">10</menge>
  </satz>
...
</daten>
```

Bei diesem Dokument handelt es sich um eine wohlgeformte XML-Datei, die Bestelldaten für Gewürzbestände abbildet. Für jedes Gewürz werden Name, Bestellnummer und Menge als XML-Elemente angegeben. Ich habe an dieser Stelle einmal auf die Verwendung einer DTD oder eines XML-Schemas verzichtet, da die Gültigkeit des Dokuments in diesem Beispiel erst einmal keine Rolle spielt. Sie können aber die betreffenden Informationen gemäß den Verweisen auf eine DTD oder ein XML-Schema (gemäß den Ausführungen in den vorhergehenden Kapiteln) hinzufügen.

HINWEIS: Sie finden die Datei *Bestellung0.xml* im Ordner *Beisp\Kap05* auf der Begleit-CD. Sie können diese Datei in verschiedenen Browsern laden, um die Darstellungsmöglichkeiten zu studieren.

Darstellung in Konqueror (Linux)

Versuchen Sie eine XML-Datei in einem Browser wie den Konqueror unter Linux/KDE zu laden, gibt dieser einfach die Inhalte der einzelnen XML-Elemente wieder (Abbildung 5.1).

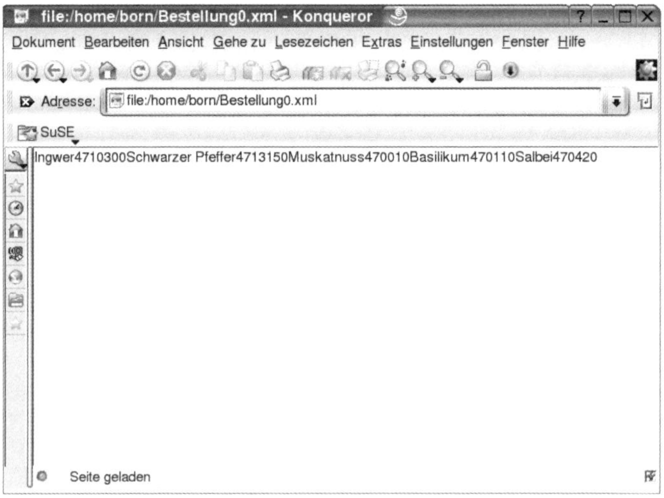

Abb. 5.1: Darstellung des XML-Dokuments im Konqueror

Viele Browser (z.B. viele Versionen des Netscape Navigator) werden mit dem XML-Dokumentinhalt ähnlich verfahren, was ziemlich unbefriedigend ist.

Darstellung im Internet Explorer und in Firefox

Der Microsoft Internet Explorer besitzt ab der Version 5.x eine sehr hilfreiche Funktion, um XML-Dokumente mit ihrer Struktur anzuzeigen. Die zuvor genannte XML-Datei wird im Internet Explorer gemäß Abbildung 5.2, links oben, angezeigt.

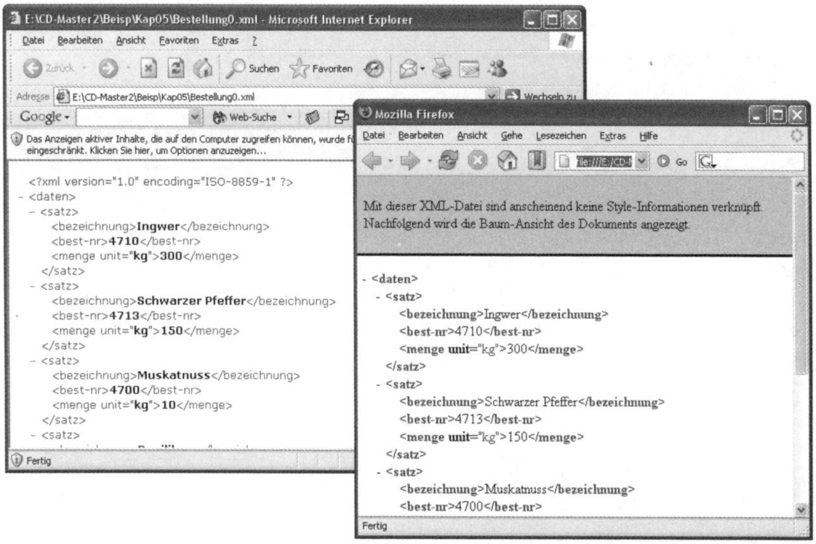

Abb. 5.2: Darstellung eines XML-Dokuments im Internet Explorer

Der Mozilla-Browser Firefox 1.0 unterstützt eine ähnliche Darstellung (Abbildung 5.2, rechts unten). Beide Browser geben die Struktur der einzelnen XML-Elemente samt Attributen in einem Baum wieder. Diese Anzeige eignet sich zwar hervorragend zum Debuggen von XML-Dokumenten. Allerdings wird wohl niemand auf die Idee kommen, einem Endanwender die Daten einer XML-Dokumentdatei in der in Abbildung 5.2 gezeigten Form vorzusetzen. Dieser ist eigentlich an den im XML-Dokument enthaltenen Daten interessiert. Benötigt wird eine strukturierte Anzeige (z.B. so etwas wie eine Tabelle), in der nur die reinen Daten der XML-Elemente in formatierter Form angezeigt werden.

5.1.1 XML-Dokument und CSS-Datei verbinden

Vom W3C wurden vor einigen Jahren so genannte Cascading Style Sheets eingeführt, um die Darstellung des HTML-Codes im Browser zu beeinflussen.

Abb. 5.3: Darstellung eines HTML-Dokuments per CSS

Nehmen wir als Beispiel das in Abbildung 5.3 gezeigte HTML-Dokument, das ein integriertes Style Sheet enthält. Der HTML-Quellcode sieht folgendermaßen aus:

Listing 5.2: HTML-Dokument mit CCS zur Formatierung

```
<html>
<head>
<meta http-equiv="Content-Type"
content="text/html; charset=iso-8859-1">
<title>CSS-Beispiel</title>
<style type="text/css">
<!--
   body { color: green }
   h2 { color: red }
   p  { color: blue}
   b { color: black}
   a {
         text-decoration: none;
         color: maroon;
         font-style: italic}
-->
</style>
</head>
<body>
<h2>CSS-Beispiel</h2>
<p>Cascading Style Sheets lassen sich sehr gut
zur Gestaltung von Texten verwenden. Die Darstellung
wird <b>dabei </b>durch eine Formatvorlage geregelt. </p>
</body>
</html>
```

Wer bereits mit HTML gearbeitet hat, erkennt die Tags zur Auszeichnung einer Überschrift sowie einen Textabsatz, der durch das <*p*>-Tag ausgezeichnet wird. Im Absatz wird noch ein Wort über dem <*b*>-Tag fett hervorgehoben. Sofern Sie noch nichts mit HTML zu tun hatten, lässt sich der HTML-Quellcode auch (fast) als XML-Dokument interpretieren. Bestimmte Daten werden durch XML-Elemente wie *body, h1* oder *p* eingefasst. Das Interessante daran ist aber, dass ein Browser die HTML-Tags kennt und definiert in der Anzeige umsetzt.

Nun kommen aber Cascading Style Sheets (CSS) ins Spiel. Diese Style Sheets stellen Formatvorlagen dar, die die Standardeinstellungen des Browsers zur Darstellung eines HTML-Elements überschreiben bzw. umdefinieren. Die Stile werden dabei im Kopf des HTML-Dokuments mit *<style type="text/css">...<style>* vereinbart. Das *type*-Attribut signalisiert dem Browser, dass eine CSS-Datei vorliegt. Innerhalb dieses Elements werden dann die Style-Angaben hinterlegt. Ohne jetzt auf die Details der CSS-Spezifikation einzugehen (diese können Sie von der Webseite *www.w3c.org* herunterladen), lässt sich das im vorhergehenden Beispiel benutzte Prinzip sehr schnell erkennen: In einer Zeile steht der Name des betreffenden HTML-Elements, welches beeinflusst werden soll. Mit

```
body { color: green }
```

legen Sie fest, dass der gesamte Text im *body*-Element mit grüner Schrift anzuzeigen ist. Das Schlüsselwort *body* entspricht dabei dem Namen des HTML-Elements *<body> ... </body>*. Hinter dem Namen des Elements folgen dann in geschweiften Klammern *{..}* die Formatanweisungen. Diese umfassen ein Schlüsselwort sowie den durch einen Doppelpunkt getrennten Wert. Mehrere Formatanweisungen werden durch Semikola getrennt:

```
a {
        text-decoration: none;
        color: maroon;
        font-style: italic}
```

Diese Sequenz definiert die Darstellung des *<a>*-Tags für Hyperlinks. Solche Dokumentstellen sollen hier braun und kursiv im Dokumentfenster angezeigt werden.

> HINWEIS: An dieser Stelle habe ich eine spezielle Möglichkeit genutzt, Stile global für Tags zu vereinbaren. CSS bieten darüber hinaus die Möglichkeit, Stile für Klassen festzulegen (z.B. *.blau {color: blue;}* für die Klasse *blau*). Definieren Sie ein Element mittels des *class*-Attributs als dieser Klasse zugehörig, kommt die Stilvorlage zur Anwendung. Es führt an dieser Stelle zu weit, auf alle CSS-Möglichkeiten einzugehen. Interessierte Leser möchte ich hier auf die W3C-Spezifikation (*www.w3c.org*) oder auf das von mir bei Markt+Technik erschienene HTML-Kompendium verweisen.

CSS-Dateien in XML-Dokumente einbinden

Diese Technik sollte sich auch bei XML-Dokumenten nutzen lassen. Über eine CSS-Datei ließe sich dann dem Browser mitteilen, wie er XML-Elemente in der Anzeige darstellen kann. Bei XML sind die Cascading Style Sheets in getrennten CSS-Dateien zu hinterlegen. Aus Kapitel 2 wissen Sie, dass Processing Instructions genutzt werden, um einem XML-Parser Informationen zur Bearbeitung eines XML-Dokuments zu übergeben. Das zuvor bereits vorgestellte XML-Beispieldokument muss dann mit einer Anweisung

```
<?xml-stylesheet type="text/css" href="Bestellung.css"?>
```

erweitert werden. Das *type*-Attribut legt den Mime-Typ für die Datei fest (der Browser erkennt an diesem Typ, was er mit der Datei tun soll). Das *href*-Attribut enthält einen Verweis auf eine externe Datei in Form einer URL. In diesem Beispiel wurde eine relative Pfadangabe verwendet, d.h., die CSS-Datei muss im Ordner des XML-Dokuments hinterlegt werden. Das ganze XML-Beispiel sieht dann folgendermaßen aus:

Listing 5.3: XML-Dokument mit eingebundener CSS-Datei

```
<?xml version="1.0" ?>
<?xml-stylesheet type="text/css" href="Bestellung.css"?>
<daten>
  <satz>
   <bezeichnung>Ingwer</bezeichnung>
   <best-nr>4710</best-nr>
   <menge unit="kg">300</menge>
  </satz>
...
</daten>
```

Sobald der XML-Parser die *xml-stylesheet*-Anweisung erkennt, versucht er das XML-Dokument gemäß den Stilangaben der Datei darzustellen (Abbildung 5.4). Eine solche CSS-Datei könnte im einfachsten Fall folgenden Aufbau besitzen:

```
daten {
  font: 16/20pt verdana;
  color: black;
  text-align: left;
  line-height: 130%;
  }
```

Die Datei definiert die Stilvorlage für das Element *daten*. Die einzelnen Eigenschaften sind folgendermaßen belegt:

- font: Vereinbart sowohl die Schriftart (z.B. verdana) als auch die Schriftgröße (hier in Punkt angegeben).
- color: Legt die Farbe für den anzuzeigenden Text fest. Sie können entweder einen Farbnamen oder eine RGB-Angabe im Format #rrggbb vorgeben.

- text-align: Spezifiziert die Ausrichtung des Textes (left, right, center).
- line-height: Legt die Zeilenhöhe für die Textausgabe des betreffenden Elements in % des aktuellen Werts fest.

Die vorangegangene Anweisung besagt also: Kommt das Element *daten* in der XML-Dokumentdatei vor, soll die Schriftart Verdana mit einer Größe von 16/20 Punkt zur Darstellung der (Text-)Daten benutzt werden. Das Attribut *color* setzt die Schriftfarbe auf »black«. Der Text wird linksbündig ausgegeben und mit einer Zeilenhöhe von 130% der Schriftgröße versehen.

Die Definitionen für den Stil werden dabei in der geschweiften Klammer eingefasst und jeweils durch Semikola getrennt. Die Schlüsselwörter können sich dabei auf eine Eigenschaft oder auf eine Gruppe von Eigenschaften beziehen. Die Angabe *font* ist daher die Abkürzung für die Eigenschaften *font-style, font-variant, font-weight, line-height* und *font-family*. Sie können dann die Schlüsselwörter einzeln (die transparenteste Methode) oder die Abkürzung gefolgt von einem Doppelpunkt und den durch Leerzeichen getrennten Werten angeben (z.B. *{ font: bold italic large verdana }*).

Bei Cascading Style Sheets (CSS) werden solche Einstellungen auf untergeordnete Dokumentelemente vererbt. Enthält das XML-Element *daten* weitere Unterelemente, müssen diese mit den gleichen Formateigenschaften dargestellt werden. Diese vererbten Vorgabewerte lassen sich aber durch neue Stilangaben für das Unterelement überschreiben. In diesem Beispiel habe ich aber auf diesen Ansatz verzichtet. Folglich sollte das XML-Dokument mit einer schwarzen Verdana-Schrift mit einer Schriftgröße von 16/20 Punkt angezeigt werden.

In Abbildung 5.4 sehen Sie das Ergebnis der Anzeige im Internet Explorer 5.0. Die ohne Style Sheet gewohnte Darstellung der XML-Struktur ist verschwunden. Stattdessen entspricht die Darstellung der Wiedergabe (mit oder ohne CSS-Datei) der im Netscape Navigator.

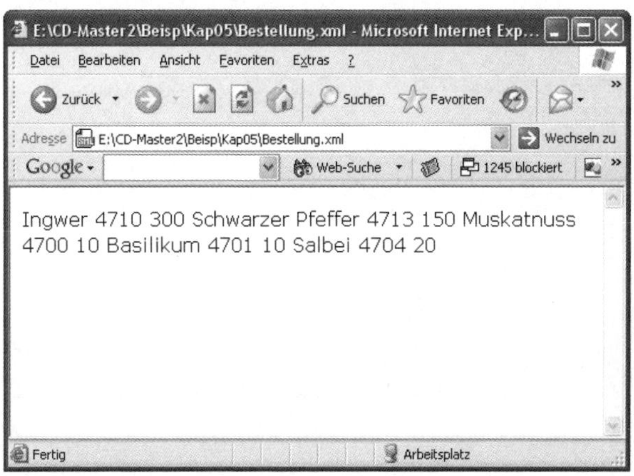

Abb. 5.4: Darstellung des XML-Dokuments per CSS

Offenbar lässt sich mit einer CSS-Datei die Darstellung der XML-Daten im Browser beeinflussen. Dieser Ansatz wird im folgenden Abschnitt schrittweise weiterentwickelt. Fehlt beim Internet Explorer die Style-Sheet-Angabe, benutzt der Browser eine interne Vorlage, die die bereits in den vorhergehenden Kapiteln erwähnte XML-Dokumentstruktur anzeigt. Bei einer falschen Style-Sheet-Angabe zeigt der Browser die Daten gemäß Abbildung 5.4. Die Beispieldateien *Bestellung.xml* und *Bestellung.css* finden Sie auf der Begleit-CD im Ordner *\Beisp\Kap05*. Sie können die XML-Datei versuchsweise in einem Browser laden, um zu testen, ob die Style-Sheet-Datei unterstützt wird. Dies ist beim Internet Explorer (ab Version 5.0) und beim Netscape Navigator (ab Version 6.0) der Fall.

5.2 XML-Dokumente per CSS darstellen

Die Ausführungen im vorhergehenden Abschnitt zeigen, dass Sie CSS-Dateien verwenden können, um die Daten einer XML-Dokumentdatei in einem XML-fähigen Browser anzuzeigen. Dies soll jetzt schrittweise an verschiedenen Beispielen demonstriert werden.

5.2.1 XML-Daten zeilenweise anzeigen

Das auf den vorhergehenden Seiten benutzte XML-Dokument enthält Bestelldaten. Für jeden Bestellvorgang wird ein XML-Element *satz* im Wurzelelement eingefügt. Dieser Datensatz definiert dann einen Namen, eine Bestellnummer und eine Mengenangabe. Die Daten des XML-Dokuments lassen sich am besten zeilenweise in einer Art Liste ausgeben (Abbildung 5.5). Jede Zeile der Liste enthält dann einen Bestellvorgang.

Abb. 5.5: Darstellung des XML-Dokuments als Liste

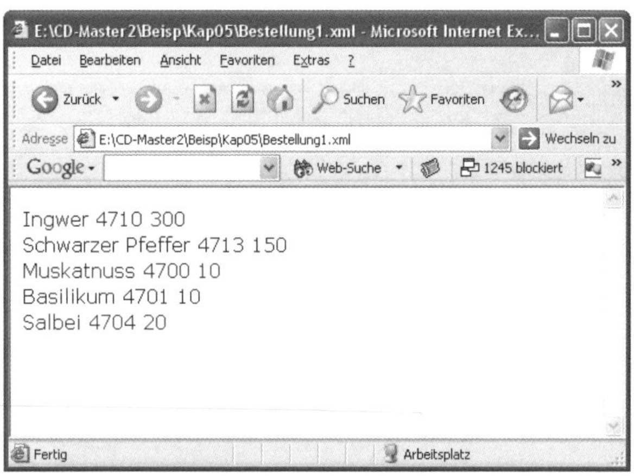

Bei Cascading Style Sheets können Sie die *display*-Angabe nutzen, um die Darstellung zu variieren. Die Eigenschaft *display* kann dann die Werte »block« und »inline« annehmen. Die Vorgabe »inline« weist den Browser an, den Inhalt des betreffenden Elements im laufenden Text einzufügen. Mit dem Wert »block« zeichnen Sie dagegen den Inhalt des betreffenden Elements als Block aus, d.h., der Wert des Elements muss in einer getrennten Zeile angezeigt werden.

Bleibt noch die Frage der Umsetzung in eine CSS-Datei. Das XML-Dokument besitzt folgende Struktur:

```
<daten>
  <satz>
   <bezeichnung>...</bezeichnung>
   <best-nr>...</best-nr>
   <menge>...</menge>
  </satz>
</daten>
```

Eine CSS-Datei muss dies also berücksichtigen. Im vorhergehenden Beispiel haben wir die Formateigenschaften des *daten*-Elements festgelegt. Dieses Element bildet so etwas wie eine übergreifende Klammer über alle Datensätze des Dokuments. Um also einen Datensatz in einer Zeile auszugeben, bietet sich eine Stilvorgabe im Element *satz* an. Fügen wir die Angabe

```
satz {display: block;}
```

im Dokument ein, muss der Browser den zwischen *<satz> ... </satz>* stehenden Inhalt als Block im Dokument ausgeben. Daher bewirkt die folgende CSS-Datei, dass die Werte der XML-Dokumentdatei satzweise gemäß Abbildung 5.5 angezeigt werden.

```
daten   {
  font: 16/20pt verdana;
  color: black;
  text-align: left;
  line-height: 130%;
  }

satz   {
  display: block;
  }
```

Sie finden die zur Datei *Bestellung1.xml* passende CSS-Datei *Bestellung1.css* im Ordner *\Beisp\Kap05* auf der Begleit-CD.

ACHTUNG

Attributwerte lassen sich mit CSS-Dateien nicht darstellen. Benötigen Sie einen Attributwert in der Datendarstellung, bleibt Ihnen nur die Umwandlung in ein XML-Element übrig. Alternativ können Sie auf die im nachfolgenden Kapitel diskutierten XSL-Style-Sheet-Dateien ausweichen.

5.2.2 Den Hintergrund der Werte hervorheben

Die in Abbildung 5.5 gezeigten Werte ergeben zwar eine Liste. Besser wäre es aber, wenn einzelne Zeilen oder vielleicht gar die Werte der Liste in der Anzeige farbig hervorgehoben werden. Auch dies lässt sich mit geeigneten Formatanweisungen im Style Sheet erreichen (Abbildung 5.6).

Abb. 5.6: Formatierte Anzeige der Elemente im Internet Explorer

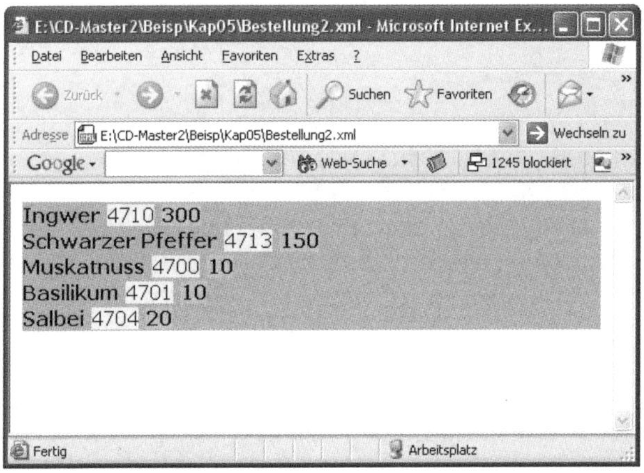

Hierzu können Sie folgende Eigenschaften im Style Sheet einsetzen:

- font: Setzen Sie den Wert für die Darstellung auf *bold* (fett) oder *italics* (kursiv), um die anzuzeigenden Werte hervorzuheben.
- color: Sie können die Schriftfarbe für die einzelnen Werte über die Zuweisung eines Farbnamens variieren.
- background-color: Übernimmt den Wert für die Hintergrundfarbe des betreffenden Dokumentbereichs.

Für *color* und *background-color* können Sie direkt einen Farbnamen wie *aqua*, *black*, *blue*, *fuchsia*, *gray*, *olive*, *purple*, *red*, *navy*, *green*, *lime*, *maron*, *silver*, *teal*, *white*, *yellow* oder eine RGB-Angabe der Art #ff0000 (für Rot) als Wert zuweisen.

Je nach Browser sind neben den zuvor definierten 16 Farbnamen weitere Namen definiert. Eine Auflistung findet sich beispielsweise in dem im Markt+Technik-Verlag veröffentlichten HTML-Kompendium. Um unabhängig vom Browser zu sein, empfiehlt es sich, die Farben als RGB-Werte anzugeben. Ein RGB-Wert beginnt immer mit dem Zeichen # und wird von sechs Hexadezimalziffern gefolgt. Jeweils zwei dieser sechs Ziffern stehen für ein Farbbyte für die Grundfarben Rot, Grün und Blau. Jede Farbe kann daher Werte zwischen 00 und FF (entspricht 255 dezimal oder 100%) annehmen. Eine Angabe der Art #FF00FF definiert eine Farbe mit 100% Rotanteil, 0% Grünanteil und 100% Blauanteil. Der Wert #0000ff erzeugt dagegen ein sattes Blau. Es ist dabei übrigens egal, ob Sie die Hexziffern a bis f in Groß- oder Kleinbuchstaben schreiben. Der Wert #FFFFFF vereinbart Schwarz und #FFFFFF steht für die Farbe Weiß.

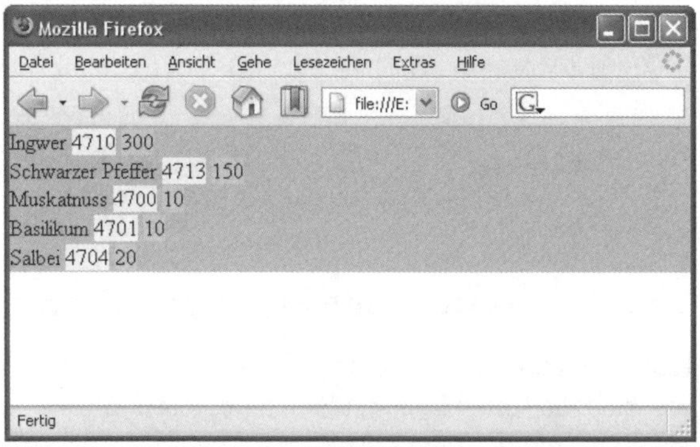

Abb. 5.7: Darstellung der XML-Daten im Firefox

Da die Werte für den Namen des Gewürzes, die Bestellnummer und die Mengenangabe in getrennten Elementen des Elements *satz* vorliegen, lassen sich getrennte Hintergrundfarben und Formate vereinbaren. Die folgende Stildatei nutzt diesen Ansatz.

Listing 5.4: Style Sheet für die Bestelldaten

```
daten   {
  font: 16/20pt verdana;
  color: black;
  text-align: left;
  line-height: 130%;
  }

satz   {
  display: block;
  background-color: silver;
  }
```

```
bezeichnung  {
  font: bold;
  background-color: lime;
  }

best-nr  {
  background-color: yellow;
  }

menge   {
  font: bold;
  background-color: aqua;
  }
```

Gegenüber den vorhergehenden Beispielen wurden lediglich Stilangaben für die Elemente *bezeichnung*, *best-nr* und *menge* eingeführt. Diese vereinbaren eine fette Formatierung für *bezeichnung* und *menge* und definieren unterschiedliche Hintergrundfarben. Das Ergebnis kann sich sowohl im Internet Explorer (Abbildung 5.6) als auch im Firefox (Abbildung 5.7) sehen lassen.

HINWEIS: Sie finden die zur Datei *Bestellung2.xml* passende CSS-Datei *Bestellung2.css* im Ordner *\Beisp\Kap05* auf der Begleit-CD.

5.2.3 Werte spaltenweise anordnen

Trotz der Hervorhebung der Werte durch Fettdruck und Hintergrundfarben lässt sich die Liste nicht sonderlich gut lesen. Ein weiterer Schritt könnte darin bestehen, die betreffenden Werte der Liste spaltenweise auszurichten. Dann kämen alle Bestellnummern und Mengenangaben untereinander zu stehen. Weiterhin wäre es nicht schlecht, die Liste mit einer Kopfzeile zu versehen (Abbildung 5.8). Um im Browser eine Kopfzeile auszugeben, muss der betreffende Text als Element im XML-Dokument eingefügt werden. Da die Beispieldatei keine DTD verwendet, lassen sich die betreffenden Daten über Elemente (hier *kopf* mit Unterelementen) sofort einfügen. Ein Ausschnitt aus der XML-Datei sieht folgendermaßen aus:

Listing 5.5: XML-Dokument mit den Bestelldaten und Verweis auf ein CSS

```
<?xml version="1.0" ?>
<?xml-stylesheet type="text/css" href="Bestellung3.css"?>
<daten>
  <kopf>
   <text1>Name</text1>
   <text2>Best-Nr.</text2>
   <text3>Menge</text3>
  </kopf>
```

```
  <satz>
   <bezeichnung>Ingwer</bezeichnung>
   <best-nr>4710</best-nr>
   <menge unit="kg">300</menge>
  </satz>

...
</daten>
```

Der Text der Kopfzeile wurde über die Elemente *text1, text2* und *text3* im Element *kopf* hinterlegt.

Der Rest lässt sich über Stilangaben erreichen. Der Trick besteht darin, dass jedem Element eine bestimmte Breite zugewiesen wird. Dies erreichen Sie über die *width*-Eigenschaft, der eine Prozentangabe zugeordnet wird. Mit *width: 50%;* definieren Sie, dass die Daten des zugehörigen Elements 50% der Fensterbreite einnehmen. Die folgende CSS-Datei enthält die Definitionen, um das zuvor aufgeführte XML-Dokument *Bestellung3.xml* gemäß Abbildung 5.8 darzustellen.

Das Beispiel wird im Internet Explorer in der gewünschten Form wiedergegeben. Der Firefox-Browser (Version 1.0) interpretiert die Style Sheets aber etwas abweichend, so dass keine Tabellenanzeige erscheint.

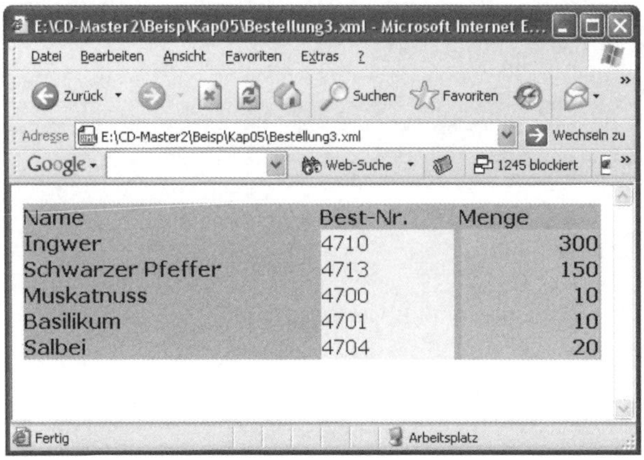

Abb. 5.8: Darstellung der XML-Daten als Tabelle

Listing 5.6: CSS zur Anzeige der Tabellenstruktur

```
daten    {
  font: 16/20pt verdana;
  color: black;
  text-align: left;
  line-height: 130%;
  }
```

```
kopf  {
  font: 16/20pt verdana;
  color: black;
  text-align: left;
  line-height: 130%;
  background-color: silver;
  display: block;
  font: bold;
  }

text1  {
  width: 50%;
  }

text2  {
  width: 23%;
  }

text3  {
  width: 24%;
  }

satz   {
  display: block;
  background-color: silver;
  }

bezeichnung  {
  font: bold;
  background-color: lime;
  width: 50%;
  }

best-nr  {
  width: 23%;
  background-color: yellow;
  }

menge   {
  width: 24%;
  font: bold;
  background-color: aqua;
  text-align: right;
  }
```

Beim Aufbau der Stildatei müssen Sie aber darauf achten, dass die addierten *width*-Werte der einzelnen Zeilen unter 100% liegen (andernfalls führt der Browser einen Zeilenumbruch beim letzten Element durch). Weiterhin habe ich hier den Text der letzten Spalte rechtsbündig ausrichten lassen. Damit lassen sich die Bestellmengen besser lesen.

Sie finden die zur Datei *Bestellung3.xml* passende CSS-Datei *Bestellung3.css* im Ordner *\Beisp\Kap05* auf der Begleit-CD.

HINWEIS

5.2.4 XML-Daten mit Rahmen versehen

In einer weiteren Variante sollen die XML-Daten zeilenweise ausgerichtet mit einem Rahmen versehen dargestellt werden (Abbildung 5.9).

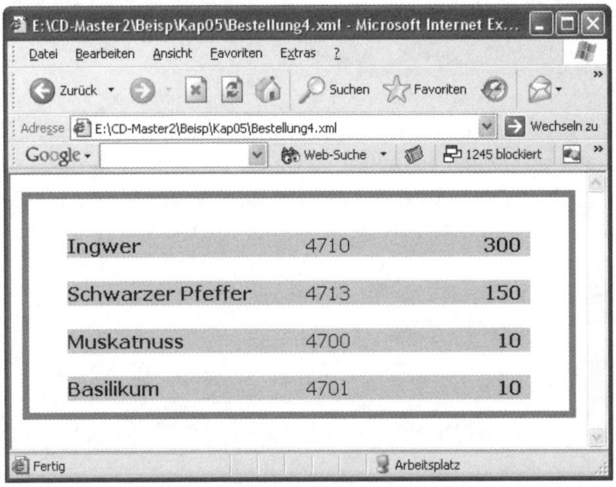

Abb. 5.9: XML-Daten mit Rahmen versehen

Die Aufbereitung der CSS-Datei ist nicht allzu schwierig. Sie können das vorherige Beispiel mit wenigen Modifikationen verwenden. In diesem Beispiel wurden die Datensätze mit einer Hintergrundfarbe versehen. Um den äußeren Rahmen zu zeichnen, wird dem Element *daten* die folgende Definition zugewiesen:

```
daten {
  border: red thick solid;
  padding: 10px;
  }
```

Das Schlüsselwort *border* generiert einen Rahmen, dessen Eigenschaften wie Farbe, Liniendicke und Linientyp über die hier angegebenen Werte vereinbart werden. Setzen Sie die Anweisung in eine CSS-Datei ein, wird sich aber nicht allzu viel bei der Anzeige des XML-Dokuments tun. Der Rahmen bleibt unsichtbar, da er durch die »darüber liegenden« Elemente verdeckt wird. Daher sorgt eine *padding*-Anweisung dafür, dass die im Element *daten* enthaltenen Texte mit einem Abstand zum Rahmen gezeichnet werden.

Die im Beispiel benutzte Stildatei enthält aber noch eine weitere Neuerung: Die einzelnen Datensätze sollen durch einen weißen Hintergrund getrennt werden. Dies erreichen Sie, indem Sie die Elemente relativ zum Vorgänger positionieren. Hierzu wird das Element *satz* als Block vereinbart (*display: block*). Für einen Block lassen sich dann Ränder vereinbaren, d.h., der Text wird mit dem angegebenen Abstand vom äußeren Rand des Blocks eingezogen. Die Anweisungen lauten wie folgt:

```
satz   { /* einzelne Datensätze */
  display: block;
  margin-left: 5%;
  margin-right: 5%;
  margin-top: 20px;     /* Abstand zum Vorgänger */

  background-color: aqua;
  }
```

Über die Angaben *margin-left* und *margin-right* vereinbaren wir einen Einzug von jeweils 5% am linken und rechten Seitenrand. Die Angabe *margin-top: 20px;* bewirkt, dass ein neuer Datensatz 20 Pixel unterhalb der letzten Ausgabe erfolgt. Das Ergebnis ist in Abbildung 5.9 zu sehen. Die zuvor genannten Zeilen enthalten übrigens noch eine Neuerung, mit /* ... */ können Sie Kommentare in einer Stildatei hinterlegen.

HINWEIS

Sie finden die zur Datei *Bestellung4.xml* passende CSS-Datei *Bestellung4.css* im Ordner *\Beisp\Kap05* auf der Begleit-CD.

5.2.5 Beispiel: Jeder Wert in eine eigene Zeile

Um die Werte der XML-Dokumentdatei nicht zeilenweise, sondern jeweils untereinander auszugeben, müssen Sie die Style-Sheet-Datei etwas anders gestalten. Abbildung 5.10 zeigt am Beispiel des Firefox 1.0-Browsers, wie so etwas aussehen könnte. Jeder Wert wird getrennt mit einer eigenen Hintergrundfarbe im Browser angezeigt. Das Ganze ist mit einem Rahmen und einer Art Tabellenrahmen versehen.

Die Realisierung dieser Darstellung erfolgt alleine über eine CSS-Datei. Wie Sie den Rahmen realisieren, haben Sie bereits im vorhergehenden Beispiel gesehen. Sie müssen nur eine *border*-Anweisung im Stil des *daten*-Elements hinterlegen.

Der graue Tabellenrahmen ist letztlich nur der Hintergrund des *satz*-Elements, der den betreffenden Block füllt. Dieser Block wird normalerweise durch die Hintergrundfarbe der Daten der Unterelemente überlagert. Daher habe ich im Stil des *satz*-Elements die Anweisung *padding: 10px;* hinterlegt. Diese weist den Browser an, um jedes *satz*-Element einen freien Raum von 10 Pixel zu ziehen. Weitere Details können Sie dem folgenden Quellcode der CSS-Datei entnehmen.

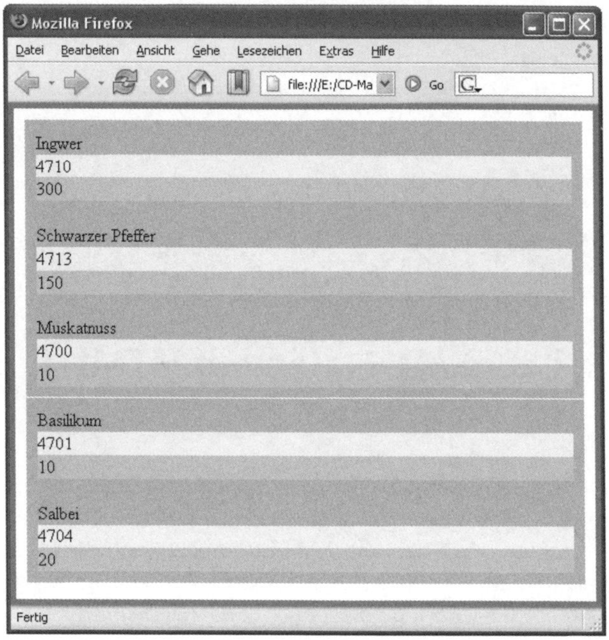

Abb. 5.10: Zeilenweise Darstellung im Firefox 1.0

Listing 5.7: CSS-Datei zur Anzeige der Daten

```
daten  {
  font: 16/20pt verdana;
  color: black;
  text-align: left;
  line-height: 130%;
  display: block;
  border: red thick solid;
  padding: 10px;
  }

satz  {
  display: block;
  background-color: silver;
  padding: 10px;
  }

bezeichnung  {
  font: bold;
  background-color: lime;
  display: block;
  }
```

```
best-nr {
  display: block;
  background-color: yellow;
  }

menge  {
  display: block;
  font: bold;
  background-color: aqua;
  }
```

HINWEIS: Sie finden die zur Datei *Bestellung5.xml* passende CSS-Datei *Bestellung5.css* im Ordner *\Beisp\Kap05* auf der Begleit-CD.

5.3 XML-Daten mit HTML-Code kombinieren

Die vorherigen Beispiele dieses Kapitels benutzten CSS-Dateien, um die Daten der XML-Elemente im Browser darzustellen. Vom W3C gibt es aber einen Vorschlag, nach dem ein XML-Dokument auch direkt HTML-Tags enthalten darf, die dann bei der Ausgabe des Dokuments im Browser direkt umgesetzt werden. Gleichzeitig gelangen CSS-Dateien zum Einsatz, um die Darstellung der Daten zu beeinflussen. Nachfolgend finden Sie zwei Beispiele, die diese Technik benutzen.

5.3.1 Erstellung einer Webseite mit XML

Das erste Beispiel zeigt, wie Sie eine Webseite mit XML-Daten abbilden können. Es soll ein einfaches Dokument bestehend aus einem Bild und etwas Text gemäß Abbildung 5.11 mittels einer XML-Dokumentdatei und einer CSS-Datei aufbereitet werden. Die XML-Dokumentdatei enthält dabei das Dokument als XML-Daten. Die CSS-Datei sorgt dafür, dass das XML-Dokument gemäß den Layoutwünschen im Browser angezeigt wird.

A priori sind die HTML-Tags im XML-Namensraum unbekannt. Der Browser wird dann mit Tags wie *<p>...</p>* wenig anfangen können. Er interpretiert diese als einfache XML-Elemente, ohne auf die betreffende HTML-Darstellung Rücksicht zu nehmen. Um dieses Problem zu lösen, können Sie im Wurzelelement einen Verweis auf den Namensraum der XHTML-Spezifikation vereinbaren. XHTML ist dabei ein vom W3C veröffentlichter Standard, in dem HTML als XML-konforme Anwendung neu definiert wird (siehe *www.w3c.org*). Die XML-Dokumentdatei könnte dann folgendermaßen aussehen:

```
<?xml version="1.0" encoding="ISO-8859-1"?>
<?xml-stylesheet type="text/css" href="autor.css"?>
<text xmlns:html="http://www.w3.org/Profiles/XHTML-transitional">
...
</text>
```

Abb. 5.11: Darstellung des XML-Dokuments als Webseite

In der dritten Zeile finden Sie die Definition für das Präfix *xmlns* mit dem Verweis auf den XHTML-Namensraum.

Innerhalb des XML-Elements *text* können Sie dann beliebige XML-Unterelemente einfügen. Ist keine DTD oder kein XML-Schema vereinbart, sind Sie in der Namenswahl der Elemente frei. Ist ein Dokumenttyp definiert, müssen sich die Element- und Attributnamen an die Vereinbarungen des Dokumenttyps halten.

Möchten Sie dagegen einen HTML-Befehl im XML-Dokument hinterlegen, setzen Sie einfach das Präfix *html:* vor den jeweiligen Tag-Namen. Um beispielsweise ein *<img>*-Tag im Dokument einzufügen, verwenden Sie folgende Angabe:

```
<html:img src="Born.jpg" width="210" height="257"/>
```

Die Anweisung entspricht der in HTML gewohnten Syntax. Das Präfix *html* ist erforderlich, damit der XML-Parser das Element dem entsprechenden Namensraum zuordnet. Die folgende Anweisung erzeugt zum Beispiel eine Überschrift der Ebene *h2* in HTML:

```
<html:h2>Auf einen Blick</html:h2>
```

HINWEIS

Um mit XHTML konform zu sein, müssen Sie alle HTML-Tags und Attributnamen in Kleinbuchstaben schreiben. Jedes Tag muss ein abschließendes Tag besitzen oder als Leertag formuliert sein. Attributwerte sind zwingend in Anführungszeichen zu stellen.

Der folgende XML-Quellcode zeigt aus welchen XML-Elementen das Dokument besteht.

Listing 5.8: XML-Dokument mit eingebettetem HTML-Code

```
<?xml version="1.0" encoding="ISO-8859-1"?>
<?xml-stylesheet type="text/css" href="autor.css"?>
<text xmlns:html="http://www.w3.org/Profiles/XHTML-transitional">
 <titel>Günter Born</titel>

 <bild>
  <html:img src="Born.jpg" width="210" height="257"/>
 </bild>

 <intro>
  <html:h2>Auf einen Blick</html:h2>
  <html:ul>
   <html:li>freier Autor</html:li>
   <html:li>Übersetzer</html:li>
   <html:li>Web-Publisher, ...</html:li>
  </html:ul>
  <html:br />
  <html:bold>Themenschwerpunkte: </html:bold>
  <html:ul>
   <html:li>Windows (in allen Schattierungen)</html:li>
   <html:li>Linux (Quick and Easy)</html:li>
   <html:li>Microsoft Office</html:li>
   <html:li>Internet, HTML und XML</html:li>
  </html:ul>
 </intro>

 <body>
  <html:h3>... und
           hier noch ein paar &quot;harte&quot; Fakts:
  </html:h3>
  <html:p>1955 in der Eifel geboren, aufgewachsen in
        direkter Nachbarschaft zu einem
        US-Militärstützpunkt. Aus dieser Zeit stammen die
        ersten Erkenntnisse, wie wichtig zumindest
```

```
            grundlegende
            Kenntnisse einer Fremdsprache sind: &quot;Hey man,
            gimme chocolate. Hello, do you have bubble
            gum?&quot;. (Na ja, die französischen Kasernen
            waren gut 20 Kilometer weiter
            weg, sonst würde es heute vielleicht mit Französisch
            nicht so hapern).
    </html:p>
    <html:p>Weitere Infos:
            <html:a
              href="http://www.borncity.de">BornCity</html:a>
    </html:p>
  </body>
</text>
```

Das Bild wird in einem einfachen XML-Element *<img>* mit dem Präfix *html* referenziert. Ähnliches gilt für andere Elemente, die die Textabschnitte mit den Überschriften und den Absätzen rechts und unterhalb des Bildes enthalten. Nur dort, wo es erforderlich ist, werden XHTML-Elemente mit dem Präfix *html* im Dokument eingefügt. Dies ist beispielsweise zum Einbinden der Grafikdatei sowie zur Erstellung der Aufzählungen rechts neben dem Bild erforderlich.

Die Umsetzung in das in Abbildung 5.11 gezeigte Layout fällt dann der CSS-Datei zu. Der Dokumentinhalt des *text*-Elements wird als Block dargestellt. Hierzu enthält die CSS-Datei folgende Anweisungen:

```
Text {
        display:block;
        font-size: 12pt;
     }
```

Die *font-size*-Angabe legt die Schriftgröße für den gesamten Text fest. Die Überschrift der Seite soll dann zentriert mit 40 Punkt in kursiver Schrift und in anderer Farbe erscheinen. Hierzu wird dem *titel*-Element des XML-Dokuments folgender Stil zugeordnet:

```
titel {
        display: block;
        text-align: center;
        color: "#F8950E";
        font-size: 40pt;
        font-weight: bold;
        font-style: italic;
        margin-top: 15px;
 }
```

Auf ähnliche Weise lässt sich mit den anderen Abschnitten des Dokuments verfahren. Allerdings gibt es noch ein kleines Problem: Rechts neben dem

Bild ist eigentlich ein freier Raum, der sich durch Text füllen lässt. Ein Teil des Textes (der im Element *intro* enthalten ist) soll daher rechts um das Bild herumfließen. Der im Element *body* enthaltene Text muss dagegen unterhalb des Bilds erscheinen. Hierzu benutzt das Style Sheet einen Trick: Mit der Anweisung *float:* lässt sich festlegen, wie das Element im Dokument zu positionieren ist. Die Anweisung *float: left;* besagt, dass der Browser das Element links positioniert und den restlichen Dokumentinhalt rechts um das Element fließen lässt.

Um zu erreichen, dass der in *body* enthaltene Text unterhalb des Bilds linksbündig angeordnet wird, hebt das Style Sheet diesen Mode mit der *clear*-Anweisung (*clear: left;*) wieder auf.

Um die Aufzählung mit Schmuckpunkten im Browser zu erhalten, muss auch ein getrennter Stil für das Element *html:ul* vereinbart werden. Das Wurzelelement *text* besitzt eine auf den Wert *block* gesetzte *display*-Eigenschaft. Dies verhindert die Anzeige der Schmuckpunkte. Mit der Vorgabe *display: inline* in der Anweisung

```
html\:ul {
  display: inline; /* erzeugt Punkte */
```

kann der Browser den Inhalt des *ul*-Elements im Dokument einfügen – die Schmuckpunkte werden sichtbar. Weitere Einzelheiten sind der nachfolgenden CSS-Datei zu entnehmen.

HINWEIS

Netscape Navigator 6 und Internet Explorer 5.x behandeln die Anweisungen etwas unterschiedlich. Während der Internet Explorer bei *<html:br/>* zwei Zeilenumbrüche erzeugt, generiert der Netscape Navigator nur den erwarteten Zeilenvorschub. Im Internet Explorer muss die Stildefinition mit *html\:a* erfolgen, d.h., der Doppelpunkt muss mit einem \-Zeichen als Escape-Zeichen versehen werden. Beim Netscape Navigator ist dies nicht erforderlich. Eine fehlende *display: block;*-Definition im *style*-Element führt ebenfalls zu unterschiedlichen Darstellungen in den beiden Browsern. Dies verhindert auch, dass die Beispieldatei korrekt im Firefox-Browser angezeigt wird.

Listing 5.9: CSS-Datei zur Anzeige der XML-Daten

```
text {
 display:block;
        font-size: 12pt;
 }

titel {
 display: block;
 text-align: center;
```

```
 color: "#F8950E";
        font-size: 40pt;
        font-weight: bold;
        font-style: italic;
        margin-top: 15px;
 }

bild {
 float: left; /* Text rechts neben Bild */
 }

html\:ul {
 display: inline; /* erzeugt Punkte */
 }

body {
 display: block;
 clear: left;     /* Text unter Bild */
 }
```

Sie finden die beiden Dateien *Autor.xml* und *Autor.css* im Ordner *\Beisp\Kap05* auf der Begleit-CD. Zumindest im Internet Explorer (ab Version 5.x) lässt sich diese Datei direkt im Browser anzeigen.

Die vorangegangenen Beispiele zeigen, wie Sie XML-Dokumente per CSS-Datei mit Browser darstellen können. Weiterhin könnten Sie den HTML-*<table>*-Tag im XML-Dokument benutzen, um die XML-Daten in einer HTML-Tabelle auszugeben. Dann brauchen Sie die Kniffe mit einem *width*-Stil nicht. Die CSS-Spezifikation erlaubt weitere Varianten. Der Netscape Navigator unterstützt auch Stilangaben für Tabellen. Ich habe auf Beispiele verzichtet, da diese nicht von allen Browsern unterstützt werden.

5.3.2 CSS-Anweisungen im XML-Dokument einbetten

Abschließend möchte ich Ihnen noch demonstrieren, wie Sie auf eine externe CSS-Datei verzichten können. Stattdessen werden die CSS-Anweisungen für die Stile direkt im XML-Dokument hinterlegt. Hierzu müssen Sie lediglich das *style*-Element mit dem Präfix für den XHTML-Namensraum im XML-Dokument einfügen:

```
<?xml version="1.0" encoding="ISO-8859-1"?>
<?xml-stylesheet type="text/css"?>
<text xmlns:html="http://www.w3.org/Profiles/XHTML-transitional">
<html:style>
```

```
text  {
        font-size: 12pt;
  }
</html:style>
```

Die *xml-stylesheet*-Processing-Instruction besitzt in dieser Variante kein *href*-Attribut. Die Stile werden dann zwischen *<style>* ... *</style>* eingetragen. Das nachfolgende Listing zeigt eine leicht abgewandelte Variante des zuvor genannten Dokuments. Bei dieser Variante werden die Hintergründe einzelner Textabschnitte gelb bzw. hellblau hinterlegt. In der Stildefinition habe ich dem Wurzelelement *text* keinen *display*-Wert *block* zugewiesen. Daher braucht der *display*-Wert des Elements *html\:ul* nicht auf *inline* zurückgesetzt zu werden. Stattdessen wird das *background-color*-Attribut benutzt, um die Hintergrundfarbe der Aufzählungen auf Gelb zu setzen. Die *width*-Anweisung sorgt dafür, dass der gelbe Hintergrund als Block mit 90% der Breite der Aufzählung dargestellt wird. Mit dieser Technik können Sie Verweise, Bilder und Hintergründe in XML-Dokumenten aufnehmen. Weitere Details sind nachfolgendem Listing zu entnehmen.

Listing 5.10: XML-Dokument mit eingebetteten CSS-Anweisungen

```
<?xml version="1.0" encoding="ISO-8859-1"?>
<?xml-stylesheet type="text/css"?>
<text xmlns:html="http://www.w3.org/Profiles/XHTML-transitional">
<html:style>
<!--
text {
        font-size: 12pt;
  }

titel {
  display: block;
  text-align: center;
  color: "#F8950E";
        font-size: 40pt;
        font-weight: bold;
        font-style: italic;
        margin-top: 15px;
  }

bild {
  float: left; /* Text rechts neben Bild */
  }

html\:ul {
  width: 90%;
  background-color: yellow;
  margin-left: 15px;
  }
```

```
em {
 font: bold;
 }

body {
 display: block;
 clear: left;     /* Text unter Bild */
 background-color: aqua;
 }
-->
</html:style>

 <titel>Günter Born</titel>

 <bild>
  <html:img src="Born.jpg" width="210" height="257"/>
 </bild>

 <intro>
  <html:h2>Auf einen Blick</html:h2>
  <html:ul>
   <html:li>freier Autor</html:li>
   <html:li>Übersetzer</html:li>
   <html:li>Web-Publisher, ...</html:li>
  </html:ul>

  <em>Themenschwerpunkte: </em>
  <html:ul>
   <html:li>Windows (in allen Schattierungen)</html:li>
   <html:li>Linux (Quick and Easy)</html:li>
   <html:li>Microsoft Office</html:li>
   <html:li>Internet, HTML und XML</html:li>
  </html:ul>
 </intro>

 <body>
  <html:h3>... und
        hier noch ein paar &quot;harte&quot; Fakts:
  </html:h3>
  <html:p>1955 in der Eifel geboren, aufgewachsen in
        direkter Nachbarschaft zu einem
        US-Militärstützpunkt. Aus dieser Zeit stammen die
        ersten Erkenntnisse, wie wichtig zumindest
        grundlegende Kenntnisse einer Fremdsprache sind:
        &quot;Hey man, gimme chocolate. Hello, do you
        have bubble gum?&quot;.
        (Na ja, die französischen Kasernen waren gut 20
```

```
        Kilometer weiter weg, sonst würde es heute
        vielleicht mit Französisch nicht so hapern).
  </html:p>
  <html:p>Weitere Infos:
   <html:a href="http://www.borncity.de">BornCity</html:a>
  </html:p>
 </body>
</text>
```

HINWEIS

Sie finden die Datei *AutorCSS.xml* im Ordner *\Beisp\Kap05* auf der Begleit-CD. Zumindest im Internet Explorer 5.x lässt sich diese Datei direkt im Browser anzeigen.

Zusammenfassung

In diesem Kapitel haben ich Ihnen einige Möglichkeiten skizziert, wie Sie XML-Dokumente mittels Cascading Style Sheets in einem Browser anzeigen können. Die Details der CSS-Spezifikation können Sie von den W3C-Webseiten (*www.w3c.org*) herunterladen. Mit etwas Erfahrung können Sie recht interessante und ansprechende Effekte realisieren. Zumindest der Microsoft Internet Explorer (ab Version 5.0) und der Netscape Navigator (ab Version 6.0) unterstützen diese Variante. Der Ansatz ermöglicht Ihnen dabei, die Daten für das Dokument durch einen Generator im XML-Format erzeugen zu lassen. Die Formatierung wird dann in einer statischen CSS-Datei hinterlegt. Sie erhalten im Browser die Darstellung einer Webseite, die sich durch Anpassen der CSS-Datei variieren lässt. Der Nachteil dieses Ansatzes besteht aber darin, dass CSS-Dateien viele Einschränkungen besitzen. Nach meiner Einschätzung wird diesem Ansatz aber kein durchschlagender Erfolg beschieden sein (wenn sich auch recht interessante Effekte realisieren lassen). Daher wurde vom W3C bereits vor Jahren der XSL-Vorschlag publiziert, der die Darstellung von XML-Dokumenten über XSL-Style-Sheets erlaubt (die interessantere Variante). Details zu diesem Thema finden Sie im nächsten Kapitel.

Fragen

1. Wie werden CSS-Dateien in einem XML-Dokument eingebunden?
2. Wie lässt sich die Hintergrundfarbe eines Elements per Style Sheet ändern?
3. Wie können Sie erreichen, dass ein XML-Element in einer eigenen Zeile im Browser angezeigt wird?

Antworten

1. *<?xml-stylesheet type="text/css" href="autor.css"?>*
2. Durch Einsetzen der *background-color*-Anweisung unter dem Namen des Elements in der Style-Sheet-Datei.
3. Geben Sie in der Style-Sheet-Datei unter dem Namen des Elements den Wert *display: block;* ein.

KAPITEL 6

jetzt lerne ich

XML-Daten mit XSLT darstellen

Neben Cascading Style Sheets lassen sich auch Style-Sheet-Dateien gemäß der XSLT-Empfehlung zur Transformation von XML-Dokumenten in andere Dokumentformate (z.B. Text, XML oder HTML-Code) verwenden. In diesem Kapitel lernen Sie, wie sich XML-Dokumente mittels XSLT (z.B. über Microsoft MSXML) in HTML überführen lassen. Zudem erhalten Sie eine Einführung in XPath.

6.1 Einführung

Im vorangegangenen Kapitel haben Sie gelernt, wie XML-Dokumente mit Hilfe von Cascading Style Sheets angezeigt werden können. Dies ist aber nur ein einfacher Ansatz, der einen HTML-Browser erfordert, der die CSS-Anweisungen umsetzen kann. Außerdem weisen CSS-Dateien einige Nachteile bei der Darstellung von XML-Daten auf. So können Sie keine Filterungen, bedingte Ausgaben etc. vornehmen. Auch Attributwerte sind nicht darstellbar. Daher ist es nahe liegend, dass eine auf XML abgestimmte Sprache zur Darstellung von XML-Daten benutzt wird. Im folgenden Abschnitt erhalten Sie eine kurze Übersicht über XSL, erfahren, was XSLT ist, welche Werkzeuge XSL-Dateien unterstützen und wie ein Beispiel aussehen könnte.

6.1.1 Bemerkungen zu XSL und XSLT

Das W3C befasst sich bereits seit Jahren mit einer Extended Style Sheet Language (XSL). Seit November 1999 liegt eine W3C-Empfehlung für XSL 1.0 (Extended Style Sheet Language) vor. XSL wird dabei in zwei Teile unterteilt:

- XSL Transformations (XSLT): Dies ist der Teil der Sprache, mit dem sich XML-Dokumente in beliebige Ausgangsdokumente (HTML, XML, Comma Separated Values, Text etc.) überführen lassen.
- XSL Formatting Objects: Dies ist ein XML-Vokabular zur Spezifikation der Formatierungssemantik.

Die Teile zur Transformation und zur Formatierung können dabei unabhängig voneinander benutzt werden.

HINWEIS

Zur Überführung von XML-Dokumenten in eine andere Darstellung (z.B. HTML) können Sie auf XSLT zurückgreifen. Sie können die XSLT-1.0-Empfehlung von der W3C-Webseite *www.w3c.org* abrufen – diese wird auch in den nachfolgenden Abschnitten genutzt. Seit Ende 2004 liegt ein Arbeitsentwurf zu XSLT 2.0 beim W3C vor, der sich allerdings noch in der Diskussion befindet.

6.1.2 Ablauf bei der XSLT-Transformation

Im Verlauf dieses Kapitels werden wir die Transformationssprache (XSLT) verwenden, um XML-Dokumente in eine HTML-Darstellung zu überführen. Um ein XML-Dokument mit XSLT in ein zweites Dokumentformat zu transformieren, benötigen Sie Folgendes:

- Einen XSLT-Prozessor, der diese Transformation übernehmen kann. Microsoft Internet Explorer 5 oder XML-Editoren wie XML Spy bzw. XMLwriter bieten zum Beispiel diese Funktion an.
- Eine wohlgeformte XML-Dokumentdatei, die die zu überführenden Daten enthält.
- Eine wohlgeformte und gültige XSL-Style-Sheet-Datei mit den Anweisungen (nach den XSLT-Empfehlungen), wie die XML-Dokumentdatei in das Ausgabeformat zu überführen ist.

Der XSLT-Prozessor liest dann die XML-Dokumentdatei und setzt diese anhand der Vorgaben in der XSL-Style-Sheet-Datei in das neue Dokumentformat um. Auf die Darstellung der XSL-Style-Sheet-Datei kommen wir später noch zu sprechen. Zur Transformation des XML-Dokuments gibt es verschiedene Varianten.

- Es gibt XSLT-Prozessoren, die auf der Kommandozeile aufgerufen werden und die XML-Dokumentdatei sowie die XSL-Style-Sheet-Datei als Eingaben übernehmen. Der Prozessor verarbeitet dann diese Eingaben und erzeugt daraus ein Ergebnisdokument (z.B. im HTML-Format). Dies ist der einfachste Ansatz, um beispielsweise Dokumentanfragen von Benutzern auf Basis von XML-Daten abzuwickeln. Nehmen wir einen Benutzer, der per Browser eine Webseite mit Informationen abfragt. Die Informationen werden dabei aus einem XML-Dokument generiert. Ist der Browser des Benutzers nicht XML-fähig, müssen Sie dafür sorgen, dass vom Server bereits HTML-Code zum Browser gesendet wird. Jede Anfrage bewirkt daher, dass auf dem Server ein XSLT-Prozessor gestartet wird, der die XML-Daten anhand der XSL-Style-Sheet-Datei in HTML-Code transformiert.

- Eine andere Variante besteht darin, dem Client sowohl die XML-Datei als auch das zugehörige Style Sheet als XSL-Datei zuzusenden. Dann ist der Client für die korrekte Umsetzung verantwortlich. Auch diese Variante wird hier nicht weiterverfolgt.
- Der dritte Weg besteht darin, dem XML-Dokument eine Information mitzugeben, wo die XSL-Datei mit dem Style Sheet zu finden ist. Der XML-Prozessor kann dann die betreffende Style-Sheet-Datei laden, einen XSLT-Prozessor laden und die XML-Daten selbsttätig konvertieren.

Welche dieser Varianten Sie verwenden, hängt vom Einsatzfall sowie von den verfügbaren Werkzeugen ab.

6.1.3 Werkzeuge mit XSL/XSLT-Unterstützung

Sie können XSL-Dateien mit jedem Texteditor oder XML-Editor erstellen. Die Transformation der betreffenden XML-Dokumentdatei anhand der XSL-Style-Sheet-Datei ist dann Aufgabe eines XSLT-Prozessors.

XSLT-Prozessoren werden aus verschiedenen Quellen angeboten. Viele dieser Programme sind in Java erstellt, lassen sich also auf verschiedenen Plattformen einsetzen.

Ein populärer XSLT-Prozessor ist Saxon. Dieser Prozessor wurde von Michael H. Kay in Java ursprünglich als Open Source geschrieben und kann aus dem Internet (*saxon.sourgeforge.net*) heruntergeladen werden. Es gibt verschiedene Varianten des Prozessors einschließlich Quellcode. Für Windows bietet es sich an, die ausführbare EXE-Datei von Saxon zu verwenden. Der Prozessor wird im Fenster der Eingabeaufforderung aufgerufen:

```
Saxon optionen XML-Datei XSL-Datei Parameter
```

Der Platzhalter *optionen* steht hier für verschiedene Schalter, die bei der Transformation benutzt werden können. Der Prozessor gibt die Ausgaben im Fenster der Eingabeaufforderung aus. Sie müssen daher eine Ausgabeumleitung in eine Datei vornehmen, um die Ergebnisdatei später ansehen zu können. Mit der Angabe

```
Saxon -a Bsp07_03.xml > Test.htm
```

wird die Datei *Bsp07_03.xml* bearbeitet. Der Schalter *-a* signalisiert, dass der Verweis auf das Style Sheet in einer Processing Instruction im XML-Dokument enthalten ist. Sie brauchen dann die XSL-Datei nicht mehr anzugeben. Das Ergebnis wird dann in die Datei *Test.htm* umgeleitet. Diese Datei können Sie später in einem Browser abrufen.

HINWEIS

Saxon wird zwischenzeitlich sogar mit einer XSLT 2.0-Implementententierung angeboten. Weitere Informationen zu Details und zur Bedienung finden Sie in der mit dem Programm mitgelieferten Dokumentation.

Eine andere XSLT-1.0-Implementierung stammt von James Clark (der maßgeblich an der XSLT-Empfehlung mitgearbeitet hat) und wird unter dem Namen XT angeboten. Dieser in Java geschriebene XSLT-Prozessor kann von der Webadresse *http://www.jclark.com/xml/xt.html* kostenlos heruntergeladen werden. XT wird ähnlich wie Saxon auf der Befehlszeile aufgerufen:

```
xt source.xml stylesheet.xsl ziel.htm
```

Sie geben Quelle, Style Sheet und Zieldatei an, der Prozessor formt das XML-Dokument dann entsprechend um.

Von Microsoft gibt es ebenfalls ein Kommandozeilen-Programm *msxsl.exe* (*msdn.microsoft.com/xml*), mit dem genau diese Funktionalität bereitgestellt wird (Abbildung 6.12).

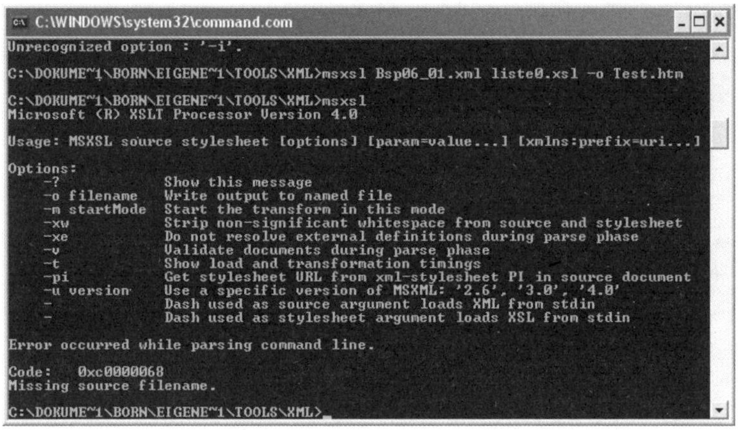

Abb. 6.1: Transformation von XML-Dokumenten mit MSXSL.exe

Auf die kommandozeilenorientierten XSLT-Prozessoren möchte ich nachfolgend aber nicht weiter eingehen. Wesentlich komfortabler ist es, wenn Sie ggf. direkt im Browser eine XML-Dokumentdatei laden und diese automatisch vom XSLT-Prozessor des XML-Parsers transformiert wird.

Sofern Sie mit Windows arbeiten und der Internet Explorer (ab Version 5) installiert ist, findet sich auch die Bibliothek MSXML auf dem Rechner. MSXML ist die Microsoft-Implementierung eines XML-Parsers samt integrierten XSL/XSLT-Prozessoren. Sobald Sie eine XML-Dokumentdatei mit einer Processing Instruction mit einer Referenz auf eine Style-Sheet-Datei per Doppelklick aufrufen, wird das Ergebnis direkt im Internet Explorer dargestellt.

Zudem stellen viele der in Kapitel 1 vorgestellten Editoren (wie z.B. XML Spy, Cooktop oder XMLwriter) entsprechende Funktionen zum Überführen von XML-Dokumenten mittels XSLT in andere Formate bereit.

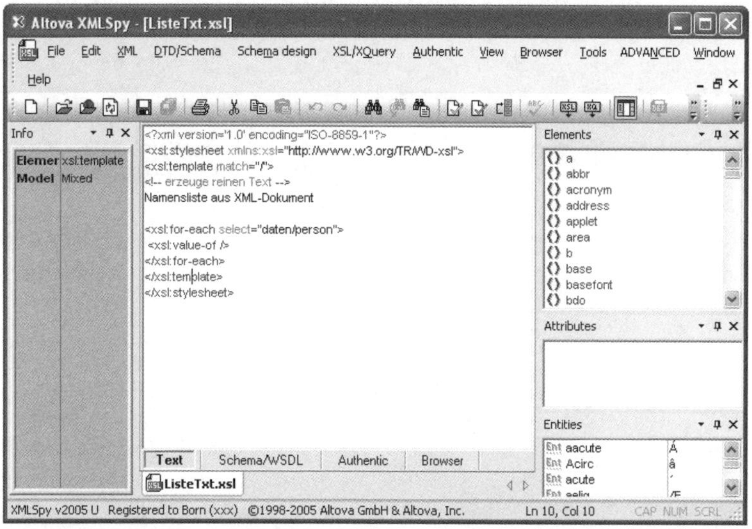

Abb. 6.2: XML Spy 2005 mit XSL-Datei zur Erzeugung einer Textdatei

Abbildung 6.2 zeigt eine einfache XSL-Datei im Editor XML Spy 2005, die die Daten der XML-Elemente einfach satzweise in die Ausgabedatei schreibt. Als Ergebnis entsteht eine einfache Textdatei, die sich in jedem Editor laden lässt.

Sie können die Editoren nutzen, um XSL-Dateien unter Windows zu erstellen. Enthält eine XML-Dokumentdatei einen Verweis auf eine XSL-Datei, unterstützen viele XML-Editoren die Transformation des XML-Dokuments in eine neue Dokumentdatei anhand der XSL-Datei.

HINWEIS

Die Erwähnung verschiedener XML-Editoren stellt hier keinen Anspruch auf Vollständigkeit dar. Sowohl der Internet Explorer (ab Version 5) als auch XML-Editoren ermöglichen ein sehr komfortables Arbeiten. Daher habe ich XML Spy zum Bearbeiten der Beispiele dieses Kapitels benutzt. Es steht Ihnen natürlich frei, andere XSLT-Prozessoren für eigene Experimente zu wählen.

Bemerkungen zu diversen MSXML-Versionen

Der Microsoft XML-Parser MSXML steht in verschiedenen Versionen zur Verfügung. Als Microsoft den Internet Explorer 5.0 mit dem XML-Parser MSXML 2.0 vorstellte, gab es erst diverse XSL-Arbeitsentwürfe des W3C. Der MSXML-Parser implementierte in der damaligen Version 2.0 die im W3C-Entwurf vorgeschlagenen Methoden zur Transformation. Nach Erscheinen des Browsers wurde im W3C der XSLT-Entwurf aus XSL ausgegliedert und kräftig überarbeitet. Dies führte dazu, dass die auf XSL basierende Microsoft MSXML-Implementierung von XSLT nicht mehr konform zur W3C-XSLT-1.0-Empfehlung ist. So verwendet MSXML 2.x den Namensraum *http://www.w3.org/TR/WD-xsl*. Dieser Namensraum sollte wegen der fehlenden W3C-XSLT-1.0-Konformität nicht mehr genutzt werden.

Microsoft brachte dann die Version 3.0 des MSXML-Prozessors heraus, der sich unter Windows XP installieren ließ. Dieser Prozessor benutzt den im W3C-Standard XSLT 1.0 vereinbarten Namensraum *http://www.w3.org/1999/XSL/Transform*. Zeichnen Sie Ihre Style-Sheet-Dokumente mit diesem Namensraum aus, sollten die Ergebnisse in MSXML auch mit anderen XSLT-Prozessoren zu verarbeiten sein.

Seit Juli 2001 steht von Microsoft die Version 4.0 des MSXML-Prozessors unter der Bezeichnung XML Core Services zur Verfügung. Diese Version wird automatisch mit neueren Windows-Versionen (z.B. Windows XP, Windows 2003 Server) ausgeliefert. Zudem stehen für die MSXML-Pakete Service Packs bereit. Über die Webadresse *msdn.microsoft.com/xml* gelangen Sie zum Microsoft XML-Development Center. In dessen Rubrik *Downloads* finden Sie alle von Microsoft angebotenen XML-Werkzeuge. Die Rubrik *Building XML Applications* enthält Dokumente rund um das Thema XML.

HINWEIS

Die aktuelle Version des XSLT-Prozessors wird angezeigt, sobald Sie im Fenster der Eingabeaufforderung den Befehl *msxsl.exe* eingeben. Die Buchbeispiele im Ordner *Beisp\Kap06* auf der Begleit-CD lassen sich sowohl mit MSXML 3.0 als auch mit der Version 4.0 sowie mit anderen XSLT-Prozessoren nutzen.

6.1.4 Eine XLS-Datei im XML-Dokument referenzieren

Für die Beispiele dieses Kapitels lässt sich (teilweise) der Internet Explorer (ab Version 5.x, mit integriertem XML/XSLT-Prozessor) als Anzeigeprogramm verwenden. Um ein XML-Dokument per Doppelklick unter Windows zu transformieren und im Browser anzuzeigen, muss das XML-Dokument eine Referenz auf die zugehörige XSL-Datei enthalten. Diese Referenz wird wie bei CSS-Dateien (siehe vorheriges Kapitel) über eine Processing Instruction referenziert. Ähnliches gilt auch bei der Verwendung von XSL-Style-Sheets.

Die Processing Instruction besitzt zum Einbinden einer XSL-Style-Sheet-Datei folgenden Aufbau:

```
<?xml-stylesheet type="text/xsl" href="datei.xsl"?>
```

Die *xml-stylesheet*-Processing-Instruction veranlasst den XML-Parser, die betreffende Style-Sheet-Datei auszuwerten. Der Typ dieser Datei wird über das *type*-Attribut der Processing Instruction identifiziert. In vorangegangener Anweisung wird ein XSL-Style-Sheet und kein CSS-Style-Sheet referenziert. Der Verweis auf die Style-Sheet-Datei erfolgt über eine URI-Angabe im *href*-Attribut.

Damit das Ganze auch funktioniert, muss natürlich der Mime-Typ "text/xsl" auf dem Rechner registriert sein. Wenn Sie den Internet Explorer (ab Version 5) installieren, wird diese Registrierung automatisch vorgenommen. Beachten Sie auch, dass die XSLT-Empfehlung den Mime-Typ "text/xml" für Style-Sheet-Dateien vorsieht. Die Beispiele dieses Kapitels benutzen aber die Microsoft-Vorgaben.

Die *xml-stylesheet*-Processing-Instruction sollte auch mit anderen XML-Parsern bzw. XSLT-Prozessoren nutzbar sein.

HINWEIS

6.1.5 Beispiel: XML-Dokument per XSL-Datei anzeigen

Es soll an einer sehr einfachen XML-Dokumentdatei demonstriert werden, wie sich diese mittels eines XSL-Style-Sheets im Internet Explorer (funktioniert ab Version 5) darstellen lässt. Dabei möchte ich Ihnen auch einige Fallen aufzeigen, die im Microsoft-Parser MSXML lauern.

Die XML-Dokumentdatei des Beispiels

Die XML-Dokumentdatei besitzt in diesem Beispiel folgenden Aufbau:

Listing 6.1: Beispiel XML-Dokument (Bsp06_01.xml)

```
<?xml version="1.0" encoding="ISO-8859-1"?>
<?xml-stylesheet type="text/xsl"
                 href="liste.xsl"?>
<daten>
 <person>
   <name>Braun</name>
   <vorname>Hans</vorname>
   <tel>069-305-7023</tel>
 </person>
...
</daten>
```

Das Wurzelelement *daten* kann ein oder mehrere *person*-Elemente mit Personendaten enthalten. Diese XML-Dokumentdatei besitzt keinen Verweis auf eine DTD oder ein XML-Schema. Ich habe an dieser Stelle zur Vereinfachung nur ein *person*-Element mit Daten aufgeführt.

Die zweite Zeile der XML-Datei enthält die Processing Instruction, die den XML-Parser anweist, die XSL-Style-Sheet-Datei zu laden und die Funktionen des XSLT-Teils auszuführen. Das XSL-Style-Sheet enthält die Informationen zur Umformung des XML-Dokuments in ein darstellbares HTML-Dokument.

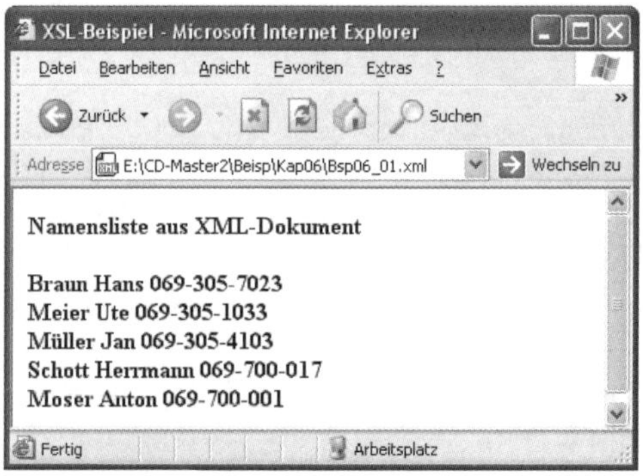

Abb. 6.3: Anzeige der XML-Daten als HTML-Seite

So soll die Ausgabe aussehen

Das in der zweiten Zeile der XML-Dokumentdatei in der Processing Instruction referenzierte XSL-Style-Sheet soll die XML-Daten der *person*-Elemente bzw. deren Unterelemente in eine HTML-Struktur umformen. Um das ganze Beispiel recht einfach zu halten, habe ich beschlossen, die Werte für einen Datensatz (alles was im *person*-Element an Daten enthalten ist) in einer Zeile fett auszugeben. Zusätzlich enthält die Ergebnisdatei noch eine Überschrift auf der Seite sowie einen Seitentitel für das gesamte Dokument (Abbildung 6.3). Wird statt des Internet Explorer der Firefox-Browser genutzt, ergibt sich die gleiche Ausgabe.

So ist die XSL-Datei aufgebaut

Die XSL-Datei *Liste0.xsl* ist selbst wiederum im XML-Format aufgebaut und besitzt nachfolgend gezeigte Struktur.

Listing 6.2: XSLT-Style-Sheet-Datei Liste0.xsl

```
<?xml version='1.0' encoding="ISO-8859-1"?>
<xsl:stylesheet
  xmlns:xsl="http://www.w3.org/1999/XSL/Transform"
   version="1.0">
<xsl:output method="html"/>
 <xsl:template match="/">
  <html>
   <head><title>XSL-Beispiel</title></head>
```

```
    <body>
     <p><b>Namensliste aus XML-Dokument</b></p>
      <xsl:for-each select="daten/person">
       <b><xsl:value-of select="."/></b><br/>
      </xsl:for-each>
    </body>
   </html>
  </xsl:template>
</xsl:stylesheet>
```

Nach der XML-Deklaration in der ersten Zeile definiert die zweite Zeile das Wurzelelement *stylesheet* und bezieht dieses auf den Namensraum für XSLT 1.0:

```
<xsl:stylesheet
  xmlns:xsl="http://www.w3.org/1999/XSL/Transform"
   version="1.0">
```

Das Präfix *xsl* dient zur Identifizierung der Elemente der XSL-Datei, die sich auf den Namensraum beziehen. Dies bedeutet, immer wenn ein XSLT-Befehl vorkommt, muss das betreffende XSL-Element dieses Präfix aufweisen.

Der XSLT-Prozessor überführt den Inhalt des XML-Dokuments anhand der XSL-Datei in ein drittes Ausgabeformat. Die dritte (optionale) Anweisungszeile mit dem *output*-Element ermöglicht über das *method*-Attribut festzulegen, welches Ausgabeformat gewünscht ist.

```
<xsl:output method="html"/>
```

Standardmäßig ist *xml* als Ausgabeformat vorgegeben, d.h., bei fehlender Anweisung verwendet der Prozessor XML (oder XHTML) zur Ausgabe. Die folgende Tabelle gibt die zulässigen Werte für das Attribut *method* an.

Tabelle 6.1: Werte für das method-Attribut

Wert	**Zielformat**
xml	XML-Dokument oder XHTML Standard
html	HTML-Dokument als Ausgabe
text	Erzeugt eine reine Textausgabe
Name	Ein qualifizierter Name eines internen XSLT-Objekts (das Verhalten ist in der XSLT-1.0-Spezifikation nicht festgelegt)

Da die meisten Browser bisher keinen Unterschied zwischen HTML und XHTML machen, lässt sich die *output*-Angabe in der XSL-Datei auch bei der Transformation in HTML-Dokumente weglassen. Der XSLT-Prozessor generiert dann eine XHTML-Datei.

Schauen wir uns nun die restlichen Anweisungen an. Style Sheets bestehen aus Vorlagen (die die Ausgabe beschreiben) und Regeln, nach denen die Ausgaben erfolgen sollen. Die Regeln werden in Elementen des Namensraums *xsl* formuliert. Die folgende Anweisung

```
<xsl:template match="/">
...
</xsl:template>
```

definiert bereits die erste Regel. Eigentlich soll das Element *template* die Vorlage aufnehmen, die zur Transformation der XML-Daten in die Ausgabe anzuwenden ist. Über das Attribut *match* lässt sich dann aber angeben, worauf die Vorlage angewandt wird. Hierfür wird im Wert des Attributs *match* ein Muster (konkreter ein XPath-Ausdruck, siehe folgende Seiten) hinterlegt, das die Elemente des XML-Dokuments beschreibt, auf die die Vorlage anzuwenden ist. In diesem Beispiel wird das Muster *"/"* benutzt, das in XPath das Wurzelelement adressiert. Die zuvor genannte Struktur besagt also, dass die im Element enthaltene Vorlage auf die Dokumentinstanz anzuwenden ist.

Zwischen Start- und Endtag des *template*-Elements können Sie dann die Vorlage als Schablone für den auszugebenden Text hinterlegen. Diese Schablone kann wiederum eigene Regeln aufweisen und sieht im vorherigen Beispiel folgendermaßen aus:

```
<html>
 <head><title>XSL-Beispiel</title></head>
 <body>
 <p><b>Namensliste aus XML-Dokument</b></p>
   <xsl:for-each select="daten/person">
    <b><xsl:value-of select="." /></b><br/>
   </xsl:for-each>
 </body>
</html>
```

Im Wesentlichen handelt es sich um HTML-Code, der direkt in das Ausgabedokument übertragen wird. Innerhalb der Vorlage lassen sich aber weitere Regeln als XSLT-Anweisungen eintragen. Ich habe dieses Regeln im vorangegangenen Code fett hervorgehoben. Die Regeln legen dann fest, wie die Vorlage mit Daten aus dem XML-Dokument zu ergänzen ist.

Die vorherige Sequenz benutzt beispielsweise die *for-each*-Anweisung, die alle angegebenen Elemente im XML-Dokument bearbeitet. Über das *select*-Attribut vereinbaren Sie dann, dass ein Element gemeint ist (hier das Element *person* im Wurzelelement *daten*). Die *for-each*-Regel bearbeitet also alle Personendatensätze des XML-Dokuments.

Die *value-of*-Anweisung liest die Werte der Elemente und fügt diese in den Ausgabetext an der betreffenden Stelle ein. In dieser Anweisung wird das *select*-Attribut auf den Wert *"."* gesetzt. Dieses Zeichen benennt den aktuellen

Knoten im XML-Dokument (also einen *person*-Datensatz). Die Regel übernimmt dann alle Unterelemente eines *person*-Elements in die Ausgabe.

Bei den XSLT-Anweisungen handelt es sich um XML-Elemente, die Attribute aufweisen können. Attribute wie *match* oder *select* können Muster zur Auswahl der XML-Elemente enthalten (z.B. *"/"* oder *"daten/person"*). Die zulässigen Muster werden in der XPath-Empfehlung des W3C beschrieben. Auf die Details kommen wir später noch zurück.

Zur Bearbeitungszeit wertet der XSLT-Prozessor das XSL-Style-Sheet aus und transferiert den Inhalt der Vorlage in die Ausgabe. Enthält die Vorlage eine Regel, wertet der Prozessor diese aus. Über Attribute lassen sich Muster angeben, die bei der Ausführung mit den XML-Daten verglichen werden. Immer wenn das Muster mit den Daten übereinstimmt, führt der Prozessor die Regel aus und übernimmt das Ergebnis in die Ausgabe. Als Ergebnis des zuvor genannten Beispiels erhalten Sie dann die in Abbildung 6.3 angezeigte HTML-Seite.

Sie finden die Dateien *Bsp07_01.xml* und *Liste0.xsl* im Ordner *\Beisp\Kap07* auf der Begleit-CD. Das Beispiel lässt sich direkt im Internet Explorer 5.x anzeigen, indem Sie auf die XML-Datei doppelklicken.

Nutzen von XSL-Dateien in XML Spy

Durch die Einbindung eines Verweises auf das XSL-Style-Sheet in die XML-Dokumente können Sie die Ausgabe durch einfaches Doppelklicken im Browser des Betriebssystems darstellen lassen. Wenn Sie die XML-Dokumente mit dem XML-Editor XML Spy 2005 erstellen, können Sie sich diesen Umweg sparen.

Öffnen Sie (bei geladener XML-Dokumentdatei) das Menü *XSL/XQuery* und wählen Sie dann den Befehl *XSL Transformation*. Der Editor lädt dann den XSLT-Prozessor und überführt das XML-Dokument in eine temporäre Ausgabedatei. Diese wird dann automatisch in einem eigenen Dokumentfenster in einer Browseransicht dargestellt (Abbildung 6.4).

Beim Entwickeln von XSL-Style-Sheet-Dateien ist es u.U. hilfreich, die Wirkung der einzelnen Schritte während der Ausgabe verfolgen zu können. Der XML-Editor XML Spy 2005 besitzt ab der Professional Version einen eingebauten Debugger, mit dem sich XML-Dokumente laden und die Ausgabe über XSL-Style-Sheets schrittweise verfolgen lässt. Hierzu laden Sie die XSL-Datei im XML-Editor und wählen dann den Befehl *Start Debugger/Go* im Menü *XSL/Xquery*.

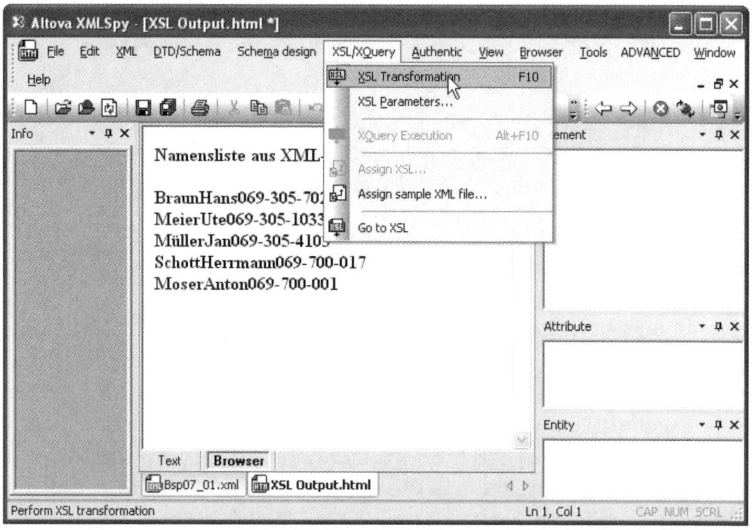

Abb. 6.4: Erzwingen von XSL-Ausgaben in XML Spy 2005

Debugging von XSL-Dateien

Beim Entwickeln von XSL-Style-Sheet-Dateien ist es u.U. hilfreich, die Wirkung der einzelnen Schritte während der Ausgabe verfolgen zu können. Der XML-Editor XML Spy 2005 besitzt ab der Professional-Version einen eingebauten Debugger, mit dem sich die Überführung geladener XML-Dokumente in das Ausgabeformat mittels XSL-Style-Sheets schrittweise verfolgen lässt.

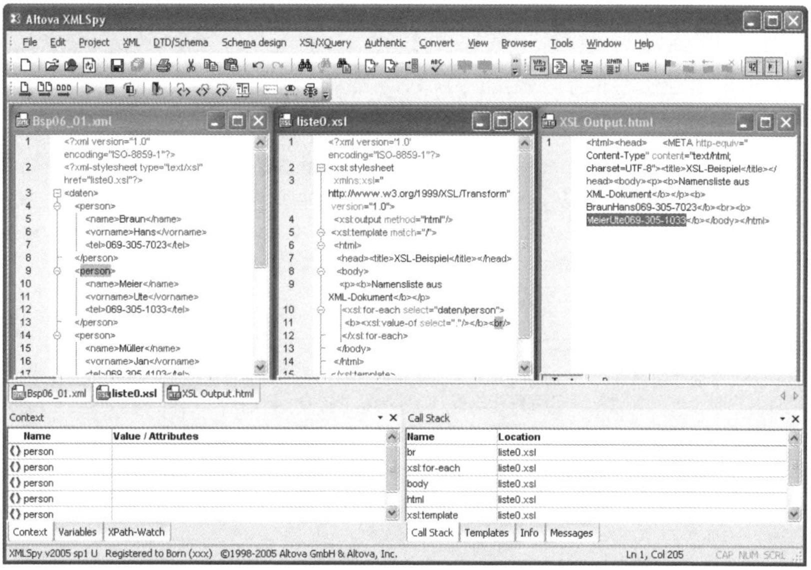

Abb. 6.5: Debugging von XSL-Ausgaben in XML Spy 2005

Hierzu laden Sie die XSL-Datei im XML-Editor und wählen dann den Befehl *Start Debugger/Go* im Menü *XSL/Xquery*. Der Editor blendet dann die Debugger-Symbolleiste sowie Fenster mit den Inhalten der Dokumentdatei, der Style-Sheet-Datei und der Ausgabe ein (Abbildung 6.5). Über die Schaltflächen der Debugger-Symbolleiste können Sie nun die Anweisungen des Style Sheets schrittweise abarbeiten lassen und die Ausgaben im zugehörigen Fenster analysieren.

TIPP

Benutzern der XML Spy 2005 Home Edition steht diese Funktionalität vordergründig nicht zur Verfügung. Für erste Versuche lässt sich aber das Menü *ADVANCED* anwählen. In einem dann erscheinenden Dialogfeld lassen sich verschiedene Features der Professional-Version (u.a. auch der XSLT-Debugger) für einen Tag freischalten.

XML-Dokument mit XML-Schema und XSL-Style-Sheet

Die im vorherigen Beispiel gezeigte XML-Dokumentdatei besitzt nur eine Referenz auf eine XSL-Style-Sheet-Datei. Möchten Sie ein XML-Dokument auch gegen ein XML-Schema validieren lassen, müssen Sie den betreffenden Verweis auf die XSD-Datei hinterlegen. Gemäß den Erläuterungen aus Kapitel 4 erfolgt dies über eine entsprechende Definition im Wurzelelement des XML-Dokuments. Das nachfolgende Listing bindet sowohl eine XSL- als auch eine XSD-Datei ein.

Listing 6.3: Einbinden einer XSD- und einer XSL-Datei

```
<?xml version="1.0" encoding="ISO-8859-1"?>
<?xml-stylesheet type="text/xsl" href="Liste.xsl"?>
<daten xmlns:xsi="http://www.w3.org/2001/XMLSchema-instance"
     xsi:noNamespaceSchemaLocation="Liste.xsd">
 <person>
  <name>Braun</name>
  <vorname>Hans</vorname>
  <tel>069-305-7023</tel>
 </person>
 <person>
  <name>Meier</name>
  <vorname>Ute</vorname>
  <tel>069-305-1033</tel>
 </person>
</daten>
```

Die XSLT-Style-Sheet-Datei wurde nun so aufgebaut, dass diese eine Textdatei als Ausgabe erzeugt. Laden Sie das Beispiel in einen Browser, zeigt dieser alle Ausgaben in einer Zeile an.

Sie finden das XML-Dokument in der Datei *Liste.xml* im Ordner *Beisp\Kap06* auf der Begleit-CD. Das Schema ist in der Datei *Liste.xsd* und das Style Sheet ist in der Datei *Liste.xsl* untergebracht.

Sofern Sie noch mit Windows 98 bzw. dem Internet Explorer 5 und MSXML 3.0 arbeiten, wird der Browser die W3C-Schemata nicht akzeptieren. Sie müssen dann auf das Einbinden der W3C-Schemata verzichten, um die Transformation über XSL-Dateien nutzen zu können.

6.2 Hinweise zu XPath

In den Beispielen dieses Kapitels verwenden Sie einen weiteren auf XML basierenden W3C-Standard: XPath 1.0. Es handelt sich dabei um eine Sprache, mit der sich Ausdrücke erzeugen lassen, die Teile des XML-Dokuments adressieren. Weiterhin lassen sich über XPath Zeichenketten manipulieren oder Muster für Übereinstimmungen mit Knoten (d.h. Elementen mit Unterelementen) der XML-Datei formulieren. In zuvor angeführten Beispielen haben Sie XPath-Angaben bereits unter der Hand benutzt. Ich hatte ausgeführt, dass beim Befehl

```
<xsl:template match="/">
```

die Angabe / im Wert des *match*-Attributs das Wurzelelement der XML-Dokumentdatei bezeichnet. Mit dem Punkt (.) beziehen Sie sich dagegen auf den aktuellen Knoten (das aktuelle Element) der XML-Struktur. Wir werden im Verlauf dieses Kapitels noch weitere XPath-Angaben kennen lernen. Nachfolgend finden Sie eine Aufstellung einiger Möglichkeiten, wie Sie Pfadangaben zu XML-Elementen formulieren können.

Tabelle 6.2: Zeichen für Pfadangaben

Pfad	Bemerkung
/	Bezieht sich auf das Wurzelelement. Wird ein Name mit angegeben (z.B. */daten*), ist das Wurzelelement *test* zu verwenden. Mit */daten/person* wird das Unterelement *person* im Wurzelelement *daten* benutzt.
//	Rekursiver Operator, der das angegebene Element in der gesamten XML-Datenstruktur sucht. Mit *//name* würden alle Elemente *namen*, die irgendwo in der XML-Datenstruktur auftreten, referenziert.
.	Der Punkt referenziert den aktuellen Kontext (z.B. den Inhalt des aktuellen Knotens in der XML-Struktur).
*	Stellt ein Wildcard-Zeichen dar, d.h., es wird jedes beliebige Element (unabhängig vom Namen) benutzt.
@	Selektiert ein Attribut mit dem angegebenen Namen. Sie können anstelle des Namens auch ein * als Wildcard angeben, um beliebige Attribute zu verwenden.

Durch geschickte Verwendung der XPath-Angaben können Sie beliebige Elemente aus einem XML-Dokument herausfiltern. Die Angabe

```
daten/person
```

haben Sie bereits kennen gelernt. Diese filtert alle Datensätze aus dem XML-Dokument, die sich in der Hierarchie *daten* (Wurzelelement) und *person* befinden. In der *for-each*-Anweisung bewirkte diese Angabe, dass alle Personendatensätze bearbeitet wurden. Bei folgender XML-Dokumentstruktur sind zwei verschiedene Kategorien von Datensätzen (Angestellte und Kunden) enthalten:

Listing 6.4: Beispiel-XML-Struktur

```
<daten>
  <angestellter>
   <name>Braun</name>
   <vorname>Hans</vorname>
   <tel>069-305-7023</tel>
  </angestellter>
...
  <kunde>
   <name>Meier</name>
   <vorname>Ute</vorname>
   <tel>069-305-1033</tel>
  </kunde>
<daten>
```

Möchten Sie jetzt über XPath die *name*-Elemente ansprechen, können Sie das Wildcard-Zeichen * verwenden. Eine Pfadangabe der Art

```
daten/*/name
```

filtert die *namen*-Elemente heraus, die sich im Unterelement von *daten/angestellter* und *daten/kunde* befinden.

Denkbar wäre auch die Verwendung des rekursiven Operators in der XPath-Angabe:

```
//name
```

Dieses Muster liefert aber jegliches Vorkommen des Elements *name* zurück. Enthalten XML-Zweige mehrere *name*-Elemente in unterschiedlichen Hierarchiestufen (und vielleicht mit unterschiedlicher Semantik), können Sie den rekursiven Operator nicht einsetzen. Sie müssen dann eine Pfadangabe der Art */daten/*/name* anwenden, um gezielt Elemente innerhalb einer bestimmten Hierarchieebene zu bearbeiten.

Zusätzlich können Sie in einer Pfadangabe noch Muster mit Vergleichskriterien festlegen. Diese Vergleichskriterien werden in eckigen Klammern eingesetzt.

Die Angabe

```
daten/*/name[.='born']
```

erlaubt nur XML-Elemente, die im Element *name* den Wert 'born' aufweisen.

Die Möglichkeiten zur Adressierung einzelner Elemente in einem XML-Dokument werden durch die XPath-1.0-Empfehlung des W3C beschrieben. Zwischenzeitlich gibt es sogar eine XPath-2.0-Empfehlung des W3C, die die Möglichkeiten stark erweitert. Sie können sich diese Dokumente direkt von den Webseiten des W3C (*www.w3c.org*) herunterladen. In diesen Dokumenten finden Sie auch Hinweise zu weiterführenden Themen wie Axes, die hier lediglich in einem kurzen Beispiel am Kapitelende benutzt werden. Microsoft hat bereits aber bei der Version 3.0 des XML-Parsers (MSXML) die XPath-1.0-Spezifikation implementiert. Die XML-Hilfe des Microsoft XML SDK (*msdn.microsoft.com/xml*) bietet verschiedene Beispiele zur Anwendung dieser Pfadangaben. Sie finden im Ordner *Beisp\Kap06* der Begleit-CD die Dateien *Bsp06_11.xml* und *xpath.xsl*, die verschiedene Pfadangaben zur Anzeige von Elementinhalten nutzen. Außerdem finden Sie weitere Beispiele im nachfolgenden Abschnitt.

6.3 Einführung in XSLT an Beispielen

Auf den folgenden Seiten zeige ich kursorisch an einfachen Beispielen, wie sich XSL-Style-Sheet-Dateien zur Transformation von XML-Dokumenten verwenden lassen und welche XSLT-Elemente dabei zum Einsatz gelangen.

6.3.1 Elemente bearbeiten und Werte übernehmen

Im vorhergehenden Abschnitt haben Sie ein Beispiel für eine XSL-Datei kennen gelernt. Diese XSL-Datei enthielt ein *template*-Element mit einer Vorlage, anhand derer das XML-Dokument in ein HTML-Dokument überführt wurde. Die Vorlage wies dabei zwei Regeln bzw. Anweisungen zur Auswertung der Daten aus.

- *for-each*: Diese XSLT-Anweisung bewirkt, dass alle Unterelemente im aktuellen Kontext bearbeitet werden.

- *value-of*: Mit der Anweisung übertragen Sie den Wert des aktuellen Elements in die Ausgabe.

Beide Anweisungen wurden als XML-Elemente im Namensraum *xsl* dargestellt. Durch geschickte Schachtelung dieser beiden Elemente können Sie also die Elementhierarchie einer XML-Dokumentdatei bearbeiten und Werte übernehmen. Dabei lässt sich das *select*-Attribut bei beiden Elementen nutzen, um gezielt auf ein Element zuzugreifen.

Die Vorgehensweise soll nun am gleichen XML-Dokument mit etwas verfeinerter XSL-Style-Sheet-Datei demonstriert werden. Nehmen wir nochmals die Beispieldatei mit den XML-Daten. Das Wurzelelement *daten* kann ein oder mehrere *person*-Elemente aufnehmen, die die Daten einer Person in Unterelementen beschreiben.

Listing 6.5: Grundstruktur des XML-Dokuments

```
<?xml version="1.0" encoding="ISO-8859-1"?>
<?xml-stylesheet type="text/xsl" href="Table.xsl"?>
<daten xmlns:xsi="http://www.w3.org/2001/XMLSchema-instance"
     xsi:noNamespaceSchemaLocation="Liste.xsd" >
 <person>
   <name>Braun</name>
   <vorname>Hans</vorname>
   <tel>069-305-7023</tel>
 </person>
...
</daten>
```

Abweichend zum vorhergehenden Beispiel soll dieses XML-Dokument nun per XSL-Style-Sheet nicht in eine Liste, sondern in eine HTML-Tabelle transferiert werden. Nach einer gewissen Aufbereitung könnte das Ergebnis wie in Abbildung 6.6 aussehen.

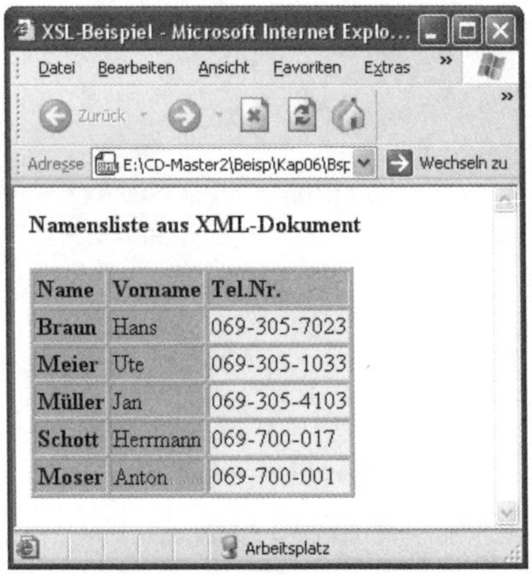

Abb. 6.6: Ausgabe der XML-Daten in Tabellenform

Eine HTML-Tabelle erlaubt dabei eine sehr effiziente Aufbereitung der Darstellung. Für alle Leser, die bisher noch nichts mit HTML zu schaffen hatten, hier noch einige Hinweise. Eine HTML-Tabelle lässt sich mit folgenden HTML-Tags konstruieren:

Listing 6.6: HTML-Tags zur Tabellendarstellung

```
<table>
 <tr>
  <td>Name</td>
  <td>Vorname</td>
  <td>Tel.Nr.</td>
 </tr>
...
</table>
```

Die Tabelle wird durch das *table*-Element beschrieben. Eine Zeile erfordert das *tr*-Element (steht für *table row*). Eine Zelle der jeweiligen Zeile wird mit dem Element *td* (steht für *table definition*) definiert. Die zuvor aufgeführte Struktur beschreibt also eine einzeilige Tabelle mit drei Zellen, die die Texte *Name, Vorname* und *Tel.Nr.* enthalten. Dies entspricht der Tabellenüberschrift. Sie können diese Tabelle um weitere Zellen erweitern, um die Werte der XML-Dokumentdatei mit den Personendaten mit aufzunehmen.

Zur Konstruktion dieser Tabelle muss also eine HTML-Vorlage definiert werden, die die Daten des XML-Dokuments in geeigneter Weise in den Tabellenzellen aufnimmt. Das *template*-Element, das den Rumpf des HTML-Dokuments samt der Tabellenstruktur definiert, besitzt folgenden Aufbau:

Listing 6.7: Modifizierte XSL-Datei zur Ausgabe in einer HTML-Tabelle

```
<xsl:template match="/">
<html>
  <head>
  <title>XSL-Beispiel</title>
  <style>
   .bold  { font: bold; }
   </style>
   </head>
  <body>
   <p class="bold">Namensliste aus XML-Dokument</p>
   <table border="1" bgcolor="silver">
    <tr class="bold">
     <td>Name</td>
     <td>Vorname</td>
     <td>Tel.Nr.</td>
    </tr> <!-- alle Personen -->
    <xsl:for-each select="daten/person">
     <tr>
      <td bgcolor="lime" class="bold">
       <xsl:value-of select="name"/>
      </td>
      <td bgcolor="lime">
       <xsl:value-of select="vorname"/>
      </td>
      <td bgcolor="yellow">
       <xsl:value-of select="tel"/>
```

```
        </td>
       </tr>
      </xsl:for-each>
     </table>
    </body>
</html>
</xsl:template>
```

Ich habe im Code einige Teile fett hervorgehoben, da diese Neuerungen oder vielleicht ungewohnte Konstruktionen enthalten. Beim größten Teil der Anweisungen im *template*-Element handelt es sich um einfachen HTML-Code, der in die Ausgabedatei kopiert wird.

In Anlehnung an die XHTML-Spezifikation wurden alle Tag- und Attributnamen kleingeschrieben. Attributwerte sind in Anführungszeichen einzufassen und der Teil der Vorlage muss ein wohlgeformtes HTML-Dokument ergeben.

Ich habe in den Beispielen dieses Kapitels auf die Möglichkeit zur Generierung des HTML-Headers durch das XSLT *output*-Element (siehe Kapitelende) verzichtet. Dies vereinfacht die Beispiele und erlaubt Ihnen die vollständige Kontrolle über den generierten HTML-Code.

Im Kopf der HTML-Vorlage erkennen Sie das fett hervorgehobene *style*-Element. Das Beispiel kombiniert also XSL-Style-Sheets mit Cascading Style Sheets (CSS). Sofern Sie noch nicht intensiv mit Cascading Style Sheets gearbeitet haben: Die Anweisung *.bold* definiert eine Klasse *bold*, die Texte fett darstellt. Wird ein Tag über das *class*-Attribut dieser Klasse zugeordnet, sollte der Browser die im Tag enthaltenen Texte fett anzeigen. Dies wird beispielsweise im *<tr>*-Tag des Tabellenkopfs und in einigen Zellen genutzt. Die betreffenden Starttags enthalten die Angabe *class="bold"* (z.B. *<tr class="bold">*).

Zusätzlich enthält die Vorlage noch zwei Regeln, die die Anwendung auf die XML-Elemente des Dokuments vereinbaren. Mit

```
<xsl:for-each select="daten/person"> ... </xsl:for-each>
```

erreichen Sie, dass die Vorlage auf alle Elemente des betreffenden »Block« angewandt werden. Was verbirgt sich hinter dem Begriff »Block«? Im *match*-Attribut des XSLT *template*-Elements wurde der Wert *"/"* angegeben, d.h., die Vorlage bezieht sich auf alle Unterelemente im XML-Dokument. Wir möchten in der Tabelle aber nur die Werte der Unterelemente des XML-Elements *person* einfügen. Hierzu ist eine Auswahl erforderlich, d.h., wir müssen dafür sorgen, dass nur *person*-Elemente in der *for-each*-Anweisung auftreten können. Hierzu wird über das *select*-Attribut der XSLT-Anweisung eine Regel vereinbart, die ein Muster als XPath-Angabe für die interessierenden Elemente angibt. Für die Tabelle werden alle *person*-Elemente benötigt, folglich lautet das Muster (englisch XSLT-Pattern) auf *"daten/person"*. Im XSLT-Element können Sie nun den HTML-Code sowie weitere Regeln zur Konstruktion des Tabelleninhalts hinterlegen. In diesem Beispiel enthält die Vorlage folgenden Code:

```
<tr> ... </tr>
```

Das *<tr>*-Tag erzeugt den HTML-Code für eine Tabellenzeile. Innerhalb des einleitenden und abschließenden Tags sind die *<td>*-Tags für die Tabellenzellen anzugeben. In der *<td>...</td>*-Tag-Kombination muss jetzt der Wert des betreffenden XML-Unterelements hinzugefügt werden. Zur Konstruktion der Tabellenzelle samt Wert wird dann folgende Anweisung benutzt:

```
<td bgcolor="lime"><xsl:value-of select="name"/></td>
```

Da die *for-each*-Anweisung dafür sorgt, dass bei jedem Durchlauf ein *person*-Element vorliegt, können Sie über die *value-of*-Anweisung den Wert der Unterelemente in der Ausgabe einfügen.

Um gezielt ein Unterelement zu holen, wird dem Element ebenfalls das Attribut *select* mit dem Elementnamen zugewiesen. Die zuvor angeführte Anweisung fügt daher den Wert des Elements *name* der aktuellen Person als Zelle in die Tabelle ein. Das Attribut *bgcolor* des *<td>*-Tags färbt den Zellhintergrund ein. Über das *class*-Attribut können Sie den Wert *bold* zuweisen, um den Text des Tags fett auszugeben.

HINWEIS

Sie finden die Dateien *Bsp06_02.xml* und *Table.xsl* im Ordner *Beisp\Kap06* auf der Begleit-CD. In diesem Beispiel habe ich auf die Verwendung eines XDR-Schemas verzichtet, um die Tipparbeit für die Präfixe zu sparen.

6.3.2 Mehrere *template*-Elemente nutzen (Rekursion)

Im vorhergehenden Beispiel wurde die *for-each*-Anweisung benutzt, um alle Elemente einer XML-Dokumentdatei zu bearbeiten. Es gibt aber noch einen anderen, wesentlich eleganteren Ansatz: Bei XML-Dokumenten sind die Elemente streng hierarchisch angeordnet. Weiterhin können Sie im Prinzip beliebig viele Vorlagen in einem XSL-Style-Sheet einbauen. Es ist daher vorstellbar, eine hierarchische Struktur an Vorlagen zur Transformation der Daten zu verwenden. Dies soll nun an einem Beispiel demonstriert werden. Nehmen wir nochmals die Beispieldatei mit den Personendaten. Das Wurzelelement *daten* kann ein oder mehrere *person*-Elemente aufnehmen, die wiederum die Daten einer Person in Unterelementen *name, vorname* und *tel* beschreiben. Nun soll dieses XML-Dokument per XSL-Style-Sheet in eine HTML-Tabelle gemäß Abbildung 6.6 transferiert werden. Die XSL-Datei besitzt dann folgenden Aufbau:

Listing 6.8: XSL-Style-Sheet mit template-Anweisungen

```
<?xml version='1.0' encoding="ISO-8859-1"?>
<xsl:stylesheet xmlns:xsl=
  "http://www.w3.org/1999/XSL/Transform"
   version="1.0">
<!-- erste Vorlage mit Tabellenrumpf-->
<xsl:template match="/">
  <html>
   <head>
    <title>XSL-Beispiel</title>
    <style>
     .bold  { font: bold; }
    </style>
   </head>
   <body>
    <p><b>Namensliste aus XML-Dokument</b></p>
    <table border="1" bgcolor="silver">
     <tr class="bold">
      <td>Name</td>
      <td>Vorname</td>
      <td>Tel.Nr.</td>
     </tr> <!-- alle Personen -->
     <xsl:apply-templates />
    </table>
   </body>
  </html>
</xsl:template>

<!-- Vorlage für daten-Elemente -->
<xsl:template match="daten">
 <tr>
  <xsl:apply-templates />
 </tr>
</xsl:template>

<!-- Vorlage für person-Elemente -->
<xsl:template match="person">
 <tr>
  <xsl:apply-templates />
 </tr>
</xsl:template>

<!-- Vorlage für Zellen mit Namen -->
<xsl:template match="name">
    <td bgcolor="lime" class="bold">
     <xsl:value-of select="."/>
    </td>
</xsl:template>
```

```
<!-- Vorlage für Zellen mit Vornamen -->
<xsl:template match="vorname">
    <td bgcolor="lime">
      <xsl:value-of select="."/>
    </td>
</xsl:template>

<!-- Vorlage für Zellen mit Tel-Nr. -->
<xsl:template match="tel">
    <td bgcolor="yellow">
      <xsl:value-of select="."/>
    </td>
</xsl:template>
</xsl:stylesheet>
```

Eine Sequenz von aufeinander aufbauenden *template*-Elementen beschreibt dann, wie die XML-Struktur in das Ausgabedokument zu übernehmen ist. Die relevanten XSLT-Anweisungen sind im Listing fett hervorgehoben. In einem globalen *template*-Element sorgt das Muster im *match*-Attribut dafür, dass sich der Inhalt auf das Wurzelelement des Dokuments bezieht. Das Element enthält die HTML-Tags zur Erzeugung der globalen Dokumentstruktur. Dies kennen Sie bereits aus dem vorhergehenden Beispiel. Wichtig ist die neue Anweisung:

```
<xsl:apply-templates />
```

Diese XSLT-Anweisung besagt, dass der Prozessor die folgenden Anweisungen auf die Elemente der aktuellen Ebene anwenden soll. Dann ist es ein Leichtes, die betreffenden XML-Elemente über weitere *template*-Elemente mittels des *match*-Attributs zu identifizieren. Mit

```
<xsl:template match="person">
```

erzwingen Sie, dass der Inhalt des Elements nur auf Elemente mit dem Namen *person* angewandt wird. In zuvor angeführten Code erkennen Sie nun, dass auch dieses Element eine *apply-templates*-Anweisung enthält. Dies wird sukzessive fortgesetzt, bis alle XML-Elemente des Dokuments eine eigene *template*-Definition besitzen.

HINWEIS

Das Beispiel demonstriert die Möglichkeit zur Bearbeitung verschiedener Vorlagen. Der Prozessor sucht sich die Vorlage heraus, die in der momentanen Situation passt. Sie finden die Dateien *Bsp06_03.xml* und *TableRekursiv.xsl* im Ordner *Beisp\Kap06* auf der Begleit-CD.

6.3.3 Arbeiten mit benannten Vorlagen

In XSLT 1.0 gibt es auch die Möglichkeit, mit benannten Vorlagen zu arbeiten und diese gezielt aufzurufen. Dies möchte ich an einem einfachen Beispiel demonstrieren. Die zuvor angeführte Vorlagedatei wird so abgewandelt, dass nur drei benannte Vorlagen und die Vorlagen zur Bearbeitung des Wurzelelements sowie zum rekursiven Auswerten der *person*-Elemente übrig bleiben. Eine Vorlage wird mit dem *name*-Attribut benannt.

```
<xsl:template name="tel">
```

Hier erhält die in *template* eingeschlossene Vorlage den Namen »tel«. Um eine solche Vorlage gezielt aufzurufen, verwenden Sie den *call-template*-Befehl:

```
<xsl:call-template name="tel" />
```

Dem XSLT-Befehl wird der Name der Vorlage über den Wert des *name*-Attributs zugewiesen. Die folgende XSL-Vorlagedatei nutzt diesen Ansatz, um die Personenliste in der gleichen Form wie im vorhergehenden Beispiel anzuzeigen.

Listing 6.9: Nutzen benannter Vorlagen

```
<?xml version='1.0' encoding="ISO-8859-1"?>
<xsl:stylesheet xmlns:xsl=
  "http://www.w3.org/1999/XSL/Transform"
  version="1.0">
<!-- erste Vorlage mit Tabellenrumpf-->
<xsl:template match="/">
  <html>
   <head>
    <title>XSL-Beispiel</title>
    <style>
     .bold  { font: bold; }
    </style>
   </head>
   <body>
    <p><b>Namensliste aus XML-Dokument</b></p>
    <table border="1" bgcolor="silver">
     <tr class="bold">
      <td>Name</td>
      <td>Vorname</td>
      <td>Tel.Nr.</td>
     </tr> <!-- alle Personen -->
     <xsl:apply-templates />
    </table>
   </body>
  </html>
</xsl:template>
```

```
<!-- Vorlage für daten/person-Elemente -->
<xsl:template match="daten/person">
 <tr>
  <xsl:call-template name="name" />
  <xsl:call-template name="vorname" />
  <xsl:call-template name="tel" />
 </tr>
</xsl:template>

<!-- Vorlage für Zellen mit Namen -->
<xsl:template name="name">
    <td bgcolor="lime" class="bold">
      <xsl:value-of select="name" />
    </td>
</xsl:template>

<!-- Vorlage für Zellen mit Vornamen -->
<xsl:template name="vorname">
    <td bgcolor="lime">
     <xsl:value-of select="vorname"/>
    </td>
</xsl:template>

<!-- Vorlage für Zellen mit Tel-Nr. -->
<xsl:template name="tel">
    <td bgcolor="yellow">
      <xsl:value-of select="tel" />
    </td>
</xsl:template>
</xsl:stylesheet>
```

HINWEIS

Sie finden die Dateien *Bsp06_03a.xml* und *TemplateName.xsl* im Ordner *Beisp\Kap06* auf der Begleit-CD.

6.3.4 Sortierung der Ausgaben

Wenn Sie sich die Telefonliste aus Abbildung 6.6 ansehen, stellen Sie fest, dass die Einträge unsortiert vorliegen. Die Transformation wertet die Vorgaben im XSL-Style-Sheet aus und überträgt die Datensätze in der Reihenfolge in die Ausgabe, in der die XML-Elemente gefunden werden.

Im praktischen Einsatz wird aber häufig eine sortierte Ausgabe der Daten gefordert, wobei durchaus verschiedene Sortierkriterien nutzbar sind. Werfen wir doch nochmals einen Blick auf die der Telefonliste zugrunde liegende XML-Struktur:

```
person
   name
   vorname
   tel
```

Ich habe hier nur die Hierarchie der XML-Elemente für die einzelnen Personendaten aufgeführt. Die Inhalte der Elemente *person* im XML-Dokument lassen sich quasi als Datensätze interpretieren. Die Telefonliste wird aus den Datensätzen generiert, sollte sich folglich auch nach dem Namen und gegebenenfalls dem Vornamen sortieren lassen (zumindest entspricht dies der gängigen Vorgehensweise in Telefonbüchern). Eine sortierte, auf den Beispieldaten basierende Telefonliste könnte dann wie in Abbildung 6.7 gezeigt aussehen.

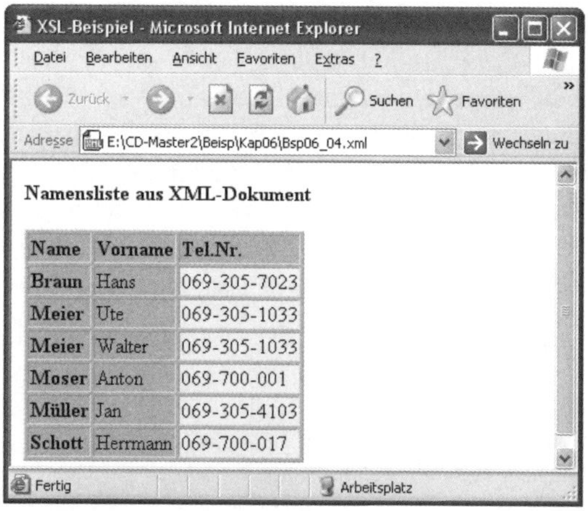

Abb. 6.7: Anzeige der Telefonliste in sortierter Form

Um diese Sortierung zu erreichen, müsste im XSL-Style-Sheet eine Anweisung der Art »Bearbeite alle XML-Elemente *person* im Wurzelelement *daten*, sortiere die Unterelemente aus *person*, aber nach Name und Vorname« existieren. Wie sich der erste Teil der Anweisung per XSL-Style-Sheet implementieren lässt, haben Sie ja bereits in den vorhergehenden Beispielen gesehen.

Mit

```
<xsl:template match="/"> ... </xsl:template>
```

erreichen Sie, dass die Vorlage auf alle Elemente des Wurzelelements angewandt wird. Die Anweisung

```
<xsl:for-each select="daten/person"> .. <xsl:for-each>
```

bewirkt, dass die Vorlage auf alle Elemente im Zweig *daten/person* angewandt wird. Was Sie jetzt noch benötigen, ist eine XSLT-Anweisung zum Sortieren der Unterelemente. Und genau diese Funktion steht in XSLT über

```
<xsl:sort select="xpath"
          case-order ="lower-case"
          order="descending" />
```

zur Verfügung. Das *select*-Attribut spezifiziert den Knotennamen (den Elementnamen) in der XML-Struktur, nach dem zu sortieren ist. Möchten Sie nach mehreren Knotennamen sortieren, lassen sich mehrere *<xsl:sort />*-Leertags hintereinander angeben. Die folgende Sequenz sortiert eine Personenliste nach Name und Vorname:

```
<xsl:sort select="name" />
<xsl:sort select="vorname" />
```

Dies ist genau die Sortierfolge, die in Abbildung 6.7 in der Tabelle zu sehen ist.

Über weitere Attribute lässt sich im *sort*-Element die Sortierung steuern. Das *case-order*-Attribut definiert, wie die Sortierreihenfolge vorzunehmen ist (lower-case verwendet zuerst die Kleinbuchstaben, upper-case benutzt die Großbuchstaben und ist der Standardwert). Im Attribut *order* geben Sie die Sortierreihenfolge in aufsteigender (ascending, Standardvorgabe) oder absteigender (descending) Folge an. Zusätzlich können Sie noch das *lang*-Attribut verwenden, um eine Sprache festzulegen. Fehlt dieses Attribut, verwendet der XSLT-Prozessor die im System eingestellte Spracheinstellung.

Nachfolgend sehen Sie den gesamten Code der XSL-Style-Sheet-Datei, der für die Tabelle benutzt wurde. Die XSLT-Anweisungen wurden im Listing wieder fett hervorgehoben. Hinweise zur Funktion der verwendeten CSS-Anweisungen oder zum HTML-Code finden Sie auf den vorhergehenden Seiten.

Listing 6.10: XSL-Style-Sheet zum Sortieren der Ausgabe

```
<?xml version='1.0' encoding="ISO-8859-1"?>
<xsl:stylesheet xmlns:xsl=
    "http://www.w3.org/1999/XSL/Transform"
    version="1.0">
<xsl:template match="/">
  <html>
   <head>
     <title>XSL-Beispiel</title>
   <style>
    .bold  { font: bold; }
   </style>
   </head>
   <body>
    <p class="bold">Namensliste aus XML-Dokument</p>
    <table border="1" bgcolor="silver">
     <tr class="bold">
      <td>Name</td>
```

```
      <td>Vorname</td>
      <td>Tel.Nr.</td>
     </tr> <!-- alle Personen, sortiert -->
     <xsl:for-each select="daten/person" >
      <xsl:sort select="name" />
      <xsl:sort select="vorname" />
      <tr>
       <td bgcolor="lime" class="bold">
        <xsl:value-of select="name"/>
       </td>
       <td bgcolor="lime">
        <xsl:value-of select="vorname"/>
       </td>
       <td bgcolor="yellow">
        <xsl:value-of select="tel"/>
       </td>
      </tr>
     </xsl:for-each>
    </table>
   </body>
  </html>
</xsl:template>
</xsl:stylesheet>
```

Sie finden die Dateien *Bsp06_04.xml* und *TableSort.xsl* im Ordner *Beisp\Kap06* auf der Begleit-CD.

6.3.5 If-Anweisung und Filtern der Datensätze

Ein sehr umfassendes und sehr interessantes Thema stellt das Filtern von Datensätzen aus XML-Dokumenten dar. Bleiben wir beim Beispiel der Telefonliste. Wie wäre es, aus dieser Liste alle Einträge mit dem Namen »Meier« herauszufiltern? Eine entsprechende Tabelle ist in Abbildung 6.8 zu sehen. Wie lässt sich so etwas mit einem XSL-Style-Sheet erledigen?

Der Schlüssel zur Lösung liegt in der XSLT-*if*-Anweisung, die eine Auswertung von logischen Ausdrücken zulässt. Die Anweisung besitzt dabei folgende Syntax:

```
<xsl:if test="Bedingung"> ... </xsl:if>
```

Das Attribut *test* gibt eine Bedingung an. Liefert diese Bedingung den logischen Wert »wahr« zurück, bearbeitet der XSLT-Prozessor den Inhalt des Elements. Beim Wert »falsch« wird dagegen der Inhalt des *if*-Elements ignoriert.

Abb. 6.8: Gefilterte Datensätze der Telefonliste

Nun gilt es noch zu klären, was als Bedingung im Wert des Attributs *test* hinterlegt werden kann. Die XPath-Empfehlung sieht in dieser Richtung recht mächtige Operatoren vor. Im Hinblick auf die praktische Anwendbarkeit möchte ich mich an dieser Stelle aber auf einige Operatoren beschränken, die in den meisten XML-Parsern implementiert sind. Eingangs wurde gefordert, alle Datensätze, die im Element *name* den Text »Meier« enthalten, bei der Transformation zu berücksichtigen. Hierzu ließe sich folgende XSLT-Anweisung im Style Sheet verwenden:

```
<xsl:if test="name[.='Meier']">
```

Die Anweisung wertet den Inhalt des Elements *name* aus, wobei die eigentliche Bedingung in eckige Klammern [ ] zu setzen ist. Diese Klammern stehen für eine Filterbedingung. In der Klammer wird der aktuelle Wert mit der Zeichenkette *'Meier'* verglichen. Der aktuelle Wert wird im Ausdruck durch den Punkt (.) gekennzeichnet. Das Gleichheitszeichen führt einen Zeichenkettenvergleich durch.

Das Ergebnis eines solchen Vergleichs ist in Abbildung 6.8 zu sehen. Die XSL-Style-Sheet-Datei besitzt dabei folgenden Aufbau:

Listing 6.11: XSL-Style-Sheet-Datei zum Filtern der Daten

```
<?xml version='1.0' encoding="ISO-8859-1"?>
<xsl:stylesheet xmlns:xsl=
   "http://www.w3.org/1999/XSL/Transform"
   version="1.0">
<xsl:template match="/">
  <html>
   <head>
     <title>XSL-Beispiel</title>
   <style>
    .bold  { font: bold; }
   </style>
   </head>
   <body>
```

```
    <p class="bold">Namensliste gefiltert nach Meier</p>
    <table border="1" bgcolor="silver">
     <tr class="bold">
      <td>Name</td>
      <td>Vorname</td>
      <td>Tel.Nr.</td>
     </tr> <!-- alle Personen, sortiert -->
     <xsl:for-each select="daten/person">
      <xsl:sort select="name" />
      <xsl:sort select="vorname" order="descending" />
   <!-- filtere "Meier" -->
      <xsl:if test="name[.='Meier']">
       <tr>
        <td bgcolor="lime" class="bold">
         <xsl:value-of select="name"/>
        </td>
        <td bgcolor="lime">
         <xsl:value-of select="vorname"/>
        </td>
        <td bgcolor="yellow">
         <xsl:value-of select="tel"/>
        </td>
       </tr>
      </xsl:if>
     </xsl:for-each>
    </table>
   </body>
  </html>
</xsl:template>
</xsl:stylesheet>
```

Die Struktur dieser Datei wurde bereits weitgehend in den vorhergehenden Beispielen erläutert. Der fett hervorgehobene XSLT-Befehl bewirkt die Filterung der Datensätze.

Sie finden die Dateien *Bsp06_05.xml* und *TableIF.xsl* im Ordner *Beisp\Kap06* auf der Begleit-CD.

HINWEIS

6.3.6 Tücken und Fallen bei Filterbedingungen

Die Anwendung von Filterbedingungen auf XML-Daten kann ein mächtiges Werkzeug zur Transformation darstellen. Im vorherigen Beispiel haben Sie gesehen, wie sich eine Liste beispielsweise nach dem Namen »Meier« filtern lässt. Allerdings ist die Formulierung der syntaktisch korrekten Filterbedingungen manchmal etwas knifflig, in anderen Fällen sogar gänzlich unmöglich. Vor allem kommt es darauf an, ob Sie diese Filterkriterien auf numerische

Werte oder auf Zeichenketten anwenden. An dieser Stelle möchte ich auf solche Tücken und Fallen hinweisen.

Vergleiche mit numerischen Werten

Eigentlich müsste es doch möglich sein, Vergleiche auf größer oder kleiner zwischen Werten von Elementen durchzuführen. Solche Vergleiche sind in XSLT 1.0 zulässig. Zur Demonstration kommt jetzt eine erweiterte XML-Dokumentstruktur mit der Personenliste zum Einsatz. Ich habe hier zusätzlich das Element *alter* eingefügt. Die Datenstruktur sieht dann folgendermaßen aus:

Listing 6.12: Erweiterte XML-Dokumentstruktur

```
<?xml version="1.0" encoding="ISO-8859-1"?>
<?xml-stylesheet type="text/xsl"
      href="Vergleich.xsl"?>
<daten>
 <person>
  <name>Braun</name>
  <vorname>Hans</vorname>
  <tel>069-305-7023</tel>
  <alter>45</alter>
 </person>

 <person>
  <name>Meier</name>
  <vorname>Walter</vorname>
  <tel>069-305-1033</tel>
  <alter>31</alter>
 </person>
...
</daten>
```

Mit geeigneten Kriterien sollten sich doch Personen dieser Liste über das Alter herausfiltern lassen. Mit

```
<xsl:if test="alter [.= 30]"> ... </xsl:if>
```

werden alle Personen mit einem Alter von 30 Jahren herausgefiltert. Es sollte sogar möglich sein, Personen, die ein Alter unter- oder überschritten haben, durch eine entsprechende Filterbedingung herauszuziehen. Abbildung 6.9 zeigt ein Beispiel für einen solchen Ansatz. Im oberen Teil der Tabelle sind alle Personendaten der Liste zu sehen. Darunter schließen sich alle Personen älter als 30 Jahre sowie in einer zweiten Liste die Personen jünger als 30 an.

Um die Personenliste zu filtern, müssen Sie das XSLT-*if*-Element anwenden und im Attribut *test* die gewünschten Filterkriterien angegeben. Um beispielsweise Personen zu ermitteln, die 30 Jahre und älter sind, lässt sich folgender Befehl nutzen:

```
<xsl:for-each select="daten/person">
 <xsl:if test="alter[. >= 30]">
 ...
 </xsl:if>
</xsl:for-each>
```

Die äußere *for-each*-Schleife liefert alle Daten aus dem Zweig *daten/person*. Über die *if*-Anweisungen wird dann getestet, ob das Element *alter* den Wert 30 oder höher besitzt. Hierbei gelangt der Operator >= zum Einsatz. Möchten Sie Personen im Alter von 30 Jahren und jünger herausfiltern, setzen Sie den Vergleichsoperator <= ein. Allerdings gibt es hier noch ein Problem, denn das Zeichen < leitet normalerweise ein Tag ein. Sie müssen also das Entity *<* anstelle des Zeichens < einsetzen. An dieser Stelle noch ein weiterer Tipp: Als Programmierer kennen Sie vielleicht die Bedingung *le* (less then or equal). Versuchen Sie nicht, das Entity *≤* zu hinterlegen. Dies führt zu einer Fehlermeldung, da das Kleiner-Gleich-Zeichen nicht dem erwarteten Operator entspricht. Die folgende Sequenz zeigt, wie Sie den Operator <= richtig anwenden:

```
<xsl:for-each select="daten/person">
 <xsl:if test="alter[. &lt;= 30]">
  ...
 </xsl:if>
</xsl:for-each>
```

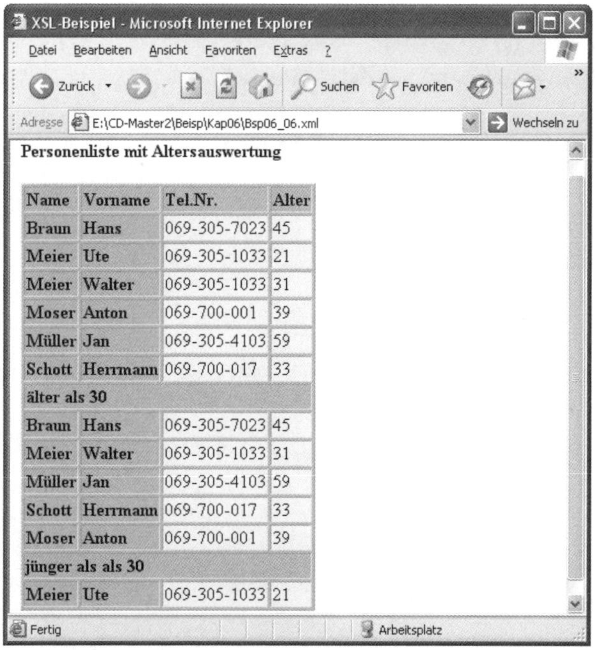

Abb. 6.9: Personen über das Alter herausfiltern

Um die Darstellung aus Abbildung 6.9 aus den Daten herauszufiltern, habe ich folgende XSL-Style-Sheet-Datei angelegt. Die XSLT-Anweisungen mit den Filterbedingungen sind im Listing fett hervorgehoben.

Listing 6.13: XSL-Style-Sheet zum Filtern über das Feld alter

```
<?xml version='1.0' encoding="ISO-8859-1"?>
<xsl:stylesheet xmlns:xsl=
   "http://www.w3.org/1999/XSL/Transform"
   version="1.0">
<xsl:template match="/">
  <html>
   <head>
     <title>XSL-Beispiel</title>
   <style>
    .bold  { font: bold; }
   </style>
   </head>
   <body>
    <p class="bold">Personenliste mit Altersauswertung</p>
    <table border="1" bgcolor="silver">
     <tr class="bold">
      <td>Name</td>
      <td>Vorname</td>
      <td>Tel.Nr.</td>
      <td>Alter</td>
     </tr>
     <!-- alle Datensätze -->
     <xsl:for-each select="daten/person" >
      <xsl:sort select="name" />
      <xsl:sort select="vorname" />
      <tr>
       <xsl:apply-templates />
      </tr>
     </xsl:for-each>

     <!-- filtere alle Personen >= 30 Jahre -->
     <tr class="bold">
      <td colspan="4">älter als 30</td>
     </tr>
     <xsl:for-each select="daten/person">
      <xsl:if test="alter[.  >= 30]">
       <tr>
        <xsl:apply-templates />
       </tr>
      </xsl:if>
     </xsl:for-each>
```

```
     <!-- filtere alle Personen <= 30 Jahre -->
     <tr class="bold">
      <td colspan="4">jünger als 30</td>
     </tr>
     <xsl:for-each select="daten/person">
      <xsl:if test="alter[.  &lt;= 30]">
       <tr>
        <xsl:apply-templates />
       </tr>
      </xsl:if>
     </xsl:for-each>

    </table>
   </body>
  </html>
</xsl:template>

<!-- Vorlagen für Zellen mit Einzeldaten -->
<xsl:template match="name">
  <td bgcolor="lime" class="bold">
   <xsl:value-of select="." />
  </td>
</xsl:template>

<xsl:template match="vorname">
  <td bgcolor="lime" class="bold">
   <xsl:value-of select="." />
  </td>
</xsl:template>

<xsl:template match="tel">
  <td bgcolor="yellow">
   <xsl:value-of select="." />
  </td>
</xsl:template>

<xsl:template match="alter">
  <td bgcolor="yellow">
   <xsl:value-of select="." />
  </td>
</xsl:template>

</xsl:stylesheet>
```

Sie finden die Dateien *Bsp06_06.xml* und *Vergleich.xsl* im Ordner *Beisp\ Kap06* auf der Begleit-CD.

HINWEIS

Filtern über Zeichenketten

Nachdem das Filtern über Vergleichskriterien im vorangegangenen Beispiel recht gut geklappt hat, ist es eigentlich nahe liegend, diese Technik auch auf Zeichenketten anzuwenden. Nehmen wir einmal an, Sie möchten aus der Telefonliste alle Namen beginnend ab dem Buchstaben M transformieren. Dann muss das Element *name* auf so etwas wie "M bis Z" überprüft werden. Eine solches Filterkriterium ist aber in XSLT 1.0 nicht vorgesehen. Denkbar wäre es aber, einen vielen Programmierern bekannten Trick zu verwenden, in dem wir alle Namen zulassen, die »größer« als der Buchstabe "M" sind. Gehen wir einmal von einer Unicode-Sortierung der Zeichen aus, besitzt der Name »Penner« einen höheren Zeichencode als »Mauer«. Die XSLT-Anweisung mit dem Filterkriterium könnte dann folgendermaßen aussehen:

```
<xsl:if test="name[.>='M']"> ... </xsl:if>
```

Um alle Namen beginnend mit den Buchstaben A bis L anzuzeigen, wäre die Bedingung

```
<xsl:if test="name[. &lt; 'M']"> ... </xsl:if>
```

vorzusehen. Leider gibt es hier ein gewaltiges Problem: Die in der XSLT-1.0-Empfehlung benutzte XPath-Spezifikation unterstützt für Zeichenketten nur die Vergleichsoperationen = und !=. Sie müssen in XSLT 1.0 wohl oder übel auf entsprechende Ansätze verzichten.

Abb. 6.10: Nach dem Namen »Meier« gefilterte Ergebnistabelle

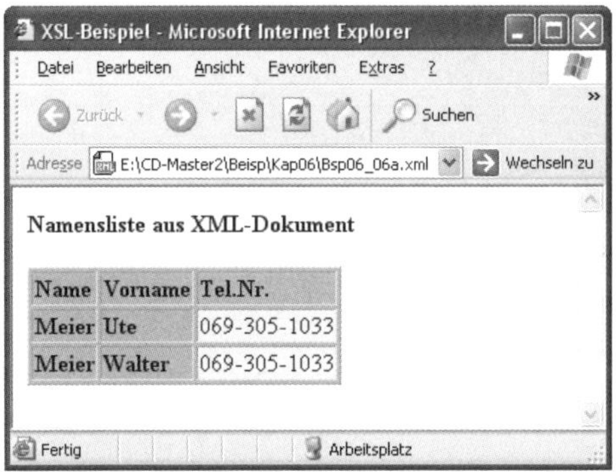

HINWEIS

Das Tückische an diesem Ansatz besteht darin, dass Sie die zuvor genannten Anweisungen eintragen dürfen. Der Microsoft XSLT-Prozessor wird dies klaglos akzeptieren, es werden aber keine Vergleiche durchgeführt. Der in XML Spy eingebaute XSLT-Prozessor liefert dagegen eine Fehlermeldung.

Es bleibt Ihnen nur, ein Filtern ohne *if*-Anweisung im XSL-Style-Sheet durchzuführen. Da es bei der Anwendung von Filterkriterien häufig mehrere Ansätze gibt, lässt sich diese Aufgabe auch ohne *if*-Anweisung lösen. Sie können ein Filterkriterium in jedem anderen Ausdruck einsetzen. Wichtig ist lediglich, dass das Filterkriterium in eckige Klammern *[ ]* gestellt wird. In Abbildung 6.8 ist die Telefonliste mit zwei Einträgen des Namens »Meier« aufgeführt. Eine solche Liste können Sie auch über die folgenden XSLT-Anweisungen (ohne Verwendung von *if*) erstellen:

```
<xsl:for-each
   select="daten/person[name='Meier']"
   order-by="name; vorname"> .... </xsl:for-each>
```

Hier geben Sie das Filterkriterium direkt im *select*-Ausdruck an. Dieser Ausdruck besagt, dass aus dem Zweig *daten/person* alle Datensätze zu filtern sind, deren Element *name* den Text »Meier« enthält. Das Ergebnis ist in Abbildung 6.10 zu sehen.

Ein Beispiel, welches diese Technik nutzt, finden Sie in den Dateien *Bsp06_06a.xml* und *Filtered.xsl* im Ordner *Beisp\Kap06* auf der Begleit-CD.

6.3.7 Verwerten von Attributen in XSL-Dateien

Im vorhergehenden Kapitel hatten Sie gesehen, wie sich XML-Daten per CSS in einem Browser anzeigen lassen. Allerdings bestand das Problem, dass Attribute von XML-Elementen nicht verwertbar waren. Mit XSL-Style-Sheets stellen Attribute kein Problem mehr dar, Sie können direkt in einer Vorlage auf Attributwerte zugreifen. In Kapitel 4 hatten Sie ein XML-Dokument zur Abbildung einer Fahrzeugliste kennen gelernt. Diese Liste benutzt nur ein Element *name* pro Eintrag und legt die Fahrzeugdaten über Attribute fest:

```
<?xml version="1.0" encoding="ISO-8859-1"?>
<?xml-stylesheet type="text/xsl" href="attribute.xsl"?>
<auto>
 <name farbe="gelb" alter="4">Opel Kadett</name>
...
</auto>
```

Der Inhalt des XML-Dokuments soll jetzt in Form einer Tabelle als HTML-Dokument im Browser angezeigt werden (Abbildung 6.11). Um den Wert des Elements *name* in die Ausgabe zu transferieren, reicht die XSL-Anweisung

```
<xsl:value-of select="name"/>
```

Möchten Sie statt des Werts auf einen Attributwert zurückgreifen, kommt der gleiche Befehl zum Einsatz:

```
<xsl:value-of select="@alter"/>
```

Zur Markierung der Information, dass es sich um einen Attributnamen handelt, wird das Zeichen @ vor den Namen gestellt. Die zuvor angeführte Anweisung überträgt daher den Wert des Attributs *alter* des aktuellen Elements in die Ausgabe. Mit diesem Wissen lässt sich das XSL-Style-Sheet sehr schnell aus den vorherige Beispielen ableiten.

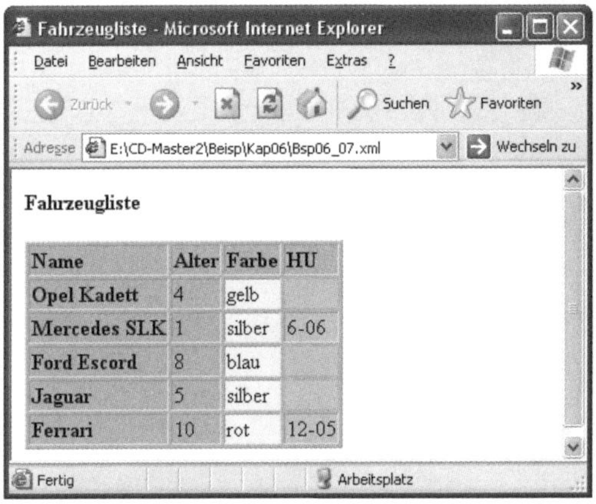

Abb. 6.11: Tabelle mit Werten und Attributen des XML-Dokuments

Der folgende Code erzeugt aus den Fahrzeugdaten die in Abbildung 6.11 gezeigte Tabelle. Die XSLT-Anweisungen wurden dabei fett hervorgehoben.

Listing 6.14: XSL-Style-Sheet zur Anzeige der Attributwerte

```
<?xml version='1.0' encoding="ISO-8859-1"?>
<xsl:stylesheet xmlns:xsl= "http://www.w3.org/1999/XSL/Transform"
version="1.0">
<!-- Vorlage für Autos-->
<xsl:template match="/">
  <html>
   <head>
     <title>Fahrzeugliste</title>
   <style>
    .bold  { font: bold; }
   </style>
   </head>
   <body>
    <p class="bold">Fahrzeugliste aus Bsp07_05.xml</p>
    <table border="1" bgcolor="silver">
     <tr class="bold">
      <td>Name</td>
      <td>Alter</td>
```

```
      <td>Farbe</td>
      <td>HU</td>
     </tr> <!-- alle Fahrzeuge -->
     <xsl:for-each select="auto/name">
      <tr>
       <td bgcolor="lime" class="bold">
        <xsl:value-of select="." />
       </td>
       <td bgcolor="lime">
        <xsl:value-of select="@alter"/>
       </td>
       <td bgcolor="yellow">
        <xsl:value-of select="@farbe"/>
       </td>
       <td bgcolor="aqua">
        <xsl:value-of select="@check"/>
       </td>
      </tr>
     </xsl:for-each>
    </table>
   </body>
  </html>
</xsl:template>
</xsl:stylesheet>
```

Sie finden die Dateien *Bsp06_07.xml* und *Attribute.xsl* im Ordner *Beisp\Kap06* auf der Begleit-CD.

HINWEIS

6.3.8 Auswahl mit dem *choose*-Befehl

Bei der Auswertung von Filterkriterien gibt es sicherlich Fälle, wo verschiedene Optionen dargestellt werden sollen. Von Programmiersprachen sind entsprechende Konstruktionen bekannt. XSLT bietet für diesen Zweck die Befehle *<xsl:choose>*, *<xsl:when>* und *<xsl:otherwise>*, mit denen Sie eine entsprechende Auswertung vornehmen können. Als Beispiel soll wieder das Dokument mit den Fahrzeugdaten dienen. Bei der Ausgabe sind die Zellhintergrundfarben abhängig vom Alter des Fahrzeugs einzufärben. Fahrzeuge mit einem Alter bis zwei Jahre erhalten in der betreffenden Zelle die Hintergrundfarbe Hellgrün. Die Altersangabe zwischen drei und fünf Jahren erhält die Farbe Hellblau und ab sechs Jahren wird die Zelle gelb eingefärbt. Eine entsprechende gestaltete Tabelle sehen Sie in Abbildung 6.12.

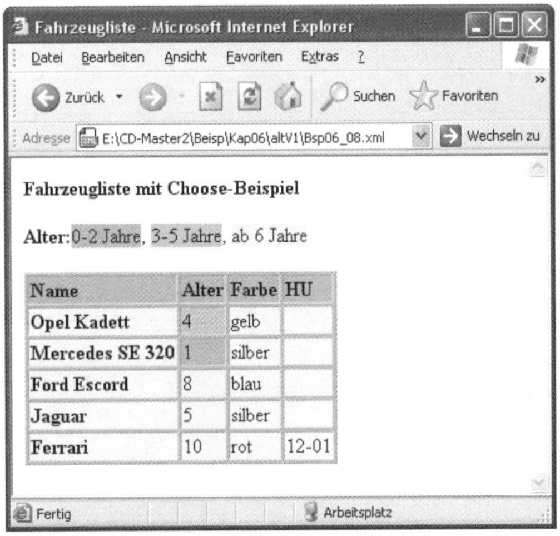

Abb. 6.12: Tabelle mit eingefärbten Zellen

Sie könnten das Einfärben der Zellen über eine *if*-Anweisung realisieren. Trifft die betreffende Bedingung nicht zu, wird der HTML-Code für die Tabellenzelle nicht erzeugt. Transparenter ist aber die Verwendung einer *choose*-Anweisung. Diese besitzt in diesem Beispiel folgenden Aufbau:

```
<xsl:choose>
 <xsl:when test="@alter[. &lt; 2]">
  <td bgcolor="lime">
    <xsl:value-of select="@alter"/>
  </td>
 </xsl:when>
 <xsl:when test="@alter[.> 2 and . &lt; 5]">
  <td bgcolor="aqua">
    <xsl:value-of select="@alter"/>
  </td>
 </xsl:when>
 <xsl:otherwise>
  <td bgcolor="yellow">
   <xsl:value-of select="@alter"/>
  </td>
 </xsl:otherwise>
</xsl:choose>
```

Das XSLT-*choose*-Element nimmt eine Sequenz aus mehreren XSLT-*when*-Befehlen und einer optionalen *otherwise*-Anweisung auf. In den *when*-Anweisungen können Sie wie bei *if* ein Filterkriterium im Wert des *test*-Attributs angeben. Nur wenn das Filterkriterium den Wert »wahr« zurückliefert, wird der Inhalt des *when*-Elements ausgewertet. Wenn alle *when*-Bedingungen nicht zutreffen, wird der Inhalt des *otherwise*-Elements ausgeführt. Die folgende

XSL-Datei enthält das XML-Style-Sheet für die in Abbildung 6.12 gezeigte Tabelle. Das HTML *<div>*-Tag wird hier benutzt, um einen Abschnitt im HTML-Dokument zu markieren. Diesem Abschnitt lassen sich dann über Cascading Style Sheets bestimmte Formate zuweisen. Im konkreten Beispiel sorgen die *<div>*-Tags für die farbliche Hinterlegung der Textzeile oberhalb der Tabelle. Weitere Details können Sie nachfolgendem XSL-Codelisting entnehmen.

Listing 6.15: XSL-Style-Sheet mit chose-Befehl

```
<?xml version='1.0' encoding="ISO-8859-1"?>
<xsl:stylesheet xmlns:xsl= "http://www.w3.org/1999/XSL/Transform"
version="1.0">
<!-- Vorlage für Autos-->
<xsl:template match="/">
  <html>
   <head>
     <title>Fahrzeugliste</title>
   <style>
    .bold   { font: bold; }
    .green  { background: lime; }
    .blue   { background: aqua; }
    .yellow { background: yellow; }
   </style>
   </head>
   <body>
    <p class="bold">Fahrzeugliste mit Choose-Beispiel</p>
    <p><b>Alter:</b>
     <span class="green">0-2 Jahre</span>,
     <span class="blue">3-5 Jahre</span>,
     <span class="yellow">ab 6 Jahre</span></p>
    <table border="1" bgcolor="silver">
     <tr class="bold">
      <td>Name</td>
      <td>Alter</td>
      <td>Farbe</td>
      <td>HU</td>
     </tr> <!-- alle Fahrzeuge -->
     <xsl:for-each select="auto/name">
      <tr bgcolor="#fff0f0">
       <td class="bold">
        <xsl:value-of select="." />
       </td>
       <xsl:choose>
        <xsl:when test="@alter[. &lt;= 2]">
         <td bgcolor="lime">
          <xsl:value-of select="@alter"/>
         </td>
        </xsl:when>
```

```
        <xsl:when test="@alter[. > 2 and . &lt; 5]">
         <td bgcolor="aqua">
          <xsl:value-of select="@alter"/>
         </td>
        </xsl:when>
        <xsl:otherwise>
         <td bgcolor="yellow">
          <xsl:value-of select="@alter"/>
         </td>
        </xsl:otherwise>
       </xsl:choose>

       <td>
        <xsl:value-of select="@farbe"/>
       </td>

       <td>
        <xsl:value-of select="@check"/>
       </td>
      </tr>
     </xsl:for-each>
    </table>
   </body>
  </html>
</xsl:template>
</xsl:stylesheet>
```

Sie finden die Dateien *Bsp06_08.xml* und *Choose.xsl* im Ordner *Beisp\Kap06* auf der Begleit-CD.

6.3.9 Arbeiten mit Funktionen (Nummerierung)

XSLT 1.0 definiert einige Funktionen, die der XSLT-Prozessor implementieren muss. Diese Funktionen lassen sich zum Beispiel nutzen, um eine nummerierte Liste auszugeben. Die in Abbildung 6.13 gezeigte Tabelle enthält in der ersten Spalte eine Nummerierung, die aus den laufenden Datensätzen berechnet wird. Dabei wird eine auf Zahlen und eine auf Buchstaben basierende Nummerierung verwendet.

Um die Nummern in der ersten Spalte der Tabelle einzublenden, wird im Style Sheet ein Trick angewandt. Der Knoten *person* zeigt die Position des betreffenden Datensatzes in der XML-Struktur an. Wenn wir also den Wert der Position in der Struktur ermitteln können, kann dieser Wert als Nummerierung in der Tabelle genutzt werden.

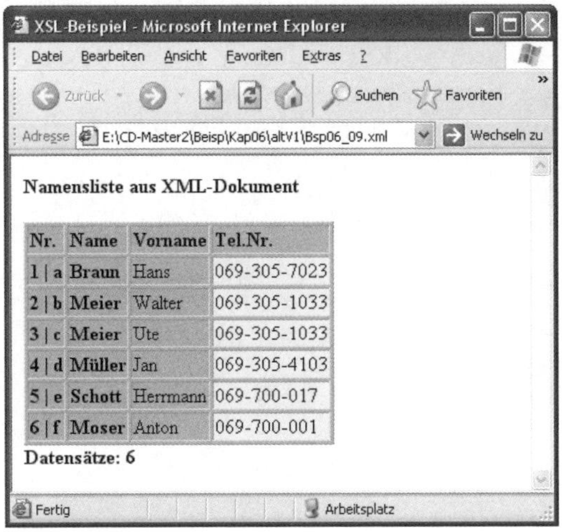

Abb. 6.13: Nummerierung in einer Tabelle

Um die Position eines Knotens in einem XML-Dokument zu bestimmen, bietet XSLT 1.0 die Funktion *position()*. Sie könnten daher folgenden Code in eine XSL-Datei einfügen:

```
<xsl:for-each select="//person" >
  <xsl:number value="position()"/>
<xsl:for-each>
```

Die *for-each*-Schleife durchläuft alle *person*-Knoten im XML-Dokument. Das *number*-Element erlaubt uns, eine Zahl im Ausgabedokument einzufügen. Das *value*-Attribut nimmt dabei den auszugebenden Wert auf. In diesem Fall wird die *position()*-Funktion aufgerufen, die den gewünschten Wert zurückliefert.

Alternativ hätten Sie den Wert der Position auch in einer Anweisung der Art

```
<xsl:value-of select="position()"/>
```

im Ausgabedokument ausgeben können. Das *number*-Element besitzt aber den Vorteil des *format*-Attributs. Über den Wert dieses Attributs legen Sie fest, wie die Ziffern der Zahl anzuzeigen sind. Fehlt das Attribut, werden arabische Ziffern benutzt. Mit dem Wert *"a"* erzeugen Sie eine Nummerierung mit Kleinbuchstaben, *"A"* veranlasst eine Nummerierung mit Großbuchstaben. Weiterhin gibt es noch die Angaben *"i"* und *"I"* für römische Ziffern. Die folgende Zeile demonstriert die Anwendung des *format*-Attributs.

```
<xsl:number value="position()" format="a"/>
```

Neben der Funktion *position()* stellt XSLT 1.0 eine Reihe weiterer Funktionen zur Zeichenformatierung etc. bereit. Über die *count()*-Funktion können Sie feststellen, wie häufig ein Knoten im XML-Dokument enthalten ist.

```
<b>Datensätze: <xsl:value-of select="count(//person)" /></b>
```

Hier wird der XSLT-Funktion *count()* der Name des zu prüfenden Elements als XPath-Ausdruck übergeben. Die Zeichen // signalisieren, dass alle im Dokument enthaltenen *person*-Elemente zu zählen sind.

Die XSL-Style-Sheet-Anweisungen zum Erzeugen der Tabelle aus Abbildung 6.13 sind nachfolgend zu sehen.

Listing 6.16: XSL-Style-Sheet zur Nummerierung

```
<?xml version='1.0' encoding="ISO-8859-1"?>
<xsl:stylesheet xmlns:xsl= "http://www.w3.org/1999/XSL/Transform"
version="1.0">
<xsl:template match="/">
  <html>
   <head>
     <title>XSL-Beispiel</title>
   <style>
    .bold  { font: bold; }
   </style>
   </head>
   <body>
    <p class="bold">Namensliste aus XML-Dokument</p>
    <table border="1" bgcolor="silver">
     <tr class="bold">
      <td>Nr.</td><!-- Leerzelle -->
      <td>Name</td>
      <td>Vorname</td>
      <td>Tel.Nr.</td>
     </tr> <!-- alle Personen -->
     <xsl:for-each select="//person" >
       <tr>
        <td bgcolor="lime" class="bold">
         <xsl:number value="position()"/> |
         <xsl:number value="position()" format="a"/>
        </td>
        <td bgcolor="lime" class="bold">
         <xsl:value-of select="name"/>
        </td>
        <td bgcolor="lime">
         <xsl:value-of select="vorname"/>
        </td>
        <td bgcolor="yellow">
         <xsl:value-of select="tel"/>
        </td>
       </tr>
     </xsl:for-each>
    </table>
    <b>Datensätze: <xsl:value-of select="count(//person)" /></b>
   </body>
```

```
  </html>
</xsl:template>
</xsl:stylesheet>
```

Sie finden die Dateien *Bsp06_09.xml* und *Count.xsl* im Ordner *Beisp\Kap06* auf der Begleit-CD.

6.3.10 Erzeugen eines XML-Dokuments per XSLT

XSL kennt auch Anweisungen, mit denen Sie XML-Elemente, Attribute und Processing Instructions in der Ausgabe erzeugen können. Nehmen wir einmal das folgende XML-Dokument:

Listing 6.17: Einfaches XML-Dokument

```
<?xml version="1.0" encoding="ISO-8859-1"?>
<?xml-stylesheet type="text/xsl" href="text.xsl"?>
<text>
 <para>
   <titel>Seite 1</titel>
   <p>Seite 1 mit Text</p>
   <p>Fortsetzung des Texts</p>
 </para>
 <para>
   <titel>Seite 2</titel>
   <p>Seite 2 mit Text</p>
   <p>Fortsetzung des Texts</p>
 </para>
</text>
```

Das Dokument enthält verschiedene Elemente, die ein Textdokument beschreiben. Mit den richtigen XSLT-Anweisungen sollte es daher möglich sein, ein zweites XML-Dokument in der Ausgabe zu erzeugen. In diesem Beispiel erfolgt die Ausgabe als XHTML-Dokument, so dass Sie das Ergebnis im Browser sehen können. Das XSL-Style-Sheet für die entsprechende Transformation sieht folgendermaßen aus:

Listing 6.18: XSL-Style-Sheet zum Erzeugen einer XML-Dokumentdatei

```
<?xml version='1.0' encoding="ISO-8859-1"?>
<xsl:stylesheet xmlns:xsl="http://www.w3.org/TR/WD-xsl">
<xsl:template match="/">
 <xsl:element name="html">
  <xsl:element name="head">
   <xsl:element name="title">Textbeispiel</xsl:element>
   <xsl:element name="style">
    .titel  {
             font: bold;
             border: lime thin solid;
             padding: 2px;
             }
```

```
    .text   {
             background: silver;
             }
   </xsl:element><!-- style -->
  </xsl:element><!-- head -->
  <xsl:element name="body">
   <xsl:attribute name="bgcolor">#fCfCf0</xsl:attribute>
   <!-- alle Elemente para -->
    <xsl:for-each select="//para" >
     <xsl:element name="p">
      <xsl:attribute name="class">titel</xsl:attribute>
      <xsl:value-of select="titel"/>
     </xsl:element>
    <!-- hier kommt die einfachere Variante -->
     <xsl:for-each select="p" >
      <p class="text"><xsl:value-of/></p>
     </xsl:for-each>
    </xsl:for-each>
  </xsl:element><!-- body -->
 </xsl:element><!-- html -->
</xsl:template>
</xsl:stylesheet>
```

Mit der Anweisung *<xsl:element name="..."> ... </xsl:element>* erzeugen Sie ein XML-Element mit dem angegebenen Namen in der Ausgabe. Unterelemente und Daten dieses Elements müssen in der XSL-Datei innerhalb des Elements *xsl:element* angegeben werden. Mit dem XSLT-Element *attribute* lässt sich ein Attribut für das betreffende Element in der Ausgabe erzeugen. Der Attributname wird über das *name*-Attribut des XSLT-Elements *attribute* festgelegt, während der Wert des XML-Attributs zwischen Start- und Endtag anzugeben ist.

Ziel des Beispiels war es zu demonstrieren, wie die betreffenden XSLT-Elemente einzusetzen sind, um XML-Elemente in der Ausgabe zu vereinbaren. Für die Erzeugung von HTML-Ausgaben brauchen Sie aber nicht unbedingt diese XSLT-Anweisungen. Sie können die HTML-Tags direkt in der Vorlage angeben (dies haben Sie in den vorhergehenden Beispielen gesehen).

HINWEIS

Sie finden die Datei *Bsp06_10.xml* sowie das Style Sheet *Html.xsl* im Ordner *Beisp\Kap06* auf der Begleit-CD. Rufen Sie die XML-Dokumentdatei im Internet Explorer auf, sollte dieser eine HTML-Seite anzeigen, da das Style Sheet den XML-Inhalt in HTML-Code überführt.

Und die Ausgabe zur Abwechselung als WAP-Seite

Eigentlich sollte es jetzt sehr einfach sein, ein XSL-Style-Sheet zu erstellen, welches das XML-Dokument nicht in HTML, sondern zum Beispiel in eine WAP-Seite im WML-Format überführt. Diese Transformation stellt jedoch einige Anforderungen an das Style Sheet. So müssen Sie beispielsweise eine XML-Deklaration an den Zeilenanfang stellen, die bei WML-Seiten einen speziellen Aufbau besitzt. Um die XML-Deklaration zu erzeugen, verwenden wir die XSLT-Anweisung:

```
<xsl:output omit-xml-declaration="yes" indent="yes" />
```

Das Attribut *omit-xml-declaration* mit dem Wert *yes* unterdrückt bei MSXML (ab Version 3.0) die Ausgabe der Anweisung *<?xml version="1.0"?>*. Mit dem Attribut *indent* kontrollieren Sie noch, ob die Ausgabedatei Zeilenumbrüche enthalten soll (was beim Laden in einen Editor von Vorteil sein kann).

Die XML-Deklaration wird manuell über das *text*-Element vorgenommen, um die Ausgabe des *encoding="UTF-16"*-Attributwerts zu verhindern:

```
<xsl:text disable-output-escaping="yes">&#60;&#63;xml
version="1.0"&#63;&#62;</xsl:text>
```

Im Wert des Elements steht die Zeichenfolge *<?xml version="1.0"?>*, wobei die Sonderzeichen wie < ? und > als Zeichencodes in der Art *<* kodiert sind. Das Attribut *disable-output-escaping="yes"* bewirkt bei der Ausgabe die Konvertierung dieser Zeichencodes in die betreffenden Zeichen.

Jetzt geht es an die Ausgabe der *<!DOCTYPE...>*-Zeile für WAP-Seiten. Die Empfehlung für XSLT 1.0 kennt kein Element im xsl-Namensraum, das die Generierung einer *<!DOCTYPE ..>*-Anweisung in der Ausgabe zulässt. Es gibt zwar Vorschläge, wie so etwas mit dem XSLT-*output*-Element realisiert werden könnte, zum Beispiel mit

```
<xsl:output doctype-system="chemistry.dtd"/>
```

oder mit

```
<xsl:output
doctype-public="-//W3C//DTD HTML 4.0 Transitional//EN"/>
```

Der betreffende Text wird über das *text*-Element erzeugt:

```
<xsl:text disable-output-escaping="yes">
&lt;!DOCTYPE wml PUBLIC "-//WAPFORUM//DTD WML 1.1//en"
"http://www.wapforum.org/DTD/wml_1.1.xml"&gt;</xsl:text>
```

Wichtig ist hier lediglich, dass die betreffenden Texte möglichst ohne zusätzliche Zeilenumbrüche in der XSL-Style-Sheet-Datei eingegeben werden.

Nach diesem Vorbereitungen kann der Inhalt des XML-Dokuments in das WML-Format umgesetzt werden. Hierbei müssen alle Anweisungen in das Wurzelelement *wml* eingefasst werden. Sie können das XSLT-*element*-Element verwenden, um in der Ausgabedatei ein Element anzulegen. Für das *wml*-Element sieht dies folgendermaßen aus:

```
<xsl:element name="wml"> ... </xsl:element>
```

Das *name*-Attribut legt den Namen des Elements fest. Wenn Sie die zuvor angeführte Schreibweise verwenden, können Sie zwischen Start- und Endtag den Inhalt des WML-Dokuments spezifizieren. Nutzen Sie die Schreibweise des Leertags, wird ein Leerelement generiert.

Die folgende Sequenz bearbeitet alle *para*-Elemente der Quelldatei und setzt deren Inhalt in *card*-Elemente der WML-Seite um.

```
<xsl:for-each select="//para" >
 <xsl:element name="card">
 <xsl:attribute
   name="id">card<xsl:number value="position()" />
 </xsl:attribute>
....
```

Ein *card*-Element besitzt ein *id*-Attribut, mit dem sich die Karte identifizieren lässt. Ein Attribut für ein XML-Element geben Sie mittels des XSLT-*attribute*-Elements aus. Das Attribut *name* dieses XSLT-Elements legt dann den Attributnamen des XML-Elements fest. Der Wert des Attributs steht dann zwischen Start- und Endtag. In der vorangegangenen Variante habe ich die XSLT-Funktion *position()* benutzt, um die Knotennummer als *id*-Wert einzutragen. An dieser Stelle ist es wichtig, dass zwischen Start- und Endtag keine zusätzlichen Zeilenumbrüche in der Style-Sheet-Datei auftreten, da diese bei der Transformation als Zeichencodes eingefügt werden (oder Sie müssen eine Behandlung solcher White-Space-Zeichen durchführen, was an dieser Stelle aber nicht weiter verfolgt wird).

Mit ähnlichen Techniken werden dann die *p*-Elemente der Quelldatei in die Ausgabedatei kopiert. Details zum XSLT-Style-Sheet entnehmen Sie dem nachfolgenden Quellcode.

Listing 6.19: XSL-Style-Sheet zum Erzeugen einer WML-Datei

```
<?xml version='1.0' encoding="ISO-8859-1"?>
<xsl:stylesheet xmlns:xsl= "http://www.w3.org/1999/XSL/Transform"
version="1.0">
<xsl:output omit-xml-declaration="yes" indent="yes" />
<xsl:template match="/">
 <xsl:text disable-output-escaping="yes">&#60;&#63;xml
version="1.0"&#63;&#62;</xsl:text>
  <xsl:text disable-output-escaping="yes">
  &lt;!DOCTYPE wml PUBLIC "-//WAPFORUM//DTD WML 1.1//en"
  "http://www.wapforum.org/DTD/wml_1.1.xml"&gt;</xsl:text>
```

```
 <xsl:element name="wml">
  <xsl:for-each select="//para" >
   <xsl:element name="card">
    <xsl:attribute
     name="id">card<xsl:number value="position()" />
    </xsl:attribute>
    <xsl:attribute name="title">
      <xsl:value-of select="titel"/>
    </xsl:attribute>
    <xsl:for-each select="p" >
       <xsl:element name="p">
       <xsl:value-of select="." />
    </xsl:element>
    </xsl:for-each>
   </xsl:element>
  </xsl:for-each>
 </xsl:element>
</xsl:template>
</xsl:stylesheet>
```

Ich habe an dieser Stelle auf die Implementierung einer Navigation zwischen den WML-Cards verzichtet. Bei Bedarf können Sie das Style Sheet entsprechend erweitern. Sie finden die Datei *Bsp06_10a.xml* sowie das Style Sheet *Wml.xsl* im Ordner *Beisp\Kap06* auf der Begleit-CD. Verwenden Sie einen XSLT-Prozessor, der eine Ausgabe in einer separaten Datei zulässt (z.B. XMLwriter). Anschließend sollte eine WML-Datei vorliegen.

6.3.11 Beispiel: XML-Dokument in XML überführen

Abschließend möchte ich noch ein Beispiel zeigen, wie Sie mit XSLT ein XML-Dokument in eine neue Struktur umsetzen. Das Ausgangsdokument soll dabei folgende Struktur aufweisen:

```
<daten>
 <person>
  <name>Braun</name>
  <vorname>Hans</vorname>
  <tel>069-305-7023</tel>
  <alter>45</alter>
 </person>
...
</daten>
```

Aus bestimmten Gründen möchten Sie die Struktur etwas anpassen, die Ergebnisdatei soll den Inhalt der Quelldatei mit folgender Struktur abbilden:

Listing 6.20: Einfaches XML-Dokument

```
<root>
 <person>
  <name>Braun</name>
  <vorname>Hans</vorname>
  <extend>
   <tel>069-305-7023</tel>
   <alter>45</alter>
  </extend>
 </person>
...
</root>
```

Die Elemente *tel* und *alter* sollen also bei der Transformation in ein eigenes Unterelement *extend* verlagert werden. Außerdem ändert sich der Name des Wurzelelements. Bei kleinen XML-Dokumenten können Sie so etwas sicherlich per Editor vornehmen. Kommt so etwas öfters vor, lässt sich zur Transformation eine XSLT-Style-Sheet-Datei verwenden.

Um den Inhalt eines XML-Elements direkt als Element in die Ausgabedatei zu übertragen, können Sie die XSLT-Anweisungen *copy* und *copy-of* verwenden. Das Element *copy-of* kopiert den aktuellen XML-Knoten mit allen unterlagerten Knoten, lässt sich für unseren Zweck also nicht verwenden. Aber wir können das XSLT-*copy*-Element benutzten, um den Inhalt eines Knotens in die Ausgabedatei zu übertragen. Die betreffende Codesequenz zur Umsetzung sieht folgendermaßen aus:

```
<xsl:copy> <!-- person -->
 <xsl:apply-templates select="person" />
</xsl:copy>
```

Diese Sequenz legt ein *person*-Element in der Ausgabe an. Zwischen Start- und Endtag können Sie alles hinterlegen, was den Inhalt des Elements beeinflussen kann. Um beispielsweise nur den Inhalt des Elements *person* zu übertragen, wird die Anweisung

```
<xsl:apply-templates select="person" />
```

verwendet. Diese Anweisung weist den XSLT-Prozessor zur Verwendung der Vorlage an, wobei das *select*-Attribut das zu verwendende Muster angibt. Zur Konstruktion der restlichen Elemente habe ich in nachfolgendem Style Sheet das XSLT-*element*-Element benutzt.

```
<?xml version='1.0' encoding="ISO-8859-1"?>
<xsl:stylesheet xmlns:xsl= "http://www.w3.org/1999/XSL/Transform"
version="1.0">
<xsl:output method="xml" indent="yes"
            version="1.0" encoding="ISO-8859-1"/>
<xsl:template match="/">
 <xsl:element name="root">
```

```
  <xsl:for-each select="daten/person">
   <xsl:copy> <!-- person -->
    <xsl:apply-templates select="person" />
     <xsl:element name="name"> <!-- name -->
      <xsl:value-of select="name" />
     </xsl:element>
     <xsl:element name="vorname"> <!-- vorname -->
      <xsl:value-of select="vorname" />
     </xsl:element>
     <xsl:element name="extend">
      <xsl:element name="tel"> <!-- tel -->
       <xsl:value-of select="tel" />
      </xsl:element>
      <xsl:element name="alter"> <!-- tel -->
       <xsl:value-of select="alter" />
      </xsl:element>
     </xsl:element>
   </xsl:copy>
  </xsl:for-each>
  </xsl:element>
</xsl:template>
</xsl:stylesheet>
```

Dieses Style Sheet verwendet das bereits eingangs erwähnte *output*-Element, um auch die XML-Deklaration zu erstellen. MSXML generiert dabei immer ein *encoding*-Attribut mit dem Wert *"UTF-16"*. Im vorhergehenden WAP-Beispiel habe ich Ihnen einen Alternative gezeigt, mit der Sie die XML-Deklaration individuell erstellen können. Zum Testen benötigen Sie einen XSLT-Prozessor, der die Ausgabe in eine zweite Datei schreibt (z.B. XMLwriter). Sie finden die Datei *Bsp06_11.xml* sowie das Style Sheet *Transform.xsl* im Ordner *Beisp\Kap06* auf der Begleit-CD.

6.3.12 Ein Beispiel zu XPath-Axes

Die XPath-1.0-Spezifikation definiert Möglichkeiten, mit denen Sie Teile von XML-Dokumenten adressieren können. Sie haben in den vorhergehenden Beispielen verschiedene Möglichkeiten benutzt, um die Vorlagen auf solche Dokumentteile anzuwenden (z.B. */person*). In den Beispielen wurden lediglich einfache Ausdrücke benutzt. Dies hat zwei Gründe: Einmal sind die XML-Dokumente der Beispiele recht einfach gehalten, um Sie mit den Prinzipien bekannt zu machen. Zum anderen erfordern die benutzten XML-Datenstrukturen keine aufwendige Adressierung der Knoten.

Wenn Sie sich mit der XPath-1.0-Empfehlung befassen, wird Ihnen der Begriff der »Axes«, sprich der Achsen, auffallen. Was steckt hinter diesem Begriff und wozu taugt er? Nun, bei den bisherigen Beispielen kam es darauf an, den

Wert des aktuellen Knotens, also eines XML-Elements, oder dessen Unterknoten (sprich Unterelemente) zu bearbeiten. In manchen Fällen ist es aber hilfreich bzw. erforderlich, dass Sie nochmals auf den vorhergehenden Knoten, den nachfolgenden Knoten, ein Enkelkind des Knotens, den Vater oder den Großvater des Knotens etc. zugreifen. Dies lässt sich über Axes (deutsch Achsen) erreichen. Eine Achse steht für ein Schlüsselwort, das eine besondere Funktion zur Navigation spezifiziert. Achsen in XPath-Angaben erkennen Sie an einem zweifachen Doppelpunkt. Für die nachfolgenden Ausführungen und Beispiele wird die folgende Datenstruktur zugrunde gelegt:

Listing 6.21: Beispiel für eine einfache XML-Dokumentdatei

```
<?xml version="1.0" encoding="ISO-8859-1"?>
<?xml-stylesheet type="text/xsl" href="xaxis.xsl"?>
<daten>
  <person id="1">
    <name anrede="Herr">Braun</name>
    <vorname>Hans</vorname>
    <tel>069-305-7023</tel>
  </person>
  <person>
    <name anrede="Herr">Meier</name>
    <vorname>Walter</vorname>
    <tel>069-305-1033</tel>
  </person>
  <person id="2">
    <name anrede="Frau">Meier</name>
    <vorname>Ute</vorname>
    <tel>069-305-1033</tel>
  </person>
  <person>
    <name anrede="Herr">Müller</name>
    <vorname>Jan</vorname>
    <tel>069-305-4103</tel>
  </person>
  <person>
    <name anrede="Herr">Schott</name>
    <vorname>Herrmann</vorname>
    <tel>069-700-017</tel>
  </person>
  <person>
    <name anrede="Herr">Moser</name>
    <vorname>Anton</vorname>
    <tel>069-700-001</tel>
  </person>
</daten>
```

Sie möchten in einer XSLT-Vorlage den Namen aus dem ersten Personenelement adressieren. Dies ließe sich mit folgender Anweisung erreichen:

```
/daten/person[1]/name
```

Hier wird eine Indizierung der einzelnen *person*-Elemente vorgenommen. Der Indexwert wird dabei wie ein Testkriterium in eckige Klammern geschrieben, die Zählung der Knoten beginnt bei 1. Unter Verwendung dieser XPath-Angabe in folgendem XSLT-Element

```
<xsl:value-of select="/daten/person[1]/name" />
```

erscheint im Ausgabedokument der erste Name (mit dieser Datenstruktur, sehen Sie den Text »Braun«). Alternativ können Sie diesen Ausdruck auch unter Verwendung einer Achse formulieren:

```
<xsl:value-of select="/daten/person[1]/child::name" />
```

Hier wird die Achse *child* benutzt, die die Kinder des Knotens mit dem aktuellen Kontext adressiert. Welches Kind gemeint ist, können Sie im Ausdruck angeben. Achse und Auswahlkriterium sind durch zwei Doppelpunkte zu trennen (z.B. *child::name*). Mit der Angabe

```
/daten/person[1]/self::*
```

erreichen Sie den Knoten *person[1]*, wobei alle Elemente gelesen werden. Hier kommt die Achse *self* zum Einsatz, die auf den Knoten mit dem aktuellen Kontext verweist. Die XPath-1.0-Spezifikation kennt die in folgender Tabelle aufgeführten Achsen.

Tabelle 6.3: Achsen in XPath 1.0

Achse	Bedeutung
ancestor	Enthält die Vorgänger des Knotens mit dem Kontext (d.h. Eltern, Großeltern etc. bis zur Wurzel).
ancestor-or-self	Inhalt wie bei *ancestor*, aber zusätzlich der Inhalt des Knotens mit dem Kontext.
attribute	Enthält die Attribute des Knotens mit dem Kontext (nur bei Elementen, sonst ist die Achse leer).
child	Enthält die Kinder des Knotens mit dem Kontext.
descendant	Enthält die Nachfolger des Knotens mit dem Kontext. Nachfolger umschließt Kinder, Kindeskinder etc.
descendant-or-self	Wie *descendant* plus der Inhalt des Knotens mit dem Kontext.
following	Enthält alle dem Knoten mit dem Kontext folgenden Knoten (ohne Nachfolger und Attribute).
following-sibling	Enthält die nachfolgenden Geschwister des Knotens mit dem Kontext.
namespace	Enthält Knoten des Namensraums des Knotens mit dem Kontext.

Tabelle 6.3: Achsen in XPath 1.0 (Forts.)

Achse	Bedeutung
parent	Liefert den Elternknoten (falls dieser existiert).
preceding	Liefert alle Knoten vor dem Knoten mit dem Kontext.
preceding-sibling	Liefert die vorhergehenden Geschwister des Kontextknotens.
self	Liefert den Kontextknoten selbst.

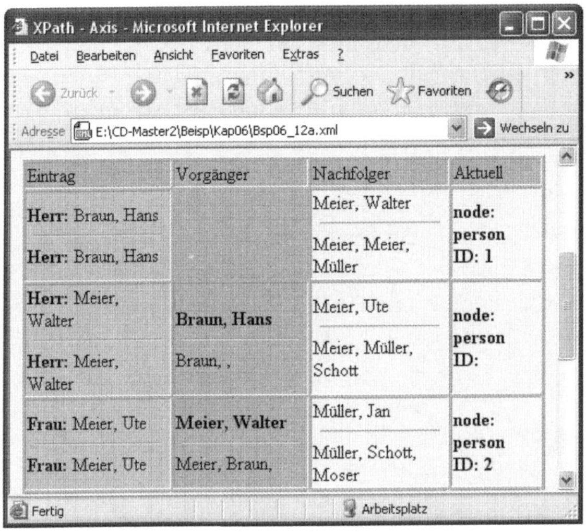

Abb. 6.14: Personenliste mit Vorgänger und Nachfolger

Wenn Sie in einer komplexeren XML-Struktur »navigieren« möchten, können die in der Tabelle aufgeführten Achsen recht hilfreich sein. Nachfolgend wird die Benutzung solcher Achsen an einem einfachen Beispiel demonstriert. Das bereits zuvor aufgeführte XML-Dokument soll mit einem einfachen XSLT-Style-Sheet in ein HTML-Dokument überführt werden. Dieses Dokument besteht zur Hauptsache aus einer Tabelle, in der die Einträge der Personenliste mit ihren Vorgängern und Nachfolgern aufgeführt werden (Abbildung 6.14). Die erste Spalte zeigt den Eintrag für die Person zweimal, da im Style Sheet zwei Varianten – mit und ohne Achse – demonstriert werden. Die Spalten »Vorgänger« und »Nachfolger« führen die direkten Vorgänger und Nachfolger auf. Zur Navigation in der XML-Datenstruktur müssen Sie auf Achsen zurückgreifen. In der Spalte »Aktuell« finden Sie den Namen des aktuellen Knotens sowie den Wert des *id*-Attributs.

Zur Realisierung dieser Tabelle werden im Style Sheet zusätzlich noch einige XSLT-Funktionen (z.B. zur Ausgabe des Knotennamens) benutzt. Auch die Tests im ersten und letzten Knoten bezüglich Vorgänger und Nachfolger greifen auf XSLT-Funktionen zurück. Nachfolgend sehen Sie den Code der XSL-Datei.

Listing 6.22: XPath-Nutzung im XSL-Style-Sheet

```
<?xml version='1.0' encoding="ISO-8859-1"?>
<xsl:stylesheet
  xmlns:xsl="http://www.w3.org/1999/XSL/Transform" version="1.0">
<xsl:template match="/|*">
<html>
<head><title>XPath - Axis</title>
<style>
hr { width: 90%; }
</style>
</head>
<body bgcolor="#FCF0FC">
<h2>XPath - Beispiele für Axis</h2>
<h4>Einfache Ausdrücke</h4>
 <b>/daten/person[1]/name</b>:
  <xsl:value-of select="/daten/person[1]/name" /><br />
 <b>/daten/person[1]/child::name</b>:
  <xsl:value-of select="/daten/person[1]/child::name" />
  <br />
 <b>/daten/person[1]/child::*</b>: <
  xsl:value-of select="/daten/person[1]/child::*" /><br />
 <b>/daten/person[1]/self::*</b>:
  <xsl:value-of select="/daten/person[1]/self::*" /><br />

<h4>Navigation im Baum</h4>
<table bgcolor="silver" border="1">
<thead>
 <tr>
  <td>Eintrag</td>
  <td>Vorgänger</td>
  <td>Nachfolger</td>
  <td>Aktuell</td>
</tr>
</thead>
 <xsl:for-each select="//person">
  <tr bgcolor="aqua">
   <td><!-- ohne Achsen -->
        <b><xsl:value-of select="name/@anrede" />: </b>
         <xsl:value-of select="name" />,
         <xsl:value-of select="vorname"/><br /><hr />
         <!-- mit Achsen -->
         <b><xsl:value-of select="name/attribute::anrede" />:
         </b>
         <xsl:value-of select="child::name" />,
         <xsl:value-of select="child::vorname"/>
   </td>
   <td bgcolor="lime" ><!-- mit Achse, Vorgänger -->
      <xsl:if test="position() > 1">
       <b><xsl:value-of
```

```
     select="preceding-sibling::person[1]/name"/>,
    <xsl:value-of
     select="preceding-sibling::person[1]/vorname"/>
    </b><hr />
    <!-- mit Achse, drei Vorgänger -->
      <xsl:value-of
       select="preceding::name[position() = 1]"/>,
      <xsl:value-of
        select="preceding::name[position() = 2]"/>,
      <xsl:value-of
       select="preceding::name[position() = 3]"/>
  </xsl:if>
 </td>
<td bgcolor="yellow"><!-- mit Achse, Nachfolger -->
   <xsl:if test="position() != last()">
       <xsl:value-of
         select="following-sibling::person[.]/name"/>,
       <xsl:value-of
         select="following-sibling::person[.]/vorname"/>
       <hr />
      <xsl:value-of
       select="following::name[position() = 1]"/>,
      <xsl:value-of
       select="following::name[position() = 2]"/>,
      <xsl:value-of
       select="following::name[position() = 3]"/>
  </xsl:if>
</td>
<td bgcolor="yellow">
       <b>node: <xsl:value-of select="name()" /></b><br />
       <b>ID: <xsl:value-of select="attribute::id" /> </b>
</td>
 </tr>
</xsl:for-each>
</table>
</body>
</html>
</xsl:template>
</xsl:stylesheet>
```

Die betreffenden Achsen sind im Listing fett hervorgehoben. Beim Zugriff über die Achse *following* liefert diese alle folgenden Knoten. Sie müssen daher angeben, welchen Knoten Sie in der Auflistung möchten. Mit

```
following::name[position() = 1]
```

fragen Sie den Knoten *name* ab. Da es in der zuvor angeführten XML-Datenstruktur für jedes *person*-Element ein *name*-Unterelement gibt, wird die Achse beim ersten Element alle folgenden Namen aufweisen. Über die XSLT-

Funktion *position()* lässt sich aber die Position eines Eintrags in der Auflistung (nicht in der XML-Struktur) ermitteln. Die in zuvor genannten Zeile in eckigen Klammern gestellte Testbedingung besagt daher, dass der von *position()* gelieferte Wert gleich 1 sein muss. Als Ergebnis liefert der Ausdruck den Inhalt des ersten Folgeknotens mit dem XML-Elementnamen *name*. Im vorangegangenen Style Sheet werden jeweils die drei vorhergehenden und nachfolgenden Knoten über die betreffenden Achsen und Testkriterien ermittelt und in der Tabellenspalte angezeigt. Die Achsen variieren, um deren Einsatz zu demonstrieren.

Abschließend noch eine kurze Bemerkung zu einem weiteren Test: Da der erste Knoten keine Vorgänger und der letzte Knoten keine Nachfolger besitzt, soll in der betreffenden Tabellenzelle nichts ausgegeben werden. Daher kommen folgende Tests zum Einsatz:

```
<xsl:if test="position() > 1"> ... <xsl:if>
<xsl:if test="position() != last()"> ... <xsl:if>
```

Hier wenden wird die XSLT-Funktion *position* auf die XML-Elemente an. Beim ersten Element ist der Wert 1, d.h., die erste Testbedingung wird nur beim zweiten, dritten etc. Element erfüllt. Beim letzten Element benötigen wir die Zahl der Knoten dieser Ebene. Dieser Wert wird von der XSLT-Funktion *last()* zurückgeliefert. Details zu diesen Funktionen finden Sie entweder in der XSLT-1.0-Spezifikation oder in der Hilfe des Microsoft XML SDK 3.0. Das zuvor angeführte Style Sheet führt die Prüfung nur für den ersten und letzten Knoten durch. Da die Spalten »Vorgänger« und »Nachfolger« im unteren Teil der Zelle jeweils drei Vorgänger/Nachfolger enthalten, müssten Sie für diese Ausgaben zusätzliche Tests einführen. Ich habe an dieser Stelle aus Aufwandsgründen auf entsprechende XSLT-*if*-Elemente verzichtet. Als Folge weist die Tabelle an den entsprechenden Stellen, wo die Achse keine Werte liefert, nur Kommas auf, die zur Trennung der Knoteninhalte benutzt wurden. Bei Bedarf können Sie die Vorlage entsprechend erweitern.

HINWEIS

Die Datei *Bsp06_12.xml* sowie das Style Sheet *XPath.xsl* im Ordner *\Beisp\Kap06* der Begleit-CD demonstrieren den Zugriff auf XML-Inhalte mittels XPath. Die Datei *Bsp06_12a.xml* sowie das Style Sheet *XAxsis.xsl* im gleichen Ordner erzeugen die in Abbildung 6.14 gezeigte Ausgabe mittels XAxes-Befehlen.

Zusammenfassung

Sie haben auf den vorangegangenen Seiten einen ersten Eindruck von den Möglichkeiten der Sprache XSLT 1.0 erhalten. In diesem Kapitel konnten aber nur einige wenige Aspekte der Transformationssprache XSLT 1.0 behandelt werden. Sie sollten nun aber wissen, welche XSLT-Prozessoren es gibt und wie Sie deren Fähigkeiten einsetzen. Die Details der XSLT-Empfehlung können Sie direkt von den W3C-Webseiten (*www.w3c.org*) herunterladen. Zusätzlich sollten Sie sich die Empfehlung zu XPath 1.0 aus dem Web herunterladen. Diese Empfehlung geht auf die Frage ein, wie sich Muster zur Auswahl der Elemente und Attribute angeben lassen. Im vorangegangenen Text konnte dieser Aspekt nur angerissen werden, Fragen zu Achsen etc., die eine Navigation im XML-Baum zulassen, blieben sogar gänzlich ausgespart. Auf den W3C-Webseiten zu XSL/XSLT finden Sie außerdem Links zu Artikeln über XSLT (teilweise in Form ausgesuchter Kapitel zu XSLT aus verschiedenen Büchern, die im Web bereitgestellt wurden).

Fragen

1. Geben Sie die Syntax in Microsoft-Nomenklatur an, um XSL-Dateien in einem XML-Dokument einzubinden.
2. Wie lässt sich ein Text in die Ausgabe übertragen?
3. Welche Bedeutung hat das *match*-Attribut in *<xsl:stylesheet match="/ ">*?
4. Was bewirkt das *value-of*-Element?
5. Wie lässt sich der Inhalt eines XML-Elements kopieren?
6. Wie können Sie im Style Sheet auf Attributwerte zugreifen?

Antworten

1. *<?xml-stylesheet type="text/xsl" href="autor.xsl"?>*
2. Sie können den Text direkt im Style Sheet angeben oder Sie verwenden das XSLT-*text*-Element für diesen Zweck.
3. Der Wert von *match* gibt ein Muster an, das die zu bearbeitenden Elemente im XML-Dokument spezifiziert. "/" steht für das Wurzelelement, "*" für alle Elemente etc.
4. Das Element übernimmt den Wert des aktuellen Kontexts und fügt diesen in die Ausgabe ein.
5. Verwenden Sie das XSLT-Element *copy* und geben Sie ein *<xsl:apply-templates..>*-Element zur Auswahl des Elements an.
6. In den Mustern wird das Zeichen @ vor den Attributnamen gesetzt (z.B. *<xsl:value-of select="@farbe" />*).

Kapitel 7

jetzt lerne ich

WML – eine XML-Anwendung

In den vorherigen Kapiteln haben Sie eine Einführung in XML erhalten. Sie wissen, wie ein XML-Dokument aufgebaut ist, kennen XML-Elemente und können etwas mit Attributen anfangen. In Kapitel 2 hatte ich auch erwähnt, dass bei manchen XML-Dokumenttypen die DTD oder das XML-Schema fest vorgegeben ist. Ein solches Beispiel ist die Wireless Markup Language (WML). WML ist also eine XML-Anwendung, die zur Erstellung von WAP-Seiten für Handys und mobile Geräte benutzt wird. WAP-Seiten lassen sich unabhängig von der Rechnerplattform erstellen. Sie können daher die Beispiele in diesem Kapitel mit beliebigen Editoren erstellen und mit einem geeigneten Werkzeug zur Anzeige bringen.

7.1 Werkzeuge

Zur Erstellung und zur Anzeige von WAP-Seiten reichen ein Editor, ein Webserver und ein Handy aus. Allerdings wird die Entwicklung solcher Seiten dann recht schwierig. Für Microsoft Windows gibt es verschiedene Programme, die das Entwickeln von WML-Code stark erleichtern können.

7.1.1 Editoren

WML-Code wird als Textdatei mit der Dateinamenweiterung *.WML* gespeichert. Sie können daher zum Erstellen der Seiten jeden beliebigen Editor (z.B. in Windows das Programm Notepad) nutzen. Wer mit Linux arbeitet, kann beispielsweise jeden der unter diesem Betriebssystem verfügbaren Editoren (vi, Emacs etc.) verwenden. Unter KDE lässt sich z.B. das Programm KEdit nutzen, das ähnlich wie der Windows-Editor eine intuitive Bedienoberfläche besitzt. Wichtig ist lediglich, dass Sie die XML-Elemente in der vorgegebenen Schreibweise eingeben (alle XML-Elemente sind mit Kleinbuchstaben zu schreiben).

Eine Alternative zum Windows-Editor Notepad könnte ein HTML-Editor sein, der auch den WML-Befehlsumfang unterstützt. Normale HTML- und XML-Editoren scheiden aber aus, da diese nicht den WML-Befehlsumfang anbieten. Die Freeware BAT HTML Editor lässt sich unter *www.batware.de.vu* herunterladen. Nach der Installation erlaubt das Programm beim Programmstart neben HTML-Dokumenten auch das Erstellen von WML-Seiten. Eine so angelegte WML-Seite wird automatisch mit der XML-Signatur für WML-Seiten und dem Wurzelelement ausgestattet. Anschließend können Sie die gewünschten WML-Tags ergänzen (Abbildung 7.1).

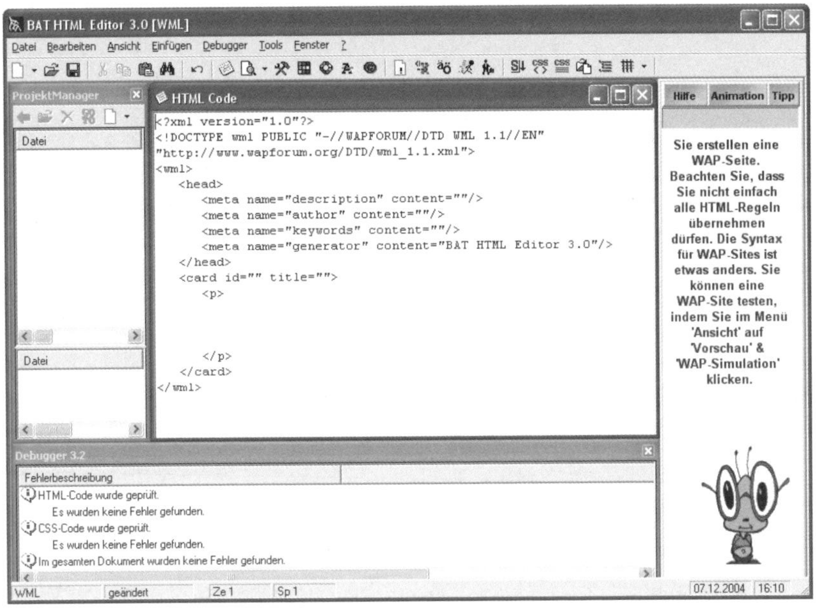

Abb. 7.1: BAT HTML Editor zur Gestaltung von WML-Seiten

7.1.2 Anzeige der WML-Seiten

Zum Anzeigen von WML-Seiten können Sie ein WAP-fähiges Handy nutzen. Dann müssen die Seiten aber auf einen Webserver hochgeladen und über einen WML-Server als Gateway zum Mobilfunkgerät übertragen werden – eine aufwendige Sache. Um selbst entwickelte WML-Seiten oder die Beispiele dieses Kapitels zu testen, benötigen Sie aber nicht unbedingt ein WAP-Handy. Es gibt vielmehr einige Entwicklungsumgebungen, die Sie aus dem Internet herunterladen und als Programm auf dem PC ausführen können.

Für die Entwicklung der Buchbeispiele wurde beispielsweise das Programm *Wireless Companion* benutzt. Dieser von deutschen Entwicklern stammende Simulator läuft unter Microsoft Windows und kann verschiedene Handys simulieren (siehe folgende Abschnitte). Sie können das Programm von der Webseite *www.yourwap.com* herunterladen.

Weitere Simulatoren stehen als Java-Module etc. von anderen Anbietern zur Verfügung. Da die Situation sich ständig verändert, empfiehlt es sich, über eine Suchmaschine nach Begriffen wie »WAP-Browser« zu suchen.

Sobald Sie das Programm *Wireless Companion* unter Windows installiert haben, können Sie den Simulator über das Startmenü aufrufen. Wireless Companion zeigt im rechten Fenster einen normalen Webbrowser (es wird der Internet Explorer integriert), mit dem sich HTML-Webseiten anzeigen lassen. Im linken Fenster wird ein Handy eingeblendet (Abbildung 7.2). In den beim Schreiben des Buches benutzten Versionen werden verschiedene Handys (Nokia, Motorola, Siemens etc.) für die WAP-Simulation unterstützt. Dies erlaubt Ihnen, das Verhalten verschiedener Geräte zu studieren, da der Simulator teilweise die Browser der betreffenden Handymodelle lizenziert hat.

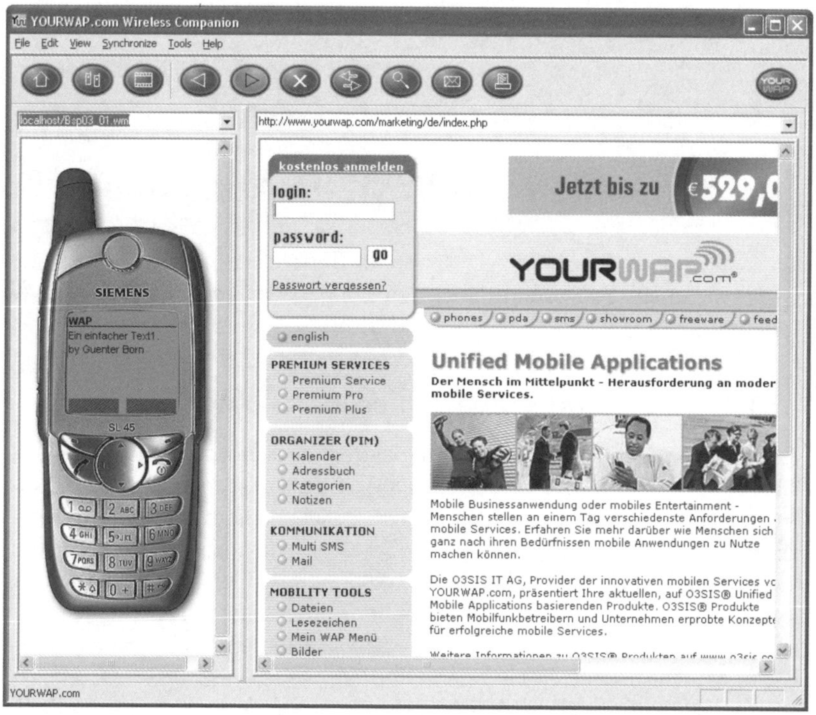

Abb. 7.2: Wireless Companion WAP-Simulator

Sie können über die Adressleiste des Wireless Companion sowohl WAP-Seiten aus dem Internet als auch lokale WAP-Dateien abrufen. Um eine WAP-Seite aus dem Internet abzurufen, geben Sie die betreffende URL in der linken Adressleiste des Handy-Fensters ein. Eine Webseite rufen Sie auf, indem Sie die URL in der rechten Adressleiste des Browserfensters eingeben und die [↵]-Taste drücken.

Möchten Sie lokale Dateien anzeigen, ist ein kleiner Trick erforderlich (leider unterstützt der Simulator keinen *Öffnen*-Befehl). Sie müssen die zu testenden Dateien im Ordner *\htdocs* hinterlegen. Dieser Ordner wird im Installationsverzeichnis des Wireless Companion (z.B. *Programme\YOURWAP\Wireless Companion\htdocs*) angelegt. Befindet sich die gewünschte Datei in diesem Zielverzeichnis, können Sie anschließend eine lokale Adresse in der Form *Localhost/Dateiname* in der Adressleiste eingeben (Abbildung 7.2).

TIPP

Tut sich nach der Eingabe der lokalen URL nichts, schauen Sie beim Nokia-Handy nach, ob die Handy-Tasten angezeigt werden. Ist dies nicht der Fall, ist das Handy noch deaktiviert. Klicken Sie einfach auf das Handy-Display, um den Simulator zu aktivieren. Und noch ein Tipp: Ein Handy (und somit der Simulator) besitzt keine *Refresh*-Schaltfläche. Um eine geänderte WML-Datei erneut anzuzeigen, müssen Sie erst eine andere Datei (z.B. über das Listenfeld der Adressleiste) anwählen und dann die geänderte Dokumentdatei abrufen.

7.2 Erstellen von WML-Dokumenten

Der nachfolgende Abschnitt zeigt Ihnen an Beispielen, wie Sie WML-Seiten erstellen können. Sie lernen dabei den Umgang mit den für die Wireless Markup Language (WML) definierten XML-Elementen.

7.2.1 Der Grundaufbau einer WML-Datei

Als XML-Anwendung werden WML-Dokumente als Textdateien gespeichert. Dabei kommt die bereits vorgestellte XML-Struktur zur Anwendung. Diese Struktur beschreibt ein Dokument, das anschließend vom WAP-Gerät darzustellen ist. Ein WML-Dokument wird dabei als »Deck« bezeichnet. Da das Display jedoch nur wenige Zeichen gleichzeitig anzeigen kann, wird ein solches Deck in als »Cards« bezeichnete »Teilseiten« unterteilt. Sobald der Benutzer also ein WML-Dokument abruft, wird das Deck in den Speicher des Geräts übertragen. Der Benutzer kann dann über Verweise zwischen den Cards navigieren. Das betreffende WML-Dokument muss daher die XML-Elemente für ein Deck und für die Cards aufweisen. Außerdem sollte es eine XML-Deklaration und möglichst auch eine Dokumenttyp-Deklaration aufweisen. Der nachfolgende Code zeigt die Grundstruktur für eine WML-Dokumentdatei. Beachten Sie, dass die Buchstaben in der ersten Spalte zur Nummerierung bestimmter Zeilen hinzugefügt wurden und nichts mit der WML-Dokumentdatei zu tun haben.

Listing 7.1: Struktur eines WML-Dokuments

```
A  <?xml version="1.0"?>
B  <!DOCTYPE wml PUBLIC "-//WAPFORUM//DTD WML 1.1//EN"
          "http://www.wapforum.org/DTD/wml_1.1.xml">
   <!-- Root-Element mit dem Deck-Inhalt -->
C  <wml>
   <!-- hier stehen eine oder mehrere Cards -->
D  <card id="card1" title="Hauptseite">
   <!-- Inhalt der Card -->
D  </card>

D  <card id="card2" title="Seite 2">
   <!-- Inhalt der Card -->
D  </card>
C  </wml>
```

Die WML-Datei beginnt in der mit A benannten Zeile mit der Ihnen bereits bekannten XML-Signatur. Es wird auf die Angabe der Optionen für *encoding* und *standalone* verzichtet. Grund für das fehlende *encoding*-Attribut: Die meisten WAP-Geräte haben keine Möglichkeit zur Darstellung unterschiedlicher Unicode-Zeichensätze (und die Browser in WAP-Handys werten bisher das Attribut nicht aus). Die optionale *standalone*-Eigenschaft kann ebenfalls entfallen, da bei WML-Dokumenten zwingend eine Dokumenttyp-Deklaration mit einem Verweis auf die WML-DTD erforderlich ist.

Die mit dem Buchstaben B markierte Zeile enthält die Dokumenttyp-Deklaration. Die zu verwendende Deklaration ist bei WML-Dokumenten fest vorgegeben. Die *!DOCTYPE*-Anweisung vereinbart die Dokumentklasse *wml*. Der Name *wml* für die Dokumentklasse stimmt übrigens (gemäß den XML-Regeln) mit dem Namen des Root-Elements *<wml>* überein. Die WML-Spezifikation 1.1 ist öffentlich festgelegt, daher schließt sich das Wort *PUBLIC* an. Hinter diesem Schlüsselwort findet sich eine Zeichenkette, die die WML-Version spezifiziert. Genauer: Der Parameter definiert einen eindeutigen Namen für die WML-Spezifikation. Der zweite Parameter definiert die URL, an der die Document Type Definition als XML-Datei zu finden ist (diese Angabe wurde hier aus Platzgründen auf die Folgezeile umgebrochen).

Der eigentliche Inhalt der WAP-Seite (Deck) wird durch das *wml*-Element dargestellt, d.h.. die Dokumentinstanz findet sich zwischen den Tags *<wml> ... </wml>*. Die einzelnen Karten (Cards) der Seite werden durch *<card> ... </card>*-Tags dargestellt. Beide XML-Elemente können dabei verschiedene Attribute besitzen. Innerhalb der *card*-Elemente folgen weitere XML-Tags mit dem Inhalt der Card.

Das zuvor angeführte Listing zeigt, dass die WML-Datei auch Kommentare der Art *<!-- ... -->* aufweisen darf. Im Grunde kennen Sie die Struktur dieser Datei bereits aus dem vorherigen Kapitel, Sie müssen lediglich die XML-Regeln zur Gestaltung einhalten. In der DTD ist festgelegt, dass Tag- und Attributnamen mit Kleinbuchstaben zu schreiben sind. Attributwerte müssen Sie in doppelte Anführungszeichen setzen. Für jedes Starttag ist zwingend ein Endtag vorgeschrieben. Sie können dabei auch die verkürzte Schreibweise für Tags ohne Inhalt nutzen (z.B. *
*).

7.2.2 Die erste WML-Seite

Beginnen wir mit dem Entwurf eines einfachen WML-Dokuments, bei dem das Deck aus einer Card bestehen soll. Die Card soll zwei Zeilen Text ohne weitere Formatierung aufweisen. Mit den bisherigen Kenntnissen sollte Ihnen klar sein, dass als Erstes das Wurzelelement *wml* benötigt wird, in dem ein *card*-Element enthalten ist. Die WML-Beispieldatei könnte dann folgendermaßen aussehen:

Listing 7.2: WML-Beispiel

```
A  <?xml version="1.0"?>
B  <!DOCTYPE wml PUBLIC "-//WAPFORUM//DTD
    WML 1.1//en"
   "http://www.wapforum.org/DTD/wml_1.1.xml">

C  <wml id="deck1" class="T1">
D   <card id="card1" title="WAP">
E    <p>Ein einfacher Text1.</p>
E    <p>by Guenter Born</p>
D    </card>
C  </wml>
```

Auch hier dienen die Buchstaben in der ersten Spalte lediglich zur Nummerierung der Anweisungen, gehören also nicht zum WML-Code. Schauen wir uns einmal die XML-Elemente dieses Dokuments an. Das *wml*-Element enthält die Dokumentinstanz, die hier aus weiteren XML-Elementen und dem auszugebenden Text besteht.

HINWEIS

Gemäß der in der Dokumenttyp-Deklaration angegebenen DTD für WML 1.1 darf das *wml*-Element die beiden Attribute *id* und *class* enthalten (siehe Zeile C). Das *id*-Attribut vereinbart einen Bezeichner, über den sich dieses Element eindeutig ansprechen lässt. Mit *class* lässt sich eine Klasse für das Element vereinbaren. Beide Attribute machen beim *wml*-Element aber nicht allzu viel Sinn und werden deshalb bei den folgenden Beispielen weggelassen.

Die Tagkombination *<card>* ... *</card>* (in den mit D bezeichneten Zeilen) enthält dann die im Display anzuzeigenden Inhalte der Karte. Auch das *card*-Element besitzt Attribute.

- Über das *id*-Attribut lässt sich ein eindeutiger Bezeichner für das XML-Element vereinbaren. Dieses Attribut sollten Sie verwenden, denn bei der Navigation zwischen mehreren Karten dient dieser Bezeichner zur Auswahl der gewünschten Karte.
- Das Attribut *title* erlaubt, einen Seitentitel (hier "WAP") für die anzuzeigende Karte vorzugeben. Dieser Titel ist in Abbildung 7.3 am oberen Rand der Anzeige zu sehen. Beachten Sie bei der Eingabe des Attributwerts, dass der Titel nicht zu lang wird, da der Platz zur Anzeige zwischen den Handys variiert (ggf. wird der Text abgeschnitten).

Das *card*-Element kann nun den darzustellenden Text enthalten. Hier lässt sich ähnlich wie bei HTML-Dokumenten verfahren: Der Text wird einfach als Wert des Elements angegeben und ggf. mit Tags zur Auszeichnung versehen. Allerdings gibt es einige gravierende Einschränkungen zu beachten, da wir mit XML arbeiten.

Einmal müssen alle Elemente zwingend mit Start- und Endtag oder als Leertag angegeben werden. Weiterhin müssen Sie darauf achten, dass die Tag- und Attributnamen mit Kleinbuchstaben geschrieben werden. Außerdem sind Attributwerte in Anführungszeichen zu setzen.

Abb. 7.3: Anzeige des Texts im WAP-Display

Diese Informationen stellen keine Neuerung dar. Eigentlich sollte sich nun der anzuzeigende Text (der Dokumentinhalt) als Wert im *wml*-Element eintragen lassen. Leider haben wir die Rechnung ohne die WML-DTD gemacht. Diese schreibt vor, welche XML-Elemente und Daten in diesem Element auftreten können. Leider wurde im *card*-Element keine Ablage einfacher Textdaten vorgesehen. Vielmehr müssen Sie die Inhalte einer Card in anderen WML-Elementen hinterlegen. Einfache Texte werden üblicherweise in Absätzen verfasst, Sie müssen diese also in *<p>..</p>*-Tags einbetten.

In WML-Dokumenten müssen alle Inhalte einer Card zwischen <*p*> und </*p*> gestellt werden, anderenfalls tritt ein Fehler bei der Anzeige der WML-Datei im WAP-Gerät auf.

Aus diesem Grunde wurden die beiden Textzeilen (siehe die mit E markierten Zeilen) im WML-Quellcode als *p*-Elemente im *card*-Element hinterlegt. Das zuvor vorgestellte WML-Dokument wird dann auf dem Display eines WAP-fähigen Geräts gemäß Abbildung 7.3 dargestellt. Sie sehen den im Attribut *title* des <*card*>-Starttags vereinbarten Titeltext sowie die mit dem *p*-Element im *card*-Element hinterlegten zwei Zeilen.

Wer bereits mit HTML gearbeitet hat, wird dies für ziemlich viel Aufwand für eine einfache Textausgabe halten. Aber in XML sind viele Vereinfachungen, die in HTML von den meisten Browsern toleriert werden, unzulässig. Dies bringt andererseits den Vorteil, dass XML-Parser einfacher sind, da sie weniger Regeln überprüfen müssen. Validierende XML-Parser werden Dokumente, die die Wohlgeformtheit und ggf. die Gültigkeit verletzen, sofort zurückweisen (siehe auch Kapitel 3). Dies stellt sicher, dass solche Dokumente auch mit zukünftigen XML-Parsern verarbeitet und von Browsern angezeigt werden können. Sie finden das Beispiel *Bsp07_01.wml* auf der Begleit-CD im Ordner *Beisp\Kap07*.

7.2.3 Sonderzeichen: Ein Problem!

Ein Problem in WML-Dokumenten stellt die Behandlung von Sonderzeichen einschließlich Umlauten dar. Ich hatte ja bereits erwähnt, dass in WML das *encoding*-Attribut nicht angegeben wird. Sie könnten dann zwar versuchen, die Umlaute (ähnlich wie in HTML) als Entities zu kodieren:

```
Ü = &Uuml;    ü = &uuml;
Ä = &Auml;    ä = &auml;
Ö = &Ouml;    ö = &ouml;
ß = &szlig;
```

Dies führt aber zu Problemen, da diese Entities in der WML-DTD nicht definiert sind. Sie erhalten dann eine Fehlermeldung vom WML-Browser. In der DTD der WML-Version 1.1 sind lediglich folgende benannten Entities vereinbart:

Entity	Zeichen
" "	" (Anführungszeichen, quotation mark)
& &	! (Ausrufungszeichen, ampersand)
' '	' (Apostroph)
< 2	< (less than)
> >	> (greater than)
 	(Leerzeichen, non-breaking space)
 	(weicher Trennstrich, soft hyphen)

Tabelle 7.1: WML-Entities

Sie können daher die Umlaute nur direkt per Tastatur eingeben oder als Entities mit dem Zeichencode (z.B. ü für ü) eintragen. Der Wireless Companion-Simulator stellt die Umlaute korrekt dar. Allerdings haben einige WML-Browser noch Probleme mit der Umsetzung der Entities. Um ganz auf der sicheren Seite zu sein empfiehlt es sich, Umlaute vorerst in der Form ue, ae etc. im Text anzugeben (was aber in den Beispielen dieses Kapitels nicht immer berücksichtigt wird).

Sie finden die Beispieldateien *Bsp07_01a.wml*, *Bsp07_01b.wml*, *Bsp07_01c.wml* und *Bsp07_01d.wml* auf der Begleit-CD im Ordner *Beisp\Kap07*. Die Dateien enthalten verschiedene Variationen zum Thema Umlaute. Bei *Bsp07_01a.wml* wurde das Umlautzeichen im Wort »Günter« jedoch direkt angegeben, während *Bsp07_01b.wml* noch das *encoding*-Attribut in der XML-Deklaration verwendet. Der WAP-Simulator Wireless Companion kann alle gültigen Dokumentdateien darstellen. *Bsp07_01c.wml* ist jedoch ungültig, da ein nicht definiertes Entity *ü* benutzt wurde.

7.2.4 Texte ausrichten

Im zuvor genannten Beispiel wurden die beiden Textzeilen linksbündig ausgerichtet. Da alle Texte in *p*-Elemente einzuschließen sind, das <*p*>-Starttag andererseits aber das *align*-Attribut unterstützt, können Sie die Textabsätze im Display wahlweise linksbündig, zentriert oder rechtsbündig ausrichten.

Abb. 7.4: WAP-Seite mit ausgerichteten Texten

Der folgende WML-Code zeigt, wie sich die Attribute im <*p*>-Starttag anwenden lassen.

Listing 7.3: Textausrichtung in WML-Seiten

```
<?xml version="1.0"?>
<!DOCTYPE wml PUBLIC "-//WAPFORUM//DTD WML 1.1//en" "http://
www.wapforum.org/DTD/wml_1.1.xml">

<wml>
  <card id="card1" title="Textausrichtung">
   <p align="left">links</p>
   <p align="center">zentriert</p>
   <p align="right">rechts</p>
  </card>
</wml>
```

Der Text »Textausrichtung« wird als Titel der Card vereinbart, er erscheint also in der Titelzeile des Displays. Mit den drei *p*-Elementen erzeugen Sie eine entsprechende Anzahl von Textabsätzen. Das *align*-Attribut sorgt dann für eine linksbündige, zentrierte oder rechtsbündige Ausrichtung der Absatztexte. Laden Sie dieses WML-Dokument in ein entsprechendes Gerät, wird dieses gemäß Abbildung 7.4 dargestellt.

HINWEIS

Sie finden das Beispiel *Bsp07_02.wml* auf der Begleit-CD im Ordner *Beisp\Kap07*.

7.2.5 Zeilenumbrüche erzeugen

Mit dem *p*-Element können Sie nur ganze Textabsätze erzeugen, die durch das Anzeigegerät mit einem festen Absatzabstand dargestellt werden. Da Handy-Displays nur einen sehr begrenzten Anzeigebereich aufweisen, werden längere Textzeilen automatisch umbrochen. Dies kann aber zu schlecht lesbaren Seiten führen. Als Designer einer WAP-Seite benötigen Sie eine Möglichkeit, Zeilenumbrüche an beliebigen Stellen im Text einzufügen.

Abb. 7.5: Text mit Zeilenumbruch

Wer bereits mit HTML gearbeitet hat, kennt das *
*-Tag dieser Beschreibungssprache. In WML ist ein äquivalentes Element mit gleichem Namen vorgesehen. Es handelt sich dabei um ein Leerelement (ein XML-Element ohne Daten), das als *
* im *p*-Element eingefügt wird. Das folgende WML-Dokument zeigt den Einsatz dieses Elements.

```
<?xml version="1.0"?>
<!DOCTYPE wml PUBLIC "-//WAPFORUM//DTD WML 1.1//en" "http://
www.wapforum.org/DTD/wml_1.1.xml">

<wml>
  <card id="card1" title="Zeilenumbruch">
   <p>Bei uns finden Sie<br/>
   die besten Preise<br/>
   der Stadt!</p>
  </card>
</wml>
```

An den Stellen, an denen ein Textumbruch benötigt wird, fügen Sie einfach das Leertag *
* ein. Abbildung 7.5 enthält die Darstellung des WML-Dokuments auf einem WAP-Handy.

An dieser Stelle möchte ich noch eine Zusatzinformation geben. Die WML-DTD erlaubt beim *p*-Element das Attribut *mode*, das die Werte *nowrap* und *wrap* annehmen kann. Damit sollte sich steuern lassen, ob ein Zeilenumbruch am rechten Rand des Displays zulässig ist oder nicht. Bei Versuchen konnte ich jedoch feststellen, dass dieses Attribut nicht unterstützt wird. Sie können dies testen, indem Sie die Beispieldateien *Bsp07_03.wml* und *Bsp07_03a.wml* des Ordners *Beisp\Kap07* verwenden.

Abb. 7.6: Unterschiedliche Behandlung von Leerzeichen

Wenn Sie die Darstellung in Abbildung 7.5 mit dem WML-Quellcode vergleichen, fällt Ihnen vermutlich noch etwas auf. Im Quellcode wurden Leerzeichen zum Einrücken des Texts der *p*-Elemente benutzt. Da diese Leerzeichen zum Dokument (d.h. zu den Daten) gehören, dürften diese eigentlich nicht als White-Space-Zeichen herausgefiltert werden. Das Nokia-Handy macht aus mehreren Leerzeichen aber immer ein Leerzeichen. Auch das Einfügen des * *-Entity als festes Leerzeichen bringt Sie nicht weiter. Auf Motorola-Handys werden die Leerzeichen aber berücksichtigt. Abbildung 7.6 demonstriert, wie unterschiedlich das gleiche WML-Dokument auf verschiedenen Geräten angezeigt wird (hier wurde Wireless Companion als Emulator verwendet). Entweder ist die Behandlung der White-Space-Zeichen in der WML-DTD nicht klar geregelt oder die Entwickler der Browser haben die Vorgaben der DTD nicht sauber implementiert.

7.2.6 Texte formatieren

In den bisherigen Beispielen wurde lediglich ein einfacher Text angezeigt. WML stellt aber Elemente bereit, mit denen sich Textausschnitte durch Formatierung hervorheben lassen. Im nächsten Beispiel kommen die in WML verfügbaren Tags zur Textformatierung zum Einsatz. In Abbildung 7.7 erkennen Sie, dass fette, kursive, unterstrichene und vergrößerte bzw. verkleinerte Textanzeigen möglich sind. In der zugehörigen WML-Datei wurden die einzelnen Textabschnitte mit den betreffenden WML-Elementen ausgezeichnet. Die verfügbaren WML-Elemente zur Auszeichnung von Texten finden Sie in folgender Tabelle:

Tabelle 7.2: WML-Elemente zur Textauszeichnung

Element	Bemerkung
<big> ... </big>	Stellt den Text im Element vergrößert dar.
<small> ... </small>	Stellt den Text im Element verkleinert dar.
<b> ... </b>	Text des Elements fett auszeichnen.
<strong> ... </strong>	Text des Elements mit dem logischen Format Strong (entspricht fett) auszeichnen.

Element	Bemerkung
<em> ... </em>	Text des Elements mit dem logischen Format Emphasis (entspricht kursiv) auszeichnen.
<i> ... </i>	Text des Elements kursiv auszeichnen.
<u> ... </u>	Text des Elements unterstreichen.

Tabelle 7.2: WML-Elemente zur Textauszeichnung (Forts.)

Ähnlich wie bei HTML wird bei der Formatierung zwischen logischen und physikalischen Formaten unterschieden. Während es sich bei *<b>...</b>* und *<i>...</i>* um physikalische Auszeichnungen handelt (die Elementnamen geben direkt die Formate bold und italics an), stellen *<strong>...</strong>* und *<em>...</em>* logische Auszeichnungen dar (es bleibt theoretisch dem Browser überlassen, wie er die Textstellen darstellt).

Abb. 7.7: Einfache WAP-Seite mit formatiertem Text

Aus Sicht von XML ist nicht festgelegt, dass ein *b*-Element eine fette Formatierung des enthaltenen Texts vornimmt. Vielmehr besagt XML lediglich, dass ein *p*-Element Text aufnehmen kann, der seinerseits wiederum *b*-Elemente aufweist. Wenn der XML-Parser dann das Dokument liest, liefert er nur die Inhalte der Elemente sowie die Informationen, um welche Elemente es sich handelt. Der Browser, der dann das Dokument anzeigt, kennt aber zusätzlich die Vereinbarungen, die angeben, was mit dem Inhalt eines *b*-Tags zu passieren hat. Ähnliches gilt sinngemäß auch für die anderen WML-Elemente.

Details zum Aufbau der WML-Datei sind folgendem Listing zu entnehmen.

Listing 7.4: WML-Dokument mit Zeichenformaten

```
<?xml version="1.0"?>
<!DOCTYPE wml PUBLIC "-//WAPFORUM//DTD WML 1.1//en" "http://
www.wapforum.org/DTD/wml_1.1.xml">
<wml>
  <card id="card1" title="Textformatierung">
   <p><small>Small Handy </small> <u>but</u>
```

```
    <big>  big Text</big> -
    <b>fett, </b><i>kursiv, </i> <em>emphasis, </em>
    <strong>strong </strong> ist möglich.</p>
  </card>
</wml>
```

Sie finden das Beispiel *Bsp07_04.wml* auf der Begleit-CD im Ordner *Beisp\Kap07*.

7.2.7 Arbeiten mit externen Links

Das *a*-Element ermöglicht Ihnen, in einer Card Verweise auf andere Cards oder auf externe WAP-Seiten unterzubringen. Der Aufbau einer solchen Linkseite gleicht dem Aufbau der Links in HTML-Seiten:

```
<a href="xxx">Text</a>
```

Sie müssen lediglich beachten, dass auf dem Handy-Display wenig Platz zur Darstellung der Linktexte vorhanden ist. Das nächste Beispiel zeigt, wie sich zwei Links als Verweise auf weitere WML-Seiten in einer Card eines WML-Decks realisieren lassen. Der Benutzer sieht dann die von Ihnen vorgegebenen Verweistexte und kann diese (je nach Gerät) über die Scrolltasten auswählen sowie über die Extratasten aktivieren (Abbildung 7.8). Der Code zur Anzeige der Card mit den beiden Links ist nachfolgend zu sehen.

Listing 7.5: WML-Dokument mit Verweisen

```
<?xml version="1.0"?>
<!DOCTYPE wml PUBLIC "-//WAPFORUM//DTD WML 1.1//en" "http://
www.wapforum.org/DTD/wml_1.1.xml">
<wml>
 <card id="card1" title="Links">
  <p>
   <a href="http://www.borncity.de/index.wml">
       Borns WAP-Portal</a><br/>
   <a href="http://www.yourwap.com/wml/index_wsm.wml">
      www.yourwap.com</a>
  </p>
  </card>
</wml>
```

Wichtig ist lediglich, dass als Verweisziel gültige WML-Seiten anzugeben sind, da der Browser im Handy mit HTML-Dokumenten wenig anfangen kann. Es ist aber zweitrangig, ob Sie eine absolute Adresse der Art

```
<a href="http://www.yourwarp.com">...</a>
```

oder eine relative Adresse der Form

```
<a href="Seite2.wml">...</a>
```

angeben. Bei einer relativen URL-Angabe muss sich die referenzierte Dokumentdatei im gleichen Verzeichnis wie die WML-Datei des aktuellen Decks befinden. Die Ausrichtung der Verweistexte (sofern gewünscht) erfolgt übrigens über das *align*-Attribut des umgebenden *p*-Elements.

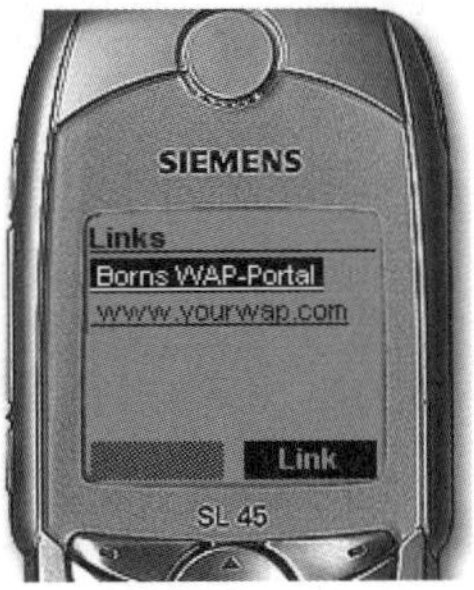

Abb. 7.8: WAP-Seite mit externen Verweisen

HINWEIS: Sie finden das Beispiel *Bsp07_05.wml* auf der Begleit-CD im Ordner *Beisp\Kap07*. Sofern Sie bisher noch über keine HTML-Kenntnisse verfügen und Begriffe wie absolute oder relative Adressen unbekannt sind, möchte ich an dieser Stelle auf den bei Markt+Technik erschienenen Titel »HTML – Kompendium« verweisen. Dort finden Sie eine detaillierte Einführung in HTML sowie in verwandte Themen wie XHTML, XML und WML aus der Sicht eines HTML-Autors.

7.2.8 Links auf Cards

Die meisten WML-Dokumente werden wohl Links auf Cards des aktuellen Decks enthalten. Diese Verweise lassen sich ebenfalls über das *a*-Element einrichten. Das *href*-Attribut nimmt dann den Namen der Card auf. Dieser Name wird über das *id*-Attribut der betreffenden Card definiert (siehe vorherige Seiten). Besitzt eine Card die *id* mit dem Wert »karte1«, lässt sie sich über

```
<a href="#karte1">Preise</a>
```

referenzieren. Beachten Sie das Zeichen # vor dem Namen der Karte. Dieses Zeichen signalisiert, dass es sich um eine interne Referenz handelt (so wie dieses Zeichen in HTML bei Verweisen auf lokale Anker benutzt wird). Das folgende Beispiel zeigt einige WAP-Seiten, die über Verweise zwischen den Karten abgerufen werden können (Abbildung 7.9). Je nach benutztem Handy-Modell wird der Verweis über verschiedene Tasten abgerufen. Beim Nokia-Handy existiert eine Extrataste (links oben auf dem Tastenblock), über den Sie den Link aktivieren. Dann wird eine Optionsseite mit dem Befehl »Follow Link« eingeblendet. Erst die Bestätigung dieses Links bringt Sie zur eigentlichen Seite. Der nachfolgende WML-Code enthält in Card 1 drei Links zu den

Folgekarten des Decks. Je nach Karte führen dann weitere Links zu Webseiten oder zu lokalen Dokumenten. Beim Link der Form

```
<a href="Bsp07_05.wml#card2">
```

wird direkt zu einer Karte in einer externen WML-Datei verzweigt. Details können Sie dem folgenden Listing entnehmen.

Abb. 7.9: Verweise zwischen Cards

Listing 7.6: WML-Dokument mit Verweisen auf Folgedecks

```
<?xml version="1.0"?>
<!DOCTYPE wml PUBLIC "-//WAPFORUM//DTD WML 1.1//en" "http://
www.wapforum.org/DTD/wml_1.1.xml">

<wml>
 <card id="card1" title="My WAP Gate">
  <p>
   <a href="#card2">Grundlagen</a><br/>
   <a href="#card3">Beispiele</a><br/>
   <a href="#card4">Links</a><br/>
  </p>
 </card>

 <!-- Karte mit Grundlagen -->
 <card id="card2" title="Grundlagen">
  <p><b>WAP </b>(Wireless Application Protocol)
        ist das Protokoll zur Uebertragung von
        Internet-Seiten zum Handy.
   <b>WML </b>(Wireless Markup Language) ist eine
   XML-Anwendung zur Gestaltung von WAP-Seiten.</p>
 </card>

 <!-- Karte mit Verweisen auf Beispiele -->
 <card id="card3" title="Beispiele">
  <p>
   <a href="Bsp07_02.wml">Textausrichtung</a><br/>
   <a href="Bsp07_03.wml">Textformatierung</a><br/>
   <a href="Bsp07_04.wml">Links</a><br/>
  </p>
 </card>

 <!-- Karte mit Links -->
```

```
<card id="card4" title="Links">
 <p>
  <a href="http://www.yourwarp.com">YourWarp.com</a><br/>
  <a href="http://www.n-tv.com">n-tv</a><br/>
  <a href="Bsp07_05.wml#card1">Zurück</a><br/>
 </p>
</card>

</wml>
```

Sie finden das Beispiel *Bsp07_06.wml* auf der Begleit-CD im Ordner *Beisp\Kap07*.

HINWEIS

7.2.9 Navigation mit dem <do>-Tag

Die im vorangegangenen Beispiel gezeigte Lösung besitzt den Nachteil, dass der Besucher der WAP-Seiten nach der Anwahl eines Links nicht mehr zu den vorherigen Seiten gelangen kann (es sei denn, das WAP-Gerät bietet eine *Zurück*-Taste). Als Autor von WAP-Seiten können Sie aber bei jeder Karte Verweise auf andere Karten unterbringen. Hierzu lässt sich das *template*-Element nutzen. Dieses Element ist im Kopf des Decks unterzubringen:

Listing 7.7: Navigation mit do

```
<template>
  <do type="prev" label="Zurück1">
   <prev></prev>
  </do>
  <do type="prev" label="Hauptseite">
   <go href="#card1" />
  </do>
  <do type="prev" label="Grundlagen">
   <go href="#card2" />
  </do>
  <do type="prev" label="Beispiele">
   <go href="#card3" />
  </do>
  <do type="prev" label="Links">
   <go href="#card4" />
  </do>
 </template>
```

Innerhalb des *template*-Elements wird dann das *do*-Element benutzt, um den Verweis festzulegen. Das Attribut *type* gibt an, welche Taste am Gerät benutzt werden soll (die Verwendung durch den Browser ist aber bisher freigestellt). Über das Attribut *label* können Sie den Text angeben, der dem Benutzer im Navigationsmenü angezeigt wird. Innerhalb des *do*-Elements kann dann ein Task angegeben werden, der bei Anwahl des Menüpunkts auszuführen ist. Die zuvor angeführte Sequenz definiert mehrere Verweise zur Navigation.

Der erste Eintrag ist mit »Zurück1« gekennzeichnet und sollte über die <*prev/*>-Anweisung eigentlich die Möglichkeit eröffnen, zur vorher besuchten Seite zurückzukehren. Zumindest bei den benutzten Simulatoren funktionierte dies nicht.

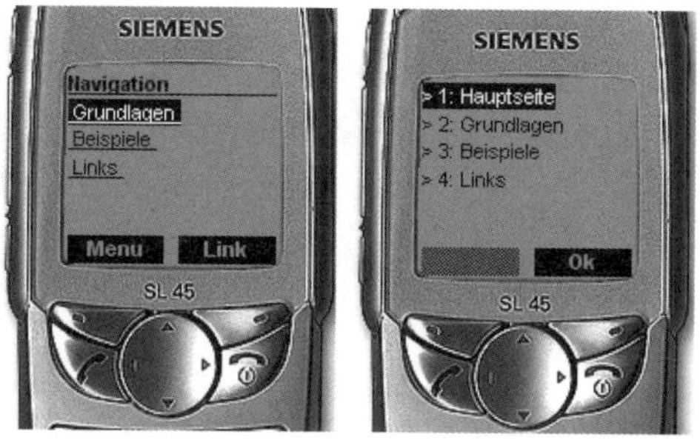

Abb. 7.10: Navigation per Optionen zwischen Cards

Im <*go*>-Starttag lässt sich ein *href*-Attribut festlegen, welches das Verweisziel als Wert enthält. Die restlichen Anweisungen der zuvor genannten Sequenz definieren also vier Menüeinträge, die über den <*go*>-Task auf Karten des Decks verweisen.

Da das *template*-Element im Kopf des Decks (innerhalb des *wml*-Elements) vor dem ersten <*card*>-Starttag auftaucht, verwendet der WML-Browser diese Navigationseinträge auf allen Cards des Decks. Sie haben aber die Möglichkeit, in jedem Deck diese Navigationsanweisungen zu überschreiben. Hierzu fügen Sie im <*card*> ... </*card*>-Block einfach eine <*do*> ... </*do*>-Tag-Kombination ein. Anschließend können Sie im *do*-Element über einen Task festlegen, was zu tun ist. Den <*go*>-Task haben Sie bereits kennen gelernt. Mit <*noop* /> wird eine Option deaktiviert, da »noop« für no operation steht. Mit <*refresh* /> wird die aktuelle Seite erneut geladen. Mit <*prev* /> soll die zuletzt aufgerufene Seite geladen werden. Das folgende Beispiel benutzt die zuvor genannte Definition, um bei jeder WAP-Card eine zusätzliche Navigationsebene einzublenden (Abbildung 7.10).

Listing 7.8: WML-Beispiel mit Verweisen

```
<?xml version="1.0"?>
<!DOCTYPE wml PUBLIC "-//WAPFORUM//DTD WML 1.1//en" "http://
www.wapforum.org/DTD/wml_1.1.xml">

<wml>
 <template>
  <do type="prev" label="Zurück1">
   <prev></prev>
  </do>
  <do type="prev" label="1: Hauptseite">
   <go href="#card1" />
  </do>
```

```
  <do type="prev" label="2: Grundlagen">
   <go href="#card2" />
  </do>
  <do type="prev" label="3: Beispiele">
   <go href="#card3" />
  </do>
  <do type="prev" label="4: Links">
   <go href="#card4" />
  </do>
 </template>

 <card id="card1" title="Navigation">
  <p>
   <a href="#card2">Grundlagen</a><br/>
   <a href="#card3">Beispiele</a><br/>
   <a href="#card4">Links</a><br/>
  </p>
 </card>

 <!-- Karte mit Grundlagen -->
 <card id="card2" title="Grundlagen">
  <p><b>WAP </b>(Wireless Application Protocol)
   ist das Protokoll zur Uebertragung von
   Internet-Seiten zum Handy.
   <b>WML </b>(Wireless Markup Language) ist eine
   XML-Anwendung zur Gestaltung von WAP-Seiten.</p>
  <do type="option" label="Zurück">
    <go href="#card1"/>
  </do>
  <do type="prev" label="Vor">
    <go href="#card3"/>
  </do>
 </card>

 <!-- Karte mit Verweisen auf Beispiele -->
 <card id="card3" title="Beispiele">
  <p>
   <a href="Bsp07_02.wml">Textausrichtung</a><br/>
   <a href="Bsp07_03.wml">Textformatierung</a><br/>
   <a href="Bsp07_04.wml">Links</a><br/>
  </p>
 </card>

 <!-- Karte mit Links -->
 <card id="card4" title="Links">
  <p>
   <a href="http://www.yourwarp.com">
      YourWarp.com</a><br/>
```

```
    <a href="http://www.n-tv.com">n-tv</a><br/>
    <a href="Bsp07_06.wml#card2">Bsp07_5-Nr 2</a><br/>
  </p>
 </card>
</wml>
```

Sie finden das Beispiel ohne die Rückverweise in der Datei *Bsp07_06.wml* auf der Begleit-CD im Ordner *Beisp\Kap07*. Das zuvor angeführte Listing mit dem *template*-Element ist in der Datei *Bsp07_06a.wml* des gleichen Ordners zu finden.

7.2.10 Bilder in Cards einbinden

WML erlaubt über das *<img>*-Element, Bilder in eine Card einzubinden. Dabei kommt ein leeres Element mit einem *<img>*-Starttag (wie bei HTML) zum Einsatz. Über das *src*-Attribut lässt sich der Pfad zur Grafikdatei angeben:

```
<img src="up.wbmp" alt="pfeil"/>
```

Das *alt*-Attribut dient dazu, einen Text vorzugeben, der vom Browser angezeigt wird, falls das Bild nicht ladbar ist. Dieses Attribut ist zwingend erforderlich. Denken Sie auch hier wieder daran, dass bei XML Leertags mit dem Zeichen / abzuschließen sind.

Abb. 7.11: Cards mit Text und eingeblendetem Bild

Weiterhin ist ein spezielles Bildformat vorgesehen, da das Gerätedisplay nur Schwarzweißgrafiken mit wenigen Bildpunkten darstellen kann. Die Grafik darf daher nicht zu groß sein und muss im WBMP-Format vorliegen. Das WBMP-Format ist ein spezielles Grafikformat für WML-Dokumente. Hersteller wie Nokia (*www.nokia.com*) oder TeraFlops (*www.teraflops.com/wbmp/*) bieten im Rahmen ihrer Entwicklerkits Werkzeuge an, die bestehende BMP-Grafiken in das WBMP-Format umsetzen.

Sie können zusätzlich die Attribute wie *height* und *width* angeben, um den Raum der Grafik festzulegen. Die Ausrichtung (z.B. zentriert) ist über das *align*-Attribut des <*p*>-Starttags möglich. Das folgende Codelisting zeigt, wie sich eine einfache Grafik in eine WML-Datei einbinden und auf einer Card anzeigen lässt.

Listing 7.9: Bild in ein WML-Dokument einfügen

```
<?xml version="1.0"?>
<!DOCTYPE wml PUBLIC "-//WAPFORUM//DTD WML 1.1//en" "http://
www.wapforum.org/DTD/wml_1.1.xml">

<wml>
  <card id="card1" title="WAP">
   <p>Ein Bild <img src="uparrow.wbmp" alt="pfeil"
      height="20" width="20" /></p>
  </card>
</wml>
```

Das Dokument wird vom Wireless Companion gemäß Abbildung 7.11 auf dem WAP-Display abgebildet.

> Sie finden das Beispiel *Bsp07_07.wml* sowie die Bilddatei auf der Begleit-CD im Ordner *Beisp\Kap07*.

7.2.11 Tabellen gestalten

In WML-Dokumenten stehen Ihnen auch XML-Elemente zur Gestaltung von Tabellen zur Verfügung. Hierzu sind die vordefinierten WML-Elemente *table*, *td* und *td* zu verwenden. Das *table*-Element enthält die Tabellendefinition und erlaubt ein *title*-Attribut, um einen Tabellentitel festzulegen (der aber vom Browser ignoriert wird). Über das *align*-Attribut lässt sich die Ausrichtung der Tabelle spezifizieren. Über das *columns*-Attribut geben Sie ggf. die Zahl der Spalten an. Zusätzlich lassen sich bei diesem Element noch die so genannten Core-Attribute *id* und *class* vereinbaren.

Das *table*-Element enthält dann für jede Tabellenzeile ein *tr*-Element (tr steht für table row). Die einzelnen Zellen werden mit *<td> ...</td>* definiert. Der Wert des *td*-Elements stellt dann den Tabelleninhalt dar. Der folgende WML-Code demonstriert, wie sich eine Tabelle in eine Card einbinden lässt.

> Allerdings lässt sich das Element bisher auf WAP-Geräten nicht nutzen. In Abbildung 7.12 erkennen Sie, dass der WAP-Simulator Wireless Companion die Tabellenstruktur nicht richtig darstellt. Die Werte der WML-Elemente werden einfach eingelesen und auf dem Display dargestellt.

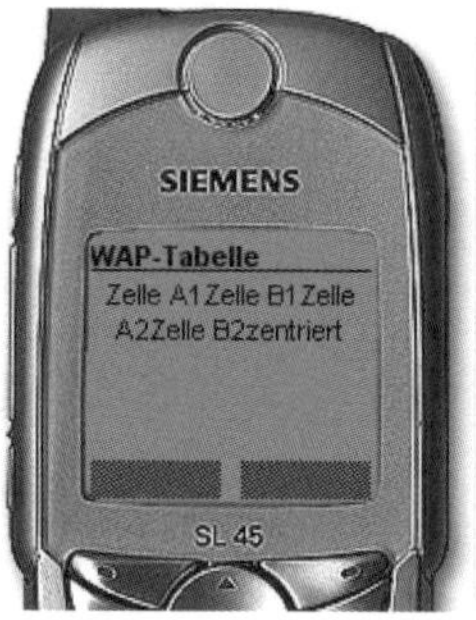

Abb. 7.12: Tabellendarstellung mit dem Wireless Companion

Listing 7.10: WML-Dokument mit Tabelle

```
<?xml version="1.0"?>
<!DOCTYPE wml PUBLIC "-//WAPFORUM//DTD WML 1.1//en" "http://
www.wapforum.org/DTD/wml_1.1.xml">

<wml>
  <card id="card1" title="WAP-Tabelle">
   <p align="center">
    <table title="Tabelle" columns="2">
     <tr><!-- Zeile -->
      <td>Zelle A1</td>
      <td>Zelle B1</td>
     </tr>
     <tr><!-- Zeile -->
      <td>Zelle A2</td>
      <td>Zelle B2</td>
     </tr>
    </table>zentriert</p>
  </card>
</wml>
```

HINWEIS

Sie finden das Beispiel *Bsp07_08.wml* auf der Begleit-CD im Ordner *Beisp\Kap07*.

7.2.12 Eingabefelder nutzen

Um Eingaben über eine WAP-Seite vom Benutzer abzufragen, lässt sich das *input*-Element verwenden:

```
<input name="test" title="Beispiel"/>
```

Das *name*-Attribut legt den Namen des Eingabefelds fest. Sie können dieses Feld als eine Art Variable interpretieren, die sich für die zuvor angeführte Definition über *$(test)* im Programm verwenden lässt. Das Attribut *title* legt den Titel für das Feld fest. Sie sehen diesen Titel im Display oberhalb des Eingabefelds (Abbildung 7.13, links).

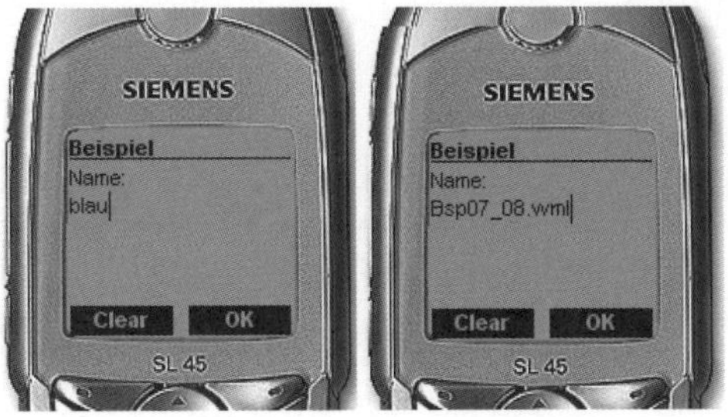

Abb. 7.13: Eingabe in eine WAP-Card

Das folgende Beispiel erzeugt das Eingabefeld aus Abbildung 7.13 (links). Beim Aufruf ist der Wert des Felds noch leer (Abbildung 7.13 zeigt links die Benutzereingabe »blau« an). Zur Eingabe eines Werts wählt der Benutzer das Feld an und wechselt dann zum betreffenden Dialog. Welche Dialoge angezeigt werden, hängt vom WAP-Gerät ab. Die Benutzereingabe lässt sich zudem vom Programm auswerten. In Abbildung 7.13 (rechts) wurde der Name einer WML-Datei eingegeben. Der Wert der Eingabe lässt sich über die Variable *test* als URI für die aufzurufende Seite benutzen:

```
<a href="$(test)">Weiter</a>
```

Der Wert der Variablen wird in dieser Anweisung mit *$(test)* abgerufen. Einzelheiten sind dem nachfolgenden Listing zu entnehmen.

Listing 7.11: WML-Dokument mit Eingabefunktionen

```
<?xml version="1.0"?>
<!DOCTYPE wml PUBLIC "-//WAPFORUM//DTD WML 1.1//en" "http://
www.wapforum.org/DTD/wml_1.1.xml">

<wml>
  <card id="card1" title="Auswahl">
    <p>Name:
      <input name="test" title="Beispiel"/>
      <a href="$(test)">Weiter</a>
    </p>
  </card>
</wml>
```

HINWEIS: Sie finden das Beispiel *Bsp07_09.wml* auf der Begleit-CD im Ordner *Beisp\Kap07*.

7.2.13 Auswahloptionen realisieren

WML bietet zusätzlich die Elemente *select* und *option*, um eine Auswahl über Optionen zu erlauben. Dabei lassen sich die gleichen Tags benutzen, um sowohl Optionsfelder als auch eine Art Kontrollkästchen auf einer Anzeigeseite zu erzeugen. Über die Attribute des *<select>*-Starttags steuern Sie, welche

Eingabeoptionen zur Verfügung stehen. Die folgende Sequenz erzeugt drei Optionsfelder mit den Bezeichnungen »Blau«, »Rot« und »Gelb«.

```
<select multiple="false" name="test" value="blau">
       <option value="blau">Blau</option>
       <option value="rot">Rot</option>
       <option value="gelb">Gelb</option>
</select>
```

Das Attribut *multiple* des *<select>*-Tags legt über den Wert »false« fest, dass nur eine Option innerhalb der Gruppe ausgewählt werden darf. Das Attribut *name* vereinbart eine Variable, in der der ausgewählte Wert gespeichert wird. Diese Variable lässt sich mit *$(name)* im Dokument abrufen. Das Attribut *value* legt schließlich noch den Vorgabewert fest, der beim Aufruf der Auswahlseite vorselektiert wird.

Die eigentlichen Optionen werden dann über das *option*-Element erzeugt. Das Starttag legt über das Attribut *value* den Wert fest, der in die in *<select>* angegebene Variable zurückgespeichert wird. Die Auswahl der Option erfolgt über eine eigene Seite, die bei der Aktivierung des Auswahlfelds abgerufen wird. Abbildung 7.14 zeigt die Sequenz an Seiten, die bei einem Nokia-Handy gezeigt wird. Links sehen Sie das Display, wie es beim Aufruf der Seite erscheint. Wählt der Benutzer das Auswahlfeld, kann er in einem zweiten Feld den Verweis »Edit Selection« bestätigen und gelangt erst dann zur Seite mit den drei Optionsfeldern (Abbildung 7.14). Schließt er die Seite, wird in der Hauptseite der ausgewählte Wert im Auswahlfeld eingeblendet (Abbildung 7.14, rechts).

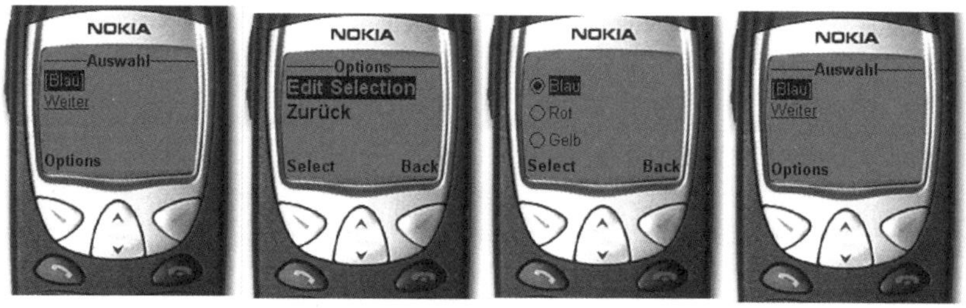

Abb. 7.14: Auswahl einer Option in einer WAP-Seite

Das folgende Beispiel erzeugt die Hauptseite und erlaubt dem Benutzer über die drei Optionsfelder eine Farbe zu wählen. Aktiviert der Benutzer auf der Hauptseite dann den Verweis *Weiter*, gelangt er abhängig von der Auswahl zu einer bestimmten Card. Hierbei wurde die Variable *test* benutzt, um die URI für die aufzurufende Card zu übergeben.

```
<a href="#$(test)">Weiter</a>
```

Die Cards wurden dabei über das *id*-Attribut nach den Farbwerten benannt. Dies erlaubt sehr elegant die Verzweigung in Abhängigkeit von der Auswahl. Die einzelnen Dialoge sind in Abbildung 7.14 zu sehen. Einzelheiten sind dem nachfolgenden Listing zu entnehmen.

Listing 7.12: Optionen in WML-Datei nutzen

```
<?xml version="1.0"?>
<!DOCTYPE wml PUBLIC "-//WAPFORUM//DTD WML 1.1//en" "http://
www.wapforum.org/DTD/wml_1.1.xml">

<wml>
 <template>
  <do type="prev" label="Zurück">
   <go href="#card1" />
  </do>
 </template>

  <card id="card1" title="Auswahl">
   <p>
      <select multiple="false" name="test" value="blau">
       <option value="blau">Blau</option>
       <option value="rot">Rot</option>
       <option value="gelb">Gelb</option>
      </select>
    <a href="#$(test)">Weiter</a>
   </p>

   </card>

 <card id="blau" title="Blau">
   <p>Die Auswahl war
    Auswahl: $(test)
   </p>
  </card>

 <card id="rot" title="Rot">
   <p>Die Auswahl war
    Auswahl: $(test)
   </p>
  </card>

 <card id="gelb" title="Gelb">
   <p>Die Auswahl war
    Auswahl: $(test)
   </p>
  </card>
</wml>
```

HINWEIS

Sie finden das Beispiel *Bsp07_10.wml* auf der Begleit-CD im Ordner *Beisp\Kap07*.

Bei Optionsfeldern lässt sich immer nur eine Option aus der Gruppe wählen. Möchten Sie anstelle der Optionsfelder lieber Kontrollkästchen in der Anzeigeseite sehen? Bei Kontrollkästchen können Sie durchaus verschiedene Optionen selektieren. Dies ist mit dem gleichen Code möglich, lediglich das Attribut *multiple* des *select*-Elements ist auf den Wert »true« zu setzen.

```
<select multiple="true" name="test" value="blau">
       <option value="blau">Blau</option>
       <option value="rot">Rot</option>
       <option value="gelb">Gelb</option>
</select>
```

In Abbildung 7.15 sehen Sie die Anzeigeseiten, die durch die betreffenden WML-Elemente erzeugt werden. Hier kann der Benutzer alle drei Optionen markieren. Diese werden anschließend auf der Hauptseite angezeigt.

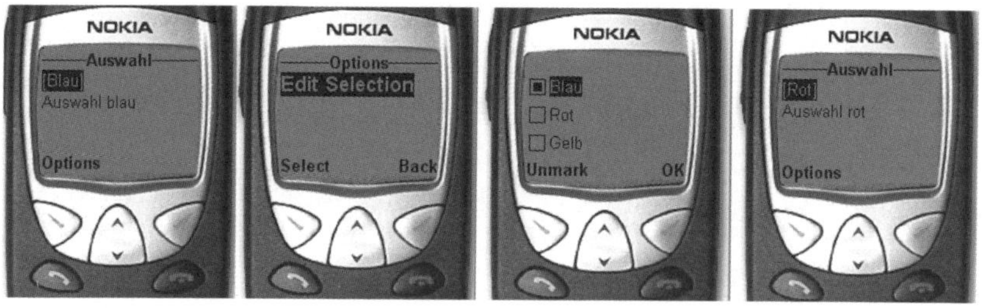

Abb. 7.15: Auswahl mehrerer Optionen in einer WAP-Seite

Sie können anschließend die Variable *$(test)* verwenden, um die Benutzerauswahl weiterzuverarbeiten. Dieser Wert könnte beispielsweise als Befehl an ein CGI-Script auf dem Server weitergeleitet werden. Die folgende Angabe zeigt beispielsweise die Übergabe eines solchen Werts:

```
<a href="http://www.kinonews.de/cgi-bin/wml/scripts/
aws.pl?auswahl=$(test)&amp;start=1">
```

Hier ist auf der betreffenden Internetseite ein Perl-Script hinterlegt, welches das Argument übernimmt und auswertet. Das Script kann dann ggf. eine neue WML-Seite als Antwort auf die Benutzerauswahl generieren. Das hier gezeigte Beispiel wertet aber keine Eingaben aus, da dies den Rahmen des Buchs sprengen würde. Die Auswahl wird lediglich in der Leitseite angezeigt. Einzelheiten sind dem nachfolgenden Listing zu entnehmen.

```
<?xml version="1.0"?>
<!DOCTYPE wml PUBLIC "-//WAPFORUM//DTD WML 1.1//en" "http://
www.wapforum.org/DTD/wml_1.1.xml">

<wml>
  <card id="card1" title="Auswahl">
   <p>
      <select multiple="true" name="test" value="blau">
       <option value="blau">Blau</option>
       <option value="rot">Rot</option>
       <option value="gelb">Gelb</option>
      </select>
    Auswahl $(test)
   </p>
  </card>
</wml>
```

Listing 7.13: Optionen in einer WML-Datei

HINWEIS

Sie finden das Beispiel *Bsp07_11.wml* auf der Begleit-CD im Ordner *Beisp\Kap07*.

7.2.14 Arbeiten mit Timern und Ereignissen

Um dynamisch zwischen verschiedenen Decks und Cards umzuschalten, können Sie zu einen Timer und zur WML-Ereignisverarbeitung greifen. Nehmen wir an, nach Anwahl der WAP-Seite soll der Benutzer einen Verweis wählen (Abbildung 7.16). Klickt er diesen Verweis nicht innerhalb einer bestimmten Zeitdauer an, gelangt er automatisch zu einer anderen Seite (oder einer Card). Es ließe sich auf diese Weise auch eine Slide-Show an verschiedenen Decks oder Cards vorstellen.

Abb. 7.16: Leitseite mit Auswahl und Zeitsteuerung

Im folgenden Beispiel wird auf der Hauptseite ein Text sowie ein Verweis eingeblendet. Aktiviert der Benutzer den Verweis *Don't click*, gelangt er zur Card *card3*. Wartet er, zeigt das Gerät nach ca. drei Sekunden automatisch den Inhalt von *card2*. Die Steuerung der automatischen Umschaltung erfolgt mit zwei Tags:

```
<card id="card1" ontimer="#card2" title="WAP">

   <timer value="30"/>
```

Im *card*-Element wird das *ontimer*-Attribut genutzt, um eine Referenz auf die URI *card2* zu aktivieren. Das *ontimer*-Ereignis wird durch einen Timer ausgelöst, der mit dem *<timer>*-Starttag beim Aufruf der Card gesetzt wird. Das Attribut *value* gibt dabei die Wartezeit in 1/10 Sekunden an. Einzelheiten sind dem nachfolgenden Listing zu entnehmen.

Listing 7.14: Zeitsteuerung in WML-Datei

```
<?xml version="1.0"?>
<!DOCTYPE wml PUBLIC "-//WAPFORUM//DTD WML 1.1//en" "http://
www.wapforum.org/DTD/wml_1.1.xml">

<wml>
 <template>
  <do type="prev" label="Zurück">
   <go href="#card1" />
  </do>
 </template>

  <!-- reagiert auf Timerereignis -->
  <card id="card1" ontimer="#card2" title="WAP">
   <timer value="30"/><!-- Timer starten -->
   <p>Gleich geht es weiter</p>
   <p><a href="#card3">Don't click</a></p>
  </card>

  <card id="card2" title="Hallo">
   <p align="center">
      <big>Borns<br/>
        BookP@age</big>
   </p>
  </card>

  <card id="card3" title="Autsch">
   <p align="center">
      <big>Neugieriger Vogel!</big>
   </p>
  </card>
</wml>
```

Sie finden das Beispiel *Bsp07_12.wml* auf der Begleit-CD im Ordner *Beisp\Kap07*.

Zusammenfassung

Sie haben jetzt die wichtigsten Befehle zum Gestalten von WAP-Seiten mit WML kennen gelernt. Sobald Sie eine vordefinierte DTD für einen Dokumenttyp benutzen können, reduziert sich die Nutzung auf die Anwendung der XML-Elemente gemäß den in der DTD vorgegebenen Regeln. Details zu WML (z.B. die DTD) finden Sie im Internet unter *http://www.wapforum.org*. Das Internet bietet darüber hinaus weitere Seiten mit Beispielen im WML-Code an.

Fragen

1. Nennen Sie das Root-Element und das untergeordnete Element für Cards des WML-Formats.
2. Was ist beim Eingeben von Text in WAP-Seiten zu beachten?
3. Wie wird ein Bild in eine WAP-Seite eingebunden?

Antworten

1. *<wml> ... </wml>* als Root-Element und *<card> ... </card>* für die einzelnen Decks.
2. Der Text muss in *<p> ... </p>* eingebettet werden. Sonderzeichen sollten mit Vorsicht genossen werden. Leerzeichen werden von den meisten WAP-Geräten als White-Space-Zeichen angesehen und auf ein Zeichen verdichtet.
3. Sie benötigen eine WBMP-Datei, die über das *img*-Element im Dokument eingebunden wird.

Kapitel 8

XML in Office-Anwendungen

In den vorherigen Kapiteln haben Sie eine Einführung in XML und mit WML eine einfache XML-Anwendung kennen gelernt. Nun sollen weitere praktische Anwendungen behandelt werden. Moderne Office-Pakete (Microsoft Office 2003, StarOffice 7/OpenOffice.org 1.x) unterstützen XML oder setzen sogar auf diesem Format auf. Auf den nachfolgenden Seiten möchte ich kurz an Beispielen skizzieren, wie Sie XML in StarOffice/OpenOffice.org und Microsoft Office 2003 nutzen können.

8.1 XML in OpenOffice.org/StarOffice

OpenOffice.org 1.x bzw. StarOffice (ab Version 6) setzen auf XML auf und benutzen dieses Format zur Speicherung von Dokumenten. Nachfolgend möchte ich kurz skizzieren, wie die Dokumentdateien aufgebaut sind und wie man XML-Filter für OpenOffice.org 1.x bzw. StarOffice 7.0 erstellt.

HINWEIS

StarOffice ist die von der Firma Sun vertriebene kommerzielle Fassung des OpenOffice.org-Pakets. Beide Pakete benutzen in den Office-Anwendungen daher die gleichen Dokumentformate. Wenn hier von OpenOffice.org 1.x die Rede ist, lassen sich die Aussagen auch auf StarOffice 6/7 beziehen.

8.1.1 Das OpenOffice.org-XML-Dokumentformat

OpenOffice.org benutzt XML zum Speichern von Dokumenten. Die von den Anwendungen erzeugten Dokumentdateien sind im ZIP-Format komprimiert. Diese ZIP-Archive enthalten verschiedene XML-Dateien, die den Dokumentinhalt und die Formatierung abbilden.

TIPP

Sie können die OpenOffice.org-Dokumentdateien mit einem ZIP-Programm öffnen und die gepackten XML-Dateien extrahieren. Hierzu empfiehlt es sich, die betreffende Dokumentdatei umzubenennen (z.B. *text.sxw* in *test.zip*). Danach reicht unter Windows i.d.R. ein Doppelklick auf die Dokumentdatei, um das Archiv in einem ZIP-Programm zu öffnen.

Die komprimierte Archivdatei eines OpenOffice.org-Dokuments enthält die in nachfolgender Tabelle aufgeführten Dateien.

Tabelle 8.1: Inhalt einer OpenOffice.org-Dokumentdatei

Datei	Inhalt
mimetype	Eine Textdatei mit einem Ausdruck, der den Mime-Typ des Dokuments angibt (z.B. *application/vnd.sun.xml.writer*).
content.xml	Dies ist die XML-Datei mit dem eigentlichen Inhalt des Dokuments.
styles.xml	Eine XML-Datei mit den Dokumentvorlagen, die im Dokument genutzt wurden.
meta.xml	Eine XML-Datei mit Metadaten (Autor, letzte Überarbeitung etc.) für das Dokument.
settings.xml	Ein XML-Dokument mit den Einstellungen für dieses Dokument (z.B. Fensterposition, Einstellungen der Anwendung etc.).
manifest.xml	Enthält das Manifest, d.h. eine Auflistung der zum Dokument gehörenden Dateien.

Abb. 8.1: Beispieldokument im OpenOffice.org Writer

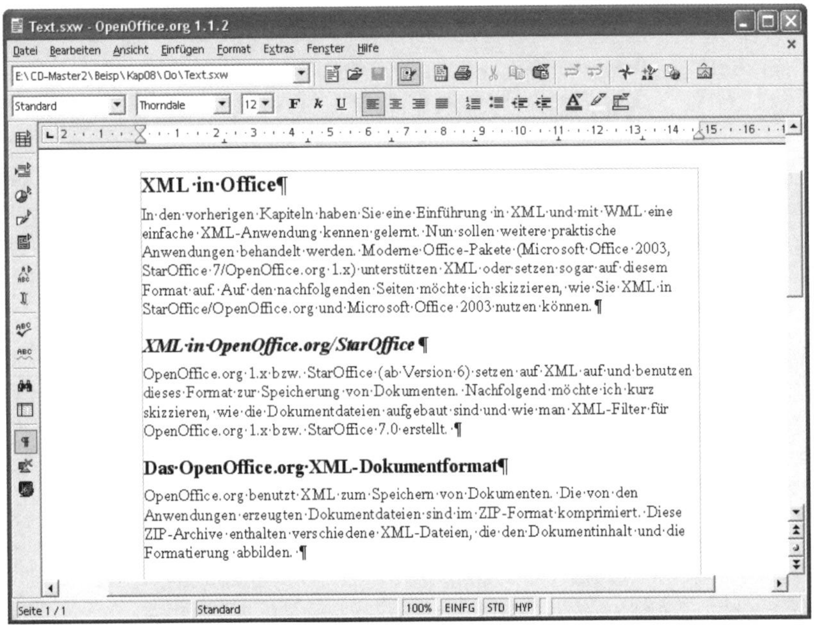

Um den Inhalt eines Dokuments auszuwerten, ist nur die Datei *content.xml* relevant. Diese beinhaltet bei einer Writer-Textdatei nur den reinen Textinhalt, wobei sich aber Formatauszeichnungen über die zur Speicherung der Elemente benutzten Tag-Namen ermitteln lassen. Die Spezifikation für ein Format befindet sich in der Datei *styles.xml*.

Zum Exportieren von Dokumentinhalten müssen Sie lediglich die XML-Elemente der Datei *content.xml* benutzen. Dabei wird eine sehr einfache Struktur benutzt. Diese Struktur soll jetzt an einem Textdokument gemäß Abbildung 8.1 diskutiert werden. Das Textdokument wurde mit dem OpenOffice.org-Writer erstellt. Das Dokument besitzt eine Überschrift der Ebene 1, etwas Text (Formatstil »Standard«) und mehrere Überschriften der Ebenen 2 und 3. Schauen Sie sich die Datei *content.xml* in einem XML-Editor an, finden Sie die Dokumentinhalte in verschiedenen XML-Elementen wieder. Nachfolgendes Listing zeigt einen kurzen Ausschnitt aus der betreffenden XML-Dokumentdatei.

Listing 8.1: XML-Struktur eines OpenOffice.org-Textdokuments

```
<?xml version="1.0" encoding="UTF-8"?>
<!DOCTYPE office:document-content PUBLIC "-//OpenOffice.org//DTD
OfficeDocument 1.0//EN" "office.dtd">
<office:document-content
  xmlns:office="http://openoffice.org/2000/office"
  xmlns:style="http://openoffice.org/2000/style"
  xmlns:text="http://openoffice.org/2000/text"
  xmlns:table="http://openoffice.org/2000/table"
  xmlns:draw="http://openoffice.org/2000/drawing"
  xmlns:fo="http://www.w3.org/1999/XSL/Format"
  xmlns:xlink="http://www.w3.org/1999/xlink"
  xmlns:number="http://openoffice.org/2000/datastyle"
  xmlns:svg="http://www.w3.org/2000/svg"
  xmlns:chart="http://openoffice.org/2000/chart"
  xmlns:dr3d="http://openoffice.org/2000/dr3d"
  xmlns:math="http://www.w3.org/1998/Math/MathML"
  xmlns:form="http://openoffice.org/2000/form"
  xmlns:script="http://openoffice.org/2000/script"
  office:class="text"
  office:version="1.0">
<office:script/>
<office:font-decls>
  <style:font-decl style:name="Tahoma1"
     fo:font-family="Tahoma"/>
  <style:font-decl style:name="Andale Sans UI"
     fo:font-family="&apos;Andale Sans UI&apos;"
     style:font-pitch="variable"/>
...
</office:font-decls>
<office:automatic-styles/>
```

```
<office:body>
  <text:variable-decls>
<text:variable-decl text:value-type="string"
text:name="info.copyright_0.year_0"/>
...
</text:variable-decls>
<text:sequence-decls><text:sequence-decl
  text:display-outline-level="0" text:name="Illustration"/>
...
</text:sequence-decls>
<text:h text:style-name="Heading 1" text:level="1">XML in Office</
text:h>
<text:p text:style-name="Standard">In den vorherigen Kapiteln haben
Sie eine Einführung in XML und mit WML eine einfache XML-Anwendung
kennen gelernt. Nun sollen weitere praktische Anwendungen behandelt
werden. Moderne Office-Pakete (Microsoft Office 2003, StarOffice 7/
OpenOffice.org 1.x) unterstützen XML oder setzen sogar auf diesem
Format auf. Auf den nachfolgenden Seiten möchte ich skizzieren, wie
Sie XML in StarOffice/OpenOffice.org und Microsoft Office 2003 nutzen
können.</text:p>
<text:h text:style-name="Heading 2" text:level="2">XML in
OpenOffice.org/StarOffice</text:h>
<text:p text:style-name="Standard">OpenOffice.org 1.x bzw. StarOffice
(ab Version 6) setzen auf XML auf und benutzen dieses Format zur
Speicherung von Dokumenten. Nachfolgend möchte ich kurz
skizzieren, wie die Dokumentdateien aufgebaut sind und wie man XML-
Filter für OpenOffice.org 1.x bzw. StarOffice 7.0 erstellt. </text:p>
...
<text:p text:style-name="Text body"/>
</office:body>
</office:document-content>
```

Es lässt sich leicht erkennen, dass der XPath-Ausdruck zum Text durch *office:document-content/office:body* beschrieben wird. Die XML-Elemente mit dem Präfix *text* nehmen bei Textdokumenten die Inhalte auf. *<text:h>* steht für Überschriften, während *<text:p>* für Absätze benutzt wird. Das Attribut *style-name* gibt dabei den zur Formatierung benutzten Stil (Style) an. Bei Überschriften lässt sich zudem die Überschriftenebene noch am Attribut *level* ablesen.

HINWEIS

Weitere Details zum Aufbau des OpenOffice.org-Formats finden Sie in einer Online-Dokumentation unter *books.evc-cit.info*.

8.1.2 Ein XSLT-Exportfilter für OpenOffice.org

OpenOffice.org unterstützt ab Version 1.x einen Export von Dokumentinhalten über XML-Exportfilter. Diese lassen sich als einfache XSLT-Dateien formulieren und dann komfortabel über einen Befehl in die Office-Anwendungen einbinden. Zur Demonstration soll nun ein XSLT-Exportfilter entworfen werden, der den Inhalt des in Abbildung 8.1 gezeigten Textdokuments aus dem Writer in eine XML-Datei überführt.

Die Textinhalte eines Writer-Dokuments stecken in der XML-Datei *content.xml* im Pfad *office:document/office:body*. Dort legt die Anwendung verschiedene Elemente (*h* für Überschriften, *p* für Absatztexte etc.) ab. Eine XSLT-Datei muss also das XML-Dokument auf diese Elemente scannen und dann deren Werte in eine XML-Datei transferieren. Um das Beispiel möglichst einfach zu halten, soll die resultierende XML-Dokumentdatei folgende Struktur aufweisen:

```
<doc>
<comment>...</comment>
<h1>...</h1>
<p>...</p>
  ...
</doc>
```

Der Dokumentinhalt wird durch das *doc*-Wurzelelement eingeschlossen. Das *comment*-Element wird im Kopf der XML-Dokumentdatei hinterlegt und kann einen Kommentar aufnehmen. Überschriften werden durch Elemente *h1*, *h2* und *h3* abgebildet, wobei die Ziffer die Überschriftenebene angibt. Die Absatztexte landen dagegen in *p*-Elementen. Die XSL-Datei zur Transformation besitzt dann den in nachfolgendem Listing gezeigten Aufbau.

Listing 8.2: XSL-Anweisungen für den XML-Exportfilter

```
<?xml version='1.0' encoding="UTF-8"?>
<xsl:stylesheet
  xmlns:xsl="http://www.w3.org/1999/XSL/Transform" version="1.0"
  xmlns:fo="http://www.w3.org/1999/XSL/Format"
  xmlns:office="http://openoffice.org/2000/office"
  xmlns:style="http://openoffice.org/2000/style"
  xmlns:text="http://openoffice.org/2000/text"
  xmlns:table="http://openoffice.org/2000/table"
  xmlns:draw="http://openoffice.org/2000/drawing"
  xmlns:xlink="http://www.w3.org/1999/xlink"
  xmlns:number="http://openoffice.org/2000/datastyle"
  xmlns:form="http://openoffice.org/2000/form"
  xmlns:script="http://openoffice.org/2000/script"
  xmlns:config="http://openoffice.org/2001/config"
  exclude-result-prefixes="text xsl fo office style table
    draw xlink form script config number">
<xsl:output method="xml" version="1.0"
    encoding="UTF-8" indent="yes"/>
```

```
<xsl:template match="/">
 <doc> <!-- der Kopf des XML-Dokuments -->
  <comment>Beispiel für XML-Export</comment>
   <xsl:apply-templates select="office:document/office:body"/>
 </doc>
</xsl:template>

<!-- Überschriftsebene 1 in h1-Element -->
<xsl:template match="text:h[@text:style-name='Heading 1']">
 <h1>
   <xsl:value-of select="."/>
 </h1>
</xsl:template>

<!-- Überschriftsebene 2 in h2-Element -->
<xsl:template match="text:h[@text:style-name='Heading 2']">
 <h2>
   <xsl:value-of select="."/>
 </h2>
</xsl:template>

<!-- Überschriftsebene 3 in h3-Element -->
<xsl:template match="text:h[@text:style-name='Heading 3']">
 <h3>
   <xsl:value-of select="."/>
 </h3>
</xsl:template>

<!-- jetzt folgen einfache Textabschnitte -->
<xsl:template match="text:p">
 <p>
   <xsl:value-of select="."/>
 </p>
</xsl:template>

</xsl:stylesheet>
```

Das Transformationsbeispiel wurde ziemlich einfach gehalten, da es lediglich um das Prinzip zum Erstellen des Filters geht. Zum besseren Verständnis sind einige Anweisungen in dem zuvor angeführten Listing fett ausgezeichnet. Die Sequenz

```
<xsl:template match="/">
 <doc> <!-- der Kopf des XML-Dokuments -->
  <comment>Beispiel für XML-Export</comment>
   <xsl:apply-templates select="office:document/office:body"/>
 </doc>
</xsl:template>
```

generiert das *doc*-Element und hinterlegt den Kommentar im Ausgabedokument. Zudem wird der XAxes-Pfad auf das Wurzelelement *office:document/ office:body* gesetzt. Dieses Element enthält unter anderem auch die im Dokument hinterlegten Texte. Die Auswertung der Unterelemente sowie die Transformation der Inhalte in die XML-Ausgabedatei erfolgt dann in weiteren *template*-Elementen. Überschriften speichert der Writer beispielsweise in *h*-Elementen. Über das Attribut *style-name* wird dann die gewünschte Formatvorlage zugewiesen. Die folgende Sequenz prüft, ob das gerade analysierte XML-Element ein *h*-Element ist und den Style »Heading 1« aufweist.

```
<!-- Überschriftsebene 1 in h1-Element -->
<xsl:template match="text:h[@text:style-name='Heading 1']">
 <h1>
   <xsl:value-of select="."/>
 </h1>
</xsl:template>
```

In diesem Fall wird der Inhalt des Elements in ein *h1*-Element der Ausgabedatei transferiert. Die Überführung der restlichen Dokumentelemente erfolgt mit ähnlichen Anweisungen.

> Falls Sie komplexere Textdokumente mit weiteren Elementen aufbauen, müssen Sie einfach die entsprechenden *template*-Elemente zur XSL-Datei hinzufügen. Im Ordner *Beisp\Kap08\Oo* der Begleit-CD finden Sie die Datei *XMLExport.xsl*, die auf die im gleichen Ordner enthaltene Writer-Dokumentdatei *Text.xsw* abgestimmt ist. Wenn Sie diese Datei als Filter in OpenOffice.org/StarOffice registrieren, lässt sich der Inhalt dieser Dokumentdatei in eine XML-Datei überführen. Die Datei *xHTMLExport.xsl* enthält einen XHTML-Exportfilter, der die Datei *Text.xsw* in eine HTML-Ausgabedatei überführt.

8.1.3 So könnte ein XSLT-Importfilter aussehen

Mit XSL-Dateien können Sie auf die gleiche Weise Importfilter für OpenOffice.org/StarOffice schreiben, die beispielsweise den Inhalt von XML-Dokumenten in ein Writer-Textdokument importieren. Das folgende Listing demonstriert dies an der XML-Dokumentdatei *Text.xml*, die sich mit dem Exportfilter aus dem vorherigen Abschnitt erstellen lässt.

Listing 8.3: XSL-Anweisungen für den XML-Importfilter

```
<?xml version='1.0' encoding="UTF-8"?>
<xsl:stylesheet
  xmlns:xsl="http://www.w3.org/1999/XSL/Transform" version="1.0"
  xmlns:fo="http://www.w3.org/1999/XSL/Format"
  xmlns:office="http://openoffice.org/2000/office"
  xmlns:style="http://openoffice.org/2000/style"
  xmlns:text="http://openoffice.org/2000/text"
```

```
  xmlns:table="http://openoffice.org/2000/table"
  xmlns:draw="http://openoffice.org/2000/drawing"
  xmlns:xlink="http://www.w3.org/1999/xlink"
  xmlns:number="http://openoffice.org/2000/datastyle"
  xmlns:form="http://openoffice.org/2000/form"
  xmlns:script="http://openoffice.org/2000/script"
   xmlns:config="http://openoffice.org/2001/config"
  exclude-result-prefixes="text xsl fo office style table draw xlink
     form script config number">
<xsl:output method="xml" version="1.0"
     encoding="UTF-8" indent="yes"/>

<xsl:template match="/">
<!-- der Kopf des XML-Dokuments -->
<office:document-content
    xmlns:office="http://openoffice.org/2000/office"
    xmlns:style="http://openoffice.org/2000/style"
    xmlns:text="http://openoffice.org/2000/text"
    xmlns:table="http://openoffice.org/2000/table"
    xmlns:draw="http://openoffice.org/2000/drawing"
    xmlns:fo="http://www.w3.org/1999/XSL/Format"
    xmlns:xlink="http://www.w3.org/1999/xlink"
    xmlns:number="http://openoffice.org/2000/datastyle"
    xmlns:svg="http://www.w3.org/2000/svg"
    xmlns:chart="http://openoffice.org/2000/chart"
    xmlns:dr3d="http://openoffice.org/2000/dr3d"
    xmlns:math="http://www.w3.org/1998/Math/MathML"
    xmlns:form="http://openoffice.org/2000/form"
    xmlns:script="http://openoffice.org/2000/script"
    office:class="text"
    office:version="1.0">
      <office:body>
     <xsl:apply-templates select="doc"/>
 </office:body>
</office:document-content>
</xsl:template>

<!-- Überschriftsebene 1 in h1-Element -->
<xsl:template match="h1">
 <text:h text:style-name='Heading 1'>
   <xsl:value-of select="."/>
 </text:h>
</xsl:template>

<!-- Überschriftsebene 2 in h2-Element -->
<xsl:template match="h2">
 <text:h text:style-name='Heading 2'>
   <xsl:value-of select="."/>
```

```
 </text:h>
</xsl:template>

<!-- Überschriftsebene 3 in h3-Element -->
<xsl:template match="h3">
 <text:h text:style-name='Heading 3'>
   <xsl:value-of select="."/>
 </text:h>
</xsl:template>

<!-- jetzt folgen einfache Textabschnitte -->
<xsl:template match="p">
 <text:p>
   <xsl:value-of select="."/>
 </text:p>
</xsl:template>

</xsl:stylesheet>
```

Diese XSL-Datei besitzt die gleiche Struktur wie der XML-Exportfilter. Lediglich die beim Transfer generierten XML-Elemente müssen auf das vom Writer benutzte Dokumentformat abgestimmt werden. Hierzu generiert das XSL-Dokument zuerst den Kopf des XML-Dokuments. Dann werden die XML-Elemente des Quelldokuments gelesen und in XML-Elemente des Zielformats überführt. Eine Überschrift ist beispielsweise in folgendes XML-Element

```
<text:h text:style-name='Heading 1'>...</text:h>
```

umzusetzen. Das Attribut *style-name* weist dann die gewünschte Stilvorlage zu.

Bei komplexeren XML-Dokumenten fügen Sie einfach die gewünschten Transformationen über *template*-Elemente zur XSL-Datei hinzu. Im Ordner *Beisp\Kap08\Oo* der Begleit-CD finden Sie die Datei *XMLImport.xsl*. Sie können damit die bereits im gleichen Ordner enthaltene XML-Datei *Text.xml* im Writer in ein Textdokument importieren. Allerdings müssen Sie den Filter erst in OpenOffice.org/StarOffice registrieren.

8.1.4 So registrieren Sie XSLT-Filter

Um selbst erstellte XSLT-Filter in OpenOffice.org oder StarOffice nutzen zu können, müssen Sie diese erst in der betreffenden Anwendung registrieren. In den beiden vorhergehenden Abschnitten wurden Import- und Exportfilter für XML vorgestellt, die sich im Writer zum Einlesen oder Exportieren von Textdokumenten nutzen lassen. Um die Filter zu registrieren, gehen Sie wie folgt vor:

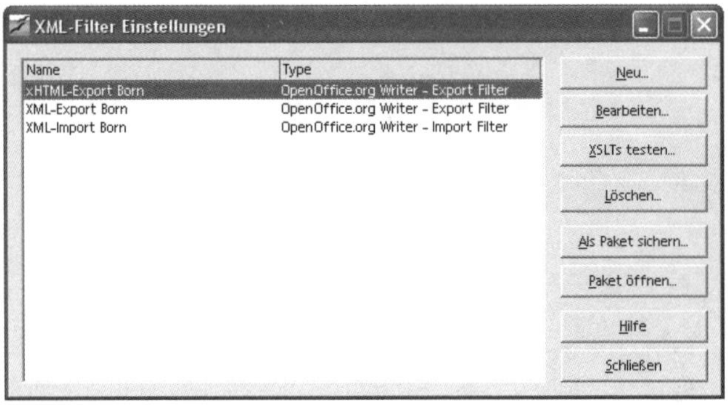

Abb. 8.2: Dialog mit registrierten XML-Filtern

1. Starten Sie den Writer und wählen Sie im Menü *Extras* den Befehl *XML-Filter Einstellungen*. Die Anwendung öffnet dann das Dialogfeld *XML-Filter Einstellungen* (Abbildung 8.2). In diesem Dialogfeld werden die bereits registrierten XML-Filter aufgelistet.
2. Klicken Sie anschließend auf die Schaltfläche *Neu* des Dialogfelds, um einen neuen Filter zu registrieren. Die Anwendung öffnet dann ein zweites Dialogfeld *XML-Filter: xxx* mit den beiden Registerkarten *Allgemein* und *Transformation* (Abbildung 8.3).

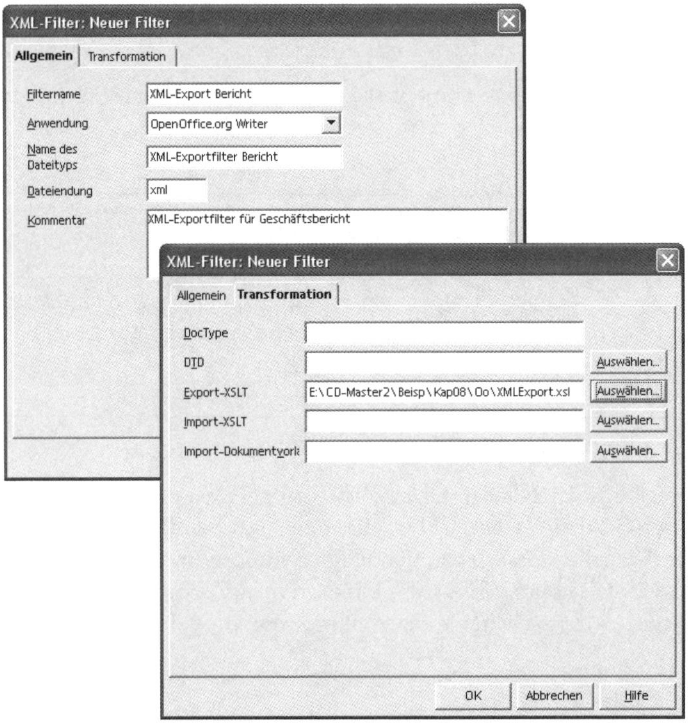

Abb. 8.3: Dialog zum Registrieren der XML-Filter

3. Wählen Sie die Registerkarte *Allgemein* und passen Sie die Werte in den Eingabefeldern an (Abbildung 8.3, oben links). Sie sollten den Wert *Filtername* mit einem Text versehen, der Rückschlüsse auf die Funktion des Filters liefert (z.B. »XML-Export-Bericht«). Unter *Anwendung* ist die Office-Anwendung einzustellen, auf deren Dokumente sich der Filter bezieht. Der im Feld *Name des Dateityps* eingetragene Text erscheint später beim den Dialogfeldern zum Import/Export in der Liste der Dateiformate. Passen Sie auch die Dateinamenerweiterung im Feld *Dateiendung* entsprechend an.
4. Wechseln Sie zur Registerkarte *Transformation* (Abbildung 8.3, rechts unten) und klicken Sie auf die Schaltfläche *Auswahl* eines Felds. Um einen Exportfilter zu registrieren, wählen Sie die Schaltfläche des Felds *Export-XSLT*, für den Importfilter wählen Sie die Schaltfläche des Feldes *Import-XSLT*.
5. Im eingeblendeten Dialogfeld *Öffnen* wählen Sie die gewünschte XSL-Datei und schließen das Dialogfeld. Anschließend klicken Sie im Dialogfeld *XML-Filter* auf die *OK*-Schaltfläche, um auch dieses Dialogfeld zu schließen.

Mit diesen Schritten ist der Filter registriert und steht Ihnen anschließend beim Exportieren oder beim Öffnen zur Verfügung.

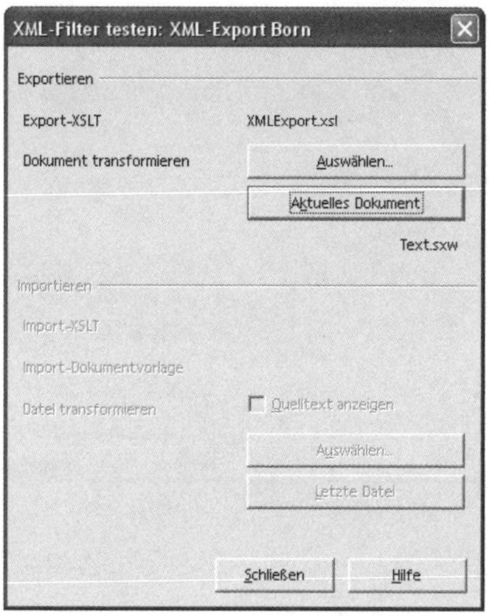

Abb. 8.4: Dialog zum Testen der XSLTs

TIPP

Beim Entwickeln der XSLT-Filter werden in der Regel Fehler auftreten. Sie können im ersten Schritt die die Datei *content.xml* aus der Dokumentdatei (z.B. *.xsw*) in einen lokalen Ordner entpacken. Dann lässt sich die XSL-Datei in einem XML-Editor wie XML Spy erstellen und auf die Datei *content.xml* anwenden. Im Dialogfeld *XML-Filter* finden Sie aber die Schaltfläche *XSLTs testen*. Markieren Sie einen Filter und klicken Sie auf eine Schaltfläche, wird das Dialogfeld aus Abbildung 8.4 eingeblendet. Je nach Filtertyp können Sie dann die Export- oder die Importfunktion über die betreffenden Schaltflächen testen. Sobald Sie eine XML-Datei über die betreffende Schaltfläche *auswählen* selektiert haben, wird die XML-Ausgabe des Filters in einem Codefenster gezeigt.

8.1.5 So nutzen Sie die Filter

Haben Sie einen Exportfilter registriert und möchten diesen nutzen? Dann führen Sie folgende Schritte aus:

Abb. 8.5: Export eines Dokumentinhalts

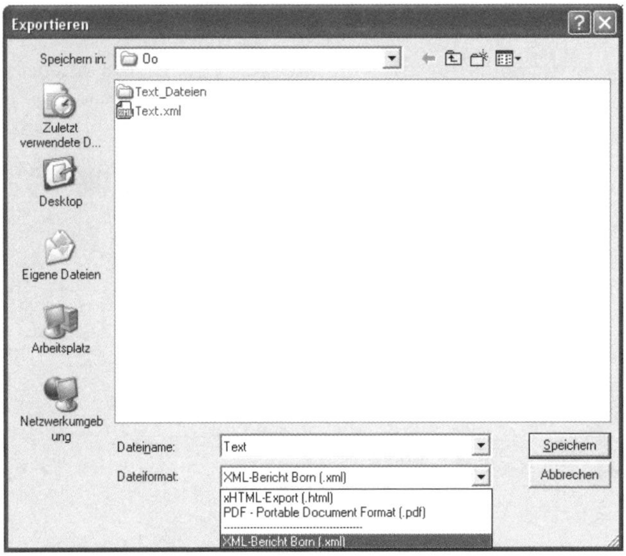

1. Starten Sie die gewünschte Office-Anwendung (hier den Writer) und laden Sie die Dokumentdatei (hier *Test.xsw* von der Buch-CD).

2. Wählen Sie im Menü *Datei* den Befehl *Exportieren* und stellen Sie im dann angezeigten Dialogfeld *Exportieren* das Dateiformat auf den gewünschten Wert (Abbildung 8.5). Wenn Sie den Filter korrekt registriert haben, wird dessen Filtername und Dateityp im Feld *Dateiformat* des Dialogfelds *Exportieren* auftauchen.

3. Geben Sie den Namen der Exportdatei ein und klicken Sie auf die *Speichern*-Schaltfläche.

Die Office-Anwendung beginnt dann mit dem Export der in der XSL-Datei angegebenen Dokumentelemente. Sie können anschließend das Ausgangsdokument schließen und sich die Ausgabedatei ansehen.

Zum Importieren wählen Sie im Menü *Datei* den Befehl *Öffnen*. Bei entsprechend registriertem Importfilter wird dessen Name im Dialogfeld *Öffnen* unter den Dateitypen enthalten sein. Wenn Sie das Format *Alle Dateien* und dann eine Dokumentdatei wählen, erlaubt die Office-Anwendung in einem getrennten Dialogfeld die Auswahl des Filters.

8.2 XML in Microsoft Office 2003

Microsoft hat die Office-Version 2003 mit umfangreicher XML-Unterstützung ausgestattet. Sie können in Microsoft Word beispielsweise direkt XML-Dokumente einlesen und editieren. Dabei lassen sich die Eingaben direkt gegen ein Schema validieren. Auch die Transformation über XSL-Datei ist beim Speichern von Office-Dokumenten möglich. Nachfolgend erhalten Sie einen kurzen Abriss, wie sich XML-Dokumente mit Microsoft Word 2003 nutzen lassen.

8.2.1 XML-Dokumente in Word laden

Das Laden von XML-Dokumenten ist in Microsoft Office 2003 sehr einfach, da diese Version den direkten Zugriff auf XML-Inhalte unterstützt. Um ein XML-Dokument in Word 2003 anzusehen, gehen Sie wie folgt vor:

1. Starten Sie Microsoft Word 2003 und wählen Sie anschließend im Menü *Datei* den Befehl *Öffnen*.

2. Im Dialogfeld *Öffnen* (Abbildung 8.6) wählen Sie die gewünschte Dokumentdatei und klicken dann auf die Schaltfläche *Öffnen*.

Microsoft Word 2003 blendet dann den Inhalt des XML-Dokuments im Dokumentbereich ein (Abbildung 8.7). Die im XML-Dokument gefundenen Start- und Endtags der XML-Elemente werden dabei als Marken mit den Elementnamen im Dokument hervorgehoben. Allerdings lässt sich dann nicht allzu viel mit dem Dokumentinhalt anfangen. Sie können höchstens auf eine Tag-Marke klicken, um den Inhalt des XML-Elements zu markieren. Zudem lässt sich das gesamte Element samt den Tags markieren und löschen.

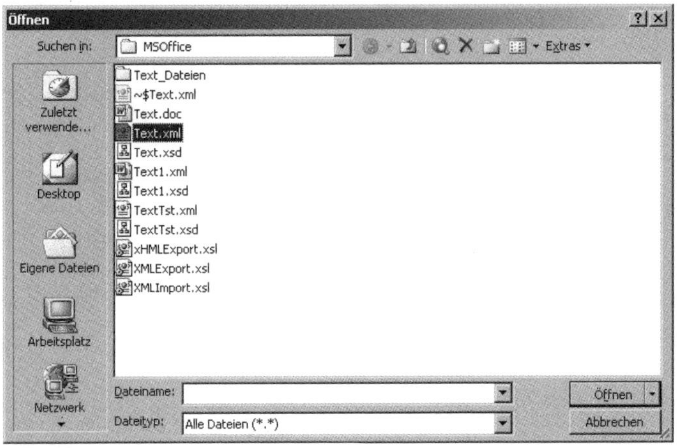

Abb. 8.6: Laden einer XML-Datei in Word 2003

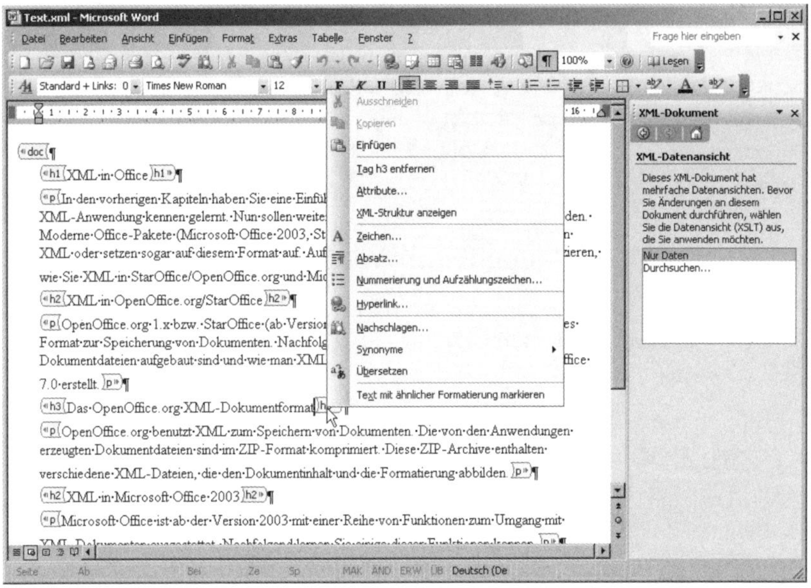

Abb. 8.7: Anzeige eines geladenen XML-Dokuments in Word 2003

- Um die Tags eines XML-Elements zu entfernen, klicken Sie das Tag im Dokument mit der rechten Maustaste an und wählen im Kontextmenü den Befehl *Tag xxx entfernen*. Dann werden die Tag-Marken entfernt, der Inhalt des Elements findet sich als einfacher Text im Dokumentfenster.
- Möchten Sie die XML-Struktur des geladenen Dokuments sehen, klicken Sie ein Tag mit der rechten Maustaste an und wählen im Kontextmenü den Befehl *XML-Struktur anzeigen*. Word 2003 blendet dann in der Aufgabenleiste die in Abbildung 8.8 gezeigte XML-Struktur ein.

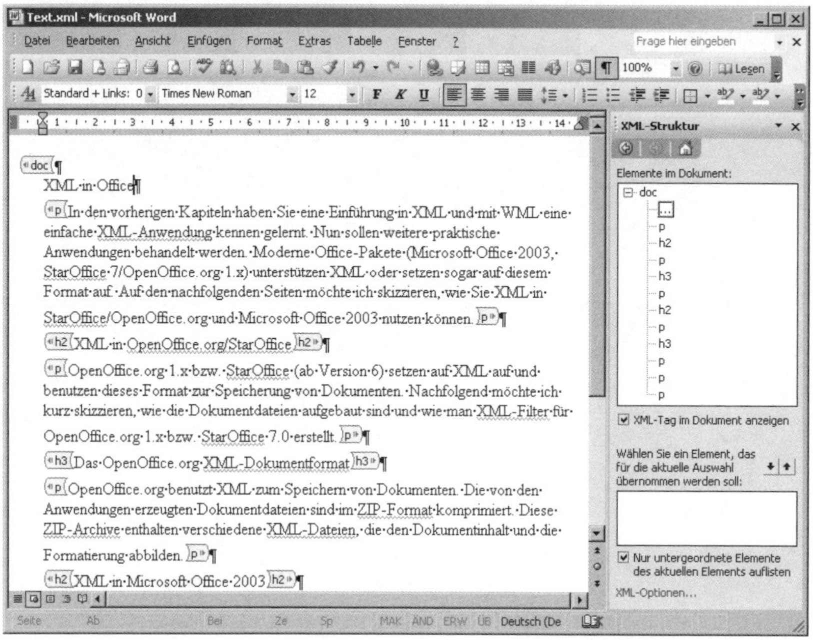

Abb. 8.8: Anzeige der XML-Dokumentstruktur in der Aufgabenleiste

Bei eingeblendeter XML-Dokumentstruktur listet die Aufgabenleiste im Fenster *Elemente im Dokument* die gefundenen XML-Elemente als Hierarchiebaum auf. Über das Kontrollkästchen *XML-Tag im Dokument anzeigen* können Sie wählen, ob die Tags im Dokumentbereich angezeigt oder ausgeblendet werden. Klicken Sie auf eines der im Fenster *Elemente im Dokument* aufgelisteten Elemente, wird dessen Inhalt im Dokumentfenster markiert. Möchten Sie neue XML-Elemente in das bestehende Dokument einfügen, können Sie folgendermaßen vorgehen:

1. Löschen Sie in der Aufgabenleiste die Markierung des Kontrollkästchens *Nur untergeordnete Elemente des aktuellen Elements auflisten* (Abbildung 8.8). Dann werden die in der XML-Struktur bereits verfügbaren Elemente in der Aufgabenleiste im Bereich *Wählen Sie ein Element, das für die aktuelle Auswahl übernommen werden soll* mit angezeigt (Abbildung 8.9).

2. Klicken Sie auf die Stelle im Dokument, an der die Tags für das neue Element einzufügen sind und wählen Sie dann das gewünschte Element im Bereich *Wählen Sie ein Element, das für die aktuelle Auswahl übernommen werden soll* der Aufgabenleiste per Mausklick aus (Abbildung 8.9).

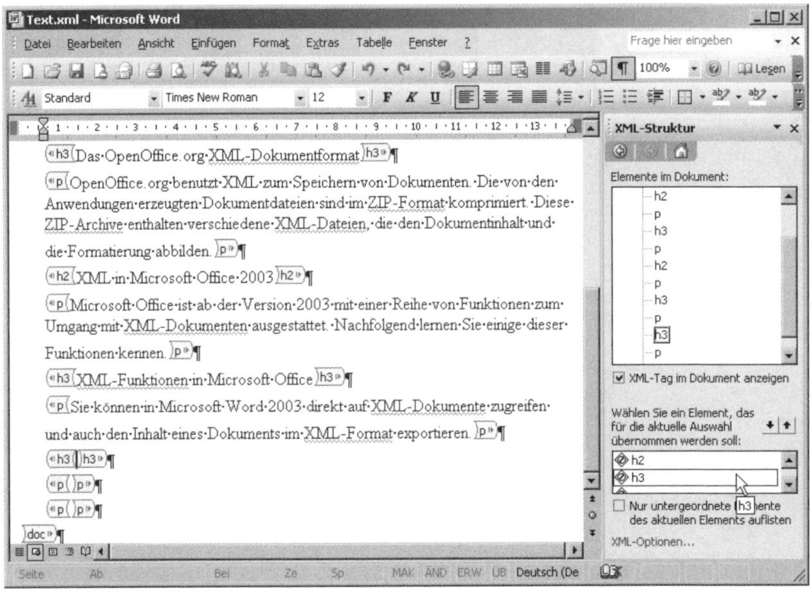

Abb. 8.9: Einfügen neuer XML-Elemente

Word wird dann das Start- und Endtag des gewählten Elements an der betreffenden Dokumentstelle einfügen. Sie können dann zwischen die beiden Tags klicken und den Inhalt des Elements eingeben.

HINWEIS

Der zuvor beschriebene Ansatz erlaubt Ihnen zwar, neue Tags zu einer bestehenden XML-Dokumentstruktur hinzuzufügen. Es gibt aber einmal das Problem, dass Ihnen nur bereits in der Dokumentstruktur vorhandene XML-Elemente zur Verfügung stehen. Zum Zweiten ist keine Validierung der so erweiterten Dokumentstruktur möglich. Word zeigt dies im Bereich *Wählen Sie ein Element, das für die aktuelle Auswahl übernommen werden soll* an, indem vor jeden Elementnamen ein gelbes Warnschild eingeblendet wird (Abbildung 8.9). Um eine Validierung ausführen zu können, müssen Sie dem XML-Dokument ein gültiges XML-Schema zuordnen.

8.2.2 Zuordnen eines Schemas in Word

Um gültige XML-Dokumente eingeben zu können, müssen Sie diesen ein XML-Schema zuweisen. Hierzu gehen Sie wie folgt vor:

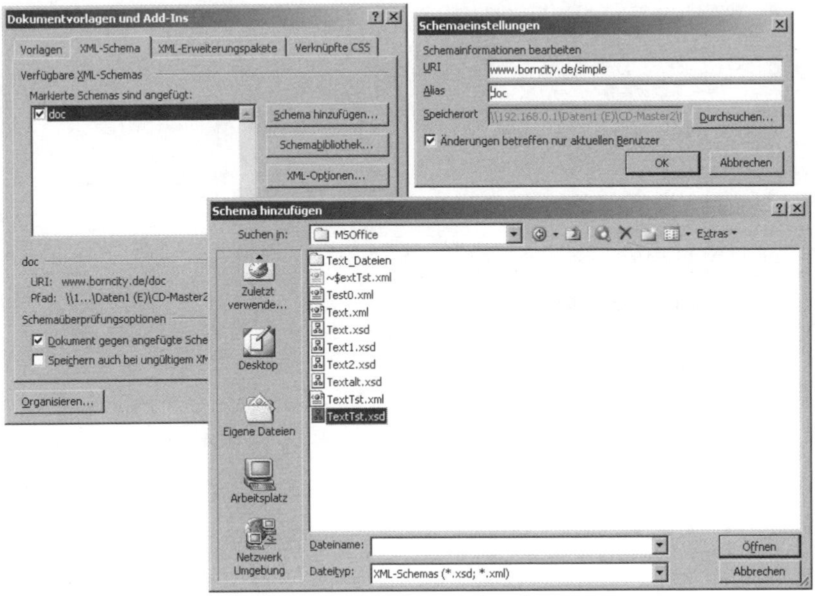

Abb. 8.10: XML-Schema zuordnen

1. Laden Sie die gewünschte XML-Datei oder legen Sie ein neues XML-Dokument (Befehl *Neu* im Menü *Datei*, Befehl *XML-Dokument* in der Aufgabenleiste) an.

2. Wählen Sie im Menü *Extras* den Befehl *Vorlagen und Add-Ins...* an. Word öffnet dann das in Abbildung 8.10 (links oben) gezeigte Dialogfeld *Dokumentvorlagen und Add-Ins*.

3. Wechseln Sie im Dialogfeld zur Registerkarte *XML-Schema* und klicken Sie auf die Schaltfläche *Schema hinzufügen*.

4. Wählen Sie im Dialogfeld *Schema hinzufügen* die gewünschte Schemadatei (*.xsd*) und bestätigen Sie dies über die *Öffnen*-Schaltfläche (Abbildung 8.10, rechts unten).

5. Geben Sie im dann eingeblendeten Dialogfeld *Schemaeinstellungen* (Abbildung 8.10, rechts oben) eine URI im Feld *URI* ein und fügen Sie im Feld *Alias* einen beliebigen Aliasnamen hinzu. Schließen Sie das Dialogfeld über die *OK*-Schaltfläche.

6. Anschließend sollte auf der Registerkarte *XML-Schema* ein Eintrag unter dem Aliasnamen erscheinen. Stellen Sie sicher, dass das Kontrollkästchen dieses Eintrags markiert ist und schließen Sie die Registerkarte über die *OK*-Schaltfläche.

Dann kann Word die Schemadatei zum Verifizieren der XML-Dokumentstruktur verwenden.

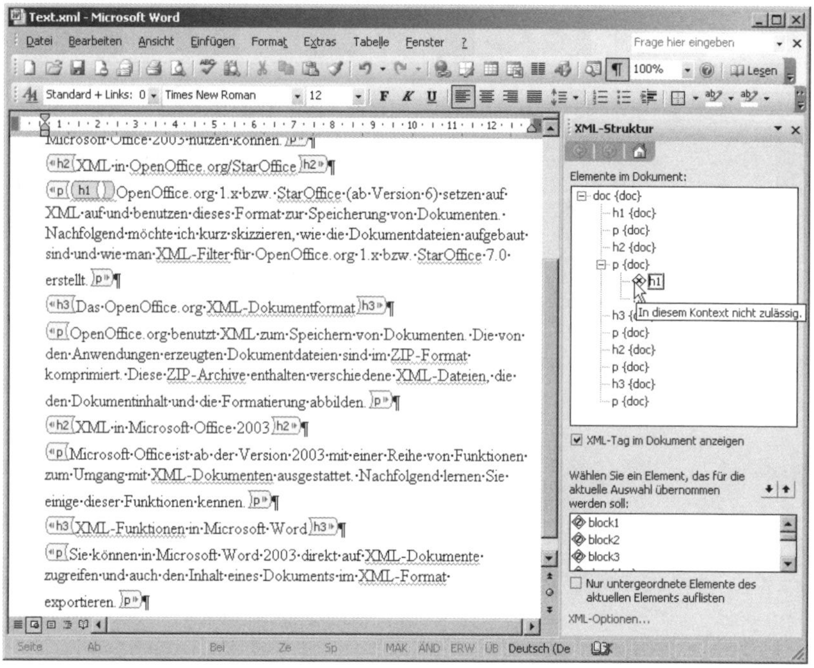

Abb. 8.11: XML-Dokument mit Fehlern

Werden Fehler beim Validieren erkannt, markiert Word diese in der Aufgabenleiste im Fenster *Elemente im Dokument* mit einer gelben Raute. Wenn Sie per Maus auf dieses Symbol zeigen, wird die Fehlerursache als QuickInfo eingeblendet (Abbildung 8.11).

TIPP

Markieren Sie in der Aufgabenleiste das Kontrollkästchen *Nur untergeordnete Elemente des aktuellen Elements auflisten* (Abbildung 8.11). Dann blendet Word im Bereich *Wählen Sie ein Element, das für die aktuelle Auswahl übernommen werden soll* der Aufgabenleiste nur solche XML-Elemente ein, die im Kontext zulässig sind (Abbildung 8.12). Sie können dann im Dokument auf eine Stelle klicken und anschließend die zulässigen Unterelemente über die Aufgabenleiste abrufen. Attribute definieren Sie über den Kontextmenübefehl *Attribute* eines XML-Tags. Dies stellt sicher, dass Sie immer im Kontext gültige Unterelemente und Daten in das XML-Dokument einfügen.

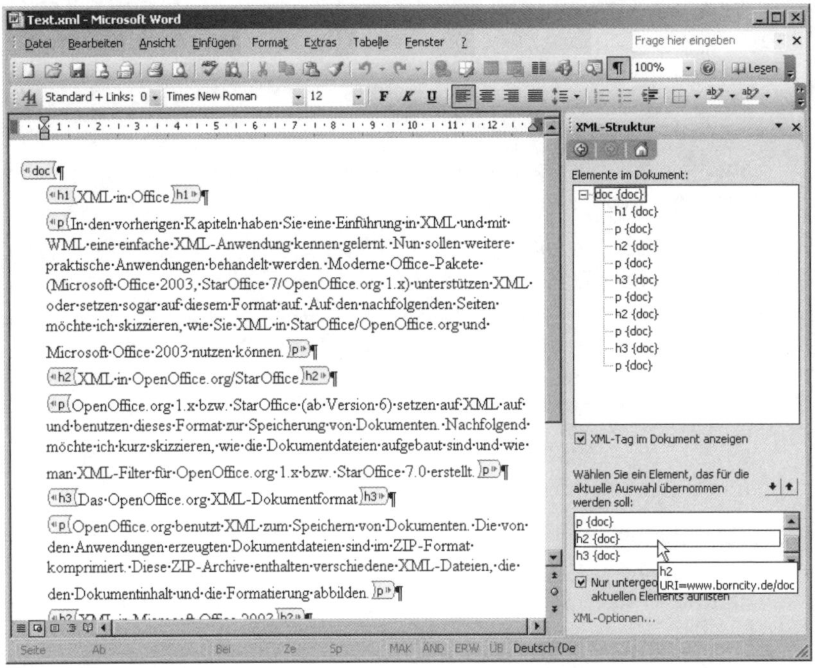

Abb. 8.12: XML-Dokument mit Fehlern

8.2.3 Word-Dokumente als XML-Inhalt speichern

Möchten Sie den Inhalt eines Dokuments unter Microsoft Word 2003 als XML-Dokument speichern, gehen Sie folgendermaßen vor:

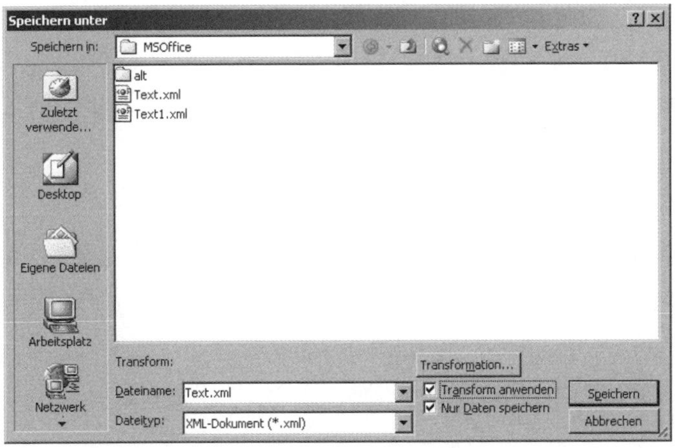

Abb. 8.13: Speichern als XML-Dokument

1. Wählen Sie im Menü *Datei* den Befehl *Speichern unter.* Word öffnet dann das gleichnamige Dialogfeld (Abbildung 8.13).

2. Stellen Sie im Dialogfeld *Speichern unter* den Wert des Listenfelds *Dateityp* auf »XML-Dokument (*.xml)«.

3. Tragen Sie anschließend im Feld *Dateiname* den Namen der Ausgabedatei ein und wählen den Zielordner.

Falls Sie anschließend die *Speichern*-Schaltfläche betätigen, sichert Word 2003 den Inhalt des Dokuments im Word-XML-Format. Hierbei werden umfangreiche Zusatzinformationen im XML-Dokument gesichert. Diese ermöglichen es Word, eigene Dokumente komplett, einschließlich der Formatierung, aus XML-Dokumenten zurückzulesen.

4. Möchten Sie nur den reinen Dokumentinhalt als XML-Datei sichern (z.B. wenn Sie eine XML-Dokumentdatei geladen und verändert haben), markieren Sie das Kontrollkästchen *Nur Daten speichern*.

Wenn Sie anschließend die *Speichern*-Schaltfläche anwählen, lässt Word 2003 das Speichern nur zu, wenn ein gültiges XML-Dokument vorliegt. Sie können diese Validierung aber unterbinden, indem Sie in der Aufgabenleiste den Hyperlink *XML-Optionen* anwählen und die Option *Speichern auch bei ungültigem XML zulassen* markieren.

Zudem bietet Word 2003 Ihnen beim Speichern von Dokumenten im XML-Format eine XSLT-Transformation über XLS-Dateien an.

1. In diesem Fall markieren Sie im Dialogfeld *Speichern unter* das Kontrollkästchen *Transform anwenden* und klicken dann auf die Schaltfläche *Transformation*.

2. Wählen Sie im Folgedialog die gewünschte *.xsl*-Datei und schließen Sie das Dialogfeld über die *Öffnen*-Schaltfläche.

3. Klicken Sie im Dialogfeld *Speichern unter* auf die *Speichern*-Schaltfläche.

Jetzt wird der Dokumentinhalt unter Anwendung der XSL-Datei in das Zielformat transferiert.

Im Ordner *Beisp\Kap08\MSOffice* finden Sie die Datei *Test.xml* mit einigen Testdaten. Die Datei enthält einen Namensraum, der von Word 2003 beim Einbinden der Schemadatei *Test.xsd* angepasst wurde. Sie können die XML-Datei laden und in Word modifizieren. Word sollte den Inhalt gegen das XML-Schema validieren. Die Datei *Test1.xml* im gleichen Ordner ist mit dem W3C-Schema-Namensraum versehen und benutzt die Style-Sheet-Datei *Test.css* im gleichen Ordner zur Darstellung. Zum Testen der XSLT-Transferfunktionen verwenden Sie die Datei *TextXLT.xml* im gleichen Ordner. Dieser ist die XSL-Datei *xHTMLExport.xsl* zugeordnet. Beim Laden der Datei zeigt Word 2003 Ihnen in der Aufgabenleiste in der Spalte *XML-Datenansicht* den Eintrag *xHTMLExport.xsl*. Wählen Sie diese Datei, erscheint der XML-Dokumentinhalt in formatierter Darstellung. Wenn Sie die *xsl*-Datei zum Transfer beim Speichern benutzen, wird in der Ziel-XML-Dokumentdatei HTML-Code gesichert. Ändern Sie dann die Dateinamenerweiterung von *.xml* in *.htm*, lässt sich das Ergebnis im Browser anzeigen. Unter *www.xml.com/pub/a/2004/12/08/word-to-xml.html* finden Sie einen Artikel, der beschreibt, wie sich Word-Dateien in XML konvertieren und später erneut importieren lassen.

Zusammenfassung

Sie haben jetzt einen kurzen Überblick über die XML-Unterstützung durch OpenOffice.org/StarOffice und Microsoft Office 2003 erhalten. Eine umfassende Einführung in die XML-Funktionen von Microsoft Office 2003 finden Sie in dem von Addison Wesley herausgegebenen Titel »XML in Office 2003« von Charles F. Golfarb (ISBN 3-8273-2179-4).

Fragen

1. Wie lassen sich OpenOffice.org-Writer-Dokumente in XML-Dateien überführen?

2. Was ist beim Transfer von XML-Dokumenten aus Word in andere Formate erforderlich?

Antworten

1. Sie benötigen eine entsprechend angepasste XSL-Datei, die die OpenOffice.org-XML-Dokumentstruktur abbildet.

2. Sie benötigen eine XSL-Datei, die die XML-Struktur auf die Zieldatei abbildet. Sie müssen dann beim Speichern lediglich die Option zum Transfer im *Speichern unter*-Dialogfeld markieren und dann die Transferdatei wählen.

Kapitel 9

jetzt lerne ich

Weitere XML-Anwendungen

In den Kapiteln 2 und 7 dieses Buches haben Sie mit den WSF-Dateien des Windows Script Host und der Sprache WML für WAP-Seiten bereits zwei Anwendungen von XML kennen gelernt. Auch XML-Schema sowie XSLT bauen auf der XML-Spezifikation auf. In diesem Kapitel möchte ich kurz auf einige weitere recht interessante XML-Anwendungen wie XLink, SVG, SMIL bzw. HTML+Time und MathML eingehen.

9.1 XML Linking Language (XLink) – Verknüpfungen in XML

Vermutlich kennen Sie das *<a>*-Tag aus HTML, mit dem sich Hyperlinks auf andere Dokumente definieren lassen. XML selbst besitzt kein analoges Mittel, um Verknüpfungen (bzw. Links) zwischen Dokumenten festzulegen. Daher wurde vom W3C eine Erweiterung unter dem Namen »XML Linking Language (XLink)« veröffentlicht, die solche Verknüpfungen auch für XML-Dokumente bereitstellt. Nachfolgend möchte ich Ihnen eine kurze Übersicht über diesen Ansatz geben.

9.1.1 XLink – eine Einführung

In HTML können Sie einen Verweis zu einer anderen Dokumentstelle oder einem anderen Dokument über das *<a>*-Tag einrichten:

```
<a href="Seite2.htm#t1">Seite 2, Abschnitt 2</a>
```

Das *href*-Attribut enthält eine URL zum Zieldokument. Es kann sich bei der URL um eine absolute (z.B.: *www.microsoft.com*) oder eine relative Adresse (z.B. *Seite2.htm*) handeln. Zusätzlich lassen sich lokale Anker innerhalb eines HTML-Dokuments mit *<a name="t1"></a>* vereinbaren und in der URL des Verweises angeben (hierzu wird der Name des Ankers mit dem Präfix-Zeichen # versehen, z.B. *#t1*).

Wenn Sie Dokumente gemäß der XML-Spezifikation erstellen, fehlt Ihnen die Möglichkeit, Verweise auf andere Dokumente in dieser Spezifikation zu hinterlegen. Ein Ausweg wäre die Verwendung von XSLT, um die XML-Dokumente in HTML zu überführen, wobei bestimmte Elemente des XML-Dokuments dann in das *<a>*-Tag transformiert werden könnten.

Dieser Ansatz ist jedoch ein Umweg, wesentlich besser wäre es doch, wenn innerhalb eines XML-Dokuments eine Auszeichnung von Verweisen (Links) hinterlegt werden könnte. Und genau hier setzt die XML Linking Language – früher als XLink bezeichnet – an.

HINWEIS

Bei XML Linking Language (XLink) handelt es sich um einen Ansatz des W3C, mit dem sich Verknüpfungen (Links) von XML-Dokumenten beschreiben lassen. XLink 1.0 liegt seit 2001 als Empfehlung des W3C (*www.w3c.org*) vor.

XML Linking Language beschreibt einen Mechanismus, mit dem sich in XML-Daten Verweise auf andere Dokumente (dies können nicht nur HTML-Dateien sein) vereinbaren lassen. Im Gegensatz zu HTML wird hierzu aber nicht ein *<a>*-Tag fest vorgegeben, sondern Sie können jedes beliebige XML-Element als Verweis definieren. Über Attribute des Elements wird dann die Verwendung der Link-Informationen gesteuert. XML Linking Language (XLink) umfasst dabei zwei Varianten für solche Verknüpfungen, die über das Attribut *type* des betreffenden Starttags unterschieden werden:

- *simple*: Enthält das *type*-Attribut diesen Wert, liegt ein einfacher Link vor. Dieser Linktyp erlaubt, nur einen Verweis zwischen zwei Dokumenten innerhalb des Elements anzugeben und verhält sich ähnlich wie das aus HTML bekannte *<a>*-Tag. Allerdings erlaubt dieser Linktyp wesentlich interessantere Features als HTML-Links.
- *extended*: Dieser Wert im *type*-Attribut weist auf einen erweiterten Linkmechanismus hin. Solche erweiterten Links erlauben, mehr als eine Verknüpfung zwischen Dokumenten anzugeben. Denkbar wäre dann z.B., dass der Benutzer bei der Anwahl des Links eine Auswahl der betreffenden Linkziele erhält. Oder ein XML-Parser könnte bei Anwahl des Links mehrere Dokumente gleichzeitig laden. Oder es wird zum vorhergehenden und folgenden Dokument verwiesen.

Auf die Anwendung dieser beiden Linktypen komme ich gleich in Beispielen zurück. Bevor wir jedoch auf diese Beispiele eingehen, sollten Sie sich über Verschiedenes im Klaren sein. In XML ist eine XLink-Erweiterung nicht unbedingt mit dem Konzept der HTML-Links gleichzustellen. Bei HTML ist es immer so, dass ein *<a>*-Tag einen Verweis auf ein anderes Dokument angibt, d.h., wählt der Benutzer diesen Verweis, wird das Verweisziel abgerufen. Bei XML ist dieses Verhalten a priori nicht vorgegeben, es bleibt vielmehr der Anwendung überlassen, wie sie diesen Link interpretiert. So könnte ein Link durchaus einen Verweis auf das vorhergehende Dokument aufweisen. Oder ein Link beschreibt lediglich, dass zwei Dokumente in Verbindung stehen. Eine Anwendung könnte dann beide Dokumente laden (die Art, wie beispielsweise DTDs oder Style Sheets eingebunden werden, entspricht auch einem Link).

Werkzeuge zur Verarbeitung von XLink

Die Verwendung von XLink steht und fällt natürlich mit der Frage, welche Werkzeuge diesen Ansatz unterstützen. Wenn Sie die XLink-Seite des W3C im Internet besuchen, finden Sie auch Informationen über Werkzeuge, die diesen Mechanismus unterstützen.

Der Microsoft Internet Explorer unterstützt leider auch in der Version 6.x nicht die Verarbeitung von XLink. Allerdings unterstützen die Mozilla-Browser (z.B. Netscape Navigator ab Version 6 oder Firefox ab Version 1.0) sowie der experimentelle Browser Amaya des W3C den XLink-Standard. In den nachfolgenden Beispielen wird der Mozilla-Browser Firefox 1.0 zur Demonstration verwendet (die Beispiele können aber auch im Netscape Navigator, ab Version 6.0, getestet werden).

9.1.2 So formulieren Sie ein XLink-Element

Um in einem XML-Dokument einen XLink zu verwenden, müssen Sie dies dem XML-Parser mitteilen. Im Gegensatz zu HTML werden aber keine vordefinierten Elementnamen wie *a* verwendet. Sie können stattdessen jedes XML-Element (z.B. *<person>* oder *<name>* etc.) angeben. Eine XLink-Anweisung benutzt dabei folgende Syntax:

```
<link xmlns:xlink = "http://www.w3.org/1999/xlink"
      xlink:type="..."
      xlink:href=".... ">...</link>
```

Der Elementname *link* wurde an dieser Stelle willkürlich gewählt. Sie hätten auch *<name ....> ... </name>* verwenden können. Der Pfiff liegt im *xmlns*-Attribut, mit dem sich ein Verweis auf einen Namensraum definieren lässt. Über das *xmlns*-Attribut des Starttags wird in der zuvor angeführten Anweisung ein Verweis auf den XLink-Namensraum *http://www.w3.org/1999/xlink* spezifiziert. Gleichzeitig wird der Name für das Präfix auf *xlink* gesetzt. Auch dieses Präfix ist willkürlich wählbar, obwohl ich in den Beispielen das Präfix *xlink* aus Gründen der Lesbarkeit gewählt habe. Das betreffende Präfix wird dann benutzt, um dem XML-Element weitere Attribute aus dem XLink-Namensraum zuzuweisen. Hierbei sind die Attribute *type*, *href*, *role*, *arcrole*, *title*, *show*, *actuate*, *label*, *to* und *from* zulässig. Unterstützt der XML-Prozessor XLink, wertet er die Attribute des XLink-Namensraums aus und aktiviert die entsprechenden Funktionen.

HINWEIS

Sie sollten sich also Folgendes merken: In einem XML-Element definiert das *xmlns*-Attribut einen Verweis auf den XLink-Namensraum. Ein Parser kann damit erkennen, dass er die zusätzliche Funktionalität des XLink-Namensraums in diesem Element bereitstellen soll. Was genau zu tun ist, legen Sie über weitere Attribute fest, die mit dem Präfix (z.B. *xlink*) ausgezeichnet sind.

9.1.3 Beispiel: Formulierung eines einfachen Links

Um die Verwendung von XLink zu demonstrieren, soll ein einfaches Beispiel erstellt werden. In einer XML-Dokumentdatei sollen etwas Text sowie Verweise auf ein externes HTML-Dokument, ein externes XML-Dokument und auf eine JPEG-Grafikdatei hinterlegt werden.

Abb. 9.1: Anzeige eines XLink im Firefox 1.0

Wenn Sie das betreffende XML-Dokument in einem Browser aufrufen, der XLink unterstützt, ergibt sich eine Anzeige gemäß Abbildung 9.1. Beim Zeigen auf den oberen Link wird eine QuickInfo mit einem Hinweistext eingeblendet. Klickt der Benutzer auf einen der Links, wird das referenzierte Dokument vom Browser abgerufen.

Was bei Anwahl eines XLink passiert, hängt vom XLink-Prozessor und dem gewählten Dokumenttyp ab. Im aktuellen Beispiel ruft der erste Link bei Anwahl eine Webseite auf, die im Browser angezeigt wird. Der mittlere Link zeigt den Inhalt einer XML-Dokumentdatei. Um diese z.B. auch im Netscape Navigator darstellen zu können, wurde die XML-Dokumentdatei mit einem Cascading Style Sheet versehen. Der unterste Link definiert einen Verweis auf eine Grafikdatei, die bei Anwahl angezeigt wird.

Das Beispiel verwendet XLink-Anweisungen vom Typ »simple«, da der Netscape-Browser nur diesen Typ unterstützt. Schauen wir uns einmal die folgende XML-Dokumentdatei an, die die betreffenden Anweisungen für die XLink-Elemente enthält.

Listing 9.1: Beispiel einer XLink-Datei

```
<?xml version="1.0" encoding="ISO-8859-1" ?>
<?xml-stylesheet type="text/css" href="XLink.css"?>
<!-- Einfaches XLINK-Beispiel -->
<test>
 <h>Ein einfaches XLINK-Beispiel</h>
 <text>Wenn Sie auf einen der Links klicken,
      wird das Folgedokument aufgerufen.</text>
 <link xmlns:xlink = "http://www.w3.org/1999/xlink"
    xlink:type="simple"
    xlink:title="Zur HTML-Seite 1"
    xlink:href="Page1.htm">Der Autor</link>
 <link xmlns:xlink = "http://www.w3.org/1999/xlink"
    xlink:type="simple"
    xlink:href="Dummy.xml">Adressliste</link>
 <link xmlns:xlink = "http://www.w3.org/1999/xlink"
    xlink:type="simple"
    xlink:title="Bild des Autors"
    xlink:href="Born.jpg">Bild</link>
</test>
```

Die XML-Dokumentdatei ist mit einer XML-Deklaration signiert und besitzt in der zweiten Zeile eine Processing Instruction, mit der ein Cascading Style Sheet eingebunden wird. Diese CSS-Datei hat hier einzig und allein den Zweck, das XML-Dokument formatiert im Browser darzustellen. Ohne CSS-Datei würden alle Werte der XML-Dokumentdatei in einer Zeile hintereinander ausgegeben. Mit oder ohne CSS-Datei, die XLink-Elemente werden vom Browser als Hyperlinks dargestellt.

Für die XLink-Daten wird im zuvor angeführten Beispiel das *link*-Element verwendet. Das *xmlns*-Attribut vereinbart den Verweis auf den XLink-Namensraum und legt das (gebräuchliche) Präfix *xlink* für diesen Namensraum fest. Anschließend können Sie die für den XLink benötigten Attribute mit diesem Präfix im Element unterbringen.

In allen XLink-Elementen wird das Attribut *xlink:type="simple"* gesetzt, um einen einfachen XLink zu vereinbaren. Dieser Linktyp kann nur eine Beziehung zwischen zwei Dokumenten vereinbaren. Der Verweis erfolgt dabei über das *xlink:href*-Attribut, welches eine URL-Angabe als Wert aufnimmt. Sie können dabei absolute URLs auf Dateien (z.B. *file:///c:\Test\t1.htm*) oder auf Webseiten (z.B. *http://www.w3c.org*) verwenden. Oder Sie arbeiten mit relativen Pfadangaben der Art *datei.htm* oder *bilder/grafik.gif*.

Im ersten XLink-Element kommt zusätzlich das optionale *title*-Attribut vor. Über dieses Attribut können Sie einen Titel für den Verweis festlegen. Wird die XML-Dokumentdatei in einem Browser aufgerufen, kann der XLink-Prozessor den Wert des *title*-Attributs in einem Fenster einblenden. Dies ist zum Beispiel in Abbildung 9.1 beim oberen Link der Fall, wo ein entsprechendes QuickInfo-Fenster zu sehen ist.

HINWEIS

Sie finden die Beispieldatei *XlinkBsp1.xml* im Ordner *Beisp\Kap09* auf der Begleit-CD. Dieser Ordner enthält auch die CSS-Datei *XLink.css* sowie die Hilfedateien, die über XLink referenziert werden. Beachten Sie aber, dass Sie dieses Beispiel nur in Browsern nutzen können, die XLink unterstützen. Der Internet Explorer wird das Beispiel zwar anzeigen, die Links bleiben aber ohne Funktion.

9.1.4 XLink mit Standard-Attributen verwenden

Im vorhergehenden Beispiel haben Sie gesehen, wie Sie die einzelnen XLink-Attribute einem XML-Element zuordnen. Arbeiten Sie mit vielen XLink-Elementen innerhalb eines Dokuments, artet dies in recht umfangreicher Schreibarbeit aus. Die XLink-Spezifikation erlaubt Ihnen daher einen Trick, mit dem Sie die Schreibweise stark verkürzen. Aus Kapitel 3 wissen Sie noch, wie eine Document Type Definition (DTD) aufgebaut ist. In einer DTD können Sie ein Element samt seinen Attributen vereinbaren. Dabei besteht auch die Möglichkeit, dem Attribut einen Standardwert zuzuweisen.

Andererseits hindert Sie nichts daran, in einem XML-Dokument eine interne DTD anzulegen, die einzelne im Dokument benutzte Elemente als XLinks definiert. Genau dies wird im nächsten XML-Beispiel demonstriert.

Listing 9.2: XLink-Beispiel

```
<?xml version="1.0" encoding="ISO-8859-1" ?>
<?xml-stylesheet type="text/css" href="XLink1.css"?>
<!DOCTYPE test [
 <!ELEMENT test (text)*>
 <!ELEMENT text (#PCDATA | link)*>
 <!ELEMENT link (#PCDATA)>
  <!ATTLIST link
       xmlns:xlink CDATA #FIXED
           "http://www.w3.org/1999/xlink"
```

```
        xlink:type (simple) #FIXED "simple"
        xlink:title CDATA "Folgeseite"
        xlink:href CDATA "Page1.htm">
 ]>
<!-- Einfaches XLINK-Beispiel -->
<test>
 <text>Wenn Sie <link>hier klicken</link>,
    wird das Folgedokument aufgerufen.</text>
</test>
```

In der *<!DOCTYPE ...>*-Anweisung wird der betreffende Dokumenttyp vereinbart. Interessant ist hier vor allem die Deklaration der Attribute für den Elementtyp *link* in der *<!ATTLIST. ..>*-Anweisung. Mit

```
xmlns:xlink CDATA #FIXED "http://www.w3.org/1999/xlink"
```

wird nicht nur das Attribut *xmlns* samt dem Präfix *xlink* vereinbart, sondern auch der Attributwert auf den XLink-Namensraum gesetzt. Damit ist das Element *link* automatisch mit dem XLink-Namensraum verbunden, d.h., Sie benötigen kein Präfix mehr, um das Element in der Dokumentinstanz anzugeben. Über die Definitionen des Elements erkennt der XML-Parser automatisch, dass es zum XLink-Namensraum gehört. Etwas Ähnliches passiert mit dem *type*-Attribut, das auf den Wert *simple* gesetzt und mit dem Präfix *xlink* auf den XLink-Namensraum gesetzt wird.

Die restlichen Zeilen der *<!ATTLIST. ..>*-Anweisung legen die Attribute *title* und *href* fest. Für *href* wird dabei ein Vorgabewert auf die Datei *Page1.htm* vereinbart. Während die Werte der ersten Attribute über das Schlüsselwort FIXED als fest vorgegeben werden, legt die Definition des *title*- und *href*-Attributs nur den Standardwert fest. Sie können damit den Attributwert im Dokument noch überschreiben.

Nach dieser Deklaration wird die Anwendung von XLink sehr einfach. Im zuvor genannten Beispiel enthält die Dokumentinstanz nun ein *text*-Element mit einem einfachen Text. Innerhalb des Texts wird dann das *link*-Element benutzt, um einen Verweis auf ein zweites Dokument einzubringen:

```
<link>hier klicken</link>
```

Durch die Deklaration des Elements in der DTD brauchen Sie kein Präfix. Da die Attribute in diesem Beispiel ebenfalls weggelassen wurden, verwendet der XML-Parser die Standardwerte aus der DTD.

In diesem Beispiel wurde die leicht modifizierte CSS-Datei zur Formatierung der Anzeige benutzt, da der Firefox-Browser die XML-Dokumentdatei ohne CSS-Datei als Strukturbaum anzeigt. Laden Sie die betreffende Beispieldatei im Firefox 1.0, stellt dieser das Dokument gemäß Abbildung 9.2 in der Anzeige dar. Zeigen Sie auf den Link, wird vom Browser der Standardtitel eingeblendet. Klicken Sie auf den Verweis, ruft der Browser das Standarddokument *Page1.htm* im gleichen Fenster auf.

Abb. 9.2: Anzeige des Beispiels im Netscape Navigator 6

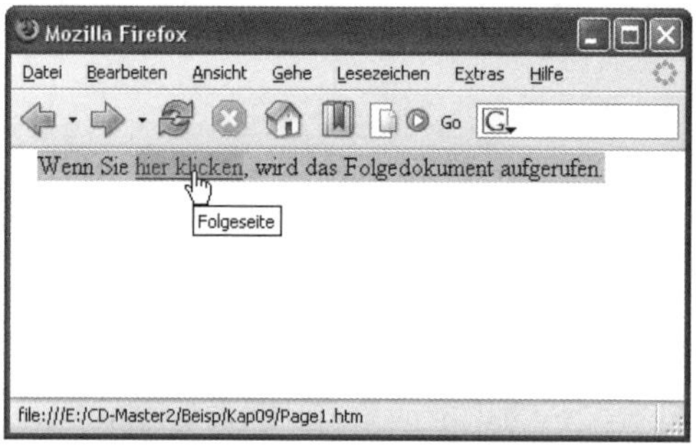

Die zuvor angeführte DTD erlaubt Ihnen aber auch, die Standardwerte der Attribut *href* und *title* zu überschreiben. Dies ist in folgendem Codelisting zu sehen.

Listing 9.3: Modifiziertes XLink-Beispiel

```
<?xml version="1.0" encoding="ISO-8859-1" ?>
<?xml-stylesheet type="text/css" href="XLink1.css"?>
<!DOCTYPE test [
 <!ELEMENT test (text)*>
 <!ELEMENT text (#PCDATA | link)*>
 <!ELEMENT link (#PCDATA)>
  <!ATTLIST link
       xmlns:xlink CDATA #FIXED
      "http://www.w3.org/1999/xlink"
       xlink:type (simple) #FIXED "simple"
       xlink:title CDATA "Folgeseite"
       xlink:href CDATA "Page1.htm">
 ]>
<!-- Einfaches XLINK-Beispiel -->
<test>
 <text>Wenn Sie <link xlink:title="XML-Dokument"
    xlink:href="Dummy.xml">hier klicken</link>,
    wird das Folgedokument aufgerufen.</text>
</test>
```

Die DTD ist zu dem zuvor genannten Beispiel identisch. Im *text*-Element wird das *link*-Element jedoch mit den beiden Attributen *title* und *href* eingesetzt. Beachten Sie aber, dass für beide Attribute das Präfix *xlink* zum Einsatz kommt. Die beiden Attribute sorgen dann dafür, dass der Titel für den Verweis sowie das Verweisziel im betreffenden Element explizit gesetzt werden. Sie haben also die Möglichkeit, das *link*-Element im betreffenden XML-Dokument mehrfach einzusetzen, aber den Verweistitel und das Verweisziel entsprechend einzusetzen.

HINWEIS

Sie finden die Beispieldateien *XlinkBsp2.xml* und *XlinkBsp2a.xml* im Ordner *Beisp\Kap09* auf der Begleit-CD.

9.1.5 Nutzen des *show*-Attributs

In den bisherigen Beispielen wurden die Folgedokumente bei Anwahl des Link im gleichen Dokumentfenster geladen. XLinks bietet Ihnen aber über das *show*-Attribut die Wahl, wie das referenzierte Dokument zu behandelt ist. Sie können dem *show*-Attribut die Werte *none*, *new*, *replace*, *embed* und *other* zuweisen. Mit dem Attribut *new* wird der XLink-Prozessor angewiesen, das Folgedokument in einem neuen Fenster anzuzeigen. Mit *replace* erreichen Sie dagegen, dass das aktuelle Dokumentfenster mit dem Folgedokument überschrieben wird. Fehlt das Attribut, zeigt der Browser das Folgedokument ebenfalls im aktuellen Dokumentfenster an. Die Wirkung der restlichen Attribute hängt von der Implementierung des XLink-Prozessors im Browser ab. Im Netscape Navigator 6 bzw. im Firefox 1.0 bewirken die restlichen Werte, dass das Folgedokument auch im aktuellen Dokumentfenster angezeigt wird. Dies lässt sich an folgendem Beispieldokument verifizieren.

Listing 9.4: XLink-Beispiel mit show-Attribut

```
<?xml version="1.0" encoding="ISO-8859-1" ?>
<?xml-stylesheet type="text/css"
      href="XLink.css"?>
<!-- Einfaches XLINK-Beispiel -->
<test>
 <h>Ein einfaches XLINK-Beispiel</h>
 <text>Klicken Sie auf einen Link, um das
      Folgedokument im angegebenen Modus zu öffnen.</text>
 <text>
 <link xmlns:xlink = "http://www.w3.org/1999/xlink"
    xlink:type="simple"
    xlink:title="none"
    xlink:show="none"
    xlink:href="Page1.htm">Der Autor (none)</link>
 <link xmlns:xlink = "http://www.w3.org/1999/xlink"
    xlink:type="simple"
    xlink:title="replace"
    xlink:show="replace"
    xlink:href="Page1.htm">Der Autor (replace)</link>
 <link xmlns:xlink = "http://www.w3.org/1999/xlink"
    xlink:type="simple"
    xlink:title="new"
    xlink:show="new"
    xlink:href="Page1.htm">Der Autor (new)</link>
 <link xmlns:xlink = "http://www.w3.org/1999/xlink"
    xlink:type="simple"
    xlink:title="embed"
    xlink:show="embed"
    xlink:href="Page1.htm">Der Autor (embed)</link>
 <link xmlns:xlink = "http://www.w3.org/1999/xlink"
    xlink:type="simple"
    xlink:title="other"
```

```
    xlink:show="other"
    xlink:href="Page1.htm">Der Autor (other)</link>
  </text>
</test>
```

Wenn Sie die Beispieldatei im Netscape Navigator oder im Firefox aufrufen, zeigt diese eine Reihe von Links. Beim Zeigen blendet der Browser den Link-Titel ein, der in diesem Beispiel an die Werte des Attributs *show* angepasst wurde. Sie erkennen also, welche Variante für XLink benutzt wurde. Klicken Sie auf den XLink, führt der Browser diesen aus. Nur mit dem Wert *new* im *show*-Attribut wird ein neues Dokumentfenster geöffnet (Abbildung 9.3).

HINWEIS: Sie finden die Beispieldateien *XlinkBsp3.xml* samt den Hilfsdateien im Ordner *Beisp\Kap09* auf der Begleit-CD.

Abb. 9.3: Anzeige des Folgedokuments in einem neuen Fenster

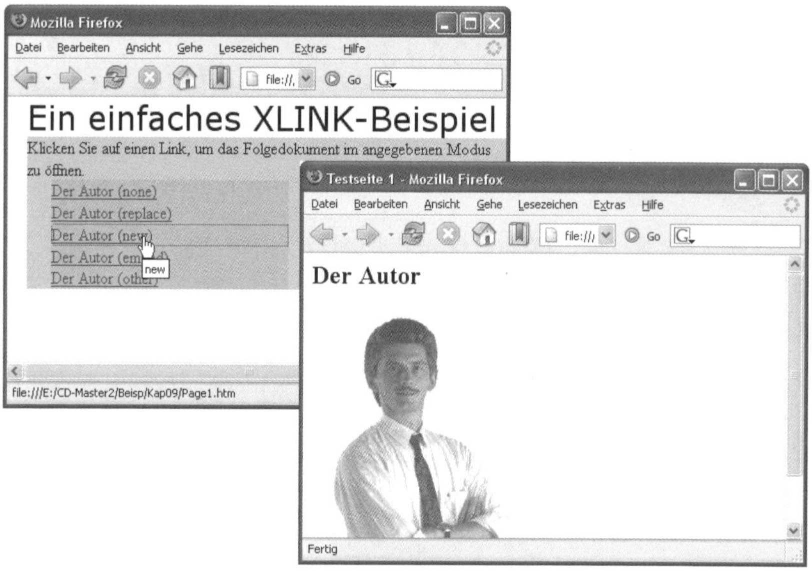

9.1.6 Steuerung der Anzeige per *actuate*-Attribut

XLink kann noch mit einem weiteren interessanten Feature aufwarten: Bei jedem XLink-Element können Sie angeben, wann dieses auszuführen ist. Hierzu wird das *actuate*-Attribut benutzt, dessen Wert sich auf *onLoad*, *onRequest*, *other* und *none* setzen lässt. Verwenden Sie den Wert *onLoad* für das Attribut, wird der XLink bereits beim Laden der Dokumentdatei aktiviert. Mit dem Wert *onRequest* wird der XLink erst beim Aufruf durch den Benutzer aktiviert. Im Netscape Navigator tritt dieser Fall auf, sobald Sie den XLink per

Maus anklicken. Es ist aber sicherlich vorstellbar, dass andere XLink-Prozessoren abweichende Ereignisse zur Aktivierung implementieren können (z.B. über Spracheingabe). Lassen Sie das Attribut weg, erfolgt die Aktivierung des XLink durch den Benutzer. Sie können das Verhalten des Werts dieses Attributs am folgenden Beispiel studieren. Die XML-Dokumentdatei enthält vier XLink-Elemente, die die unterschiedlichen Werte für das Attribut *actuate* vorgeben. Damit Sie das Verhalten auch nachvollziehen können, wird bei allen XLinks das *show*-Attribut auf *new* gesetzt.

Listing 9.5: XLink-Beispiel mit actuate-Attribut

```
<?xml version="1.0" encoding="ISO-8859-1" ?>
<?xml-stylesheet type="text/css" href="XLink.css"?>
<!-- Einfaches XLINK-Beispiel -->
<test>
 <h>Ein einfaches XLINK-Beispiel</h>
 <text>Klicken Sie auf einen Link, um das
      Folgedokument im angegebenen Modus zu öffnen.</text>
 <text>
 <link xmlns:xlink = "http://www.w3.org/1999/xlink"
    xlink:type="simple"
    xlink:title="none"
    xlink:show="new"
    xlink:actuate="none"
    xlink:href="Page1.htm">Actuate (none)</link>

 <link xmlns:xlink = "http://www.w3.org/1999/xlink"
    xlink:type="simple"
    xlink:title="other"
    xlink:show="new"
    xlink:actuate="other"
    xlink:href="Page1.htm">Actuate (other)</link>

 <link xmlns:xlink = "http://www.w3.org/1999/xlink"
    xlink:type="simple"
    xlink:title="none"
    xlink:show="new"
    xlink:actuate="onLoad"
    xlink:href="Page1.htm">Actuate (onLoad)</link>

 <link xmlns:xlink = "http://www.w3.org/1999/xlink"
    xlink:type="simple"
    xlink:title="none"
    xlink:show="new"
    xlink:actuate="onRequest"
    xlink:href="Page1.htm">Actuate (onRequest)</link>

 </text>
</test>
```

Wenn Sie dieses Beispiel im Netscape Navigator 6 aufrufen (im Firefox-Browser klappt es nicht), wird die Startseite angezeigt. Gleichzeitig öffnet der Browser ein zweites Fenster, in dem bereits das Folgedokument erscheint. Dies ist das Resultat des XLink-Eintrags, bei dem der Wert des *actuate*-Attributs auf *onLoad* gesetzt wurde. Sie können im Dokumentfenster dann jeden der Links anklicken, um die Folgeseite erneut abzurufen.

HINWEIS

Sie finden die Beispieldateien *XlinkBsp4.xml* samt den Hilfsdateien im Ordner *Beisp\Kap09* auf der Begleit-CD.

9.1.7 Erweiterte XLinks

Neben den in den vorhergehenden Abschnitten besprochenen einfachen (simple) Links kann das Attribut *type* noch die Werte *extended*, *locator*, *arc*, *resource*, *title* oder *none* aufnehmen. Verwenden Sie den Typ *extended*, könnte der XLink mehrere Verweise auf externe Ressourcen besitzen.

```
<link xmlns:xlink = "http://www.w3.org/1999/xlink"
    xlink:type="extended">
  <xlink:ref xlink:type="locator" xlink:href="Seite1.htm" />
  <xlink:ref xlink:type="locator" xlink:href="Seite2.htm" />
</link>
```

In dieser Sequenz wird dem Element *link* ein erweiterter XLink zugewiesen. Die Verweisziele befinden sich in den *ref*-Elementen, die ebenfalls auf den XLink-Namensraum verweisen.

HINWEIS

Diese erweiterten Links erlauben recht mächtige XLink-Mechanismen. Leider gab es zur Zeit als dieses Buch geschrieben wurde keine Werkzeuge, die erweiterte Links unterstützten. Falls Sie nähere Informationen zum Thema benötigen, sollten Sie die Webseiten des W3C zum Thema XML Linking Language (XLink) konsultieren (*www.w3c.org*). Sofern neue Werkzeuge vorliegen, besteht eine hohe Chance, entsprechende Verweise auf dieser Seite zu finden.

9.2 SMIL

Das Kürzel SMIL (gesprochen »smile«) steht für Synchronized Multimedia Integration Language. Es handelt sich um eine Sprache, mit der sich Multimedia-Effekte beschreiben lassen. SMIL basiert auf XML und die Standardisierung erfolgt im W3C. Im folgenden Abschnitt erhalten Sie einen kurzen Überblick über SMIL.

Details zum Standard sowie die Spezifikation lassen sich von den W3C-Seiten *www.w3c.org* abrufen.

HINWEIS

9.2.1 Grundlagen

Mit SMIL lassen sich Multimedia-Effekte wie das Positionieren von Medienelementen, deren Koordination etc. beschreiben. SMIL-Dateien sind als XML-Dokumente aufgebaut und lassen sich von SMIL-Interpretern bearbeiten. Dies bedeutet andererseits, dass Sie jeden Editor zum Erstellen von SMIL-Dokumenten benutzen können. Ein vereinfachtes SMIL-Dokument sieht folgendermaßen aus:

Listing 9.6: Vereinfachte SMIL-Struktur

```
<smil>
 <head>
  <meta name="copyright" content=" Name" />
  <layout>
   ... <!-- hier kommen die Layout-Tags -->
  </layout>
 </head>
 <body>
  ... <!-- hier folgen die Media-/Synchr.-Tags -->
 </body>
</smil>
```

Die Struktur der Datei entspricht nahezu dem, was Ihnen vielleicht aus HTML-bekannt ist. Das Wurzelelement *smil* fasst (ähnlich wie das *html*-Element in HTML) die Elemente *head* und *body* ein. Im *head*-Element können Sie *<meta>*-Tags mit Copyright-Informationen hinterlegen. Bedeutungsvoller ist aber das *layout*-Element im *head*-Element. Innerhalb des *layout*-Elements können Sie Bereiche im Dokumentfenster festlegen, die später zur Anzeige der Medienelemente (Bilder, Videos etc.) genutzt werden. Im *body*-Element folgen die Tags, die zur Darstellung der Medienelemente benutzt werden. Die betreffenden Befehle werden dann in Textdateien mit der Dateinamenerweiterung *.smil* hinterlegt.

Da SMIL eine XML-Anwendung ist, müssen Sie bei den Elementnamen die Groß-/Kleinschreibung beachten, Attributwerte in Anführungszeichen setzen und Leertags mit dem /-Zeichen abschließen. SMIL-Dateien besitzen in der Version 1.0, ähnlich wie HTML-Dokumente, keine XML-Deklaration.

In SMIL 2.0 wurde die Möglichkeit eingeführt, eine XML-Deklaration sowie einen Namespace zu vereinbaren. Eine solche Datei sieht dann folgendermaßen aus:

Listing 9.7: SMIL-Struktur mit XML-Deklaration

```
<?xml version="1.0" encoding="ISO-8859-1"?>
<!DOCTYPE smil PUBLIC "-//W3C//DTD SMIL 2.0//EN"
"http://www.w3.org/2001/SMIL20/SMIL20.dtd">
<smil xmlns="http://www.w3.org/2001/SMIL20/Language">
 <head>
  <meta name="copyright" content=" Name" />
  <layout>
   ... <!-- hier kommen die Layout-Tags -->
  </layout>
 </head>
 <body>
  ... <!-- hier folgen die Media-/Synchr.-Tags -->
 </body>
</smil>
```

9.2.2 SMIL-Werkzeuge

SMIL führt bisher eher ein Dasein im Verborgenen. Trotzdem standen bei der Ende 2004 durchgeführten Überarbeitung dieses Buches eine Reihe von Werkzeugen bereit, mit denen sich SMIL-Dateien erstellen und auch anzeigen lassen.

- Im Microsoft Internet Explorer sind (ab Version 5.5) einige Elemente aus SMIL 2.0 implementiert. Von Microsoft stammt zusätzlich eine unter dem Namen HTML+Time bekannte Initiative, mit der HTML um Funktionen (SMIL-Anweisungen) zur zeitlichen Steuerung erweitert werden soll (siehe auch folgende Seiten). Details zur SMIL-Unterstützung und zu HTML+ Time finden Sie auf den Microsoft-Webseiten *www.microsoft.com*, indem Sie nach den Begriffen SMIL oder HTML+Time suchen.
- Verschiedene Media Player unterstützen Teile des SMIL-Entwurfs. Der Real Player der Firma Real war eines der ersten Programme, das SMIL-Anweisungen verarbeiten konnte. Ist der Real Player auf dem System installiert, lassen sich *.smil*-Dateien direkt laden und ausführen. Auch der Microsoft Media Player unterstützt SMIL-Elemente. So werden beispielsweise die Playlisten als SMIL-Struktur in *.wpl*-Dateien gespeichert. Der Apple QuickTime-Player besitzt ebenfalls eine SMIL-Unterstützung.
- Eine sehr gute und komfortable Unterstützung für SMIL-Dateien (SMIL 1.0) bietet SOJA. Die Abkürzung steht für SMIL Output in Java Applet. Es handelt sich um ein Java Applet, das von Helio (*www.helio.org*) entwickelt wurde. Bei Helio handelt es sich um eine Organisation, gegründet von zwei jungen Franzosen, die SOJA als Freeware auf den betreffenden Webseiten anbietet. SOJA wird in einer Webseite eingebunden und kann dann SMIL-Dokumente anzeigen.

- Eine Open-Source-Implementierung von SMIL 2.0 ist der Ambulant-SMIL-Player, der sich unter *www.ambulantplayer.org* für verschiedene Plattformen (Windows, Linux, MacOS) herunterladen und installieren lässt.
- Eine grafische Oberfläche für SMIL-Dateien steht mit GRiNS (die Abkürzung für Graphical Interface for SMIL) bereit. Näheres findet sich unter *www.cwi.nl/SMIL*.
- Der bereits in den vorhergehenden Kapiteln benutzte XML-Editor XML Spy erlaubt ebenfalls SMIL-2.0-Dokumente zu erstellen. Das Programm kennt die für solche Dokumente benutzte DTD und kann den Entwurf validieren.

Für die Beispiele dieses Abschnitts greife ich auf das Helio Java Applet SOJA zurück. Sie können dieses Applet sowohl im Internet Explorer als auch im Netscape Navigator einsetzen. Alternativ lässt sich der Ambulant-SMIL-Player zur Anzeige der Beispiele nutzen.

Das SOJA-Applet installieren

Das SOJA-Paket befindet sich als ZIP-Archiv *soja-cherbourg2.tar.gz* sowie in bereits entpackter Form auf der Begleit-CD im Ordner *\Tools\Helio-SOJA*. Kopieren Sie die Datei *soja.jar* in das Verzeichnis, in dem Sie die SMIL-Dateien entwickeln möchten. Um SOJA zu nutzen, müssen Sie das Applet in einer Webseite einbinden und ihm die SMIL-Datei übergeben.

Einbinden des SOJA-Applets in HTML-Seiten

Das Java Applet SOJA von Helio lässt sich sehr leicht in HTML-Seiten einbinden. Dadurch können Sie SMIL-Dateien sowohl im Netscape Navigator als auch im Internet Explorer wiedergeben. Das Applet wird mit folgendem Code in die HTML-Seite integriert:

```
<applet codeBase='./'
   code='org.helio.soja.SojaApplet.class'
   width='300' height='200' archive='soja.jar'>
   <param name='source' value='file.smil'>
   <param name='bgcolor' value='#FCF066'>
</applet>
```

Alternativ können Sie natürlich auch das *<object>*-Tag anstelle des *<applet>*-Tags zum Einbinden verwenden. Über den Parameter *source* wird der Name der SMIL-Datei angegeben. Beachten Sie, dass das Applet nur relative Pfadangaben (kein *file://...*) akzeptiert. Der Parameter *bgcolor* erlaubt, die Hintergrundfarbe des Applets zu setzen.

Sobald die Webseite mit dem Applet aufgerufen wird, wird dieses geladen (gemäß den zuvor gemachten Angaben muss sich das Applet im Ordner der HTML-Datei befinden). Dann wird das Applet ausgeführt, es lädt die angegebene SMIL-Datei und führt diese aus.

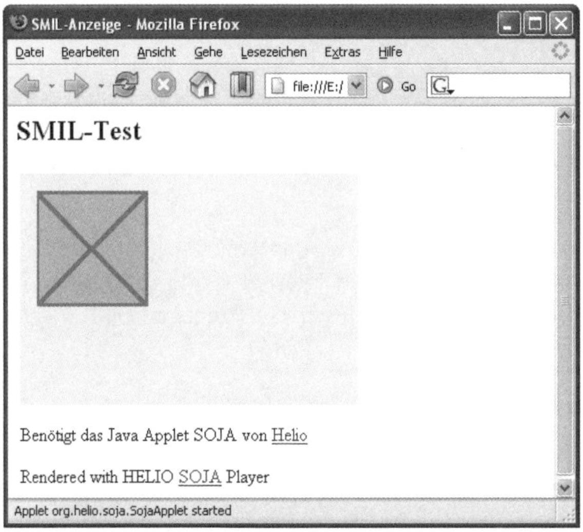

Abb. 9.4: Anzeige einer SMIL-Datei per SOJA-Applet in Firefox

HINWEIS

Allerdings besitzt das Applet noch einige Einschränkungen. Bei Tests im Internet Explorer gab es gelegentlich Probleme mit animierten GIF-Dateien. Diese wurden nicht oder nicht immer animiert dargestellt. Außerdem sollten Sie Hintergrundfarben nur als RGB-Werte und nicht über Farbnamen angeben. Sie finden im Ordner *Beisp\Kap9\SMIL* die Datei *SMILBsp.htm*, in der das Applet mit einer der nachfolgend entwickelten SMIL-Beispieldateien eingebunden ist. Sobald Sie die HTML-Datei in einem Browser (Internet Explorer, Firefox) aufrufen, lädt das Applet die SMIL-Datei und führt diese aus (Abbildung 9.4). Beim Internet Explorer 6 müssen Sie ggf. die Sperre aktiver Inhalte aufheben (auf die Nachricht in der Informationsleiste klicken und den Befehl *Geblockte Inhalte zulassen* wählen).

Ein SMIL-Viewer als HTML-Dokument

Um das Testen von SMIL-Dateien per SOJA-Applet im Internet Explorer zu vereinfachen, habe ich einen einfachen SMIL-Viewer geschrieben (Abbildung 9.5).

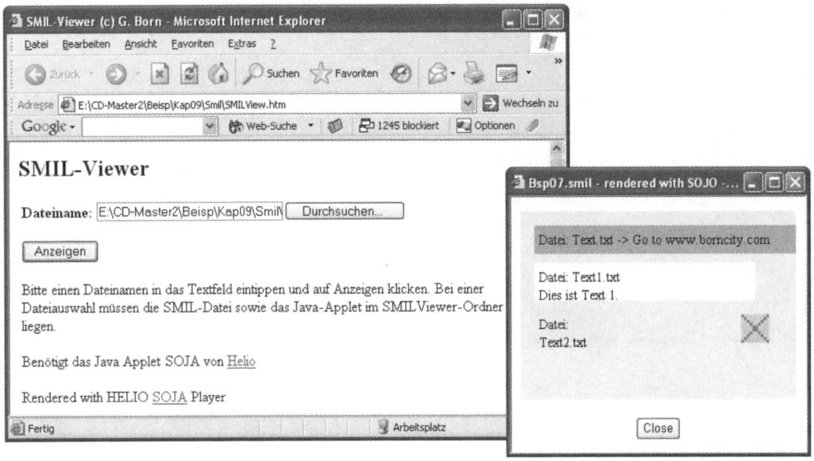

Abb. 9.5: Oberfläche des SMIL-Viewer im Internet Explorer

Es handelt sich um ein HTML-Dokument, das in einem Fenster den Inhalt des aktuellen Ordners (in dem die HTML-Datei gespeichert ist) anzeigt. Über ein Textfeld können Sie den Namen einer Testdatei angeben. Oder Sie klicken auf die Schaltfläche *Auswählen* und wählen die Testdatei (*.smil*-Datei) im Dateidialog aus. In diesem Fall ist es wichtig, dass Sie den Ordner wählen, in dem die Applet-Datei liegt (sonst funktioniert das Applet nicht). Über die Schaltfläche *Anzeigen* aktivieren Sie den Viewer. Dieser öffnet ein zweites HTML-Fenster, in dem das SOJA-Applet eingebunden und die gewählte SMIL-Datei automatisch geöffnet wird (Abbildung 9.5, rechts). Beim Internet Explorer 6 wird das Applet allerdings aus Sicherheitsgründen geblockt. Sie müssen dessen Ausführung dann über die Informationsleiste (Befehl *Geblockte Inhalte zulassen*) erlauben.

Die Datei *SMILView.htm* befindet sich im Ordner *Beisp\Kap09\Smil* der Begleit-CD und lässt sich im Internet Explorer laden. Benutzer anderer Browser können die Datei *SMILBsp.htm* verwenden und den HTML-Quellcode so modifizieren, dass die SMIL-Beispiele angezeigt werden.

Der Ambulant-SMIL-Player

Der bereits erwähnte Ambulant-SMIL-Player lässt sich ebenfalls zum Testen der SMIL-Dateien nutzen (Abbildung 9.6). Nach der Installation lässt sich der Player (z.B. unter Windows über das Startmenü) aufrufen. Danach können Sie über das Menü *File* den Befehl *Open* anklicken und dann die anzuzeigende *.smil*-Datei wählen.

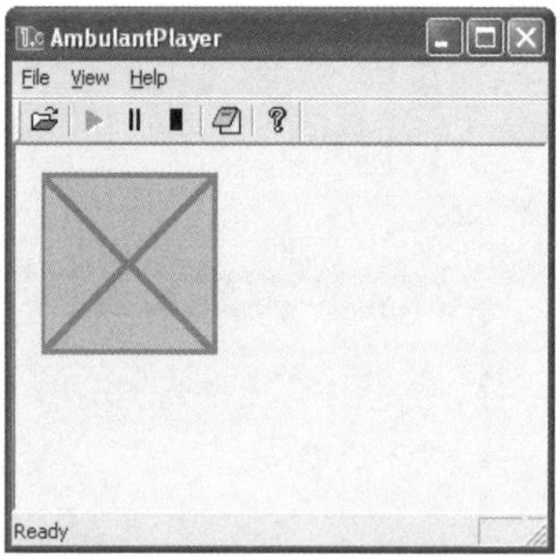

Abb. 9.6: Ambulant-SMIL-Player

Sobald Sie die in der Symbolleiste des Players eingeblendete Schaltfläche *Play* wählen, beginnt der SMIL-Player mit der Wiedergabe. Zudem lässt sich der Quellcode über eine separate Schaltfläche der Symbolleiste im Editor des benutzten Betriebssystems ansehen.

9.2.3 Grafik positionieren und ausblenden

In einem ersten einfachen Beispiel soll eine Grafik per SMIL-Datei an einer bestimmten Stelle positioniert werden. Weiterhin soll dieses Element zeitgesteuert nach n Sekunden aus der Anzeige verschwinden. Die betreffende SMIL-Datei wird nach der zuvor angegebenen Grundstruktur erstellt und besitzt folgenden Aufbau:

Listing 9.8: Grafik zeitgesteuert ausblenden

```
<smil>
<!-- Positioniere Grafik fuer x Sekunden -->
 <head>
  <layout><!-- Layout festlegen -->
   <root-layout width="300" height="200"
        background-color="#F0FCF0" />
   <region id="grafik" left="75" top="50"
        width="32" height="32" />
  </layout>
 </head>
 <body>
  <par><!-- zeige Grafik n Sekunden an -->
    <img src="Rai.gif" alt="Grafik"
        region="grafik" dur="8s" />
  </par>
 </body>
</smil>
```

In diesem Beispiel habe ich in der XML-Struktur an einigen Stellen Kommentare eingefügt, um die Funktionen zu erläutern.

Das *head*-Element enthält alle SMIL-Elemente, die sich mit Definitionen zum Dokument befassen (ähnlich wie bei HTML-Dokumenten). Das *layout*-Element enthält alle Angaben zum Layout des Dokuments. Dies betrifft beispielsweise die Fensterabmessungen des Anzeigebereichs. Die Informationen werden in Unterelementen hinterlegt.

Über das *root-layout*-(Leer-)Element legen Sie die Abmessungen des Fensters fest, in dem die Elemente anzuzeigen sind. Das Tag besitzt die Attribute *width* (Fensterbreite), *height* (Fensterhöhe) und *background-color* (Hintergrundfarbe des Anzeigebereichs). Eine Anweisung der Art

```
<root-layout width="300" height="200"
            background-color="aqua" />
```

legt dann einen Anzeigebereich von 300 x 200 Pixel fest, der mit einem blauen Hintergrund versehen ist.

Beachten Sie aber, dass beim SOJA-Applet die Farbangaben als RGB-Werte (z.B. #fff0f0) anzugeben sind. Zumindest in der von mir benutzten Fassung wurden Farbnamen nicht akzeptiert.

Sobald Sie über das *root-layout*-Element einen Anzeigebereich für die Elemente festgelegt haben, können Sie mit der Positionierung von Objekten (Grafiken) beginnen. Alle Positionsangaben beziehen sich auf das vom Anzeigebereich *(<root-layout>)* aufgespannte Koordinatensystem. Der Nullpunkt liegt in der linken oberen Ecke und alle Abstandsangaben erfolgen in Pixel oder in % des Anzeigebereichs (Höhe bzw. Breite).

Die anzuzeigenden Objekte werden aber nicht direkt über Tags angegeben und positioniert. Vielmehr benutzt SMIL das Konzept der so genannten »Regions«, die diese Objekte (quasi als Container) aufnehmen können. Eine Region ist ein rechteckiger Bereich innerhalb der Anzeigefläche. Die Region wird über ein *<region>*-Leertag spezifiziert. Attribute legen die Koordinaten der linken oberen Ecke sowie die Abmessungen fest. Für die Attribute gilt Folgendes:

- *id*: Als Wert ist ein eindeutiger Bezeichner anzugeben, über den sich die Region identifizieren lässt.
- *left, top*: Diese beiden Attribute geben den Abstand der linken oberen Ecke der Region vom Nullpunkt des Anzeigebereichs (in Pixel) an.
- *width, height*: Mit diesen Attributen legen Sie die Größe der Region fest.

Mit diesen fünf Attributen können Sie den Bereich beschreiben, den ein Objekt (z.B. eine Grafik, ein Video etc.) einnehmen kann. Durch die Lage der Region im Anzeigebereich ist auch gleichzeitig die Lage des Objekts fixiert.

TIPP

Die Angabe der Abmessungen muss nicht immer mit der Größe des Objekts übereinstimmen. Über ein weiteres *fill*-Attribut können Sie die Größe des Objekts anpassen lassen. Auf diesen Punkt kommen wir später zurück.

Sie können über das *<region>*-Tag durchaus mehrere Bereiche festlegen, die über die eindeutigen *id*-Werte ansprechbar sind und verschiedene Objekte aufnehmen können. Sobald Sie das Layout des Anzeigebereichs über die bereits erwähnten Elemente definiert haben, lassen sich den Regionen die gewünschten Objekte zuordnen. Die erforderlichen SMIL-Elemente werden im *<body> ... </body>*-Bereich der SMIL-Datei aufgeführt. Dabei kommen entweder die Tags *<seq> ... </seq>* oder *<par> ... </par>* zum Einsatz. Die Tags geben an, ob die Elemente sequenziell (*<seq>*) oder parallel (*<par>*) auszuwerten sind.

Um eine einfache Grafik einzufügen, können Sie auf das aus HTML bekannte *<img>*-Tag zurückgreifen. Dieses besitzt in SMIL jedoch eine leicht abgewandelte Form:

```
<img src="Rai.gif" alt="Grafik"
        region="grafik" dur="8s" />
```

Als Erstes muss das Tag natürlich gemäß den XML-Regeln als Leertag formuliert, d.h. mit dem Zeichen / abgeschlossen werden. Das *src*-Attribut gibt die URL zur gewünschten Grafikdatei an. Über das *alt*-Attribut lässt sich ein alternativer Text vorgeben. Dieser wird angezeigt, falls der Viewer das betreffende Objekt nicht anzeigen kann.

Das *region*-Attribut ordnet dann das Objekt einer der im Layoutbereich definierten Regionen zu. Hierzu wird als Wert des *region*-Attributs einer der *id*-Werte der *<region>*-Tags zugewiesen. Das Objekt wird dann in der betreffenden Region platziert.

SMIL bedeutet aber nicht nur Positionsangaben für Objekte, sondern die Wiedergabe ist in der Regel auch mit einer Zeitangabe verknüpft (z.B. ein Video für zehn Minuten wiedergeben). Aus diesem Grund lässt sich das *dur*-Attribut angeben. Mit dem Wert "8s" spezifizieren Sie die Wiedergabezeit in Sekunden (hier acht Sekunden). Neben *dur* kennt SMIL auch noch ein *begin*- und ein *end*-Attribut, mit dem sich die Anfangs- und Endzeit auf der Zeitachse spezifizieren lässt.

Wenn Sie die zuvor gezeigte SMIL-Datei in einem SMIL-Viewer aufrufen (z.B. mit der bereits erwähnten HTML-Lösung SMIL-Viewer unter Verwendung des SOJA-Applets), blendet dieser Viewer die Grafik in der Seite (an den Koordinaten 75/50) ein. Genau acht Sekunden nach der ersten Anzeige sollte die Grafik wieder verschwinden.

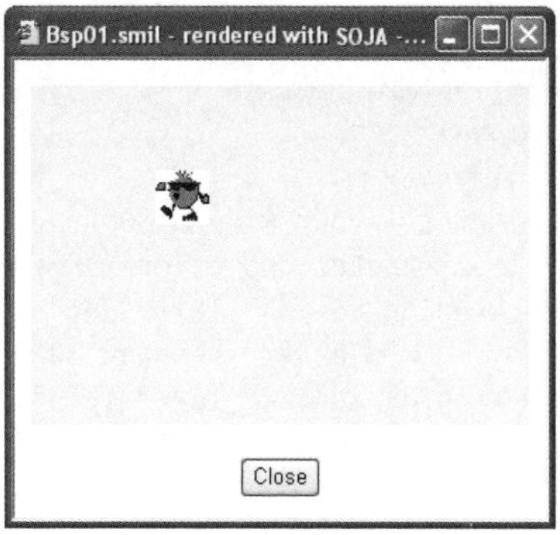

Abb. 9.7: Anzeige der Grafik im SMIL-Viewer

Sie finden die Beispieldatei *Bsp01.smil* im Ordner *Beisp\Kap09\Smil* auf der Begleit-CD. In diesem Ordner ist auch die Datei *SMILView.htm* sowie eine Kopie des Java-Applets SOJA zu finden.

9.2.4 Relative Positionierung im Fenster

Im zuvor angeführten Beispiel wurden die Regionen zur Aufnahme der Objekte über absolute Positionsangaben vereinbart. In einige Fällen ist es jedoch günstiger, wenn Sie die Position der linken oberen Ecke relativ zur Fenstergröße vereinbaren (z.B. 50% für X und 50% für y). Außerdem müssen Sie keine Zeitdauer zur Anzeige der Objekte vorgeben.

Dies wird im nachfolgenden Beispiel genutzt, welches zwei Objekte über Regionen ausgibt, wobei die Regionen sich überlappen und die Objekte kleiner als die Regionen sind (Abbildung 9.8). Das Objekt in der Mitte des Anzeigebereichs verschwindet nach einer vorgegebenen Zeit.

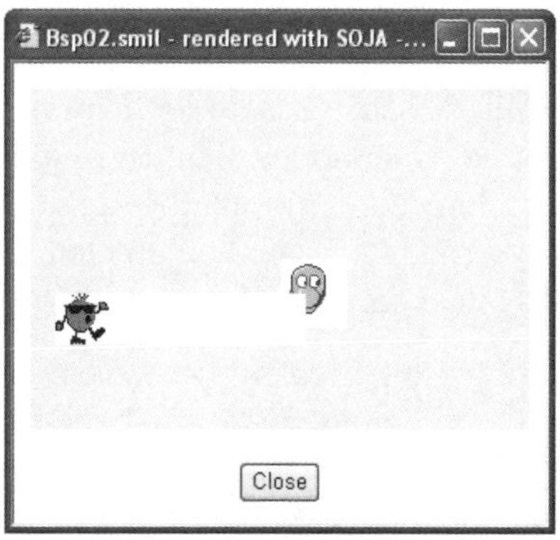

Abb. 9.8: Zwei überlappende Objekte

Für dieses Verhalten wird folgender SMIL-Code benutzt:

Listing 9.9: Objekte überlappend darstellen und ausblenden

```
<smil>
 <head>
  <layout>
   <root-layout width="300" height="200"
        background-color="#FFF0F0" />
   <region id="G1" left="50%" top="50%"
        width="40" height="40" />
   <region id="G2" left="15" top="120"
        width="50%" height="30" />
  </layout>
 </head>
 <body>
  <par>
   <img src="Apfel.gif" alt="Grafik"
        region="G1" dur="10s" />
   <img src="Rai.gif" alt="Grafik"
        region="G2" />
  </par>
 </body>
</smil>
```

HINWEIS

Im Beispielcode werden die Werte der Attribute für die Regionen teilweise mit absoluten Zahlen und teilweise relativ als Prozentwerte angegeben. Prozentwerte beziehen sich immer auf die Abmessungen des Anzeigefensters (über *<root-layout>* definiert).

Sie finden die Beispieldatei *Bsp02.smil* im Ordner *Beisp\Kap09\Smil* auf der Begleit-CD. In diesem Ordner sind auch die Grafikdateien zu finden.

9.2.5 Z-Reihenfolge und Fülloptionen

Das zuvor genannte Beispiel demonstriert einerseits die Möglichkeiten des SMIL-Ansatzes zur Positionierung von Elementen, zeigt aber auch einige Probleme. Überlappen sich die Regionen, erscheint das zuletzt gezeichnete Element im Vordergrund. Sie können aber das Attribut *z-index* die Regionen in Ebenen (1, 2, 3 etc.) unterteilen. Die Region mit dem höchsten Wert in *z-index* wird dann im Vordergrund gezeichnet.

Ein zweites Problem betrifft die Frage, was passiert, falls ein Objekt kleiner oder größer als die angegebene Region ist. In Abbildung 9.8 sehen Sie, dass die Regionen nicht durch das zugewiesene Objekt ausgefüllt werden. SMIL erlaubt Ihnen daher, über das *fit*-Attribut anzugeben, wie ein Objekt in der Region anzuzeigen ist.

Tabelle 9.1: Werte für das fit-Attribut

Wert	Bedeutung
fill	Objekt in der Anzeige so skalieren, dass es die Region füllt. Dabei gehen bei Grafiken ggf. die Proportionen verloren, da diese in x- oder y-Richtung unterschiedlich gestreckt oder gestaucht werden müssen.
meet	Passt das Objekt so in der Anzeige an, dass die Proportionen erhalten bleiben. Das Objekt füllt in einer Richtung die Region aus (z.B. die x-Achse wird angepasst), während die andere Achse des Objekts kleiner als die Region ist.
slice	Vergrößert das Objekt so, dass die Region ausgefüllt wird, erhält aber die Proportionen. Hierbei wird das Objekt in beiden Achsen so lange vergrößert, bis die Region ausgefüllt ist. Dies bedeutet unter Umständen, dass das Objekt in einer Richtung »über die Region hinausragt«. Überstehende Teile des Objekts werden abgeschnitten, d.h., es ist unter Umständen nur ein Ausschnitt des Objekts sichtbar.
scroll	Ist das Objekt größer als die aufnehmende Region, werden Bildlaufleisten zum Scrollen eingeblendet.

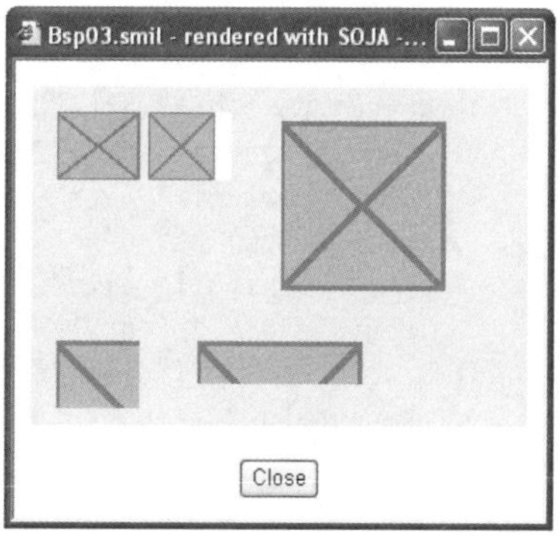

Abb. 9.9: Anpassen der Darstellung über das fit-Attribut

Dieses Verhalten wird im nächsten SMIL-Beispiel demonstriert. Die in Abbildung 9.9 rechts oben in Originalgröße gezeigte Grafik wird links oben mit »fill« an die Region angepasst. Die Proportionen gehen beim Verkleinern verloren. Die rechts daneben liegende Region besitzt dagegen den Wert »meet« für das *fit*-Attribut. Dort wird das Motiv in y-Richtung so lange verkleinert, bis die Proportionen passen. In x-Richtung bleibt daher ein Teil der Region ungefüllt. Links unten kommt der Wert »slice« zum Einsatz. Das Java-Applet setzt diesen Wert aber nicht korrekt um, da sonst das Motiv in einer Achse komplett sichtbar sein müsste. Das Motiv unten rechts sollte mit Bildlaufleisten dargestellt werden, aber auch diese Option wird vom Java-Applet SOJA nicht korrekt dargestellt. Der nachfolgende SMIL-Code zeigt, wie die Optionen angewandt werden. Im Beispiel kommt auch das *z-index*-Attribut zum Einsatz, obwohl sich die Regionen hier nicht überlagern.

Listing 9.10: Anpassen der Darstellung

```
<smil>
 <head>
  <layout>
   <root-layout width="300" height="200"
        background-color="#FCECF0" />
   <region id="g0" left="50%" top="10%"
        width="100" height="100" />
   <region id="g1" left="15" top="15"
        width="50" height="40" />
   <region id="g2" left="70" top="15"
        width="50" height="40" />
   <region id="g3" left="15" top="150"
        width="50" height="40" />
   <region id="g4" left="100" top="150"
        width="100" height="25" />
   </layout>
 </head>
 <body>
  <par><!-- zeige Grafik n Sekunden an -->
    <img src="box1.gif" alt="Grafik"
        region="g1" z-index="1" fit="fill" />
    <img src="box1.gif" alt="Grafik"
        region="g2" z-index="2" fit="meet" />
    <img src="box1.gif" alt="Grafik"
        region="g3" z-index="3" fit="slice" />
    <img src="box1.gif" alt="Grafik"
        region="g4" z-index="4" fit="scroll" />
    <img src="box1.gif" alt="Grafik"
        region="g0" z-index="5" />
  </par>
 </body>
</smil>
```

HINWEIS

Sie finden die Beispieldatei *Bsp03.smil* im Ordner *\Beisp\Kap09\Smil* auf der Begleit-CD. In diesem Ordner sind auch die Grafikdateien zu finden.

9.2.6 Zeitliche Synchronisation der Elemente

Im ersten Beispiel klang es bereits an, Sie können in SMIL-Dateien über Attribute steuern, wann und wie lange ein Element sichtbar sein soll. Hierzu kommen folgende Attribute zur Anwendung:

- *begin*: Legt einen Zeitpunkt zur Aktivierung eines Elements fest. Der Zeitpunkt wird in Sekunden ab dem Laden des Dokuments gezählt.
- *dur*: Legt die Zeitdauer in Sekunden fest, während der ein Element aktiv ist.

Dieses Verhalten lässt sich an nachfolgendem Beispiel studieren. Das SMIL-Dokument blendet beim Start ein Viereck im Dokumentfenster ein. Nach einer Wertezeit wird dieses Viereck durch ein zweites Symbol überlagert (Abbildung 9.26) und später kommt noch ein drittes Motiv hinzu. Anschließend verschwinden die beiden zuerst eingeblendeten Grafiken.

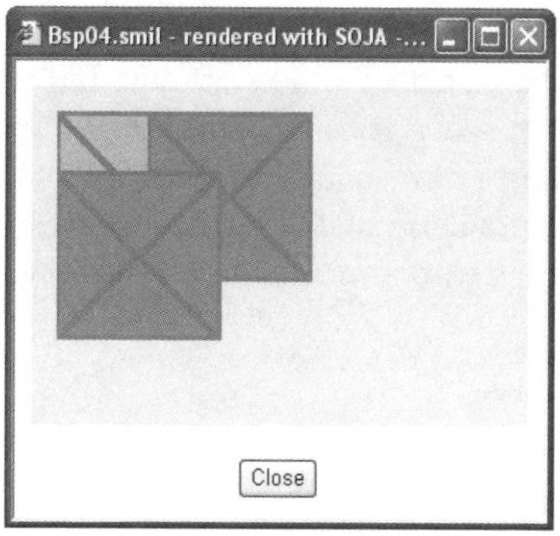

Abb. 9.10: Zeitlich gesteuerte Anzeige von Grafiken

Für dieses Beispiel kommt folgender SMIL-Code zum Einsatz. Die Zeitsteuerung erfolgt im *<img>*-Tag über die Attribute *begin* und *dur*. Details sind dem nachfolgenden Listing zu entnehmen.

Listing 9.11: Zeitgesteuerte Anzeige

```
<smil>
 <head>
  <layout>
   <root-layout width="300" height="200"
        background-color="#FCECF0" />
   <region id="g1" left="15" top="15"
        width="100" height="100" />
   <region id="g2" left="70" top="15"
        width="100" height="100" />
   <region id="g3" left="15" top="50"
        width="100" height="100" />
   </layout>
 </head>
 <body>
  <par><!-- zeige Grafik n Sekunden an -->
    <img src="box1.gif" alt="Grafik"
        region="g1" z-index="1" end="10s" />
    <img src="box2.gif" alt="Grafik"
        region="g2" z-index="2" begin="5s" dur="10s" />
    <img src="box2.gif" alt="Grafik"
        region="g3" z-index="3" begin="8s" />
  </par>
 </body>
</smil>
```

HINWEIS

Sie finden die Beispieldatei *Bsp04.smil* im Ordner *Beisp\Kap09\Smil* auf der Begleit-CD. In diesem Ordner sind auch die Grafikdateien zu finden.

9.2.7 Sequenzen in SMIL

In den vorhergehenden Beispielen wurden verschiedene in *<par> ... </par>*-Tags eingefasste Objekte parallel mittels der Zeitsteuerung im Anzeigebereich dargestellt. SMIL kennt aber ein eigenes *seq*-Element, mit dem sich Aktivitäten sequenziell ausführen lassen. Hierzu werden die betreffenden Elemente anstatt in *<par> ... </par>* in *<seq> ... </seq>* eingefasst. Der SMIL-Parser muss dann die Elemente innerhalb der *<seq>*-Tags nacheinander ausführen. Dies wird an folgendem Beispiel demonstriert:

Listing 9.12: Einsatz des seq-Elements

```
<smil>
 <head>
  <layout>
   <root-layout width="300" height="200"
        background-color="#FCECF0" />
   <region id="g1" left="15" top="15"
        width="30" height="30" />
   <region id="g2" left="70" top="15"
        width="30" height="30" />
   <region id="g3" left="90" top="15"
        width="30" height="30" />
   </layout>
 </head>
 <body>
  <seq>
    <img src="bullet.gif" alt="Grafik"
        region="g1" z-index="1" dur="2s" fit="meet"/>
    <img src="cross.gif" alt="Grafik"
        region="g2" z-index="2" dur="2s" fit="meet" />
    <img src="cross.gif" alt="Grafik"
        region="g3" z-index="2" dur="2s" fit="meet" />
 <!-- simuliere blinken -->
    <img src="bullet.gif" alt="Grafik"
        region="g1" z-index="1"
        begin="2s" end="3s" fit="meet" />
    <img src="bullet.gif" alt="Grafik"
        region="g1" z-index="1"
        begin="2s" dur="3s" fit="meet" />
  </seq>
 </body>
</smil>
```

Wenn Sie das Beispiel im SMIL-Viewer aufrufen, erscheint kurzzeitig ein Punkt in der linken oberen Ecke. Dann erscheint zweimal kurzzeitig ein Kreuz, um wieder einem Punkt in der linken oberen Ecke Platz zu machen. Nach einer bestimmten Zeit wird die letzte Grafik aus der Anzeige entfernt. Die Steuerung der Zeiten erfolgt über die Attribute *begin*, *end* und *dur*. Das *end*-Attribut gibt übrigens die Endzeit seit Begin der Anzeige in Sekunden an.

Sie finden die Beispieldatei *Bsp05.smil* im Ordner *Beisp\Kap09\Smil* auf der Begleit-CD.

9.2.8 Ereignisse nutzen

In SMIL-Dokumenten kann ein Element auf die Ereignisse eines anderen Elements reagieren. Wird beispielsweise ein Musikstück abgespielt, löst dies beim Start ein *begin*-Ereignis aus. Ein anderes Element kann auf dieses Ereignis aufsetzen. Dies wird in folgendem SMIL-Beispiel genutzt:

Listing 9.13: Ereignisse in SMIL

```
<smil>
 <head>
  <layout>
   <root-layout width="300" height="200"
        background-color="#FCECF0" />
   <region id="g1" left="15" top="15"
        width="30" height="30" />
   <region id="g2" left="70" top="15"
        width="30" height="30" />
    </layout>
 </head>
 <body>
  <par>
    <img id="t1" src="bullet.gif" alt="Grafik"
        region="g1" z-index="1"
        begin="2" dur="8s" fit="meet"/>
    <img src="cross.gif" alt="Grafik"
        region="g2" z-index="2"
        begin="id(t1) (3s)" fit="meet" />
   </par>
 </body>
</smil>
```

Für das erste *<img>*-Tag wird das Attribut *id* auf den Wert *"t1"* gesetzt. Das Laden dieses Objekts löst ein *begin*-Ereignis aus. Im zweiten *<img>*-Tag wird dann das *begin*-Attribut an das *begin*-Ereignis des Tags mit dem Bezeichner *t1* angekoppelt.

```
begin="id(t1) (3s)"
```

Die Anweisung besagt, dass das Ereignis des SMIL-Elements *t1* an dieses Attribut gekoppelt ist. Drei Sekunden nachdem das betreffende Element ein *begin*-Ereignis ausgelöst hat, soll auch das zweite *<img>*-Tag ausgeführt werden. Alternativ können Sie anstelle der Zeitangabe auch die Ereignisse (*begin* und *end*) im Wert verwenden (z.B. *begin="id(t1) (end)"* oder *begin="id(t1) (begin)"*). Dann wird das Tag direkt an das betreffende Ereignis des angegebenen Elements angebunden.

HINWEIS: Sie finden die Beispieldatei *Bsp06.smil* im Ordner *Beisp\Kap09\Smil* auf der Begleit-CD.

9.2.9 Erweiterte Funktionen

In den bisherigen Beispielen wurden Grafikdateien zur Demonstration eingebunden. SMIL bietet Ihnen aber die Möglichkeit, sowohl Texte als auch Sound, Video etc. zu integrieren. Einzige Randbedingungen: Die Daten müssen in Dateien vorliegen und das Dateiformat muss vom Player bzw. vom System unterstützt werden. Zum Einbinden der betreffenden Dateien stehen Ihnen folgende Leertags zur Verfügung:

- *<img>*: Bindet Bilddateien wie .GIF oder .JPEG ein.
- *<text>*: Bindet den Inhalt einer Textdatei im SMIL-Dokument ein.
- *<audio>*: Bindet den Inhalt von Video- und Audiodateien im Dokument ein.
- *<video>*: Bindet den Inhalt von Video- und Audiodateien im Dokument ein.

In den Tags ist das *region*-Attribut anzugeben, damit die Elemente auch dargestellt werden können. Zusätzlich dürfen Sie ebenfalls die Attribute zur Zeitsteuerung verwenden.

Abb. 9.11: Anzeige von Texten und Hyperlinks

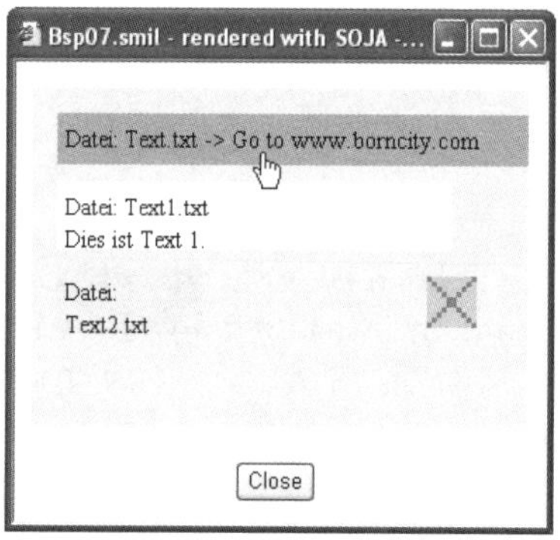

Weiterhin können Sie in SMIL-Dateien das aus HTML bekannte *<a>*-Tag verwenden, um Hyperlinks einzubauen. Das Tag wird dann in der Art

```
<a href="...." > Tags </a>
```

angegeben. Da Sie Texte nicht direkt angeben können, kann das *<a>*-Tag ein *<text />*-Tag enthalten. Das im *<a>*-Tag angegebene Element wird im SMIL-Dokument als »Hot Spot« dargestellt. Wenn Sie per Maus auf die betreffende Stelle zeigen, wechselt der Mauszeiger die Form. Je nach gewähltem Protokoll (*http:* oder *mailto:*) wird dann ein Hyperlink oder ein Aufruf zum Versenden einer E-Mail erzeugt (Abbildung 9.11). Nachfolgend finden Sie den SMIL-Code, mit dem das in Abbildung 9.11 gezeigte Dokument erzeugt wurde.

Listing 9.14: Text und Hyperlinks in SMIL nutzen

```
<smil>
 <head>
  <layout>
   <root-layout width="300" height="200"
        background-color="#FCECF0" />
   <region id="t1" left="15" top="15"
        width="100%" height="30"
        background-color="#30EC3F" />
   <region id="t2" left="15" top="55"
        width="80%" height="40" />
   <region id="t3" left="15" top="105"
        width="30%" height="40"
        background-color="#F0ECFF" />
   <region id="t4" left="80%" top="55%"
        width="30" height="30" />
   <region id="t5" left="70%" top="75%"
        width="20%" height="20%" />
    </layout>
 </head>
 <body>
  <par>
   <a href="http://www.borncity.com">
    <text src="Text.txt" region="t1" />
   </a>
   <text src="Text1.txt" region="t2" begin="5s" />
   <text src="Text2.txt" region="t3" begin="2s" />
   <img src="cross.gif" region="t4" alt="Grafik"
     fit="fill" begin="2s" />
   <audio src="sojamusic.auz" region="t4" begin="2s" dur="10s" />
   <a href="mailto:test@web.de">
     <text src="Text2.txt" region="t3" begin="2s" />
   </a>
  </par>
 </body>
</smil>
```

HINWEIS

Sie finden die Beispieldatei *Bsp07.smil* im Ordner *Beisp\Kap09\Smil* auf der Begleit-CD. Weitergehende Informationen liefern die SMIL-Dokumente des W3C (*www.w3c.org*). Außerdem gibt es von den Entwicklern des SOJA-Applets ein nettes Tutorial mit zusätzlichen Beispielen (*www.helio.org/products/smil*).

Beispiel: Eine Diashow in SMIL

Die Möglichkeit zur Zeitsteuerung sowie die Optionen des *img*-Elements eignen sich sehr gut zum Erstellen von Diashows. Nehmen wir an, es liegen mehrere Fotos als JPEG-Dateien in einem Ordner vor. Diese sollen nun in einer vorgegebenen Reihenfolge im Fenster eines SMIL-Players erscheinen (Abbildung 9.12).

Abb. 9.12: Diashow im SMIL-Player

Die Anzeige der JPEG-Dateien ist mit einer einfachen Sequenz an SMIL-Befehlen möglich. Nachfolgendes Listing benutzt eine XML-Signatur und den Namensraum von SMIL 2.0 zur Wiedergabe mehrerer Fotos.

Listing 9.15: SMIL-Code der Diashow

```
<?xml version="1.0" encoding="ISO-8859-1"?>
<!DOCTYPE smil PUBLIC "-//W3C//DTD SMIL 2.0//EN"
   "http://www.w3.org/2001/SMIL20/SMIL20.dtd">
<smil xmlns="http://www.w3.org/2001/SMIL20/Language">
```

```
<head>
 <layout>
   <root-layout width="100%" height="100%"
         backgroundColor="silver" />
   <region left="10%" top="10%" width="80%" height="80%"
        id="foto" />
 </layout>
</head>
<body>
 <par>
  <seq>
   <img src="Apfelbluete.jpg" region="foto" fit="fill"
          fill="auto" erase="never" dur="4" />
   <img src="Falter.jpg" region="foto" fit="fill"
         fill="transition" erase="never" dur="4"/>
   <img src="Azalee.jpg" region="foto" fit="fill"
         fill="freeze" erase="never" dur="4"/>
   <img src="Rododendron.jpg" region="foto" fit="fill"
         fill="freeze" erase="never" dur="4"/>
  </seq>
   <audio src="WC.wav"/>
 </par>
</body>
</smil>
```

Im *layout*-Block wird zuerst über ein *root-layout*-Element ein Anzeigebereich für den Player von 100% vereinbart. Dann reduziert ein *region*-Element den Anzeigebereich für die eigentlichen Bilder auf 80% der Höhe und Breite des Player-Fensters. Zudem positionieren die Attribute *top* und *left* diesen Anzeigebereich in der Fenstermitte.

In einem *seq*-Block sollen nun die einzelnen Bilder zeitgesteuert ausgegeben werden. Hierzu lässt sich das *img*-Element verwenden. Das *src*-Attribut gibt den Pfad zur Grafikdatei wieder, während das *region*-Attribut die Abmessungen im Anzeigebereich festlegt. Um das Bild im Anzeigebereich zu skalieren, kommt das *fit*-Attribut mit dem Wert »fill« zum Einsatz. Das *fill*-Attribut legt dagegen fest, wie die Bilder einzublenden sind. Die Anzeigedauer wird über das *dur*-Attribut auf vier Sekunden gesetzt. Mit *erase* lässt sich steuern, ob ein Bild in der Anzeige erhalten bleibt.

Um die Diashow mit Musik zu unterlegen, wurde zusätzlich ein *audio*-Element im SMIL-Dokument untergebracht. Da das *seq*- und das *audio*-Element gemeinsam in einem *par*-Block untergebracht sind, wird die Musik parallel zur Bildanzeige wiedergegeben. Im aktuellen Code ist (aus lizenzrechtlichen Gründen) eine sehr kurze *.wav*-Datei eingebunden. Sie können aber auch MP3-Dateien längerer Dauer im *audio*-Element verwenden. Beachten Sie aber, dass der Player die zeitgesteuerte Wiedergabe des *par*-Blocks erst beendet, wenn alles ausgegeben wurde. Ist die Audiodatei kürzer als die Bildsequenz, werden die restlichen Bilder ohne Sound angezeigt. Bei sehr langen Audiodateien bleibt dagegen das letzte Bild der Diashow stehen, bis die Audiodatei abgespielt wurde. Sie können die Zeitdauer der Wiedergabe der beiden Prozesse (Audio und Bilder) aber über das *dur*-Attribut beeinflussen.

HINWEIS: Die Datei *Diashow.smil* findet sich im Ordner *Beisp\Kap09\Smil* auf der Begleit-CD.

Beispiel: Windows Media Player-Wiedergabeliste in SMIL

Der Windows Media Player benutzt SMIL zum Speichern der Wiedergabelisten. Allerdings legt Microsoft den SMIL-Inhalt in *.wpl*-Dateien ab und verzichtet auf die Vereinbarung eines SMIL-Namensraums. Nachfolgend sehen Sie den SMIL-Code einer Wiedergabeliste.

Listing 9.16: Wiedergabeliste für den Windows Media Player

```
<?wpl version="1.0"?>
<smil>
 <head>
  <meta name="Generator"
    content="Microsoft Windows Media Player -- 10.0.0.3646"/>
  <title>Borns Party-Hits</title>
 </head>
 <body>
  <seq>
   <media src="Wc.wav"/>
   <media src="Bam.wav"/>
   <media src="Glas.wav" />
  </seq>
 </body>
</smil>
```

Das *body*-Element besitzt ein *seq*-Unterelement, das dann die abzuspielenden Mediadateien über *media*-Elemente spezifiziert. Neben *.wav*-Dateien können Sie auch MP3-Dateien, Videodateien (MPEG, WMV) oder auch Grafiken (JPEG) als Werte im *src*-Attribut angeben. Klicken Sie die *.wpl*-Datei mit der rechten Maustaste an, lässt sich deren Inhalt über den Befehl *Wiedergabe* im Media Player abspielen. Auf Wunsch können Sie auch Grafikdateien angeben und dann eine Diashow im Windows Media Player abspielen (Abbildung 9.13).

HINWEIS: Die Datei *Party.wpl* im Ordner *Beisp\Kap09\Smil* der Begleit-CD gibt mehrere Sounddateien wieder. Die Datei *Party1.wpl* spielt Sounddateien ab und zeigt auch mehrere Bilder aus dem Verzeichnis im Media Player an.

Abb. 9.13: Diashow im Windows Media Player

9.3 HTML+Time

Microsoft begann bereits frühzeitig mit der Integration von Multimedia-Erweiterungen in HTML. Diese wurden unter dem Namen HTML+Time (Timed Interactive Multimedia Extensions) dem W3C vorgeschlagen und in der Version 1.0 im Internet Explorer 5.0 implementiert. Zwischenzeitlich hat Microsoft diese Version durch HTML+Time 2.0 abgelöst. Die Implementierung basiert auf dem HTML+SMIL-Sprachprofil der SMIL-Empfehlung. Mit wenigen XML-Elementen und -Attributen können Sie zeitgesteuert Elemente wie Text, Grafiken, Sound und Multimedia in Webseiten einblenden. Nachfolgend möchte ich Ihnen kursorisch einige Beispiele dessen zeigen, was mit HTML+Time möglich ist.

Beachten Sie aber, dass die betreffenden Beispiele bisher nur im Internet Explorer (ab Version 5.0) funktionieren. In den Mozilla-Browsern ist kein HTML+Time implementiert.

9.3.1 Zeitgesteuerte Textanzeige

Der Internet Explorer unterstützt ab Version 5.0 HTML+Time 1.0. Mit diesem Standard können Sie einzelne HTML-Tags mit speziellen Attributen zur Zeitsteuerung versehen. Dadurch lassen sich Dokumentelemente wahlweise ein- oder ausblenden. Einziges Problem bei diesem Ansatz: Sie müssen im HTML-Dokument dem Browser mitteilen, dass die Tags und Attribute sich auf den HTML+Time-Namensraum beziehen. Hierzu hat Microsoft einen einfachen Ansatz gewählt: HTML+Time ist als DHTML-Feature implementiert. Sie können daher in einer Stilvorlage eine Klasse definieren und dem *behavior*-Attribut den betreffenden Wert zuweisen. Dann bezieht der Browser die Attribute und Tags auf den betreffenden Namensraum.

ACHTUNG

Leider geht es etwas wild in den einzelnen Browserversionen durcheinander. Während im Internet Explorer 5.0 bestimmte Attribute noch über ein Präfix *t:* auf den HTML+Time-Namensraum bezogen wurden, kann im Internet Explorer 5.5 auf diesen Präfix verzichtet werden, sofern der Wert für *behavior* auf *time2* verweist. Bei den XML-Elementen muss dagegen das Präfix für den Namensraum bei allen Browserversionen benutzt werden.

Schauen wir uns an, wie die Stildefinition aussehen kann:

```
<style>
.time  { behavior: url(#default#time); }
</style>
```

Alle Tags, die zu dieser Klasse gehören, erben dann auch das Verhalten, welches im *behavior*-Attribut des Stils angegeben wurde. Sie können dann in diesen Tags Attribute wie *begin*, *dur* und *timeaction* zur Zeitsteuerung verwenden. Die folgende Anweisung sorgt dafür, dass ein Text fünf Sekunden nach dem Laden des Dokuments eingeblendet wird.

```
<span class="time" t:begin="0" t:dur="10"
   t:timeaction="display">Ein einfacher Text.</span>
```

Ich habe in der betreffenden Anweisung noch das Präfix *t:* für die Attribute benutzt, da die *time*-Klasse sich noch auf *#default#time* und nicht auf *#default#time2* bezieht. Daher funktioniert diese Anweisung sowohl im Internet Explorer 5.0 als auch in der Version 5.5 bzw. 6.0. Die Variante, die ab dem Internet Explorer 5.5 funktioniert, ließe sich mit folgendem Codeschnipsel realisieren:

```
<style>
.time  { behavior: url(#default#time2); }
</style>
...
<span class="time" begin="0" dur="10"
   timeaction="display">Ein einfacher Text.</span>
```

Bei HTML+Time werden die Tags nach Inhaltselementen (Content Elements) und Formatierungselementen (Style Elements) unterschieden. Bei Tags wie *<img>*, *<animation>*, *<audio>*, *<media>* und *<video>* bewirkt eine Zeitsteuerung, dass die betreffenden Inhalte ein- oder ausgeblendet werden. Zu dieser Gruppe gehören auch die HTML-Tags *<p>*, *<div>*, *<span>* sowie die Tabellen-Tags. Bei Tags zur Formatierung wie *<b>*, *<i>*, *<em>* etc. bewirkt die Zeitsteuerung, dass die Formatierung wahlweise ein- oder ausgeschaltet wird.

Die Zeitsteuerung wird über Attribute wie *begin*, *dur* und *end* verwaltet. Der Ablauf beginnt, sobald eine Seite geladen wird. Beendet wird die ganze Sache, sobald die Dokumentseite geschlossen wird. Innerhalb dieser Zeitspanne können Sie über *begin* und *dur* Zeiten festlegen, an denen eine bestimmte Aktion erfolgen soll. Das *begin*-Attribut legt die Zeit fest, nach der die Anzeige des betreffenden Elements beginnt. Mit *dur* geben Sie die Zeitdauer an, die das Element anzuzeigen ist. Das Attribut *timeaction* legt fest, was bei einem Eintreffen eines Ereignisses wie *begin* passieren soll. Mit dem Wert *display* geben Sie an, dass das Element während der angegebenen Dauer anzuzeigen ist. Das folgende Beispiel (lauffähig ab Internet Explorer 5.5) demonstriert die Anwendung dieser Technik an einem einfachen HTML-Dokument.

Listing 9.17: Erstes HTML+Time-Beispiel zur Textausgabe

```
<html xmlns:time="urn:schemas-microsoft-com:time">
<head>
  <?import namespace="time" implementation="#default#time2">
<meta http-equiv="Content-Type"
    content="text/html; charset=iso-8859-1">
<title>HTML+Time</title>
<style>
.time  {
        behavior: url(#default#time2);
        color: Green;
       }
</style>
</head>

<body bgcolor="#FFFFFF">
<h2>Beispiel funktioniert nur im Internet Explorer</h2>

<span class="time" style="color: Red; font-weight: bold;"
      begin="0" dur="5" timeaction="style">

<h3>Absatz 1</h3>

<p>Dies ist der erste Absatz, der hier für fünf Sekunden in
roter Schrift ausgegeben wird. Danach wird der Text grün
angezeigt.</p>
</span>

<span class="time" style="color: Blue; font-weight: bold;"
      begin="2" dur="10" timeaction="display">
<h3>Absatz 2</h3>
```

```
<p>Der zweite Absatz erscheint für 10 Sekunden in Blau und wird dann
ausgeblendet.</p>
</span>
<span>
<h3>Absatz 3</h3>

<p>Dieser dritte Absatz rutscht an die Position von Absatz 2,
sobald dieser verschwindet. </p>
</span>
</body>
</html>
```

Über ein *<span>*-Tag werden hier verschiedene Dokumentabschnitte spezifiziert. Diese Abschnitte werden beim Aufruf des Dokuments über Stildefinitionen farbig markiert und zeitgesteuert umformatiert. Hierfür sind im *<span>*-Tag die Attribute *begin* und *dur* vorhanden (auf *end* wurde hier verzichtet). Das Attribut *timeaction* steuert dann, was mit dem Inhalt des Abschnitts passieren soll. Verwenden Sie den Wert »style«, wird der betreffende intern im Tag definierte Stil während der angegebenen Zeitdauer angewandt. Dies ist beim ersten Dokumentabschnitt der Fall, der zuerst in roter Farbe ausgegeben wird. Nach Ablauf der Zeit wird dann der interne Stil abgeschaltet (folglich zeigt der Browser den ersten Abschnitt später gemäß der globalen Stildefinition grün an).

Im zweiten Abschnitt wurde der Wert des Attributs *timeaction* auf »display« gesetzt. Dies bewirkt, dass der Browser beim Aufbau des Dokuments bereits den Platz für den anzuzeigenden Text reserviert. Ohne diese Vorgabe würden nachfolgende Teile an Abschnitt 1 angehängt. Ein Aktivieren des zweiten Abschnitts durch die Zeitsteuerung bewirkt dann, dass der restliche Dokumentinhalt nach unten rutscht.

HINWEIS

Sie finden die Beispieldatei *HTML+Time1.htm* im Ordner *Beisp\Kap09\SMIL*. Sie können das Beispiel ab Internet Explorer 5.5 abrufen. Die Datei *HTML+Time1a.htm* ist die Variante, die sich auf den Namensraum *time* bezieht und ab Internet Explorer 5.0 läuft.

Der Internet Explorer 6 mit Service Pack 1 meldet beim Ausführen von HTML+Time-Dokumenten in der Informationsleiste, dass aktive Inhalte blockiert worden seien. Sie müssen dann auf die Informationsleiste klicken und den Befehl *Geblockte Inhalte zulassen* wählen.

Beispiel: *timecontainer* nutzen

Das folgende Beispiel bezieht sich auf den HTML+Time2-Namensraum und zeigt, wie Sie das *timecontainer*-Attribut nutzen können. Dieses Attribut erlaubt die Werte »par« und »seq«, mit denen sich eine sequenzielle oder eine parallele Abarbeitung der betreffenden Time-Anweisungen erreichen lässt.

Neben dem *timecontainer*-Attribut dürfen Sie auch die beiden Elemente *par* und *seq* zum Klammern der auszuführenden Anweisungen verwenden. Eine sequenzielle Ausführung würde dann folgendermaßen aussehen:

```
<seq class="time">
    <div class="time" dur="2">Text 1</div>
    <div class="time" dur="2">Text 2</div>
</seq>
```

Diese Schreibweise entspricht weitgehend dem, was Sie bereits zuvor im SMIL-Abschnitt kennen gelernt haben.

Im folgenden Beispiel wird jedoch das *timecontainer*-Attribut verwendet. Die erste Sequenz im <*span*>-Tag benutzt den Wert »seq« im *timecontainer*-Attribut, folglich werden die Anweisungen nacheinander ausgeführt. Im zweiten <*span*>-Abschnitt kommt der Wert »par« zum Einsatz. Der Browser kann die Zeitsteuerung über *begin* und *dur* für alle Tags parallel ausführen.

Listing 9.18: HTML+Time-Beispiel mit timecontainer

```
<html xmlns:time="urn:schemas-microsoft-com:time">
<head>
 <?import namespace="time" implementation="#default#time2">
 <meta http-equiv="Content-Type"
  content="text/html; charset=iso-8859-1">
  <title>HTML+Time</title>
 <style>
  .time2  { behavior: url(#default#time2); }
 </style>
</head>

<body bgcolor="#FFFFFF">
<h3>Demonstration von SMIL als HTML+TIME (IE 5.5)</h3>
<p>Der folgende Satz besteht aus mehreren Teilen und wechselt
(sequenziell) die Farbe.</p>
<span class="time2" timecontainer="seq">
 <div class="time2" style="color: Red;" dur="2"
    timaction="display">
  Erste Zeile (2 Sekunden).
 </div>
 <div class="time2" style="color: Green;" dur="2"
    timaction="display">
  Zweite Zeile (2 Sekunden).
 </div>
 <div class="time2" style="color: Blue;" dur="2"
   timaction="display">
  Dritte Zeile (2 Sekunden).
 </div>
 <div class="time2">
  Dieser Text bleibt!!!
 </div>
</span>
```

```
<p>Jetzt kommen mehrere farbige Textzeilen, die abwechselnd
(parallel) ausgeblendet werden.</p>
<span class="time2" timecontainer="par">
 <div class="time2" style="color: Red;" dur="4"
    timaction="display">
  Erste farbige Zeile.
 </div>
 <div class="time2" style="color: Green;" dur="2"
   timaction="display">
  Zweite farbige Zeile.
 </div>
 <div class="time2" style="color: Blue;" dur="8"
    timaction="display">
  Dritte farbige Zeile.
 </div>
</span>
</body>
</html>
```

Wenn Sie das Beispiel im Internet Explorer (ab Version 5.5) aufrufen, werden einige farbige Textzeilen angezeigt. Die obere Textzeile wechselt in festen Abständen die Farbe (sequenzielle Ausführung). Die darunter liegenden Textzeilen werden sukzessive ausgeblendet (parallele Ausführung).

HINWEIS

Sie finden die Beispieldatei *HTMLTime2.htm* im Ordner *Beisp\Kap09\SMIL* der Begleit-CD. Die Datei *HTMLTime2a.htm* im gleichen Ordner zeigt den Einsatz der SMIL-Elemente *par* und *seq*. In der Microsoft-Dokumentation wird noch ausgeführt, dass bei Verwendung dieser Elemente die Anweisung *<xml:namespace prefix="t"/>* im *<head>* ... *</head>*-Bereich erforderlich ist. Bei meinen Versuchen im Internet Explorer 5.5 funktionierte das Beispiel auch, wenn lediglich ein Stil mit dem Attribut *behavior* vereinbart wurde, dessen Wert auf den URI *#default#time2* zeigte.

9.3.2 Abspielen von Sound oder Videos

Mit den HTML+Time-Erweiterungen des Internet Explorer können Sie direkt aus HTML-Dokumenten, die die *ITIMEMediaPlayer*-Schnittstelle unterstützen, auf den Windows Media Player zugreifen und Audio- oder Videodateien abspielen. Die Zeitsteuerung kann über eigene Attribute wie *begin* oder *dur* erfolgen. Dies soll nun an einem einfachen Beispiel demonstriert werden. Ein HTML-Dokument soll nach dem Aufruf eine Audiodatei abspielen.

In diesem Beispiel wird im *<html>*-Tag ein Verweis auf den Namensraum *time* mit dem Präfix *t* vereinbart:

```
<html xmlns:t ="urn:schemas-microsoft-com:time">
```

Anschließend können Sie über dieses Präfix das *audio*- oder *video*-Element dieses Namensraums im HTML-Code verwenden. Mit

```
<t:video style="behavior:url(#default#time)"
   t:src="http://example.microsoft.com/vidfile1.avi"
   t:begin="5" t:player="guid_of_videoplayer1" />
```

wird das *video*-Element benutzt. Über das *src*-Attribut lässt sich die URI einer Videodatei angeben (lokal oder im Web). Das *begin*-Attribut legt dann fest, wann die Wiedergabe beginnen soll (in Sekunden gezählt vom Start des Dokuments). Das *player*-Attribut legt dann noch einen Bezeichner für die Instanz des betreffenden Players fest. Eine Audiodatei wird mit ähnlichen Mitteln per <*audio*>-Tag wiedergegeben:

```
<t:audio style="behavior:url(#default#time)"
  t:src="Glas.wav"
  t:begin="0" t:player="guid_of_audioplayer1" />
```

In dieser Anweisung wurde eine lokale Datei über die relative Pfadangabe *Glas.wav* zum Abspielen angegeben. Die Wiedergabe beginnt direkt nach dem Laden des HTML-Dokuments. Weitere Details sind nachfolgendem HTML-Code zu entnehmen.

Listing 9.19: Abspielen einer Audiodatei mit HTML+Time

```
<html xmlns:t ="urn:schemas-microsoft-com:time">
<head>
<meta http-equiv="Content-Type"
content="text/html; charset=iso-8859-1">
<title>HTML+Time</title>
</head>
<body bgcolor="#FFFFFF">
<p>Wiedergabe einer Datei per Media-Player.</p>

<t:audio style="behavior:url(#DEFAULT#TIME)"
    t:begin="0"
    t:src="Glas.wav"
    t:player="GUID_of_AUDIOPLAYER1" />
</body>
</html>
```

HINWEIS

Sie finden die Beispieldatei *HTMLTime3.htm* im Ordner *Beisp\Kap09\SMIL*. Die Datei *HTMLTime3a.htm* im gleichen Ordner zeigt eine vereinfachte Variante, die sich auf den Namensraum *time2* bezieht und auf den Playertyp verzichtet.

9.3.3 Beispiel: Sound und Grafik zeitgesteuert

In einem weiteren Beispiel möchte ich ein HTML-Dokument zeigen, welches über HTML+Time Grafiken zeitgesteuert einblendet und gleichzeitig einige Sounddateien ausgibt. Das folgende Beispiel läuft ab Internet Explorer 5. Im *<html>*-Starttag wird (wie in den vorherigen Beispielen) ein Verweis auf den *time*-Namensraum unter dem Präfix *t:* vereinbart. Anschließend findet sich im *style*-Element eine Festlegung für den *.time*-Stil, mit dem sich die HTML-Elemente um die betreffenden Eigenschaften erweitern lassen.

Im Dokument werden dann die zeitgesteuerten Inhalte in einem *span*-Element eingefasst. Dieses Element enthält auch ein *par*-Element, mit dem sich einzelnen Abläufe parallel ausführen lassen, während die Ausgabe der beiden Sounddateien per *seq*-Element sequenziell erzwungen wird. Die Wiedergabe wird über ein *audio*-Element gesteuert. Texte und Grafiken werden mittels der Tags *<p>* bzw. *<img>* dann zeitgesteuert über die Attribute *begin* und *dur* ausgegeben.

Wenn Sie das Beispielprogramm im Internet Explorer 5 aufrufen, erscheinen einige Texte, die schrittweise mit Grafiken ergänzt werden. Der Endzustand der Seite ist in Abbildung 9.14 zu sehen.

Abb. 9.14: Zeitgesteuerte Anzeige von Grafiken und Texten

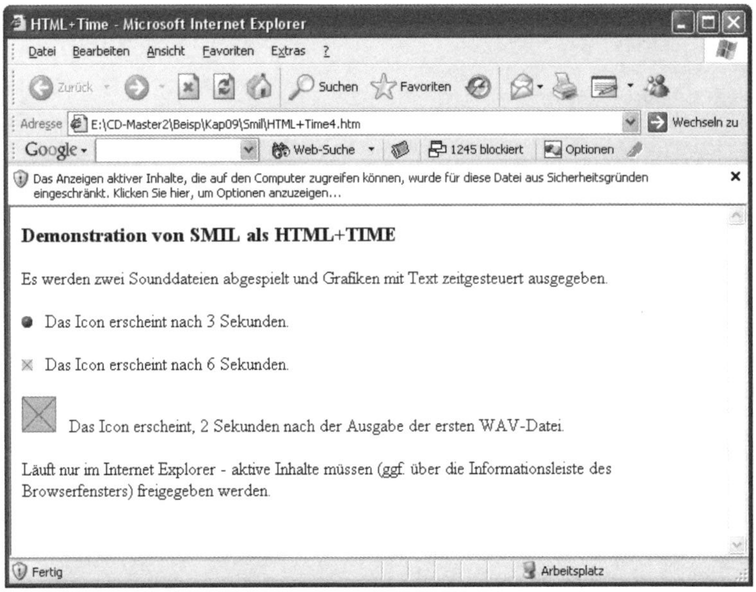

Listing 9.20: Text und Bilder mit Sound zeitgesteuert ausgeben

```
<html xmlns:t ="urn:schemas-microsoft-com:time" >
<head>

<meta http-equiv="Content-Type"
content="text/html; charset=iso-8859-1">
<title>HTML+Time</title>
<style>
.time  {
        behavior: url(#default#time);
       }
</style>

</head>

<body bgcolor="#FFFFFF">
<h3>Demonstration von SMIL als HTML+TIME</h3>
<p>Es werden zwei Sounddateien abgespielt und Grafiken
mit Text zeitgesteuert ausgegeben.</p>
<span class="time">
 <t:seq>
  <t:audio class="time" t:begin="1" dur="5" t:src="Glas.wav" />
  <t:audio class="time" t:begin="6" t:src="Wc.wav" />
 </t:seq>
 <t:par>
  <p>
   <img class="time" t:begin="3" src="Bullet.gif" />
     Das Icon erscheint nach 3 Sekunden.</p>
  <p class="time" t:begin="4">
    <img class="time" t:begin="6" src="cross.gif" />
      Das Icon erscheint nach 6 Sekunden.
  </p>
  <p class="time" t:begin="1">
    <img class="time" t:begin="Sound1.end+2"
    width="32" height="32" src="box1.gif" />
      Das Icon erscheint, 2 Sekunden nach der Ausgabe
    der ersten WAV-Datei.
  </p>
 </t:par>
</span>
</body>
</html>
```

Sie finden die Beispieldatei *HTMLTime4.htm* im Ordner *\Beisp\Kap09\SMIL*.

9.3.4 HTML+Time-2.0-Beispiele

Die folgende HTML-Dokumentdatei enthält alle Elemente, die laut der Microsoft-Dokumentation in einem Dokument enthalten sein sollen, um HTML+TIME in der Version 2.0 zu nutzen. Im *<html>*-Element wird ein Verweis auf den *time*-Namensraum definiert. Der Stil *.time* definiert das Verhalten für die betreffende Klasse. Eine Neuerung stellt die (auch in einigen der zuvor angeführten Beispiele benutzte) Pseudo-Processing-Instruction

```
<?IMPORT namespace="t" implementation="#default#time2">
```

dar, die im *head*-Element auftreten muss. Diese sorgt dafür, dass die Elemente des *time2*-Namensraums importiert werden. Beachten Sie aber, dass diese Anweisung Microsoft-spezifisch ist und im Gegensatz zur Processing Instruction aus XML nicht mit dem Fragezeichen (?) abgeschlossen wird.

Das Beispiel enthält noch eine Besonderheit. Im SMIL-Teil hatten Sie bereits ein Beispiel kennen gelernt, mit dem ein Tag an ein Ereignis eines anderen Tags angeschlossen wurde. Die Anweisung

```
<p id="T1" class="time" begin="3; T1.end+2" dur="1">
```

bewirkt etwas Ähnliches. Über das *id*-Attribut wird ein eindeutiger Bezeichner für das Tag vereinbart. Der Wert des *begin*-Attributs wird dann mit zwei Startzeiten versehen. Die erste Ziffer 3 gibt an, dass das Tag drei Sekunden nach dem Laden des Dokuments aktiviert werden soll (der Text wird dann angezeigt). Das *dur*-Attribut legt fest, dass der Text des *<p>*-Tags für eine Sekunde anzuzeigen ist. Gleichzeitig wird im *begin*-Attribut durch ein Semikolon getrennt ein zweiter Startwert festgelegt. Die Angabe *T1.End+2* besagt, dass das Tag auch zwei Sekunden nach dem Ende der Ausgabe des Elements mit dem Bezeichner *T1* erneut aktiviert werden soll. Da der Bezeichner *T1* aber dem Tag selbst zugeordnet ist, wird der Text des Elements alle zwei Sekunden für eine Sekunde angezeigt. Es ergibt sich also ein Blinkeffekt. Weitere Details sind dem nachfolgenden Listing zu entnehmen.

Listing 9.21: Zeitgesteuerte Ausgabe von Texten

```
<html
    xmlns:t ="urn:schemas-microsoft-com:time" >
 <head>
  <style>
   .time { behavior: url(#default#time2) }
  </style>

 <?IMPORT namespace="t" implementation="#default#time2">
</head>
<body>
 <p class="time" begin="2">Ein Text.</p>
 <p id="T1" class="time" begin="3; T1.end+2" dur="1">
 Noch ein blinkender Text.</p>
</body>
</html>
```

Sie finden die Beispieldatei *HTMLTime5.htm* im Ordner *\Beisp\Kap09\SMIL*.

Eine Diashow mit HTML+Time2

Die Anzeige von Bildern über das *<img>*-Tag lässt sich in HTML+Time mit einer Zeitsteuerung zur Anzeige einer Diashow verwenden. Durch Verwendung des *par*-Elements könnte diese Diashow noch mit einer Audioausgabe unterlegt werden. Die Realisierung ist mit wenigen HTML+Time-Anweisungen möglich:

Listing 9.22: Diashow mit HTML+Time

```
<html xmlns:time="urn:schemas-microsoft-com:time">
<head>
  <?import namespace="time" implementation="#default#time2">
  <style>
    .time {behavior: url(#default#time2)}
  </style>
</head>
<body>
 <time:par repeatCount="indefinite">
  <time:seq repeatCount="indefinite">
    <img class="time" src="Falter.jpg"
         height="400" width="580" dur="3s" />
    <img class="time" src="Azalee.jpg"
         height="400" width="580" dur="3s" />
    <img class="time" src="Rododendron.jpg"
         height="400" width="580" dur="3s" />
   <img class="time" src="Apfelbluete.jpg"
         height="400" width="580" dur="3s" />
  </time:seq>
    <time:media src="Glas.wav" begin="2" dur="5" repeatCount="10" >
</time:par>
</body>
</html>
```

Das *<img>*-Tag ist für die Ausgabe der Bilddateien im Browserfenster zuständig. Die Vereinbarung des Stils *.time* erlaubt, dass die HTML-Tags Attribute aus dem HTML+Time-Namensraum aufweisen. Alternativ lässt sich das Präfix *time* vor den SMIL-Tags angeben. Im zuvor angeführten Listing wird ein *par*-Element zur Wiedergabe der Bilder und zum Abspielen der Audiodatei benutzt. Innerhalb des *par*-Elements sorgt ein *seq*-Element für die sequenzielle Anzeige der Fotodateien. Die Anzeigedauer wird über das *dur*-Attribut aus dem HTML+Time-Namensraum vereinbart. Abweichend zu den Beispielen der vorherigen Seite benutzt dieses Listing ein *media*-Element zum Abspielen der Klangdatei.

Sie finden die Beispieldatei *Diashow.htm* im Ordner *\Beisp\Kap09\SMIL*.

Wiedergabe von Videos mit HTML+Time2

Mit dem *media*-Element aus HTML+Time lassen sich nicht nur Klangdateien, sondern auch Videos unter Windows im Internet Explorer wiedergeben. Das folgende Listing zeigt, wie sich dies mit wenigen HTML+Time-Anweisungen realisieren lässt:

Listing 9.23: Videowiedergabe mit HTML+Time

```
<html xmlns:time="urn:schemas-microsoft-com:time">
<head>
  <?import namespace="time" implementation="#default#time2">
</head>
<body>
 <h3>Videowiedergabe mit HTML+Time 2.0 im Internet Explorer</h3>
 <time:seq repeatCount="3">
  <time:media src="F:\Videos\06-17 20-16-52_3sat_Baikal.mpg"
   height="500" width="500" dur="20s">
  <time:media src="Glas.wav" dur="20s">
 </time:seq>
</body>
</html>
```

Da keine HTML-Tags mit HTML+Time-Attributen auftreten, wurde ein *style*-Element mit einem Verweis auf den *time2*-Namensraum weggelassen. Die SMIL-Elemente werden über das Präfix *time* auf den entsprechenden Namensraum bezogen. Ein *seq*-Element sorgt für die sequenzielle Anzeige der Mediadateien. Das *<media>*-Tag adressiert über das *src*-Attribut die gewünschte Mediadatei. Die Attribute *height* und *width* werden bei Mediadateien ignoriert. Hier wird das Video über das *dur*-Attribut für 20 Sekunden angespielt. Dann gibt das HTML-Dokument noch eine Klangdatei aus. Das Ganze wird dreimal wiederholt.

Sie finden die Beispieldatei *Videohow.htm* im Ordner *\Beisp\Kap09\SMIL*. Zum Testen müssen Sie die Datei und die gewünschten Videos in einen Ordner der Festplatte kopieren. Anschließend ist der Wert des *src*-Attributs an den Namen des auszugebenden Videos anzupassen.

Damit möchte ich die Übersicht über HTML+Time beenden. Auf den Microsoft-Webseiten finden Sie eine Reihe von Artikeln, die sich mit dieser Thematik befassen. Darunter sind auch komplette Referenzen für die betreffenden Elemente und Attribute. Am einfachsten ist es, wenn Sie die Webseite *msdn.microsoft.com* anwählen und dann nach dem Begriff SMIL suchen lassen. Dann werden Ihnen eine Reihe von Artikeln zum Thema HTML+Time angeboten.

9.4 Vector Markup Language (VML)

Der Begriff VML steht für Vector Markup Language. Es handelt sich dabei um eine von Microsoft definierte, auf XML basierende Sprache zur Beschreibung von Vektorgrafiken. Aktuell liegt dem W3C eine Notiz mit der Spezifikation dieser Sprache vor. Ziel ist es, diese Beschreibungssprache für Vektorgrafiken zu normieren. Microsoft unterstützt sowohl im Internet Explorer 5 als auch in Office 2000 die Befehle der Vector Markup Language (VML). Nachfolgend finden Sie eine kurze Einführung in diese Thematik.

9.4.1 Rechtecke mit VML darstellen

Als erstes sehr einfaches Beispiel soll eine Webseite mit einem blauen Rechteck erzeugt werden. Das Rechteck ist dabei über VML-Anweisungen zu generieren (Abbildung 9.15).

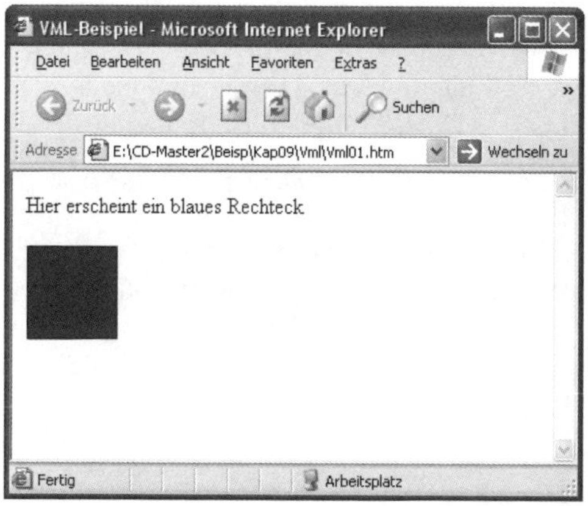

Abb. 9.15: Webseite mit VML-Grafik im Internet Explorer 5

Um dem Browser mitzuteilen, dass das Dokument VML-Anweisungen enthält, muss die erste Zeile folgendermaßen geschrieben werden:

```
<html xmlns:v="urn:schemas-microsoft-com:vml">
```

In diesem Tag wird ein Verweis auf den VML-Namensraum vereinbart und das Präfix *v* für diesen Namensraum definiert. Die Definition des VML-Namespace findet sich in der Ressource *schemas-microsoft.com:vml*. Dies signalisiert dem Browser, dass er die interne Implementierung für VML benutzen soll. Die eigentliche Einbindung der VML-Elemente muss über DHTML erfolgen (andernfalls wird der Browser die VML-Elemente nicht anzeigen). Die betreffende Definition wird im HTML-Dokument in einem *style*-Element folgendermaßen vorgenommen:

```
<style>
<!--
v\:* { behavior: url(#default#VML); }
-->
</style>
```

Allen HTML-Tags, die mit dem Präfix *v:* ausgestattet sind, wird damit das Attribut *behavior* zugewiesen. Da dessen Wert auf die Ressource *#default# VML* verweist, kann der Browser die betreffenden Elemente auswerten und ggf. im Dokumentfenster darstellen.

Sobald diese beiden Deklarationen im HTML-Dokument hinterlegt sind, darf dieses Dokument VML-Anweisungen enthalten. Diese VML-Anweisungen werden als XML-Elemente im HTML-Code hinterlegt. Alle Elemente werden dabei mit dem Präfix *v:* eingeleitet. Die folgende Anweisung erzeugt ein einfaches Rechteck:

```
<v:rect style="width:50pt; height: 50pt" fillcolor="blue" />
```

Mit *rect* wird ein Element aus VML benutzt. Das *style*-Attribut gibt dabei die Werte zur Darstellung (Höhe und Breite) an. Über das *fillcolor*-Attribut legen Sie die Füllfarbe fest. Das nachfolgende Listing zeigt den gesamten HTML-Code zur Darstellung der Webseite gemäß Abbildung 9.15.

Listing 9.24: Ausgabe eines Rechtecks in VML

```
<html xmlns:v="urn:schemas-microsoft-com:vml">
<head>
<meta http-equiv="Content-Type"
content="text/html; charset=iso-8859-1">
<title>VML-Beispiel</title>
<style>
<!--
v\:* { behavior: url(#default#VML); }
-->
</style>
</head>
<body>
<p>Hier erscheint ein blaues Rechteck</p>
 <v:rect style="width:50pt; height: 50pt" fillcolor="blue" />
</body>
</html>
```

HINWEIS

Sie finden die Datei *Vml01.htm* im Ordner *\Beisp\Kap09\VML* auf der Begleit-CD. Sie können die HTML-Datei als Vorlage für eigene Experimente verwenden. Zur Anzeige genügt der Internet Explorer ab Version 5.0.

9.4.2 Arbeiten mit den VML-Elementen

VML-Grafiken bestehen aus einer Aneinanderreihung von VML-Elementen, die meist als Leertags geschrieben werden. Das wichtigste Tag zum Erzeugen von Grafikelementen ist *<v:shape>*. Dieses Tag erzeugt letztendlich ein »virtuelles« Rechteck, in das dann etwas eingezeichnet werden kann. Über das *style*-Attribut lassen sich dann die Größe des Zeichenbereichs sowie dessen Position angeben. Der folgende Befehl erzeugt einen Zeichenbereich von 100 Millimetern Kantenlänge in der linken oberen Ecke des Dokumentfensters:

```
<v:shape style="top: 0; left: 0; width: 100mm;
    height: 100mm;" coordsize="3 3" />
```

Das *coordsize*-Attribut erlaubt Ihnen die Neudefinition des Koordinatensystems in Einheiten. Diese Anweisung legt für jede Achse vier Einheiten (0 bis 3) fest.

Zum Zeichnen wird dann ein so genannter »Pfad« definiert. Sie können sich diesen Pfad als »virtuellen« Zeichenstift vorstellen. Der Pfad lässt sich im Zeichenbereich über das *<v:path>*-Element festlegen. Das *path*-Element benutzt das Attribut *v* (hier ist wirklich das Attribut und nicht das Präfix *v:* gemeint), um die zu zeichnenden Punkte festzulegen. Der Wert des Attributs *v* wird als Zeichenkette definiert, die eine Liste an Vektoren zum Zeichnen der Grafik vereinbart. Jeder Punkt wird dabei über x/y-Koordinaten in den Einheiten des *coordsize*-Attributs des übergeordneten *shape*-Elements spezifiziert.

Innerhalb des *v*-Attributs können Sie noch Buchstaben für bestimmte Befehle angeben:

- *m* für »moveto« (bewegt den Stift zum Punkt, ohne zu zeichnen)
- *l* für »lineto« (zieht eine Linie vom aktuellen Punkt zum angegebenen Punkt)
- *x* schließt dann den Pfad. Dies bewirkt, dass eine Linie vom aktuellen Punkt zum ersten Punkt des Pfads gezogen wird.
- *e* beendet die Pfaddefinition.

Die Art der Pfadkonstruktion lehnt sich stark an PostScript an. Diese Seitenbeschreibungssprache arbeitet auch mit Pfaden, die dann mit Elementen gefüllt werden.

Das *<v:shapetype>*-Element erzeugt einen vordefinierten Pfad (Shape), der nicht sichtbar ist, aber der irgendwo im Dokument benutzt werden kann. Sie können über dieses Element quasi Grafikelemente vordefinieren. Sie müssen ein *id*-Attribut angeben, um das *<v:shapetype>*-Element später referenzieren zu können. Dann lässt sich beispielsweise über *<v:shape type="#id">* auf diese Definition zugreifen. Nehmen wir ein einfaches Beispiel. Der folgende

VML-Code erzeugt ein Achteck, das im Dokument als Grafikprimitive benutzt werden kann.

```
<v:shapetype id="octagon" coordsize="3 3" >
  <v:path v="m 1,0 l 2,0,3,1,3,2,2,3,1,3,0,2,0,1 x e"
     textboxrect="0,1,3,2" />
</v:shapetype>
```

Weiterhin wird innerhalb des Pfads noch ein Textkasten (Textboxrect) vereinbart, d.h., in das Achteck ließe sich Text schreiben.

Möchten Sie jetzt im Dokument ein mit roter Farbe gefülltes Achteck erzeugen, können Sie folgenden Befehl verwenden:

```
<v:shape type="#octagon" style="width: 1in;
    height: 1in;" fillcolor="red"/>
```

Das *<v:shape>*-Element benutzt die Definitionen, die im Objekt mit dem Namen *octagon* hinterlegt worden sind.

Möchten Sie ein rotes Achteck mit einem Text konstruieren, verwenden Sie folgende Sequenz:

```
<v:shape type="#octagon" style="width: 1in;
    height: 1in;" fillcolor="red"/>
 <v:textbox style="text-align:center;
    font-weight:bold">Stop</v:textbox>
</v:shape>
```

Hier bildet das *<v:shape>*-Element die klammernde Einheit, die sich auf den Shape-Typ *octagon* bezieht. Die im Element eingeschlossene *<v:textbox>*-Anweisung übernimmt daher auch die im Pfad enthaltenen Definitionen für den Textkasten. Erst wenn *</v:shape>* als Endtag erkannt wird, schließt dies die Definition ab. Das folgende Beispiel nutzt dies und zeigt eine Sequenz von verschiedenen Elementen in einer HTML-Seite an (Abbildung 9.16).

Abb. 9.16: Webseite mit Rechteck und Achtecken im Internet Explorer

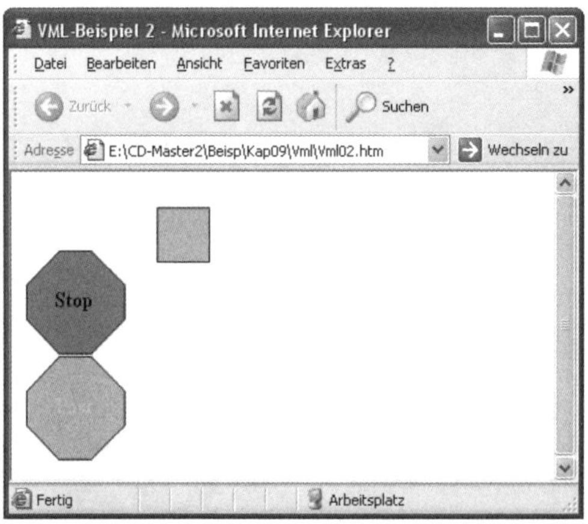

Listing 9.25: Ausgabe von Achtecken und Rechtecken

```
<html xmlns:v="urn:schemas-microsoft-com:vml">
<head>
<meta http-equiv="Content-Type"
content="text/html; charset=iso-8859-1">
<title>VML-Beispiel 2</title>
<style>
<!--
v\:* { behavior: url(#default#VML); }
-->
</style>
</head>
<body>
<!-- Template für das Achteck -->
<v:shapetype id="octagon" coordsize="3 3" >
 <v:path v="m 1,0 l 2,0,3,1,3,2,2,3,1,3,0,2,0,1 x e"
 textboxrect="0,1,3,2" />
</v:shapetype>

<!-- ein grünes Viereck -->
<v:shape fillcolor="lime"
 style="position:relative;top:10;left:100;
        width:200;height:200"
 path = "m 1,1 l 1,200, 200,200, 200,1 x e">
</v:shape><br/>

<!-- ein Achteck abrufen und mit Text füllen -->
<v:shape type="#octagon" style="width: 20mm;
   height: 20mm;" fillcolor="red">
 <v:textbox style="text-align:center;
   font-weight:bold">Stop</v:textbox>
</v:shape><br/>

<!-- ein Achteck abrufen, mit farbigem Text füllen -->
<v:shape type="#octagon" style="width: 20mm;
  height: 20mm;"  fillcolor="lime">
 <v:textbox style="text-align:center; font-weight:bold;
    color=aqua">Post</v:textbox>
</v:shape><br/>
</body>
</html>
```

Das Beispiel definiert das Achteck über das *<v:shapetype>*-Element. Anschließend werden drei *<v:shape>*-Elemente benutzt, um ein Viereck und zwei Achtecke auszugeben. Das Viereck muss individuell gezeichnet werden, während die Achtecke über das bereits definierte *<v:shapetype>*-Element *octagon* konstruiert werden.

Sie finden die Datei *Vml02.htm* im Ordner *\Beisp\Kap09\VML* auf der Begleit-CD.

9.4.3 Texteffekte und Hintergrund mit Farbverlauf

Wie wäre es mit einer Webseite, deren Hintergrund mit einem Farbverlauf versehen ist? Dies lässt sich mit folgenden Anweisungen erreichen:

```
<v:background fillcolor="yellow">
  <v:fill type="gradient" angle ="45" />
</v:background>
```

Das *v:background*-Element legt über das Attribut *fillcolor* die Farbe für den Hintergrund der Seite fest. Im Element lässt sich anschließend eine Gradientenfunktion über das *v:fill*-Element hinzufügen. Den Farbverlauf erreichen Sie, indem Sie das Attribut *type* auf »gradient« setzen. Optional können Sie noch den Winkel des Farbverlaufs über das Attribut *angle* setzen. Fehlt das Attribut, erfolgt der Verlauf senkrecht.

Abb. 9.17: Webseite mit Farbverlauf im Hintergrund und Texteffekten

In Abbildung 9.17 sehen Sie, dass neben einem Farbverlauf auch Text mit besonderen Effekten dargestellt werden kann. Dies lässt sich über folgende Codesequenz erreichen:

Listing 9.26: Ausgabe von Schrifteffekten

```
<html xmlns:v="urn:schemas-microsoft-com:vml">
<head>
<meta http-equiv="Content-Type"
content="text/html; charset=iso-8859-1">
<title>VML-Beispiel 3</title>
```

```
<style>
<!--
v\:* { behavior: url(#default#VML); }
-->
</style>
</head>
<body>
<!-- Hintergrund gelb mit Farbverlauf -->
<v:background fillcolor="yellow">
  <v:fill type="gradient" angle = "45" />
</v:background>

<v:shapetype id="TestShape"
coordsize="21600,21600" adj="9931"
path="m0@0c7200@2,14400@1,21600,0m0@5c7200@6,14400@6,21600@5e">
<v:formulas>
<v:f eqn="val #0"/>
<v:f eqn="prod #0 3 4"/>
<v:f eqn="prod #0 5 4"/>
<v:f eqn="prod #0 3 8"/>
<v:f eqn="prod #0 1 8"/>
<v:f eqn="sum 21600 0 @3"/>
<v:f eqn="sum @4 21600 0"/>
<v:f eqn="prod #0 1 2"/>
<v:f eqn="prod @5 1 2"/>
<v:f eqn="sum @7 @8 0"/>
<v:f eqn="prod #0 7 8"/>
<v:f eqn="prod @5 1 3"/>
<v:f eqn="sum @1 @2 0"/>
<v:f eqn="sum @12 @0 0"/>
<v:f eqn="prod @13 1 4"/>
<v:f eqn="sum @11 14400 @14"/>
</v:formulas>

<v:path textpath ok="t" />
<v:textpath on="t" fitshape="t" xscale="t"/>
</v:shapetype>

<v:shape type="#TestShape" style='position:absolute;
  top:20; left:5; width:207pt; height:63pt;'
  adj="8717" fillcolor="blue" strokeweight="2pt">
 <v:fill method="linear sigma" focus="100%" type="gradient"/>
 <v:shadow on="t" offset="3pt"/>
 <v:textpath style='font-family:"Times New Roman";
    v-text-kern:t' trim="t" fitpath="t" xscale="f" string="VML"/>
</v:shape>
```

```
<v:shape type="#TestShape" style='position:absolute;
  top:120; left:5; width:261.6pt;height:71.45pt;'
  adj="8717" fillcolor="red" strokeweight="1pt">
 <v:fill method="linear sigma" focus="100%" type="gradient"/>
 <v:shadow on="t" offset="3pt"/>
 <v:textpath style='font-family:"Arial Black";
    v-text-kern:t' trim="t" fitpath="t" xscale="f"
    string="Ist cool !"/>
</v:shape>
</body>
</html>
```

Die Kurvenverläufe der Schriften werden über den Prototyp »TestShape« generiert. Dieser verwendet ein *v:formula*-Element, um den Pfad des Textes zu berechnen. Im *v:shape*-Element werden dann die Definitionen des Prototyps mit weiteren Effekten wie Schattierungen oder Farbverläufen zum Füllen der Buchstaben kombiniert.

HINWEIS

Sie finden die Datei *Vml03.htm* im Ordner *Beisp\Kap09\VML* auf der Begleit-CD. Die manuelle Definition solcher Spezialeffekte ist recht mühsam. Auf der Webseite *www.dynamicdrive.com/dynamicindex11/editor.htm* finden Sie einen Online-Editor, mit dem sich Zeichenobjekte sehr schnell entwerfen und der Code in einem Fenster anzeigen lassen. Microsoft Office nutzt intern ebenfalls die Möglichkeit, mit WordArt erstellte Texteffekte im Dokument im XML-Format zu speichern. Dabei gelangt teilweise auch VML-Code zum Einsatz.

9.4.4 Ovale Hintergründe und Schattierung

Die Ausgabe von ovalen Flächen mit Schattierungen (Abbildung 9.18) erfordert in VML nur einige wenige Befehle. Die Anweisungsfolge

```
<v:oval style='width:75pt;height:100pt' fillcolor="red">
 <v:textbox style="text-align:center; font-weight:bold;
    font-height:18pt; color=white">VML</v:textbox>
</v:oval>
```

erzeugt das in Abbildung 9.18 links gezeigte Oval mit dem inliegenden Text. Um das rechte Oval mit der Schattierung hinzuzufügen, wurde folgende Codesequenz benutzt:

```
<v:oval style='width:120pt;height:80pt;' fillcolor="red">
<v:shadow on="t" type="perspective" origin=".5,.5"
  offset="0,0" matrix=",-92680f,,,,-95367431641e-17"/>
</v:oval>
```

Auf das *v:oval*-Element wird zusätzlich das *v:shadow*-Element angewandt. Die Attribute definieren dabei, welcher Schatteneffekt auftritt. Um eine gekrümmte Linie zu definieren, können Sie folgenden Code benutzen:

```
<v:curve id="mycurve"
   from="10pt,10pt" to="100pt,10pt"
   control1="40pt,-15pt" control2="70pt,20pt">
</v:curve>
```

Die Attribute *from* und *to* legen den Anfangs- und den Endpunkt der Kurve fest. Die beiden Attribute *control1* und *control2* definieren weitere Punkte, die durch die Kurve geschnitten werden müssen. Durch entsprechendes Verschieben dieser Kontrollpunkte lässt sich eine beliebig geformte Bezierkurve erzeugen (Gummizugeffekt).

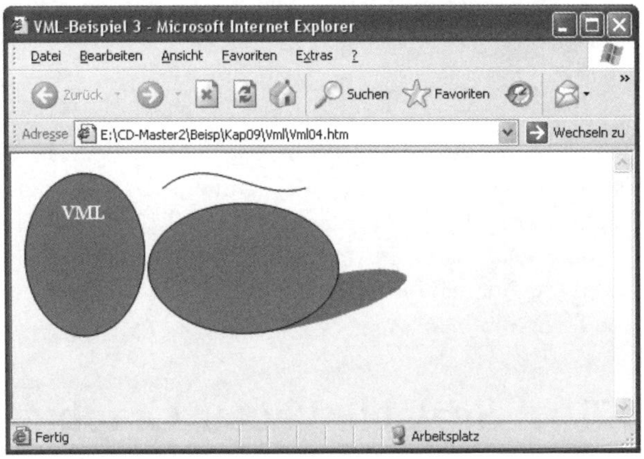

Abb. 9.18: Webseite mit Ovalen und Schattierungen

Der HTML-Code des Beispiels sieht folgendermaßen aus:

Listing 9.27: Ausgabe geometrischer Elemente

```
<html xmlns:v="urn:schemas-microsoft-com:vml">
<head>
<meta http-equiv="Content-Type"
content="text/html; charset=iso-8859-1">
<title>VML-Beispiel 3</title>
<style>
<!--
v\:* { behavior: url(#default#VML); }
-->
</style>
</head>
<body>
<!-- Hintergrund gelb mit Farbverlauf -->
<v:background fillcolor="yellow">
  <v:fill type="gradient" />
</v:background>
```

```
<!-- ein Oval verwenden -->
<v:oval style='width:75pt;height:100pt' fillcolor="red">
 <v:textbox style="text-align:center; font-weight:bold;
    font-height:18pt; color=white">VML</v:textbox>
</v:oval>

<v:curve id="mycurve"
   from="10pt,10pt" to="100pt,10pt"
   control1="40pt,-15pt" control2="70pt,20pt">
</v:curve>

<!-- ein Oval schattieren -->
<v:oval style='width:120pt;height:80pt;' fillcolor="red">
<v:shadow on="t" type="perspective" origin=".5,.5" offset="0,0"
matrix=",-92680f,,,,-95367431641e-17"/>
</v:oval>
</body>
</html>
```

HINWEIS

Sie finden die Datei *Vml03.htm* im Ordner *\Beisp\Kap09\VML* auf der Begleit-CD. Details zu VML entnehmen Sie der W3C-Notiz (*http://www.w3.org/TR/1998/NOTE-VML-19980513* vom Mai 1998). VML wurde bisher nur durch Microsoft im Internet Explorer (ab Version 5.0) implementiert. Auf den Microsoft-Webseiten finden Sie ebenfalls Hinweise zu dieser Thematik.

9.5 Scalable Vector Graphics (SVG)

Die W3C-Empfehlung für Standard Scalable Vector Graphics (SVG) liegt seit Januar 2003 vor. SVG zeichnet sich als der kommende Standard für skalierbare 2D-Vektorgrafiken ab. Nachfolgend möchte ich eine kurze Einführung in SVG geben.

9.5.1 Unterstützung für SVG

SVG-Dateien basieren auf XML, können also mit jedem beliebigen Texteditor oder XML-Editor erstellt und bearbeitet werden. Wer unter dem Suchbegriff »SVG Editor« im Internet sucht, wird auf eine ganze Reihe Programme stoßen, die einen grafischen Entwurf von SVG-Grafiken unterstützen. Neben kommerziellen Programmen findet sich auch Freeware darunter (z.B. das Open-Source-Projekt Inkscape, *www.inkscape.org*). Funktionen zur Erstellung einfacher SVG-Grafiken bietet auch der Amaya-Browser des W3C. Sobald Sie eine neue HTML-Dokumentdatei anlegen, können Sie in Amaya eine Symbolleiste mit Schaltflächen zum Zeichnen einfacher Grafikelemente abrufen. Der SVG-Code wird dann in das HTML-Dokument eingebettet.

Zur Anzeige solcher SVG-Dateien sind auch Browser wie der Internet Explorer oder der Netscape Navigator nutzbar. Allerdings muss ggf. ein entsprechendes Plug-In installiert werden (z.B. in Firefox). Ein solches Plug-In ist von der Firma Adobe, die den SVG-Entwurf ursprünglich einreichte, kostenlos auf der Adobe-Seite *www.adobe.com* erhältlich. Das Plug-In funktioniert für den Internet Explorer, Firefox und den Netscape Navigator (sowohl unter Windows als auch in der Macintosh-Version).

Zusätzlich gibt es von anderen Firmen wie CSIRO, IBM, Bull/INRIA, GNOME und Netscape/Mozilla weitere Viewer bzw. Browser-Plug-Ins. Diese Viewer basieren teilweise auf Java, lassen sich also in verschiedenen Browsern einsetzen.

HINWEIS

Auf der Webseite *www.scale-a-vector.de/soft-d.htm* findet sich eine Auflistung verschiedener SVG-Editoren und Viewer. Links zu entsprechenden Quellen finden Sie ebenfalls, wenn Sie auf der W3C-Webseite *www.w3c.org* das Thema SVG wählen. Die Informationsseite enthält Verweise zu anderen Webseiten mit SVG-Artikeln und -Werkzeugen. Den Amaya-Browser/Editor gibt es ebenfalls für verschiedene Plattformen auf den Webseiten des W3C zum Download.

9.5.2 Ein erstes einfaches SVG-Beispiel

Zum Einstieg in SVG möchte ich ein sehr einfaches Beispiel präsentieren. In einem Dokumentfenster soll eine einfache Linie gezeichnet werden (Abbildung 9.19).

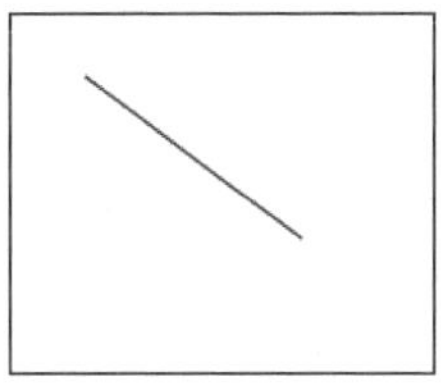

Abb. 9.19: Mit SVG erzeugte, einfache Linie

Das resultierende SVG-Dokument ist recht einfach und lässt sich als Textdatei speichern. Nachfolgend sehen Sie den Quellcode, der für das Beispiel benutzt wurde.

Listing 9.28: Zeichnen einer Linie mit SVG

```
<?xml version="1.0" standalone="no"?>
<!DOCTYPE svg SYSTEM "svg-20000303-stylable.dtd" >
<svg width="200" height="200">
<!-- Linie ziehen, stroke = Farbe, stroke-width = Dicke -->
 <line style="stroke:#000000; stroke-width:1;
   stroke-opacity:1;
   stroke-linejoin:round; stroke-miterlimit:10;
```

```
    stroke-linecap:butt; fill:#000000; fill-opacity:1"
    x1="34" y1="28" x2="133" y2="100" />
</svg>
```

Die SVG-Datei wird mit einer XML-Deklaration eingeleitet. Da die XML-Datei keine Texte enthält, ist das *encoding*-Attribut hier ohne Bedeutung. Die Dokumenttyp-Deklaration in der zweiten Zeile wurde von der Anwendung Jasc Trajectory Pro eingefügt und ist optional. Ohne DTD kann der Parser die XML-Datei nicht validieren.

Der eigentliche Inhalt des SVG-Dokuments ist im *svg*-Element hinterlegt. Die beiden Attribute *width* und *height* legen die Abmessungen des Grafikbereichs (Zeichenfläche) in Zeicheneinheiten fest. Durch Änderung der betreffenden Attributwerte können Sie also den Grafikbereich vergrößern bzw. verkleinern (ohne dass sich jedoch die Grafikskalierung ändert). Innerhalb dieses Elements lassen sich dann weitere XML-Elemente mit SVG-Grafikanweisungen hinterlegen.

HINWEIS

Wird nur eine Zahl angegeben, beziehen sich die Abmessungen auf das Benutzerkoordinatensystem. Als Maßeinheit wird dann meist Pixel benutzt. Sie können die Zeichenfläche aber auch in Maßeinheiten wie Zentimeter (10 cm), Millimeter (10 mm) oder Pixel (1000 px) etc. definieren.

Eine SVG-Datei kann zusätzliche Elemente wie *title* und *desc* aufweisen, in denen ein Dokumenttitel sowie eine Beschreibung des Inhalts in Form eines Kommentars hinterlegt ist (wurde in diesem Beispiel aber nicht genutzt).

Weitere Elemente dienen dann zum Erzeugen der Zeichenobjekte (Linien, Flächen etc.). Das zuvor angeführte Beispiel enthält das *line*-Element als Leertag, mit dem die Linie im Zeichenbereich konstruiert wird. Die Attribute *x1*, *y1*, *x2* und *y2* legen jeweils den Start- und den Endpunkt der Linie fest. Der Nullpunkt des Koordinatensystems befindet sich in der linken oberen Ecke des Zeichenbereichs.

Die Zeichenoperationen erfolgen mit einer Art virtuellem Stift, dessen Eigenschaften über das Attribut *style* vereinbart werden. Die Option *stroke* vereinbart die Linienfarbe als RGB-Wert (z.B. #FF0000 entspricht Rot). Die Liniendicke wird über den Wert *stroke-width* vereinbart. Zusätzlich können Sie die Opazität (Deckungsfähigkeit) über *stroke-opacity*, die Art des Linienabschlusses über *stroke-linejoin* (z.B. round), die Gehrung bei aneinander gefügten Linien (z.B. über *stroke-miterlimit*) etc. festlegen.

Um die Farbe, Länge oder Lage der Linie in der vorangegangenen Grafik zu verändern, müssen Sie lediglich die betreffenden Werte in der SVG-Datei anpassen.

Sie finden die Beispieldatei *Linie.svg* im Ordner *Beisp\Kap09\SVG* auf der Begleit-CD. Die Datei *Linie1.svg* stellt bereits eine abgewandelte Fassung mit verstärkter Liniendicke und abgewandelter Farbe dar.

9.5.3 Skalierung und Transformation

Die Skalierung oder die Transformation einer Zeichnung ist bei Vektorgrafiken eine recht einfache Sache. Um beispielsweise eine Zeichnung um 100 Maßeinheiten in x/y-Richtung zu verschieben, muss ein Transformationsbefehl benutzt werden. Die Größenangaben lassen sich über eine Skalierungsfunktion variieren. In SVG lässt sich dies über Attribute des *g*-Elements erreichen. Das *g*-Element leitet Gruppierungen von anderen Elementen ein – dies eröffnet Ihnen die Möglichkeit, Attribute über mehrere Elemente der Gruppe anzuwenden. Das folgende Listing ist eine Variation des vorhergehenden Linienbeispiels (Datei *Linie1.svg*).

Abb. 9.20: Auf 50% verkleinerte Zeichnung mit verschobenem Nullpunkt

Listing 9.29: Skalierung und Transformation

```
<?xml version="1.0" standalone="no"?>
<svg width="200" height="200"
  xmlns = "http://www.w3.org/2000/svg-20000303-stylable">
  <g transform="translate(100,90) scale(0.5)">
 <line style="stroke:#0000F0; stroke-width:10;
   stroke-opacity:1;   stroke-linejoin:round;
   stroke-miterlimit:10; stroke-linecap:butt;
   fill:#000000; fill-opacity:1"
   x1="34" y1="28" x2="133" y2="100" />
 <line style="stroke:#F00000; stroke-width:10;
  stroke-opacity:1;   stroke-linejoin:round;
  stroke-miterlimit:15; stroke-linecap:butt;
  fill:#000000; fill-opacity:1"
  x1="133" y1="100" x2="33" y2="120" />
</svg>
```

In diesem Beispiel wird übrigens im *<svg>*-Starttag ein Namensraum auf

```
xmlns = "http://www.w3.org/2000/svg-20000303-stylable"
```

vereinbart. Das Adobe-SVG-Plug-In benötigt diese Angabe des Namensraums jedoch nicht.

Die Transformation des Koordinatennullpunkts sowie eine eventuelle Skalierung erfolgt über das Attribut *transform*. Als Wert sind dem Attribut Befehle zur Skalierung (*scale*), zur Rotation (*rotate*) und zur Transformation (*translate*) des Koordinatennullpunkts zuzuweisen.

Die Angabe »translate(100,100)« im Wert des Attributs verschiebt den Nullpunkt um 100 Einheiten in x- und y-Richtung (d.h. nach rechts unten). Der Befehl *scale(0.5)* im Wert des Attributs bewirkt eine Verkleinerung um 50% (Abbildung 9.20), mit dem Wert *scale(2.0)* werden alle Objekte der Zeichnung verdoppelt. Wenn Sie den Befehl *rotate(30)* im Attribut verwenden, wird das Koordinatensystem um 30 Grad im Uhrzeigersinn gedreht.

HINWEIS

Sie können diese Transformationen auf beliebige Zeichenelemente der SVG-Datei anwenden, indem Sie diese mit einem *g*-Element gruppieren. Sie finden die Beispieldatei *Linie1.svg* im Ordner *Beisp\Kap09\SVG* auf der Begleit-CD.

9.5.4 Texte ausgeben

Die Ausgabe von Texten in SVG-Grafiken erfolgt mit dem *text*-Element. Über die Attribute des Elements lässt sich die Textdarstellung verändern, während der Text selbst als Wert zwischen den Tags steht. Das folgende Beispiel demonstriert einige Effekte im Zusammenhang mit der Textausgabe. Es werden zwei Textzeilen sowie eine Linie mit unterschiedlichen Farben ausgegeben. Dann wird das Koordinatensystem transformiert und die Ausgabe wiederholt sich. Im Ergebnis sind die Linie und die Texte um 30 Grad gedreht.

Listing 9.30: Textausgabe in SVG

```
<?xml version="1.0" standalone="yes"?>
<svg width="10cm" height="10cm"
     xmlns="http://www.w3.org/2000/svg-20000303-stylable">
  <title>Textbeispiel</title>
  <desc>Erzeuge einige Texte im Zeichenbereich</desc>
  <g style="font-family:Verdana; font-size:12pt; fill:blue">
   <line style="stroke:#00F0F0; stroke-width:1;
    stroke-opacity:1;
   stroke-linejoin:round; stroke-miterlimit:10;
   stroke-linecap:butt; fill:#000000; fill-opacity:1"
   x1="34px" y1="18px" x2="133px" y2="40px" />
    <text x="2.5cm" y="1.5cm">Ein einfacher Text</text>
    <text x="2.5cm" y="2.0cm" style="fill:green">
     Noch eine Zeile</text>
  <g transform="translate(1,1) scale(5.0) rotate(30)">
   <line style="stroke:#F0C0F0; stroke-width:1;
    stroke-opacity:1;
   stroke-linejoin:round; stroke-miterlimit:10;
```

```
  stroke-linecap:butt; fill:#000000; fill-opacity:1"
  x1="34px" y1="18px" x2="133px" y2="40px" />
   <text x="2.5cm" y="1.5cm" style="fill:yellow">
     Ein einfacher Text</text>
   <text x="2.5cm" y="2.0cm" style="fill:red">
    Noch eine Zeile</text>
  </g>
</g>
</svg>
```

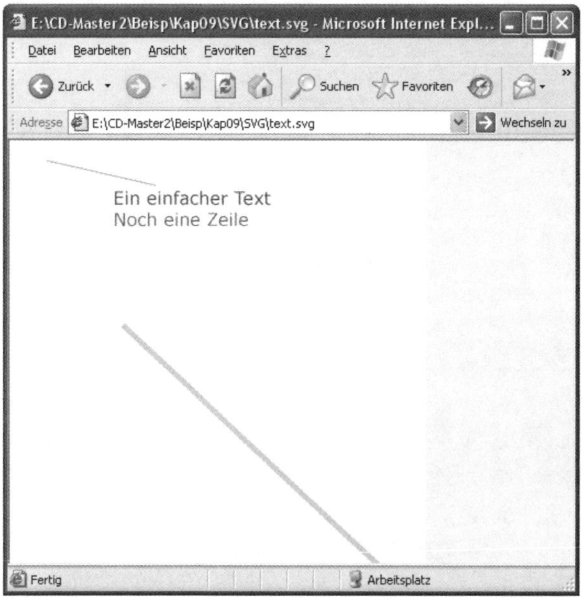

Abb. 9.21: Beispiel für Textausgaben mit Skalierung und Transformation

Im Code wurde das *g*-Element mehrfach zur Gruppierung verschiedener Befehle verwendet. Beim zweiten *g*-Element wird dabei eine Transformation angewandt, die den Nullpunkt um einen Zentimeter verschiebt, die Skalierung um den Faktor 5 heraufsetzt und die Koordinatenachsen um 30 Grad im Uhrzeigersinn rotiert. Als Folge werden die beiden Texte um 30 Grad rotiert angezeigt. Das Ergebnis des zuvor angeführten Beispiels ist in Abbildung 9.21 zu sehen. Sie erkennen auch, dass sich die Skalierung nur auf die Liniendicke, nicht aber auf die Texte auswirkt.

Sie finden die Beispieldatei *Text.svg* im Ordner *\Beisp\Kap09\SVG* auf der Begleit-CD.

9.5.5 Flächen und Poligone

Flächen und Figuren lassen sich in SVG über Pfade oder über grafische Primitive erzeugen. Über Attribute legen Sie die Liniendicke, -farbe sowie die Füllung fest. Abbildung 9.22 zeigt ein einfaches Beispiel mit verschiedenen Figuren.

Abb. 9.22: Darstellung von Flächen und Figuren

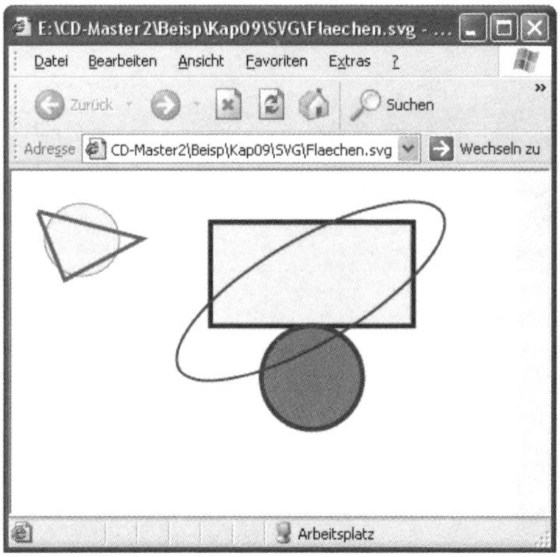

Die SVG-Datei zum Erzeugen der Figuren aus Abbildung 9.22 ist nachfolgend zu sehen.

Listing 9.31: Zeichnen in SVG

```
<?xml version="1.0" standalone="no"?>
<svg width="10cm" height="10cm">
<path style="stroke:#F010FF; stroke-width:1;
  stroke-opacity:1; fill:#ffff00; fill-opacity:0.9"
  d="M 50 24 C 69.24 24 82 35.8646 82 50.5 82 65.1354
     69.24 77 53.5 77 37.76 77 25 65.1354 25 50.5 25
     35.8646 37.76 24 53.5 24 z"/>
 <rect x="4cm" y="1cm" width="4cm" height="2cm"
  style="fill:yellow; stroke:navy; stroke-width:0.1cm"/>
  <circle cx="6cm" cy="4cm" r="1cm" style="fill:red;
    stroke:blue; stroke-width:0.1cm"/>
 <ellipse cx="4cm" cy="5cm" transform="rotate(-30)"
         rx="3.0cm" ry="1.0cm"
     style="fill:none; stroke:blue; stroke-width: 2px"/>
 <polyline style="fill:none; stroke:green; stroke-width:3"
  points="20,30  100,50 40,80 20,31"/>
</svg>
```

Der Kreis in der linken oberen Ecke wird über eine Pfaddefinition erzeugt. Der Pfad beschreibt den Weg des »Pinsels« und weist Farben zu. Wesentlich einfacher ist es, wenn Sie Kreise und Ellipsen über die Elemente *circle* und *ellipse* anlegen lassen. Mit dem Element *rect* erzeugen Sie Rechtecke, mit *polyline* lassen sich Polygone anlegen. Das *style*-Attribut der betreffenden Elemente erlaubt den Füllstil, die Füllfarbe oder die Farbe der Umrisslinie zu vereinbaren.

> HINWEIS: Sie finden die Beispieldatei *Flaechen.svg* im Ordner *Beisp\Kap09\SVG* auf der Begleit-CD.

9.5.6 Animation

Über das *animateMotion*-Element können Sie in SVG grafische Elemente animieren lassen. Hierzu legen Sie über die Attribute *dur* die Dauer und *repeatCount* die Wiederholungen fest. Als drittes Attribut ist in *path* eine Sequenz an x/y-Punkten anzugeben. Der durch diese Punkte verbundene Pfad wird für die Animation benutzt. Das Element kann als Wert anderer Elemente auftreten. Diese werden dann zur Ausführungszeit entlang des angegebenen Pfads bewegt.

Das folgende kleine SVG-Listing zeigt den Einsatz dieses Elements. Über ein *polyline*-Element wird ein Polygon mit einer schwarzen Linie erzeugt. Das *rect*-Element erzeugt ein kleines gefülltes Rechteck. Als Wert dieses Elements wird dann das *animateMotion*-Element hinterlegt. Der im Element angegebene Pfad stimmt dabei mit dem Linienzug des Polygons überein.

Listing 9.32: Animation in SVG

```
<?xml version="1.0" standalone="yes"?>
<svg width="300" height="300"
  xmlns="http://www.w3.org/2000/svg-20000303-stylable">
  <g transform="translate(100,100) scale(0.5)">
    <polyline style="fill:none;stroke:black;stroke-width:15;"
      points="25 50 25 186 104 186 104 120"/>
    <rect style="fill:green;" width="20" height="15">
      <animateMotion dur="10s" repeatCount="10"
       path="M25 50 L25 186 104 186 104 120 104 186 25
             186 z"/>
    </rect>
  </g>
</svg>
```

Führen Sie dieses Beispiel in einem Browser aus, zeichnet dieser zuerst das Polygon. Anschließend bewegt sich das grüne Rechteck mehrfach entlang der Polygonlinie.

> HINWEIS: Sie finden die Beispieldatei *Animation.svg* im Ordner *Beisp\Kap09\SVG* auf der Begleit-CD. Im gleichen Verzeichnis finden Sie auch die Datei *Svg.html*, die SVG-Code enthält.

9.6 MathML

Das Kürzel MathML steht für eine auf XML basierende Sprache, mit der sich mathematische Formeln erstellen lassen. Neben dem Amaya-Editor/Browser unterstützen auch Programme wie Maple und Mathematica MathML.

9.6.1 MathML-Kurzeinführung

MathML lag zur Zeit, als dieses Buch geschrieben wurde, als Arbeitsentwurf (Stand 28. März 2000) vor. Die Sprache verwendet vordefinierte XML-Elemente, um Formeln zu beschreiben. Der Ausdruck $(a+b)^2$ könnte beispielsweise mit folgenden Elementen beschrieben werden:

```
<msup>
  <mfenced>
    <mrow>
      <mi>a</mi>
      <mo>+</mo>
      <mi>b</mi>
    </mrow>
  </mfenced>
  <mn>2</mn>
</msup>
```

Das *mrow*-Element wird benutzt, um einen Ausdruck, der in einer Zeile stehen soll, aufzunehmen. Sie können auch Teilausdrücke in zusätzlichen *mrow*-Elementen schachteln (was hier benutzt wurde, um den Ausdruck innerhalb der Klammer anzugeben). Das Element *mfenced* erlaubt, in MathML Klammern zu setzen. Über *mi* werden Variablen (Bezeichner oder englisch Identifier) abgebildet, während *mi* Operatoren definiert. Jetzt fehlt noch die Exponentierung der Klammer. Hier spielt das *msup*-Element (*sup* steht für SuperScript) eine Rolle. Dieses Element besitzt zwei Unterelemente, die den Basis-Ausdruck und den Ausdruck für den Exponenten festlegen. Der Basis-Ausdruck ist hier das *mfenced*-Element, der Exponent wird über *mn* spezifiziert.

Die betreffenden Elemente sind im Entwurf für MathML beschrieben. Der Ansatz für diese Sprache unterscheidet dabei aber noch zwischen der Presentation Markup und Content Markup. Der Sprachumfang für die Darstellung umfasst dabei ca. 30 Elemente mit ca. 50 Attributen. Der Sprachumfang für die Darstellung kennt etwa 100 Elemente mit einem Dutzend Attributen. Details entnehmen Sie dem MathML-Arbeitsenwurf, der von den W3C-Webseiten (*www.w3c.org*) abrufbar ist.

9.6.2 MathML-Unterstützung in Amaya

Ein Werkzeug, das die Erstellung von MathML-Dokumenten direkt unterstützt, ist der experimentelle Browser/Editor Amaya des W3C. Dieses Programm wird ebenfalls auf der W3C-Webseite (*www.w3c.org*) für verschiedene Plattformen zum Download angeboten.

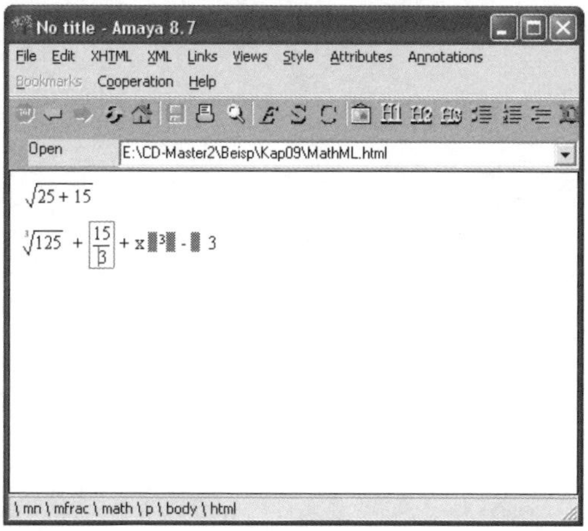

Abb. 9.23: Darstellung von Formeln in Amaya

Sobald Sie ein neues Dokument anlegen, können Sie mathematische Zeichen in Form von Schablonen über Schaltflächen einer Symbolleiste abrufen. Amaya fügt dann den betreffenden Code für die Formel als XML-Elemente in der MathML-Syntax in das HTML-Dokument ein. Abbildung 9.23 zeigt ein Beispiel für eine solche Dokumentseite, die entsprechende Formeln enthält. Der in diesem Beispiel gezeigte HTML-Code weist folgende Anweisungen auf:

Listing 9.33: Formel in MathML

```
<?xml version="1.0"?>
<html xmlns="http://www.w3.org/1999/xhtml">
<head>
  <title>No title</title>
  <meta name="GENERATOR" content="amaya V3.2.1" />
  <meta http-equiv="Content-Type" content="text/html" />
</head>

<body>
<math xmlns="http://www.w3.org/1998/Math/MathML">
  <msqrt>
    <mrow>
      <mn>25</mn>
      <mo>+</mo>
      <mn>15</mn>
```

```
    </mrow>
  </msqrt>
</math>

<p><math xmlns="http://www.w3.org/1998/Math/MathML">
  <mroot>
    <mn>125</mn>
    <mn>3</mn>
  </mroot>
</math>
 + <math xmlns="http://www.w3.org/1998/Math/MathML">
  <mfrac>
    <mn>15</mn>
    <mn>3</mn>
  </mfrac>
</math>
 + x<math xmlns="http://www.w3.org/1998/Math/MathML">
  <mrow>
    <msup>
      <none/>
      <mn>3</mn>
    </msup>
    <mi></mi>
    <mo>-</mo>
    <mi></mi>
  </mrow>
</math>
 3</p>
</body>
</html>
```

Die Formeln werden dann in *math*-Elemente eingebettet. Je nach benutzter Formel gelangen weitere MathML-Elemente zum Einsatz. Um die Tags von den XHTML-Tags zu unterscheiden, wird von Amaya bei jedem eingebetteten *math*-Tag ein Verweis auf den MathML-Namensraum hinterlegt.

HINWEIS

Sie finden die Beispieldatei *MathML.html* im Verzeichnis *Beisp\Kap09* auf der Begleit-CD. Die Datei kann direkt in Amaya geladen und angezeigt werden. Browser wie der Internet Explorer unterstützen MathML jedoch nicht. Sie können aber unter *www.maplesoft.com/standards/MathML/Viewer* ein Java-Plug-In für MathML herunterladen, damit der Internet Explorer MathML-Dokumente darstellen kann. Details zu MathML sowie die Spezifikation finden Sie auf der Webseite des W3C unter *www.w3c.org*.

9.7 SOAP

SOAP steht für Simple Object Access Protocol. Als dieses Buch geschrieben wurde, lag lediglich eine Notiz zu SOAP beim W3C vor, die durch Firmen wie Microsoft, IBM etc. unterstützt wurde.

9.7.1 Grundidee

Hinter SOAP verbirgt sich die Idee, ein vereinfachtes Transportprotokoll auf HTTP-Basis in XML zu realisieren, mit dem sich Informationen zwischen zwei Stellen austauschen lassen. Damit könnte ein Client über das HTTP-Protokoll Anfragen an einen Server schicken und Antworten über HTTP erhalten. Die Daten der Anfrage sowie der Antwort sind dabei in Umschläge (so genannte Envelopes) verpackt, die eine bestimmte in XML kodierte Dokumentstruktur enthalten. SOAP besteht genau betrachtet aus drei Teilen:

- Einer Art Umschlag (Envelope), der ein Rahmenwerk (Framework) enthält, welches den Inhalt der Nachricht und deren Bearbeitung beschreibt.
- Einen Satz an Encoding-Regeln, mit denen sich Instanzen von anwendungsdefinierten Datentypen abbilden lassen.
- Eine Konvention, mit der sich Remote Procedure Calls und Antworten abbilden lassen.

Obwohl sich SOAP mit verschiedenen Transportprotokollen verwenden ließe, definiert die SOAP-Notiz des W3C das Protokoll nur in Verbindung mit HTTP und HTTP Extension Framework.

9.7.2 Beispiele für SOAP-Messages

Eine Anwendung könnte beispielsweise eine Anfrage über ein HTTP-Protokoll an einen Server stellen, bestimmte Daten zurückzuliefern. Diese Anfrage wird über die POST-Methode an den Server übertragen. Das HTTP-Protokoll mit der betreffenden in XML kodierten Nachricht (Envelope) könnte folgendermaßen aussehen:

Listing 9.34: SOAP-Struktur der Anfrage

```
POST /Infos HTTP/1.1
Host: www.borncity.com
Content-Type: text/xml; charset="utf-16"
Content-Length: nnnn
SOAPAction: "Some-URI"

<SOAP-ENV:Envelope
xmlns:SOAP-ENV="http://schemas.xmlsoap.org/soap/envelope/"
SOAP-ENV:encodingStyle=
"http://schemas.xmlsoap.org/soap/encoding/">
```

```
<SOAP-ENV:Body>
<m:Temperatur xmlns:m="Some-URI">
<symbol>DIS</symbol>
</m:Temperatur>
</SOAP-ENV:Body>
</SOAP-ENV:Envelope>
```

Im Protokoll ist deutlich die XML-Struktur zu erkennen, die in das *Envelope*-Element eingebunden ist. Im Starttag werden im Wesentlichen die Namensräume für den SOAP-Envelope und für das SOAP-Encoding vereinbart. Die eigentliche Nachricht findet sich im *Body*-Element. Die XML-Elemente dieser Nachricht lassen sich auf ein eigenes Schema beziehen. Alle Elemente der SOAP-Struktur benutzen das Präfix SOAP-ENV. Durch ein zweites Präfix für die Nachrichteninhalte lassen sich die Elemente sauber trennen.

Beantwortet der Server die zuvor genannte Anfrage, sieht das HTTP-Protokoll mit dem XML-Anteil folgendermaßen aus:

Listing 9.35: SOAP-Struktur der Antwort

```
HTTP/1.1 200 OK
Content-Type: text/xml; charset="utf-16"
Content-Length: nnnn

<SOAP-ENV:Envelope
xmlns:SOAP-ENV="http://schemas.xmlsoap.org/soap/envelope/"
SOAP-ENV:encodingStyle=
"http://schemas.xmlsoap.org/soap/encoding/"/>
<SOAP-ENV:Body>
<m:TemperaturResponse xmlns:m="Some-URI">
<t1>34.5</t1>
</m:TemperaturResponse>
</SOAP-ENV:Body>
</SOAP-ENV:Envelope>
```

Der Header gleicht im Wesentlichen der Anfrage, lediglich der HTTP-Teil ist abweichend, er zeigt, dass es sich um eine Antwort und nicht um eine Anfrage handelt. Im *Body*-Element wird das angeforderte Element *Temperatur* als *TemperaturResponse* zurückgegeben. Dieses Element enthält das Element *t1* mit dem Wert.

Auf diese Weise lassen sich recht einfach Informationen über Netzwerkgrenzen austauschen. Die SOAP-Infrastruktur kann per Systemsoftware bereitgestellt werden. Die SOAP-Notiz beschreibt einige Datentypen sowie Anforderungen an SOAP-Produkte. Von Microsoft ist SOAP als Basis für den BizTalk-Server vorgesehen. Dies ist ein Server, der im Business-to-Business E-Commerce zum Einsatz gelangen soll. Weitere Details entnehmen Sie der W3C-Notiz zu SOAP (auf *www.w3c.org* gehen und nach SOAP suchen lassen, die Notiz findet sich im Bereich zu XML Transport Protocols). Auf den Microsoft-Webseiten gibt es ebenfalls einige Informationen zu SOAP.

Zusammenfassung

In diesem Kapitel haben Sie weitere Beispiele für Anwendungen von XML kennen gelernt. Mit den in den ersten Kapiteln vermittelten Kenntnissen sind Sie in der Lage, diese Erweiterungen zu verstehen und ggf. einzusetzen. Allerdings ist die Entwicklung in dieser Hinsicht keinesfalls abgeschlossen. Sofern Sie sich für bestimmte Anwendungsbereiche interessieren, müssen Sie die relevanten Spezifikationen (z.B. von den W3C-Webseiten) abrufen.

Fragen

1. Nennen Sie zwei XML-Anwendungen, mit denen sich Vektorgrafiken darstellen lassen.
2. Wie heißt die Erweiterung im Internet Explorer, mit der HTML-Tags um Fähigkeiten zur Zeitsteuerung ausgestattet werden?
3. Wie lassen sich in SMIL Abläufe sequenziell und wie parallel behandeln?
4. Nennen Sie zwei Varianten von XLink.

Antworten

1. VML (Microsoft-spezifisch) und SVG (W3C-Entwurf)
2. HTML+Time
3. Verwenden Sie die Elemente *seq* für einen sequenziellen Ablauf oder *par* für eine parallele Steuerung der Abläufe.
4. Simple Link und Extended Links

Kapitel 10

jetzt lerne ich

Spezielle XML-Fragen

Auf den vorhergehenden Seiten haben Sie eine Einführung in XML erhalten und einige XML-Anwendungen kennen gelernt. Weiterhin wurde gezeigt, wie Sie XML-Dokumente mit Cascading Style Sheets (CSS) in einem Browser darstellen können. XSLT erlaubt Ihnen, XML-Dokumente mit XSL-Style-Sheets in HTML-Dokumente zu überführen. In diesem Kapitel möchte ich auf spezielle Fragen eingehen. Sie erfahren, wie Sie aus HTML-Dokumenten auf XML-Daten zugreifen können. Die Daten können dabei extern als XML-Dateien vorliegen oder intern über XML-Dateninseln eingebunden werden. Sie lernen in diesem Kapitel zusätzlich das Microsoft Java-Applet XMLDSO oder das DSO-Active-Element einzubinden sowie auf das Document Object Modell (DOM) per Script zuzugreifen. Zusätzlich wird gezeigt, wie Sie die XML-Funktionen aus Microsoft .NET nutzen können.

HINWEIS

Die in diesem Kapitel gezeigten Techniken funktionieren nur unter Microsoft Windows. Zur Darstellung der HTML-Dateien ist der Internet Explorer (ab Version 5.0) erforderlich. Trotzdem möchte ich diese Funktionen vorstellen, da diese u.U. in lokalen Intranets recht hilfreich sein können. Die .NET-XML-Funktionen lassen sich ggf. auch nach C# portieren und dann mittels Mono unter Linux einsetzen.

10.1 Arbeiten mit XML-Dateninseln

XML-Dateninseln (XML-Data-Islands) vereinen die Vorteile von XML mit der leichten Anwendbarkeit von HTML. Die benötigten Daten werden dabei direkt im HTML-Code eingefügt oder über eine Anweisung aus einer XML-Datei eingebunden. Der nachfolgende Abschnitt befasst sich mit der Frage, wie solche XML-Dateninseln in eine HTML-Seite eingebunden werden können. Außerdem lernen Sie, wie sich die XML-Werte anschließend ohne viel Aufwand in der HTML-Seite darstellen lassen.

10.1.1 XML-Daten im HTML-Dokument einbinden

In den vorhergehenden Kapiteln haben Sie gesehen, wie sich XML-Dokumentdateien mittels XSLT und/oder CSS im Browser anzeigen lassen. Andererseits wird die Mehrzahl der Webseiten wohl auch zukünftig in HTML verfasst werden. Benötigen Sie nur einige XML-Daten, ist der Aufwand zum Entwerfen von Cascading Style Sheets oder zum Entwickeln einer XSL-Datei nicht immer gerechtfertigt. Es stellt sich die Frage, ob sich nicht die Vorteile von XML direkt nutzen und die Daten in einer HTML-Seite einbinden lassen.

Genau dies wird mit dem Ansatz der XML-Dateninseln verfolgt: Diese bieten einen Mechanismus, mit dem Sie ein XML-Dokument direkt in einer HTML-Webseite integrieren können. Die XML-Daten müssen dabei über ein XML-Tag gekapselt werden. Dieses Tag besitzt folgende Syntax:

```
<xml id="name" src="URI"> ... </xml>
```

Die XML-Dateninsel muss durch das *xml*-Element eingeschlossen werden. Dabei ist die Groß-/Kleinschreibweise des *xml*-Namens egal. Das Starttag besitzt zwei Attribute:

- *id*: Der Wert des Attributs legt einen eindeutigen Bezeichner für das XML-Element bzw. für die Dateninsel fest. Diesen Bezeichner benötigen Sie später, um aus HTML (z.B. per Script) auf die XML-Daten zuzugreifen.
- *src*: Es handelt sich um ein optionales Attribut, über das Sie eine externe XML-Dokumentdatei im HTML-Dokument als Dateninsel einbinden können.

Die HTML-Seite könnte also eine XML-Dokumentstruktur mit folgenden Anweisungen integrieren:

Listing 10.1: Einfache XML-Struktur

```
<xml id="xmlDaten">
<?xml version="1.0"?>
<daten>
  <person>
   <name>Braun</name>
   <vorname>Hans</vorname>
```

```
    <tel>069-305-7023</tel>
  </person>
</daten>
</xml>
```

Die Struktur bildet die bereits mehrfach benutzten Personendaten ab. In diesem Beispiel ist nur ein Datensatz in der XML-Struktur enthalten. Sie können aber eine beliebige Anzahl an Personendaten integrieren. Auf die Angabe einer DTD oder eines XML-Schemas wurde an dieser Stelle verzichtet. Sobald diese Dateninsel im HTML-Dokument enthalten ist, kapselt das *xml*-Element diese gegenüber dem Browser, d.h., der Inhalt wird nicht in der HTML-Seite angezeigt (wie Sie die Daten sichtbar machen, wird nachfolgend besprochen).

Möchten Sie lieber mit einer externen XML-Dokumentdatei arbeiten, müssen Sie folgende Form des *xml*-Elements zum Einbinden der Daten verwenden:

```
<xml id="xmlDaten" src="personen.xlm"></xml>
```

Hier wurde das *src*-Attribut benutzt, um den URI zur betreffenden XML-Dokumentdatei anzugeben. In zuvor angeführter Anweisung wird ein relativer Pfad benutzt, d.h., die Datei muss sich im gleichen Ordner wie die HTML-Datei befinden. Sie können aber auch absolute URI-Angaben (z.B. *http://www.borncity.de/xml/personen.xml* oder *file://c:/test/personen.xml*) versuchen.

10.1.2 Die XML-Daten in der HTML-Seite anzeigen

Nach den vorherigen Ausführungen möchte ich Ihnen an einem Beispiel demonstrieren, wie sich die XML-Daten nutzen lassen. Das Beispiel setzt auf den Funktionen des Internet Explorer (ab Version 5.0) auf und wird nachfolgend schrittweise entwickelt. Dabei lernen Sie auch die Tücken und Fallen dieses Ansatzes kennen.

Für einen ersten Test versuchen wir, eine einfache HTML-Seite mit einer Tabelle und einer XML-Dateninsel zu erzeugen. Die Tabelle hat dabei die Aufgabe, die Personendaten aus der XML-Dateninsel aufzunehmen. Der HTML-Code könnte folgendermaßen aussehen:

Listing 10.2: HTML-Dokument mit XML-Dateninsel

```
<html>
<head>
 <meta http-equiv="Content-Type"
  content="text/html; charset=iso-8859-1">
 <title>XML-Dateninseln</title>
 <style>
<!--
 .bold  { font: bold };
-->
 </style>
</head>
```

```
<body bgcolor="#FFFCF0">
<!-- XML-Dateninsel -->
<xml id="xmlDaten">
<?xml version="1.0"?>
<daten>
  <person>
   <name>Braun</name>
   <vorname>Hans</vorname>
   <tel>069-305-7023</tel>
  </person>
</daten>
</xml>

<h2>XML-Data-Islands</h2>
<p class="bold">interne XML-Daten</p>
<table border="1" cellpadding="3" bgcolor="silver">
 <tr class="bold">
  <td>Name</td>
  <td>Vorname</td>
  <td>Tel. Nr.</td>
 </tr>
 <tr bgcolor="#FCFFF0">
  <td></td>
  <td></td>
  <td></td>
 </tr>
</table>
</body>
</html>
```

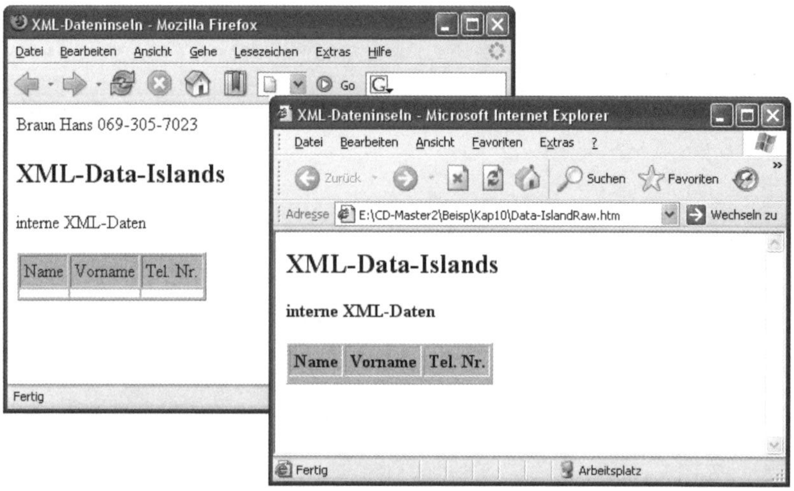

Abb. 10.1: HTML-Dokument mit XML-Dateninsel (Firefox und Internet Explorer)

Der HTML-Code ist so formuliert, dass die XML-Daten in Form einer Tabelle bestehend aus den Spalten *Name, Vorname* und *Tel.Nr.* ausgegeben werden sollen. Die Anweisungen der XML-Dateninsel sind im zuvor aufgeführten Listing fett hervorgehoben.

Leider birgt dieser Ansatz ein Problem: A priori weiß der Browser nicht, wie er die Daten in der Tabelle ausgeben soll. Er kann lediglich das *xml*-Element zur Kenntnis nehmen und entsprechend behandeln.

> Wenn Sie eine solche HTML-Dokumentdatei in einem Browser abrufen, hängt dessen Reaktion davon ab, ob er XML-Dateninseln unterstützt oder nicht. Der Internet Explorer (ab Version 5) isoliert den Inhalt der XML-Dateninsel vom restlichen XML-Code. Daher wird nur eine Tabelle bestehend aus der Kopfzeile im Dokumentfenster ausgegeben – von den XML-Daten ist nichts zu sehen. In Browsern, die keine XML-Dateninseln unterstützen (z.B. im Internet Explorer 4.0, in Firefox 1.0 etc.) erscheint ebenfalls der Tabellenkopf. Der Browser erkennt aber das *<xml>*-Tag nicht und filtert dieses aus dem HTML-Code heraus. Das Gleiche passiert mit den restlichen XML-Elementen der Dateninsel. Als Konsequenz werden die Daten der XML-Insel im Browserfenster dargestellt. Dies ist in Abbildung 10.1 am oberen Dokumentrand des Firefox-Fensters (links oben) zu sehen. Sie finden eine entsprechende Testdatei *XML-DataIslandRaw.htm* im Ordner *Beisp\Kap10* auf der Begleit-CD.

So können Sie die XML-Dateninsel isolieren

Möchten Sie beim Einbinden von XML-Dateninseln in ein HTML-Dokument sicherstellen, dass Fremdbrowser die Inhalte der XML-Elemente überspringen? Dann können Sie die XML-Dateninsel in einen Kommentar mit einer bedingten *if*-Anweisung einbetten. Der nachfolgende Codeausschnitt zeigt die betreffende Technik.

Listing 10.3: XML-Dateninsel isolieren

```
<!--[if gte IE 5]>
<xml id="xmlDaten">
<?xml version="1.0"?>
<daten>
  <person>
   <name>Braun</name>
   <vorname>Hans</vorname>
   <tel>069-305-7023</tel>
  </person>
  <person>
</daten>
</xml>
<![endif]-->
```

Sie finden eine entsprechende Testdatei *XML-DataIslandRaw0a.htm* im Ordner *Beisp\Kap10* auf der Begleit-CD.

Zweiter Versuch: Nutzen des Data Source Objects

Von Microsoft wurde eine spezielle als Data Source Object (DSO) bezeichnete Komponente zur Anbindung von Daten aus einer Datenquelle an verschiedene HTML-Tags entwickelt.

Diese Komponente muss als ActiveX-Steuerelement unter Windows vorhanden sein. Ab Version 5 des Internet Explorer ist standardmäßig eine XML-DSO-Unterstützung im Browser integriert. Die betreffenden Beispiele sollten daher beim Internet Explorer 5.0 und höheren Versionen funktionieren.

Das Datenquellenobjekt (DSO) lässt sich über das Attribut *datasrc* des HTML-Tags adressieren, die Werte der einzelnen XML-Elemente werden über das *datfld*-Attribut referenziert. Die folgende HTML-Anweisung benutzt DSO, um Daten auszugeben:

```
<span datasrc="#xmlDaten" datafld="vorname"></span>
```

Das *datasrc*-Attribut gibt den Namen der Datenquelle an und wird hier mit dem Wert *#xmlDaten* belegt. Wenn Sie sich das zuvor angeführte Beispiel nochmals ansehen, stellen Sie fest, dass der Bezeichner für die XML-Dateninsel über das *id*-Attribut auf den Wert *xmlDaten* gesetzt wurde. Der Wert des Attributs *datasrc* bildet also eine Referenz auf das betreffende Element im HTML-Code. Das Präfix-Zeichen *#* im Namen signalisiert, dass es sich um eine Referenz auf eine interne Marke handelt (dies ist ähnlich wie bei Verweisen auf interne Anker eines HTML-Dokuments, die mit dem Attribut *href="#top"* angegeben werden).

Der Wert des *datafld*-Attributs gibt den Namen des Felds aus der Datenquelle an. Bei XML-Daten entsprechen die Felder aber den XML-Elementen, es ist also ein XML-Elementname als Wert zu verwenden. Schauen wir uns jetzt einmal an, wie dies in einem HTML-Dokument konkret genutzt werden kann. Aus Vereinfachungsgründen habe ich an dieser Stelle einmal auf die Tabelle verzichtet (um weitere Effekte und Probleme zu demonstrieren).

Listing 10.4: Nutzen des Data Source Objects im HTML-Dokument

```
<html>
<head>
</head>
<body>
<!-- XML-Dateninsel -->
<xml id="xmlDaten">
<?xml version="1.0"?>
```

```
<daten>
  <person>
   <name>Braun</name>
   <vorname>Hans</vorname>
   <tel>069-305-7023</tel>
  </person>
  <person>
   <name>Braun</name>
   <vorname>Else</vorname>
   <tel>069-305-7023</tel>
  </person>
</daten>
</xml>

<p>Datenausgabe im Browser</p>
<div datasrc="#xmlDaten" datafld="name"></div>
<span datasrc="#xmlDaten" datafld="vorname"></span>
<span datasrc="#xmlDaten" datafld="tel"></span>
</body>
</html>
```

Die XML-Dateninsel enthält an dieser Stelle zwei Personendatensätze, d.h. zwei *person*-Elemente. Rufen Sie die Beispieldatei *XML-DataIsland-Raw0.htm* im Internet Explorer (ab Version 5) auf, wird dieser eine Seite gemäß Abbildung 10.2 (rechts unten) anzeigen. Offenbar sorgt das Datenquellenobjekt dafür, dass die XML-Daten aus der XML-Dateninsel gelesen und im HTML-Dokument eingefügt werden. Ein Browser, der keine HTML-Dateninseln unterstützt, wird die Inhalte der XML-Elemente im Dokumentfenster anzeigen (Abbildung 10.2, links oben). Das Ergebnis ist in beiden Fällen vermutlich nicht so, wie Sie es erwartet haben.

Einmal steht der Name in einer einzelnen Zeile, während Vorname und Telefonnummer in der Folgezeile ohne weitere Leerzeichen zusammengefasst werden. Weiterhin erscheint nur ein Personendatensatz, der zweite Datensatz bleibt unberücksichtigt.

Dieses Verhalten lässt sich erklären. Um die Daten im HTML-Dokument einzufügen, können Sie die HTML-4-Tags *<div>* und *<span>* verwenden. Beide Tags definieren einen Abschnitt im HTML-Dokument. Beim *<div>*-Tag ist es aber so, dass dieses eine Art Block erzeugt, der mit einem Zeilenumbruch einhergeht (etwas Ähnliches haben Sie bei Cascading Style Sheets mit *display: block;* kennen gelernt). Das *<span>*-Tag definiert dagegen den Abschnitt im laufenden Text, d.h., der Textfluss wird nicht unterbrochen. Durch die Mischung von *<span>*- und *<div>*-Tags führt das Beispiel zur betreffenden Anzeige. Dass der zweite Datensatz nicht mehr erscheint, ist auch verständlich, wie soll der Browser denn erkennen, dass Sie mehr als ein Element verarbeiten möchten.

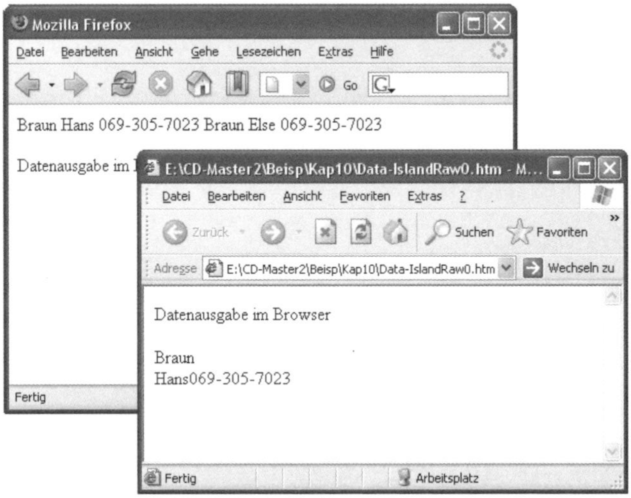

Abb. 10.2: Anzeige der XML-Daten in der HTML-Seite

Der zuvor genannte Ansatz eignet sich nur, wenn Sie den Inhalt des gewünschten Datenfelds per Script auswerten können. Auf solche Beispiele komme ich später zurück. Für die direkte Anbindung von XML-Daten können Sie nur das *<table>*-Tag benutzen, da Microsoft das Datenquellenobjekt auf dieses Tag abgestimmt hat. Sie finden die Testdatei *XML-DataIsland-Raw0.htm* im Ordner *Beisp\Kap10* auf der Begleit-CD.

Versuch drei: XML-Daten per DSO an eine Tabelle binden

Um eine XML-Dateninsel mit mehreren Datensätzen im HTML-Dokument per DSO einzubinden, müssen Sie auf das *<table>*-Tag zurückgreifen. Der Internet Explorer ist dann in Zusammenarbeit mit DSO und dem XML-Parser in der Lage, für jeden XML-Datensatz eine eigene Tabellenzeile zu generieren. Schauen wir uns einmal den folgenden HTML-Quellcode an, der genau dies nutzt:

Listing 10.5: HTML-Dokument mit Tabelle und DSO-Nutzung

```
<html>
<head></head>
<body>
<!-- XML-Dateninsel -->
<xml id="xmlDaten">
<?xml version="1.0"?>
<daten>
  <person>
   <name>Braun</name>
   <vorname>Hans</vorname>
   <tel>069-305-7023</tel>
  </person>
```

```
  <person>
   <name>Meier</name>
   <vorname>Ute</vorname>
   <tel>069-305-1033</tel>
  </person>
</daten>
</xml>

<table datasrc="#xmlDaten">
 <tr>
  <td>Name</td>
  <td>Vorname</td>
  <td>Tel. Nr.</td>
 </tr>
 <tr>
  <td><div datafld="name"></div></td>
  <td><div datafld="vorname"></div></td>
  <td><div datafld="tel"></div></td>
 </tr>
</table>
</body>
</html>
```

Hier wird das Datenquellenobjekt über das *datasrc*-Attribut an das *<table>*-Tag gebunden. Der Wert des Attributs definiert eine Referenz auf den Bezeichner der XML-Dateninsel. Innerhalb der Tabelle definiert das *<tr>*-Tag eine Zeile und das *<td>*-Tag eine Zelle. Über ein *<div>*-Tag, das in der betreffenden Tabellenzelle eingebettet ist, wird per *datafld*-Attribut eine Referenz auf das gewünschte Datenelement erzeugt.

Wenn Sie die betreffende HTML-Dokumentdatei im Internet Explorer (ab Version 5.0) laden, wird dieser eine Anzeige gemäß Abbildung 10.3 liefern. Lassen Sie sich nun einmal nicht dadurch stören, dass keine Tabellenstruktur erkennbar ist. In diesem Beispiel wurde auf die Gestaltung der Tabelle wenig Wert gelegt, da es an dieser Stelle lediglich um den Code zur Einbindung des DSO-Elements geht. Sie sehen in der Seite alle in der XML-Dateninsel in den XML-Elementen enthaltenen Werte. Das Datenquellenobjekt liefert dem Browser die betreffenden Datensätze. Dieser erzeugt dann selbsttätig die geforderten Tags zur Konstruktion der Tabellenzellen. Sie brauchen sich also nicht um die Tabelle zu kümmern und müssen lediglich die XML-Dateninsel pflegen. Fügen Sie Datensätze hinzu, passt der Browser die Tabelle bei der Anzeige der HTML-Seite automatisch an. Allerdings wird an dieser Stelle bereits ein Fehler deutlich: Der Tabellenkopf wird bei jedem Datensatz erneut ausgegeben. Die Beispiele im Microsoft XML SDK enthalten übrigens diesen Fehler auch – er fällt nur nicht auf, da im Beispiel kein Tabellenkopf benutzt wird. Im nächsten Beispiel zeige ich eine Lösung, die dieses Problem umgeht.

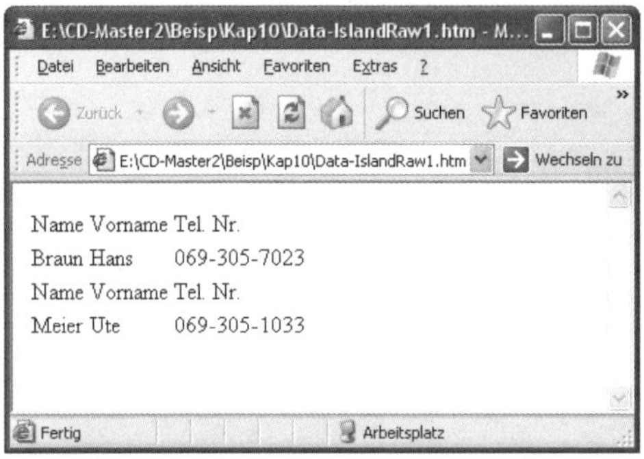

Abb. 10.3: Anzeige der Daten im HTML-Dokument

Der DSO-Ansatz erfordert aber, dass die XML-Datenstruktur sich in einer Tabelle abbilden lässt, d.h., das Wurzelelement muss ein oder mehrere Unterelemente des gleichen Typs aufweisen, die ihrerseits die Unterelemente mit den anzuzeigenden Daten enthalten.

HINWEIS

Sie finden die Beispieldatei *XML-DataIslandRaw1.htm* im Ordner *Beisp\Kap10* auf der Begleit-CD. Das Beispiel sollte sich direkt im Internet Explorer (ab Version 5) anzeigen lassen.

10.1.3 XML-Dateninsel per DSO in Tabellen einbinden

Nach diesen Vorversuchen soll nun eine intern im HTML-Dokument hinterlegte XML-Dateninsel in eine optisch entsprechend aufbereitete Tabelle eingebunden werden (Abbildung 10.4). Dabei soll auch ein Tabellenkopf zum Einsatz gelangen. Der im vorherigen Abschnitt diskutierte Ansatz muss daher um bestimmte HTML-4-Features erweitert werden.

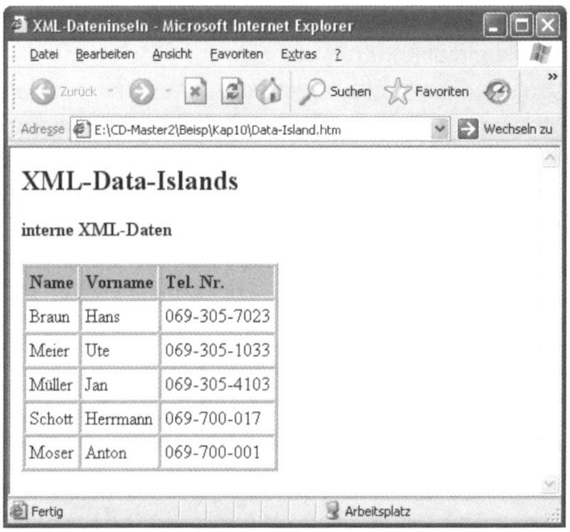

Abb. 10.4: Anzeige der XML-Daten in einer HTML-Tabelle

Um einer Tabelle einen Tabellenkopf zuzuweisen, können Sie das *<thead>*-Tag verwenden. Der Browser erkennt dann, dass es sich um eine Kopfzeile handelt und gibt diese nur einmal aus. Das Tag wird folgendermaßen eingesetzt:

```
<thead><tr><td>Zelle</td></tr></thead>
```

Sie müssen also die Tags zur Erzeugung der eigentlichen Tabellenzeile sowie das *<td>*-Tag zur Definition des Zellinhalts mit diesem Tag kapseln. Das nachfolgend gezeigte HTML-Codelisting benutzt diese Kenntnisse und erzeugt eine Tabelle mit Header unter Verwendung des Datenquellenobjekts. Im Gegensatz zum vorhergehenden Beispiel wird die Tabellenstruktur jetzt durch eine Hintergrundfarbe (Attribut *bgcolor*) sowie durch das Attribut *border* im *<table>*-Tag hervorgehoben. Das Beispiel benutzt auch eine Style-Definition, um Fettschrift im Tabellenkopf zu vereinbaren. Diese Techniken haben Sie bereits kennen gelernt. Die Anweisungen zum Einbinden des Datenquellenobjekts sind im Listing fett hervorgehoben.

Listing 10.6: XML-Daten über DSO in Tabelle einblenden

```
<html>
<head>
 <meta http-equiv="Content-Type"
  content="text/html; charset=iso-8859-1">
 <title>XML-Dateninseln</title>
 <style>
<!--
 .bold  { font: bold };
-->
 </style>
</head>

<body bgcolor="#FFFCF0">
<!-- XML-Dateninsel -->
<xml id="xmlDaten">
<?xml version="1.0"?>
<daten>
  <person>
   <name>Braun</name>
   <vorname>Hans</vorname>
   <tel>069-305-7023</tel>
  </person>
  <person>
   <name>Meier</name>
   <vorname>Ute</vorname>
   <tel>069-305-1033</tel>
  </person>
  <person>
   <name>Müller</name>
   <vorname>Jan</vorname>
```

```
      <tel>069-305-4103</tel>
    </person>
    <person>
      <name>Schott</name>
      <vorname>Herrmann</vorname>
      <tel>069-700-017</tel>
    </person>
    <person>
      <name>Moser</name>
      <vorname>Anton</vorname>
      <tel>069-700-001</tel>
    </person>
</daten>
</xml>

<h2>XML-Data-Islands</h2>
<p class="bold">interne XML-Daten</p>
<table border="1" cellpadding="3"
   bgcolor="silver" datasrc="#xmlDaten">
 <thead class="bold">
 <tr>
  <td>Name</td>
  <td>Vorname</td>
  <td>Tel. Nr.</td>
 </tr>
 </thead>
 <tr bgcolor="#FCFFF0">
  <td><div datafld="name"></div></td>
  <td><div datafld="vorname"></div></td>
  <td><div datafld="tel"></div></td>
 </tr>
</table>
</body>
</html>
```

Wenn Sie XML-Dateninseln intern im HTML-Code ablegen und per DSO einbinden, müssen Sie sich peinlich an einige Regeln halten. Andernfalls zeigt der Internet Explorer nichts an. Eine Forderung kennen Sie ja bereits: die XML-Struktur muss eine direkte Abbildung der Daten in die Tabelle zulassen. Weiterhin darf die XML-Dateninsel nur wohlgeformte XML-Elemente enthalten. Wird diese Regel verletzt, bricht der XML-Parser mit einem Fehler ab, der Browser zeigt aber keine Fehlermeldung an, da dieser Fehler zwar im Datenquellenobjekt bemerkt, aber nicht an die Anzeigeeinheit weitergereicht wird. Das Problem bei diesem Ansatz besteht aber darin, dass Sie den Inhalt der Dateninsel nicht direkt durch XML-Werkzeuge validieren lassen können. Aus diesem Grunde ist es vermutlich vorteilhafter, die XML-Daten in einer externen Datei zu hinterlegen (siehe folgendes Beispiel).

Verwenden Sie eine ältere Version des Internet Explorer 5 mit MSXML 2.5 oder 3.0, darf die XML-Deklaration in der im HTML-Code hinterlegten Dateninsel kein *encoding*-Attribut mit dem Wert "ISO-8859-1" verwenden. Der Browser wird dann die Daten nicht anzeigen. Lediglich die Verwendung des Werts "UTF-16" wird akzeptiert. Dieser von mir empirisch bei MSXML 2.5 ermittelte Sachverhalt wurde im Microsoft XML 3.0 SDK durch einen Hinweis in der Hilfe bestätigt. Immer wenn die Kodierung durch das umgebende HTML-Dokument per *<meta>*-Tag spezifiziert ist, darf keine eigene Zeichenkodierung in der Dateninsel angegeben werden. Nur bei externen XML-Dateien müssen Sie das *encoding*-Attribut angeben, um Umlaute verwenden zu können. Beim MSXML-Parser in der Version 4.0 konnte dieser Fehler nicht mehr beobachtet werden.

Sie finden die Beispieldatei *XML-DataIsland.htm* im Ordner *Beisp\Kap10* auf der Begleit-CD. Das Beispiel sollte sich im Internet Explorer (Version 5 und höher) anzeigen lassen.

HINWEIS

10.1.4 Externe XML-Daten per DSO einbinden

Die direkte Aufnahme von XML-Dateninseln in den HTML-Code besitzt einige Nachteile. Sie können die XML-Anweisungen nicht validieren lassen und die Pflege erfordert, dass Sie den HTML-Code anfassen. Gerade bei HTML-Werkzeugen kommt es dann aber vor, dass diese den HTML-Code oder den Inhalt der Dateninsel ungewollt verändern.

Aus diesem Blickwinkel heraus bietet es sich an, die XML-Daten in eine externe XML-Dokumentdatei zu verlagern. Sie können dann die XML-Datei mit XML-Werkzeugen pflegen und validieren. Um diese Daten per DSO gemäß den zuvor genannten Techniken in einer HTML-Seite einzublenden, müssen Sie diese als XML-Dateninsel als Include-Datei einbinden. Auch dies ist per *<xml>*-Tag möglich. Sie müssen nur das Tag mit dem *src*-Attribut verwenden, um einen Verweis auf die Datei anzugeben. Das folgende HTML-Listing zeigt, wie sich so etwas für den Internet Explorer (ab Version 5) realisieren lässt.

Listing 10.7: Externe XML-Daten in HTML einbinden

```
<html>
<head>
 <meta http-equiv="Content-Type"
  content="text/html; charset=iso-8859-1">
 <title>XML-Dateninseln</title>
 <style>
<!--
 .bold  { font: bold };
-->
 </style>
</head>
```

```
<body bgcolor="#FFFCF0">
<!-- XML-Dateninsel -->
<xml id="xmlDaten" src="Personen.xml"></xml>

<h2>XML-Data-Islands</h2>
<p class="bold">externe Datendatei</p>

<table border="1" cellpadding="3"
   bgcolor="silver" datasrc="#xmlDaten">
 <thead class="bold">
 <tr>
  <td>Name</td>
  <td>Vorname</td>
  <td>Tel. Nr.</td>
 </tr>
 </thead>
 <tr bgcolor="#FCFFF0">
  <td><div datafld="name"></div></td>
  <td><div datafld="vorname"></div></td>
  <td><div datafld="tel"></div></td>
 </tr>
</table>
</body>
</html>
```

Die HTML-Datei erzeugt ebenfalls eine Tabelle ähnlich wie in Abbildung 10.4. Die Daten werden aber aus der externen Datei *Personen.xml* bezogen, die sich im gleichen Ordner wie die HTML-Datei befinden muss. Die Anweisungen zum Einbinden der XML-Datei als Dateninsel sind im Listing fett hervorgehoben. Die Technik zur Aufbereitung der Tabelle wurde bereits im vorhergehenden Abschnitt besprochen.

Wenn Sie diese Variante für den Internet Explorer 5 verwenden, sind zwei Punkte zu beachten. Gemäß der XML-Spezifikation müsste sich das *xml*-Element zum Einbinden einer XML-Dokumentdatei auch als Leertag *<xml id="1" src="personen.xml" />* nutzen lassen. Bei Tests habe ich aber festgestellt, dass zumindest beim Internet Explorer 5 (und XML 2.5 bzw. XML 3.0 Parser) diese Variante nicht unterstützt wird. Es gibt zwar keine Fehlermeldungen, aber die XML-Daten erscheinen nicht in der Anzeige. Weiterhin müssen Sie in der externen XML-Datei das *encoding*-Attribut in der XML-Deklaration verwenden. Andernfalls wird der Browser nichts anzeigen, sobald die XML-Daten Sonderzeichen und Umlaute aufweisen. Treten Probleme bei der Anzeige auf, empfehle ich Ihnen die XML-Datei versuchsweise im Browser aufzurufen. Nur wenn diese fehlerfrei als XML-Struktur erscheint (d.h., es liegt ein wohlgeformtes Dokument vor), können Sie sich auf den HTML-Quellcode konzentrieren.

Sie finden die Beispieldatei *XML-DataIsland1.htm* auf der Begleit-CD im Ordner *Beisp\Kap10*.

HINWEIS

10.1.5 DSO per <object>-Tag einbinden

Die zuvor genannten Beispiele nutzten die Tatsache, dass der Microsoft Internet Explorer ab Version 5 XML-Daten aus dem <*xml*>-Tag implizit über das DSO-Objekt einbinden kann. Ich habe dabei die Beispiele so ausgewählt, dass Ihnen auch die Probleme klar geworden sind. Microsoft bietet Ihnen daher alternativ die Möglichkeit, das Datenquellenobjekt über das <*object*>-Tag im HTML-Dokument einzubinden.

```
<object width="0" height="0"
  classid="clsid:550dda30-0541-11d2-9ca9-0060b0ec3d39"
  id="xmldso"></object>
```

Das Attribut *classid* gibt dabei den eindeutigen Bezeichner an, unter dem das ActiveX-Steuerelement auf den Zielmaschinen installiert ist. Das Attribut *id* weist dem <*object*>-Tag einen eindeutigen Bezeichner zu, der später im Script zur Referenzierung des Objekts benötigt wird. Die beiden Attribute *width* und *height* können Sie auf die Werte 0 setzen, da das Objekt in der Webseite unsichtbar ist. Die Anbindung der XML-Daten an das Datenquellenobjekt ist jedoch etwas diffizil.

Beispiel mit externer XML-Datendatei

Soll DSO als ActiveX-Komponente per <*object*>-Tag eingebunden werden, wobei die XML-Daten in einer externen Datei vorliegen, benötigen Sie ein Script, das die Daten in das DSO-Element lädt:

Listing 10.8: Code zum Laden der XML-Datei

```
<script language="JScript" for="window" event="onload">
<!--
  var doc = xmldso.XMLDocument;
  doc.load("Personen.xml");
  if (doc.documentNode == null)
   {
     HandleError(doc);
   }
-->
</script>
```

Das Script wird über das *onload*-Ereignis des Dokumentfensters aktiviert. In der ersten Zeile wird dann ein Verweis auf das Datenquellenobjekt DSO erzeugt.

```
var doc = xmldso.XMLDocument;
```

Der Ausdruck auf der rechten Seite benutzt den Bezeichner *xmldso*, der über das *id*-Attribut des *<object>*-Tags festgelegt wurde. Folglich entspricht *xmldso* einem Objekt, das die Eigenschaft *XMLDocument* bereitstellt. Das Ganze wird einer Variablen zugewiesen, die damit eine Referenz auf das DOS-Objekt (genauer auf den XML-Dokumentbereich) enthält. In der nächsten Zeile wird die *load*-Methode des durch die Variable *doc* referenzierten Datenquellenobjekts benutzt, um die externe XML-Datei zu laden. Lange Rede kurzer Sinn, das Script lädt die XML-Daten in das DSO-Objekt. Nachfolgend sehen Sie den restlichen HTML-Code, der dann DSO zum Einbinden der Daten in die Tabelle benutzt.

Listing 10.9: XML-Daten per <object>-Tag und Script einbinden

```
<html>
<head>
 <meta http-equiv="Content-Type"
  content="text/html; charset=iso-8859-1">
 <title>XML-Dateninseln</title>
 <style>
<!--
 .bold  { font: bold };
-->
 </style>
</head>

<body bgcolor="#FFFCF0">
<!-- XML-Dateninsel -->
<object id="xmldso" width="0" height="0"
  classid="clsid:550dda30-0541-11d2-9ca9-0060b0ec3d39">
</object>

<script for="window" event="onload">
<!--
  var doc = xmldso.XMLDocument;
  doc.load("Personen.xml");
  if (doc.documentNode == null)
   {
     HandleError(doc);
   }
-->
</script>
<h2>XML-Data-Islands</h2>

<table border="1" cellpadding="3"
   bgcolor="silver" datasrc="#xmldso">
 <thead class="bold">
 <tr>
  <td>Name</td>
  <td>Vorname</td>
```

```
  <td>Tel. Nr.</td>
 </tr>
 </thead>
 <tr bgcolor="#FCFFF0">
  <td><div datafld="name"></div></td>
  <td><div datafld="vorname"></div></td>
  <td><div datafld="tel"></div></td>
 </tr>
</table>
</body>
</html>
```

Sie finden die Dateien *Data-Island2.htm* und *Personen.xml* auf der Begleit-CD im Ordner *Beisp\Kap10*. Beim Test im Internet Explorer 6 mit Service Pack 2 wird dieser die aktiven Elemente blockieren. Sie müssen dann die Anzeige aktiver Inhalte über die Informationsleiste (Befehl *Geblockte Inhalte zulassen*) freigeben.

Beispiel mit XML-Daten im <object>-Tag

Sie können die DSO-ActiveX-Komponente nicht nur per *<object>*-Tag einbinden, sondern die XML-Daten auch in diesem Tag unterbringen.

Listing 10.10: XML-Dateninsel im <object>-Tag

```
<object id="xmldso" width="0" height="0"
  classid="clsid:550dda30-0541-11d2-9ca9-0060b0ec3d39">
<!-- XML-Dateninsel -->
<daten>
 <person>
  <name>Braun</name>
  <vorname>Hans</vorname>
  <tel>069-305-7023</tel>
 </person>
 <person>
  <name>Meier</name>
  <vorname>Ute</vorname>
  <tel>069-305-1033</tel>
 </person>
</daten>
</object>
```

Sofern Sie diesen Weg wählen, lässt sich der HTML-Code wie in den vorherigen Beispielen ohne weiteres Script schreiben. Es reicht, wenn Sie die Referenz auf das Datenquellenobjekt über das *datasrc*-Attribut im *<table>*-Tag hinterlegen.

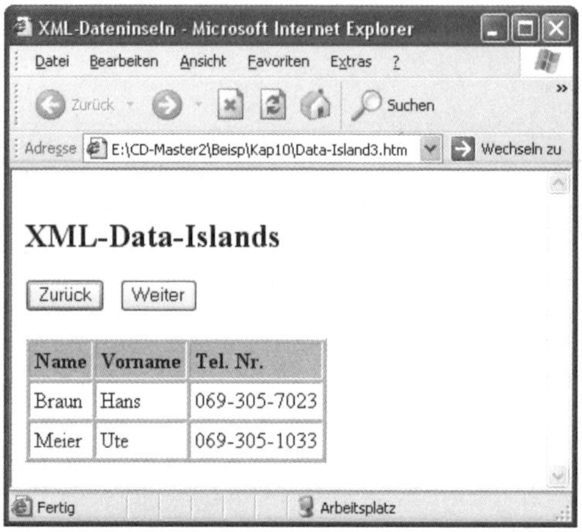

Abb. 10.5: Navigation in den XML-Daten

Bei diesem Ansatz gibt es zwei Merkwürdigkeiten. Einmal versagt der Ansatz im Internet Explorer 5, wenn die XML-Dateninsel eine XML-Deklaration enthält. Außerdem steht die besprochene Lösung in Widerspruch zur Microsoft-Dokumentation, die ein Script für diesen Ansatz vorschreibt. Die folgende Lösung wurde von mir aber im Internet Explorer (ab Version 5) getestet, während die Microsoft-Beispiele nicht funktionierten.

Der nachfolgende HTML-Code demonstriert, wie sich die XML-Daten als Dateninsel im *<object>*-Tag integrieren lassen. Als Besonderheit wird zusätzlich die Länge der Tabelle über das Attribut *datapagesize="2"* im Tabellen-Tag auf zwei Datensätze begrenzt. Da die XML-Dateninsel mehr Datensätzen aufweisen kann, benötigen wir noch zwei Schaltflächen, mit denen sich in den Datensätzen blättern lässt (Abbildung 10.5).

Über die Schaltflächen *Zurück* und *Weiter* der Dokumentseite kann der Benutzer jeweils zwei Datensätze vorwärts oder rückwärts blättern. Für diesen Zweck wird ein Formular (per *<form>*-Tag) mit zwei *<input>*-Tags für die Schaltflächen im HTML-Code eingebaut.

Listing 10.11: Code des Formulars

```
<form>
 <input type="button" value="Zurück"
        onclick="JScript:tabl.previousPage();" />
  
 <input type="button" value="Weiter"
        onclick="JScript:tabl.nextPage();" />
</form>
```

Die *<input>*-Tags generieren zwei Schaltflächen. Dies wird durch den Wert "button" im *type*-Attribut festgelegt. Die Beschriftung der Schaltflächen wird über den Wert des *value*-Attributs definiert. Zusätzlich habe ich das *onclick*-Ereignis der Schaltflächen benutzt, um über JScript-Anweisungen die beiden Methoden *previousPage()* und *nextPage()* aufzurufen. Diese Methoden werden über das Objekt *tab1* bereitgestellt. Dieser Objektname wurde aber über das *id*-Attribut im *<table>*-Tag definiert, d.h., die Methoden wirken letztendlich auf das Datenquellenobjekt. Nachfolgend sehen Sie den gesamten HTML-Quellcode.

Listing 10.12: Lösung mit Navigationsschaltflächen

```
<html>
<head>
 <meta http-equiv="Content-Type"
  content="text/html; charset=iso-8859-1">
 <title>XML-Dateninseln</title>
 <style>
<!--
 .bold  { font: bold };
-->
 </style>
</head>

<body bgcolor="#FFFCF0">
<object id="xmldso" width="0" height="0"
  classid="clsid:550dda30-0541-11d2-9ca9-0060b0ec3d39">
<!-- XML-Dateninsel -->
<daten>
  <person>
   <name>Braun</name>
   <vorname>Hans</vorname>
   <tel>069-305-7023</tel>
  </person>
  <person>
   <name>Meier</name>
   <vorname>Ute</vorname>
   <tel>069-305-1033</tel>
  </person>
  <person>
   <name>Müller</name>
   <vorname>Jan</vorname>
   <tel>069-305-4103</tel>
  </person>
  <person>
   <name>Schott</name>
   <vorname>Herrmann</vorname>
   <tel>069-700-017</tel>
  </person>
```

```
  <person>
   <name>Moser</name>
   <vorname>Anton</vorname>
   <tel>069-700-001</tel>
  </person>
</daten>
</object>

<h2>XML-Data-Islands</h2>
<form>
 <input type="button" value="Zurück"
        onclick="JScript:tabl.previousPage();" />
  
 <input type="button" value="Weiter"
        onclick="JScript:tabl.nextPage();" />
</form>
<table border="1" cellpadding="3"
   bgcolor="silver" id="tabl"
   datapagesize="2" datasrc="#xmldso">
 <thead class="bold">
 <tr>
  <td>Name</td>
  <td>Vorname</td>
  <td>Tel. Nr.</td>
 </tr>
 </thead>
 <tr bgcolor="#FCFFF0">
  <td><div datafld="name"></div></td>
  <td><div datafld="vorname"></div></td>
  <td><div datafld="tel"></div></td>
 </tr>
</table>
</body>
</html>
```

HINWEIS

Sie finden die Datei *Data-Island3.htm* auf der Begleit-CD im Ordner *Beisp\Kap10*. Beim Internet Explorer 6.0 mit installiertem Service Pack 2 müssen Sie die Anzeige aktiver Inhalte explizit über die Informationsleiste (Befehl *Geblockte Inhalte zulassen*) freigeben.

Interne XML-Daten per Script mit loadXML an DSO übergeben

Als weitere Möglichkeit können Sie das per *<object>*-Tag in die HTML-Seite eingefügte Datenquellenobjekt auch per Script mit XML-Daten füllen. Im Gegensatz zum Beispiel *Data-Island2.htm* liegen die Daten aber nicht als XML-Datei vor, sondern werden intern im Script spezifiziert. Daher können Sie keine *load*-Methode verwenden, sondern Sie müssen auf die *loadXML*-Methode des DSO-Objekts zurückgreifen. Der Scriptcode zum Füllen des DSO mit den XML-Daten sieht dann folgendermaßen aus:

Listing 10.13: Nutzen der loadXML-Methode

```
<script for="window" event="onload">
<!--
   var xml = "<daten><person><name>Braun</name>" +
             "<vorname>Hans</vorname>" +
             "<tel>069-305-7023</tel></person>" +
             "<person><name>Meier</name>" +
             "<vorname>Ute</vorname>" +
             "<tel>069-305-1033</tel></person></daten>"

   var doc = xmldso.XMLDocument;
   doc.loadXML(xml);
-->
</script>
```

Das Script wird beim Laden der Seiten aktiviert. In der ersten Anweisung werden der Variablen *xml* die XML-Daten als Zeichenkette übergeben. Dann erzeugt die zweite Anweisung eine Variable mit einer Referenz auf das DSO-Objekt, indem die Eigenschaft *XMLDocument* des *xmldso*-Objekts abgefragt wird. Der Objektname wird per *id*-Attribut im *<object>*-Tag des Datenquellenobjekts definiert. Das Ergebnis ist in Abbildung 10.6 zu sehen.

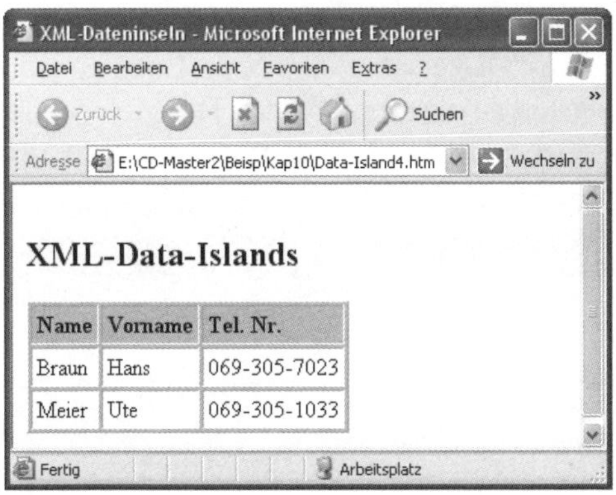

Abb. 10.6: Anzeige der XML-Daten

Sie finden die Datei *Data-Island4.htm* mit dem gesamten HTML-Quellcode auf der Begleit-CD im Ordner *Beisp\Kap10*. Beim Internet Explorer 6.0 mit installiertem Service Pack 2 müssen Sie die Anzeige aktiver Inhalte explizit über die Informationsleiste (Befehl *Geblockte Inhalte zulassen*) freigeben.

10.2 Arbeiten mit dem XMLDOM-Objekt

Das Kürzel XMLDOM steht für XML Document Object Model. Es handelt sich dabei um ein Objektmodell, über das per Script auf XML-Daten zugegriffen werden kann. Sie können das Objekt im Microsoft Internet Explorer (ab Version 5.0), im Windows Script Host, in Visual Basic etc. instanziieren und per Script die XML-Daten abfragen. Nachfolgend finden Sie zwei Beispiele, die zeigen, wie Sie dieses Objekt im Internet Explorer per Script nutzen, um XML-Daten in HTML-Dokumente einzubinden.

10.2.1 Die Namensliste per *xmldom*-Objekt auflisten

Sofern Sie die Werte der Elemente eines XML-Dokuments gezielt abrufen und in einem HTML-Dokument einbinden möchten, lässt sich auch das *xmldom*-Objekt des Microsoft XML-Parsers nutzen. Dieses Objekt steht im Internet Explorer 5.0 zur Verfügung und lässt sich in einem Script mit folgenden Anweisungen einbinden:

```
var xmlDoc = new ActiveXObject("microsoft.xmldom");
xmlDoc.load("Personen.xml");
```

Die erste Anweisung erzeugt eine Objektinstanz im Speicher und hinterlegt die Referenz auf diese Instanz in der Objektvariablen *xmlDoc*. Sie können über diese Objektvariable anschließend auf die Eigenschaften, Methoden und Unterobjekte dieses Objekts zugreifen. Die *load*-Methode des Objekts erlaubt Ihnen beispielweise eine XML-Datei zu laden. Und genau dies wird in der zweiten Anweisung genutzt. Die Methode lädt die XML-Daten in den XML-Parser und stellt den Inhalt im Document Object Model zur Verfügung.

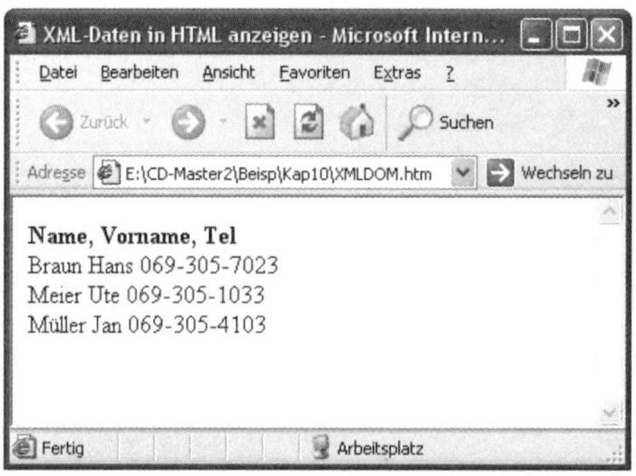

Abb. 10.7: Anzeige der XML-Daten als Liste im HTML-Dokument

Die zuvor genannten Anweisungen veranlassen den Internet Explorer (ab Version 5.0) die XML-Dokumentdatei *Personen.xlm* zu lesen. Dann sorgt etwas Scriptcode dafür, dass die ersten drei Einträge in einer einfachen Liste im

Browserfenster erscheinen (Abbildung 10.7). Das Beispiel wurde an dieser Stelle bewusst einfach gehalten, um die Techniken zum Zugriff auf die XML-Elemente per XML Document Object Model zu erläutern. Im nächsten Abschnitt lernen Sie ein Beispiel kennen, in dem gezielt einzelne Elemente des XML-Strukturbaums gelesen werden.

Kommen wir nun zur Frage, wie sich der Inhalt der XML-Dokumentdatei mit Hilfe des Objekts im Dokumentfenster des Browsers anzeigen lässt. Gehen wir davon aus, dass Sie beim Laden des Dokuments im Script erfolgreich eine Referenz auf das Objekt erzeugt haben. Dann liegt eine Objektreferenz vor, mit der die Methoden und Eigenschaften des Objekts abrufbar sind. Über die *load*-Methode wurde die XML-Dokumentdatei geladen.

Nach dem Aufruf der *load*-Methode muss das Script noch so lange warten, bis der XML-Parser die XML-Anweisungen gelesen und analysiert hat. Hierzu wird eine Funktion *loadDoc()* mit folgenden Anweisungen benutzt:

```
function loadDoc()
        {
        if (xmlDoc.readyState == "4")
          start();
        else
          window.setTimeout("loadDoc()", 4000)
        }
```

Diese Funktion wird beim Laden des HTML-Dokuments über die folgende Anweisungsfolge aufgerufen:

```
<script language="JavaScript" for=window event=onload>
 loadDoc();
</script>
```

Innerhalb der Funktion *loadDoc* wird die Eigenschaft *readyState* des *xmldom*-Objekts auf den Wert 4 überprüft. Ist dieser Wert erreicht, hat der XML-Parser das Dokument geladen. Dann wird die Funktion *start* ausgeführt. Andernfalls ruft sich die Funktion erneut selbst auf. Hierbei kommt die *setTimer*-Methode zum Einsatz, die die Ausführung der Funktion um vier Sekunden verzögert.

Die Funktion *start* besitzt die Aufgabe, die gewünschten Elementwerte der XML-Dokumentdatei im HTML-Dokument einzublenden. Hierzu wird eine besondere Technik verwendet. Im HTML-Dokument lassen sich Bereiche über das *<span>*-Tag gezielt markieren. Über die Eigenschaft *innerText* lässt sich der zwischen den Tags *<span>* und *</span>* liegende HTML-Inhalt überschreiben. Eine solche HTML-Anweisung kann folgendermaßen aussehen:

```
<span id="name1"></span>
```

Hier ist der Bereich zwischen einleitendem und abschließendem Tag leer. Weisen Sie dem Starttag über das *id*-Attribut einen eindeutigen Namen zu, lässt sich dieser wie ein Objekt behandelt. Sie können dann über das Objektmodell direkt auf die *innerText*-Eigenschaft zugreifen und deren Wert setzen:

```
name1.innerText = "Hallo Welt"
```

Mit der betreffenden Anweisung würde im Dokumentbereich des Browsers der Text »Hallo Welt« an der Stelle des *<span>*-Tags mit der *id* »name1« erscheinen. Genau diese Technik wird nun in der Funktion *start* genutzt:

```
function start()
  {
   rootElem = xmlDoc.documentElement;
   name1.innerText = rootElem.childNodes.item(0).text;
   name2.innerText = rootElem.childNodes.item(1).text;
   name3.innerText = rootElem.childNodes.item(2).text;
  }
```

Mit der Anweisung

```
rootElem = xmlDoc.documentElement;
```

wenden Sie die *documentElement*-Methode auf das Objekt *xmlDoc* an. Die betreffende Objektreferenz wird beim Aufruf der ActiveXObject-Methode zurückgegeben. Als Ergebnis enthält die Variable *rootElem* anschließend eine Objektreferenz auf das Wurzelelement des XML-Dokuments. Anschließend können Sie über die Objekthierarchie des Document Object Model (DOM) auf die Elemente des XML-Dokuments zugreifen. Die Anweisung

```
rootElem.childNodes.item(0).text
```

liest den Inhalt des ersten Unterelements des Wurzelelements. Die Struktur des XML-Dokuments *Personen.xml* wurde bereits auf den vorhergehenden Seiten vorgestellt. Das Wurzelelement besitzt die Unterelemente *person*. Folglich wird mit der zuvor angeführten Objektreferenz auf den Inhalt des Elements *person* zugegriffen. Da der Indexwert 0 angegeben wurde, liest die zuvor genannte Anweisung den Inhalt des ersten Elements. Mit dem Indexwert 1 würde der Inhalt des zweiten Werts verarbeitet. Die Scriptanweisung

```
name1.innerText = rootElem.childNodes.item(0).text;
```

besagt daher nichts anderes, als dass der Inhalt des ersten Unterelements aus dem DOM gelesen und dann der Eigenschaft *innerText* des HTML-Tags mit der ID »name1« zugewiesen wird. Folglich müsste im Dokumentfenster der Text »Braun Hans 069-305-7023« erscheinen. Mit diesem Wissen ist es nur noch ein kleiner Schritt zum Aufbau der gesamten HTML-Datei, die den Inhalt der XML-Dokumentdatei *Personen.xml* einliest und die ersten drei Einträge im Browserfenster auflistet. Details sind dem nachfolgenden Listing zu entnehmen.

Listing 10.14: Zugriff auf XML-Daten über xmlDOM

```
<html>
<head>
<meta http-equiv="Content-Type"
content="text/html; charset=iso-8859-1">
<title>XML-Daten in HTML anzeigen</title>
    <SCRIPT LANGUAGE="JavaScript" FOR=window EVENT=onload>
      loadDoc();
    </SCRIPT>

    <SCRIPT LANGUAGE="JavaScript">
      var rootElem;
      var xmlDoc = new ActiveXObject("microsoft.xmldom");
      xmlDoc.load("Personen.xml");

      function loadDoc()
        {
        if (xmlDoc.readyState == "4")
          start();
        else
          window.setTimeout("loadDoc()", 4000)
        }

      function start()
        {
         rootElem = xmlDoc.documentElement;
        name1.innerText = rootElem.childNodes.item(0).text;
        name2.innerText = rootElem.childNodes.item(1).text;
        name3.innerText = rootElem.childNodes.item(2).text;
        }
    </SCRIPT>
</head>
<body>
  <BODY>
  <B>Name, Vorname, Tel </B><BR>
  <SPAN ID="name1" STYLE="font-weight:normal"></SPAN>
  <BR>
  <SPAN ID="name2" STYLE="font-weight:normal"></SPAN>
  <BR>
  <SPAN ID="name3" STYLE="font-weight:normal"></SPAN>
  <BR>
</body>
</html>
```

Sie finden die Beispieldateien *XMLDOM.xml* sowie *Personen.xlm* auf der Begleit-CD im Verzeichnis *\Beisp\Kap10*. Zur Ausführung muss der Internet Explorer 5.0 oder höher installiert sein.

10.2.2 HTML-Serientext mit XML-Daten

Bei der Erzeugung von Texten ist es manchmal erwünscht, dass Inhalte dynamisch verändert werden. Denken Sie beispielsweise an Serienbriefe, bei denen ein Standardtext durch die Empfängerangaben personalisiert wird. Oder nehmen Sie als Beispiel Angebote, bei denen Preise aus einer Datenbank zum Angebotstext hinzugefügt werden.

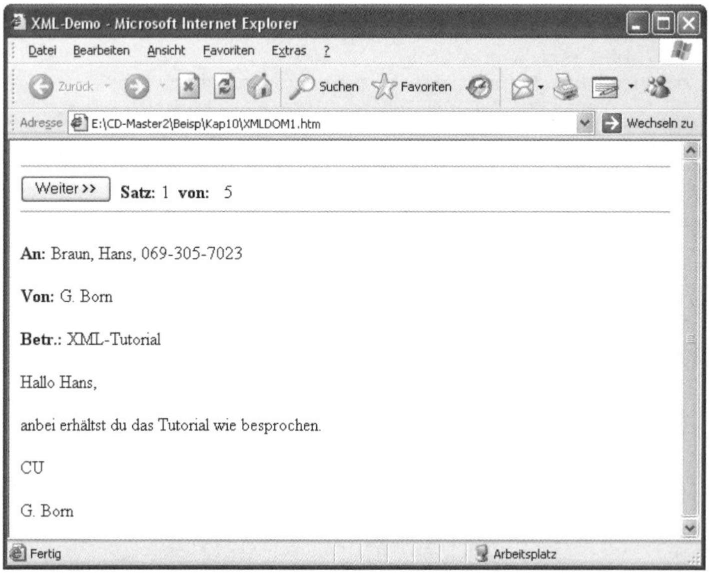

Abb. 10.8: Beispiel für ein Dokument mit variablen Empfängerdaten

Solche Anwendungen lassen sich hervorragend auf Basis von XML-Dokumenten realisieren. Als weiteres Beispiel dient wieder ein HTML-Dokument, das einer E-Mail nachempfunden ist. Die Empfängerangaben sollen dabei dynamisch aus einer XML-Dokumentdatei übernommen werden. Abbildung 10.8 zeigt das HTML-Dokument im Fenster des Internet Explorer. Der untere Dokumentbereich enthält die Nachricht sowie das Empfängerfeld. Am oberen Dokumentrand sehen Sie eine Schaltfläche *Weiter* >>, mit der sich die verschiedenen Empfängernamen aus einer XML-Datei abrufen lassen. Die Zahl der Datensätze sowie die Nummer des aktuellen Datensatzes wird rechts neben der Schaltfläche angezeigt.

Sicherlich ist dieses Beispiel nicht weltbewegend. Es reicht aber aus, um die wesentlichen Techniken zum gezielten Zugriff auf XML-Daten aus HTML-Scripts zu demonstrieren. Die im HTML-Dokument enthaltenen Scripts greifen auf das XML-Dokument zu, lesen jeweils ein Element und setzen dessen Wert an der gewünschten Stelle im HTML-Dokument ein. So wird in einem Schritt in der Zeile *An:* der Nachname des Empfängers hinterlegt. Ein weiterer Schritt ergänzt den Vornamen und dann kommt die Telefonnummer. Der letzte Schritt ergänzt die persönliche Anrede in der *Betr.:*-Zeile. Sobald Sie diese Techniken beherrschen, können Sie sich Ihre individuellen Dokumente aus XML-Daten zusammenstellen. Die XML-Datei besitzt dabei folgende Struktur:

```
<daten>
   <person>
      <name>Braun</name>
      <vorname>Hans</vorname>
      <tel>069-700-007</tel>
   </person>
...
</daten>
```

Unterhalb des Wurzelelements *daten* finden Sie für jeden Eintrag das Element *person* mit den Unterelementen *name*, *vorname* und *tel*. Diese Daten sind einmal in der Zeile *An:* einzublenden. Weiterhin wird der Vorname in der Anredezeile benötigt.

Die Techniken zum Einblenden dieser Informationen im HTML-Dokument haben Sie im vorherigen Beispiel kennen gelernt. Mit dem *<span>*-Tag lässt sich ein Abschnitt

```
<span id="name1" style="font-weight:normal"></span>
```

im Dokument markieren, der anschließend über die *innerText*-Eigenschaft manipuliert werden kann. Bleibt noch die Frage, wie sich gezielt einzelne Elemente aus dem XML-Dokumentbaum abrufen lassen. Diese Aufgabe übernehmen Scriptfunktionen. Die Funktion *start*, die das Dokument beim Laden mit den dynamischen Inhalten aus der XML-Datei ergänzt, besitzt folgenden Aufbau:

Listing 10.15: Die Funktion start

```
function start()
{
 rootElem = xmlDoc.documentElement;
 maxitem = rootElem.childNodes.length;
 itemnr = 0;
 thisnode = rootElem.childNodes.item(itemnr);
// hole name
  name1.innerText = getNodeText(thisnode,"name");
  name2.innerText = getNodeText(thisnode,"vorname");
  name3.innerText = getNodeText(thisnode,"tel");
  name4.innerText = getNodeText(thisnode,"vorname");

  nr.innerText = itemnr + 1;
  max.innerText = maxitem;
}
```

In der ersten Zeile wird über das *xmlDoc*-Objekt auf die *documentElement*-Eigenschaft zugegriffen. Diese Eigenschaft liefert eine Referenz auf das Wurzelelement des XML-Dokuments in die Objektvariable *rootElem* zurück. Bei diesem Wurzelelement handelt es sich um das *<daten>*-Tag. Im nächsten Schritt gilt es, die Zahl der Unterelemente im Wurzelelement zu bestimmen. Hierzu wird einfach die Zahl der untergeordneten »Knoten« im XML-Dokumentbaum abgefragt. Dies lässt sich mit der Anweisung

```
maxitem = rootElem.childNodes.length;
```

erreichen. Die Anweisung fragt die *length*-Eigenschaft des *childNodes*-Objekts ab. Dieses Objekt verweist aber gerade auf das *person*-Element im XML-Dokument *Personen.xls*.

Um anschließend auf die Daten eines Knotens mit den Unterelementen *name*, *vorname* und *tel* zuzugreifen, müssen Sie in der Objekthierarchie einen Knoten tiefer gehen. Dies wird über folgende Anweisung erreicht:

```
thisnode = rootElem.childNodes.item(itemnr);
```

Die Variable *thisnode* enthält anschließend den Inhalt des Knotens, der mit dem Index *itemnr* adressiert wird. Beim Wert 0 ist dies das erste *person*-Element in der XML-Dokumentdatei. Jetzt gilt es, dieses Objekt in seine Unterelemente zu zerlegen. Im Scriptprogramm benötigen Sie ein konkretes Element wie beispielsweise den Namen der Person. Um den Fall abzufangen, dass die Unterelemente der verschiedenen Knoten in unterschiedlicher Reihenfolge vorliegen, wird das Ermitteln des Werts des benötigten Elements in eine Funktion *getNodeText* verlagert:

```
getNodeText(thisnode,"name");
```

Als Parameter sind die Objektvariable mit der Referenz auf den betreffenden Knoten sowie der Name des gewünschten Elements zu übergeben. Die Funktion liefert entweder den Text des betreffenden Elements oder die Zeichenkette "--" zurück. Dieser Wert wird anschließend der *innerText*-Eigenschaft des betreffenden *<span>*-Tags zugeordnet.

Die Funktion *getNodeText* besitzt den nachfolgend gezeigten Aufbau:

Listing 10.16: Holen der XML-Knoten

```
function getNodeText(node, name)
       {
        var i;
        var subnode = node.childNodes;
        var thisNodeName;
        var result = "--";  // init
        for (i = 0; i < subnode.length; i++)
         {
          thisNodeName = subnode.item(i).nodeName;
```

```
          if (thisNodeName == name)
           result = subnode.item(i).text;
         }
       // alert (result);
        return (result);
      }
```

Im Parameter *node* wird der Funktion die Referenz auf den aktuellen Knoten der XML-Dokumentdatei übergeben. Die Funktion kann nun diesen Knoten analysieren und die vorhandenen Unterelemente extrahieren. Konkret soll der Wert des Elements ermittelt werden, dessen Name als zweiter Parameter übergeben wurde. Hierzu liest die Funktion zuerst den Inhalt des Knotens in die Variable *subnode* ein:

```
var subnode = node.childNodes;
```

In einer Schleife werden dann alle Elemente dieses Knotens bearbeitet. Die folgende Anweisung bewirkt, dass alle Unterelemente des aktuellen Knotens bearbeitet werden:

```
for (i = 0; i < subnode.length; i++)
```

Die Zahl der Elemente wird durch die Eigenschaft *length* des betreffenden Knotens (Elternobjekt) definiert. Über die *nodeName*-Eigenschaft lässt sich der betreffende Elementname ermitteln. Da es mehrere Elemente im Knoten geben kann, werden diese über *subnode.item(i)* adressiert.

```
thisNodeName = subnode.item(i).nodeName;
```

Anschließend prüft die Funktion, ob der Name des aktuellen Elements mit dem gesuchten Elementnamen übereinstimmt:

```
if (thisNodeName == name)
```

Trifft dies zu, wird der Wert des betreffenden Elements von der Funktion an das rufende Programm zurückgegeben.

```
result = subnode.item(i).text;
```

Bei der benutzten XML-Dokumentdatei *Namen.xls* wird der Name spätestens beim dritten Durchlauf gefunden. Mit diesem Kenntnissen lässt sich das komplette HTML-Dokument mit den Scripts relativ leicht erstellen. Details sind dem nachfolgenden Listing zu entnehmen.

Listing 10.17: HTML-Dokument XML-DOM1.htm

```
<html>
<head>
<meta http-equiv="Content-Type"
content="text/html; charset=iso-8859-1">
<title>XML-Demo</title>
</head>
```

```
<body bgcolor="#FFFFFF">
<script language="JavaScript" for="window" event="onload">
      loadDoc();
</script>
<script language="JavaScript">
      var rootElem;
      var thisnode;
      var itemnr;
      var maxitem;
      var text;
      var xmlDoc = new ActiveXObject("microsoft.xmldom");
      xmlDoc.load("Personen.xml");

      function loadDoc()
        {
        if (xmlDoc.readyState == "4")
          start();
        else
          window.setTimeout("loadDoc()", 4000)
        }

      function getNodeText(node, name)
       {
        var i;
        var subnode = node.childNodes;
        var thisNodeName;
        var result = "--";  // init
        for (i = 0; i < subnode.length; i++)
         {
          thisNodeName = subnode.item(i).nodeName;
          if (thisNodeName == name)
           result = subnode.item(i).text;
         }
        // alert (result);
         return (result);
       }

      function start()
        {

        rootElem = xmlDoc.documentElement;
        maxitem = rootElem.childNodes.length;
        itemnr = 0;
        thisnode = rootElem.childNodes.item(itemnr);
        // hole name
        name1.innerText = getNodeText(thisnode,"name");
        name2.innerText = getNodeText(thisnode,"vorname");
        name3.innerText = getNodeText(thisnode,"tel");
        name4.innerText = getNodeText(thisnode,"vorname");
```

```
        nr.innerText = itemnr + 1;
        max.innerText = maxitem;
        }

      function nextrc()
        {
         itemnr++;
         if (itemnr >= maxitem)
          {
           alert ("Ende erreicht");
          }
         else
         {
          thisnode = rootElem.childNodes.item(itemnr);
//        alert (thisnode.nodeName);
          // hole name
          name1.innerText = getNodeText(thisnode,"name");
          name2.innerText = getNodeText(thisnode,"vorname");
          name3.innerText = getNodeText(thisnode,"tel");
          name4.innerText = getNodeText(thisnode,"vorname");

          nr.innerText = itemnr + 1;
         }
        }
    </script>
<hr>
<input type=button value="Weiter >>"
    onclick='nextrc();'>
<B> Satz: <SPAN ID="nr" STYLE="font-weight:normal"></SPAN> 
von:   <SPAN ID="max" STYLE="font-weight:normal"></SPAN></B>
<hr>
<p><b>An: </b>
<SPAN ID="name1" STYLE="font-weight:normal"></SPAN>,
<SPAN ID="name2" STYLE="font-weight:normal"></SPAN>,
<SPAN ID="name3" STYLE="font-weight:normal"></SPAN></p>

<p><strong>Von:</strong> G. Born</p>

<p><b>Betr.:</b> XML-Tutorial</p>

<p>Hallo <SPAN ID="name4" STYLE="font-weight:normal"></SPAN>,<br>
<br>
anbei erhältst du das Tutorial wie besprochen.</p>
<p>CU</p>

<p>G. Born</p>
</body>
</html>
```

HINWEIS

Sie finden die Beispieldateien *XMLDOM1.htm* sowie *Personen.xlm* auf der Begleit-CD im Verzeichnis *\Beisp\Kap10*. Zur Ausführung benötigen Sie mindestens den Internet Explorer 5.0. Im Internet Explorer 6 mit installiertem Service Pack 2 muss die Ausführung der aktiven Inhalte über die Informationsleiste explizit freigegeben werden.

10.3 XML-Daten mit ADO bearbeiten

Das Kürzel ADO steht für ActiveX Data Objects, eine von Microsoft geschaffene Lösung, mit der sich per Programm auf das ADO-Objektmodell zugreifen lässt. Über dieses Objektmodell können Sie auf Datenbanken (oder allgemeine Datenquellen) lesend oder schreibend zugreifen. Der Vorteil besteht darin, dass ADO eine definierte Schnittstelle bereitstellt und die Details zur Verwaltung der Datenquelle hinter einem Treiber verbirgt. Sie können daher mit den gleichen Befehlen, aber unterschiedlichen Treibern auf Access- oder auf SQL-Datenbanken zugreifen.

Andererseits sind die ADO-Funktionen dank der ActiveX-Implementierung über ein Objektmodell von jeder Anwendung unter Windows abrufbar. Sie können daher ADO sowohl von C++ als von Visual Basic, VBA, J++ oder sogar von Scripts (HTML-Scripts oder WSH-Scripts und ASP) abrufen.

HINWEIS

ADO ist auf vielen Windows-Systemen bereits in irgendeiner Version installiert. Bei Bedarf können Sie aber eine aktualisierte Fassung kostenlos von den Microsoft-Webseiten herunterladen. Suchen Sie unter *msdn.microsoft.com* den Downloadbereich und wählen dann den ADO-Bereich. Dort sollte die betreffende Bibliothek in der neuesten Version angeboten werden.

ADO bietet ab Version 2.1 ebenfalls die Möglichkeit, Daten im XML-Format zu bearbeiten. Sie können daher ein Recordset aus einer Datenbank abrufen und die Daten mit wenigen Anweisungen in eine XML-Datei exportieren. Zur Verdeutlichung dieses Ansatzes möchte ich ein konkretes Beispiel in Form einer Windows Script Host-Scriptdatei verwenden. Das Scriptprogramm ist in VBScript verfasst und stammt in der Urfassung aus einem meiner WSH-Bücher. Ich konnte dieses Beispiel innerhalb weniger Minuten um eine Funktion zur Speicherung der Datensätze im XML-Format erweitern. Um auf das ADO-Objektmodell zuzugreifen, müssen Sie im Programm zuerst eine Objektinstanz erzeugen. In VBScript sieht dies folgendermaßen aus:

```
Set conn = CreateObject("ADODB.Connection")
```

Anschließend enthält die Objektvariable *conn* eine Referenz auf das ADODB Connection-Objekt. Sofern Sie die notwendigen Eigenschaften (wie den Namen des Datenbanktreibers, die Lage und den Namen der Datenbank) gesetzt haben, können Sie die *Open*-Methode des Objekts verwenden

```
conn.Open
```

um die Datenquelle zu öffnen. ADO nimmt dabei über einen Treiber (meist OLEDB-Treiber) Verbindung zur Datenquelle auf. Dann benötigen Sie ein Objekt, über das Sie auf die konkreten Daten der Datenquelle zugreifen können. Diese Aufgabe übernimmt das Recordset-Objekt, das über folgende Anweisung instanziiert wird:

```
Set dbRecord = CreateObject("ADODB.Recordset")
```

Liegt im Programm dieses Objekt vor, können Sie dessen *Open*-Methode verwenden, um einen Auszug aus den Daten abzurufen:

```
sql = "SELECT * FROM Users"   ' Abfrage
dbRecord.Open sql, conn, adOpenKeyset, adLockOptimistic
```

Die *Open*-Methode verwendet verschiedene Parameter, die steuern, wie der Auszug aus der Datenquelle anzulegen ist. Im Recordset finden sich anschließend die gewünschten Daten – Datenbankprogrammierer sprechen auch von Cursors, über die eine Sicht auf die Daten bereitgestellt wird. Anschließend können Sie über die Methoden des Recordset-Objekts in den Datensätzen des Cursors navigieren und die Daten lesen.

HINWEIS

Details zu diesen Methoden und mehr liefert Ihnen die Hilfe des ADO SDK. Beispiele und zusätzliche Erläuterungen zur ADO-Nutzung per WSH-Script finden Sie in dem von mir bei Microsoft Press publizierten Titel »Inside Windows Script Host«, 3. Auflage.

Das folgende Beispiel nutzt diese Kenntnisse, um eine bestehende Access-Datenbank zu öffnen und aus der Tabelle *Users* alle Datensätze über alle Felder abzurufen. Diese Tabelle enthält einige Personennamen sowie Identifikationscodes. Dann wird in einer Schleife auf die Datensätze der Tabelle zugegriffen. Das Script liest die betreffenden Felder eines Datensatzes und speichert diese in einer Zeichenkette *txt*. Das Blättern durch die Datensätze erfolgt über die *MoveNext()*-Methode des *Recordset*-Objekts. Die Schleife benutzt die Zahl der Datensätze (ermittelt über die *RecordCount*-Eigenschaft des *Recordset*-Objekts) als Endekriterium. Folglich wird bei der Anwendung der *MoveNext*-Methode auch keine Prüfung auf das Ende der Tabelle benötigt. Sobald die Schleife beendet ist, enthält die Variable *txt* die gefundenen Daten. Diese werden zur Kontrolle in einem einfachen Meldungsfeld ausgegeben (Abbildung 10.9).

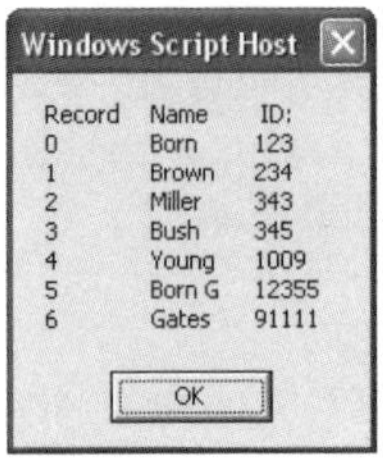

Abb. 10.9: Anzeige der gefundenen Datensätze

Sobald Sie dieses Dialogfeld über die *OK*-Schaltfläche schließen, beginnt das Script mit der Ablage der Daten des *Recordset*-Objekts (dem Inhalt des Cursors) in der XML-Datei. Dazu wird die Anweisung

```
dbRecord.Save GetPath() & XMLFile, adPersistXML
```

benutzt. Die Funktion *GetPath()* dient lediglich dazu, den Pfad zur Scriptdatei zu liefern. Sie brauchen daher nur noch den Dateinamen, der in der Konstanten *XMLFile* steht, an diesen Pfad anzuhängen. Als zweiter Parameter erwartet die *Save*-Methode eine Konstante, die das Speicherformat für die Ausgabe spezifiziert. Recordsets lassen sich auch in einem ADO-spezifischen Format zwischenspeichern, um später erneut importiert zu werden. Diese Konstante wird hier aber auf *adPersistXML* gesetzt, was ADO zur Ausgabe im XML-Format veranlasst.

Leider erfordert die *Save*-Methode, dass die Datei, in die das Recordset zu sichern ist, noch nicht existiert. Andernfalls gibt es eine Fehlermeldung des Laufzeitsystems. Daher benutze ich die Prozedur *DeleteXMLFile*, um die XML-Datei bei Bedarf zu löschen. Hierzu verwendet die Prozedur die Methoden des *FileSystemObject*-Objekts des Windows Script Host (bzw. der benutzten Sprache VBScript).

HINWEIS

Falls Sie das Beispiel nach VB oder VBA übertragen, müssen Sie das *FileSystemObject*-Objekt des WSH entweder zum Projekt hinzufügen oder andere Methoden zum Löschen der Datei verwenden.

Sobald eine bestehende XML-Datei gelöscht wurde, erzeugt ADO über die *Save*-Methode eine XML-Datei mit den aus der Datenquelle gelesenen Daten. Diese XML-Datei enthält ein XDR-Schema, das die Struktur der Daten beschreibt (Ziel der *Save*-Methode ist ja vorrangig das Sichern bzw. Zwischenspeichern von Cursors, beim Import werden die Schema-Informationen also benötigt) und anschließend die Daten aufführt. Laden Sie die Datei im Internet Explorer (ab Version 5), wird die Struktur direkt angezeigt. Allerdings benutzt die ADO-Methode zum Export der XML-Daten noch die alte Microsoft XDR-Schema-Definition.

Die Daten finden sich dabei im *data*-Element, das über das Präfix *rs* identifiziert wird. Weitere Details zum Beispiel sind nachfolgendem Listing zu entnehmen.

Listing 10.18: WSH-Scriptprogramm zum XML-Export mit ADO

```
'************************************************
' File:   ConnectionOLEDB.vbs (WSH-sample in VBScript)
' Author: Günter Born www.borncity.com
'
' ActiveX Data Objects (ADO) sample which demonstrates
' how to establish a connection to a data source using
' the Microsoft Jet OLE DB provider. We access an Access
' Data base UserData.mdb located in the same folder.
' Then we write the data as an XML file (requires ADO 2.1
' or higher versions).
'
' ### USE AS-IS AT YOUR OWN RISK ###
'
' Further information about ADO and WSH:
' This sample was derived from a sample disussed
' in my German Microsoft Press Title:
' Inside Windows Script Host, 2. Auflage
'************************************************
Option Explicit

' Define a couple of the ADO constants
Const adOpenKeyset = 1
Const adLockOptimistic = 3
Const adPersistXML = 1       ' save recordset in XML

Const adCmdText = &H0001
Const DBFile = "UserData.mdb"
Const XMLFile = "UserData.xml"

Dim dbRecord, conn, sql, i, name, id, txt, fso

' Now create a connection object
Set conn = CreateObject("ADODB.Connection")

' set the OLE DB provider and the data source
' use a DSN-less approach, so the MDB file must
' be present in the script's folder
conn.Provider = "Microsoft.Jet.OLEDB.4.0"
conn.ConnectionString = "Data Source = " & GetPath & DBFile

' Open the connection to the Database
conn.Open

' Create a record set for the data.
```

```
Set dbRecord = CreateObject("ADODB.Recordset")

sql = "SELECT * FROM Users"    ' set up a query string

dbRecord.Open sql, conn, adOpenKeyset, adLockOptimistic

' Init dialog box header
txt = "Record" &  vbTab & "Name" & vbTab & " ID: " & vbCrLf

' Loop through all the returned records
 For i = 0 to dbRecord.RecordCount-1
' Store the value of each Field in a variable
  Name = dbRecord( "Name" )
  ID   = dbRecord( "PersID" )
  txt = txt & i & vbTab & Name & vbTab & ID & vbCrLf
  dbRecord.MoveNext()  ' Move to the Next Record.
 Next

WScript.Echo txt  ' Show results

' check whether XML file still exists from last session
' and delete it when necessary to avoid run time errors.
DeleteXMLFile GetPath() & XMLFile

' Now store the whole recordset as a XML file
dbRecord.Save GetPath() & XMLFile, adPersistXML
conn.Close        ' close connection

'#### helper ####
Function GetPath
' Return path to the current script
 DIM path
 path = WScript.ScriptFullName  ' script file name
 GetPath = Left(path, InstrRev(path, "\"))
End Function

Sub DeleteXMLFile (file)
' Delete the XML file, if it exists
 Dim status, fso, fi
 Set fso = CreateObject ("Scripting.FileSystemObject")
 If (fso.FileExists(file)) Then
  Set fi = fso.GetFile(file)  ' retrieve file object
  fi.delete                   ' delete file
 End if
 Set fso = nothing
 Set fi = nothing
End Sub
'* End
```

Sie finden die Datei *ADOXMLSave.vbs* sowie die Datenbankdatei *UserData.mdb* im Ordner *\Beisp\Kap10\Ado* auf der Begleit-CD. Kopieren Sie die Dateien vor dem Testen in einen lokalen Ordner auf der Festplatte, da das Verzeichnis beschreibbar sein muss. Auf den Microsoft-Webseiten finden Sie weitere Informationen und Artikel zur Thematik.

10.4 XML-Daten in VB.NET pflegen

XML (Extensible Markup Language) entwickelt sich zur Lingua franca, wenn es um Fragen des Datenaustauschs zwischen Anwendungen geht. .NET selbst benutzt XML in vielen Bereichen und bietet Klassen, um direkt auf XML-Daten lesend und schreibend zuzugreifen.

10.4.1 XML-Dokumente und XSD-Schemata erstellen

Besitzer der Microsoft-Entwicklungsumgebung Visual Studio .NET verfügen bereits über einen integrierten XML-Editor, der einige nette Features aufweist (Abbildung 10.10):

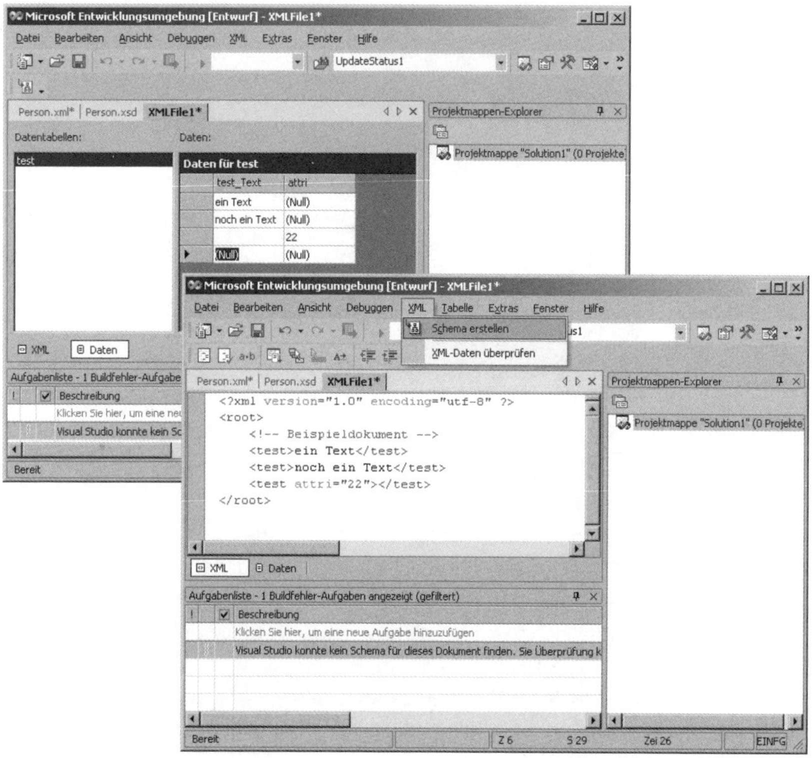

Abb. 10.10: Ansichten beim Erstellen eines XML-Dokuments in Visual Studio .NET

1. Wählen Sie in der Entwicklungsumgebung im Menü *Datei* den Befehl *Neu/Datei* und im Dialogfeld *Neue Datei* den Eintrag *XML-Datei*.

2. Sobald Sie das Dialogfeld über die *OK*-Schaltfläche schließen, wird eine XML-Struktur angelegt. Sie können anschließend die XML-Elemente direkt im Fenster eingeben.

Sobald Sie ein Starttag der Art *<test>* eingeben, wird automatisch das Endtag hinzugefügt. Sie können dann zwischen den Tags den Wert eintragen. Attributwerte geben Sie direkt ein, Kommentare ebenso. Der Editor hebt die einzelnen Elemente der XML-Struktur farbig hervor. Über die beiden Schaltflächen *XML* und *Daten* direkt unterhalb des Dokumentfensters lässt sich zwischen der Ansicht der XML-Struktur (Abbildung 10.10, rechts unten) und der Darstellung der Inhalte in einem Datenblatt (Abbildung 10.10, links oben) umschalten. Im Datenblatt können Sie die Werte und Attributwerte direkt eingeben, der Editor kümmert sich um das Erstellen der Tag-Struktur.

Abb. 10.11: Ansichten eines XSD-Schemas in Visual Studio .NET

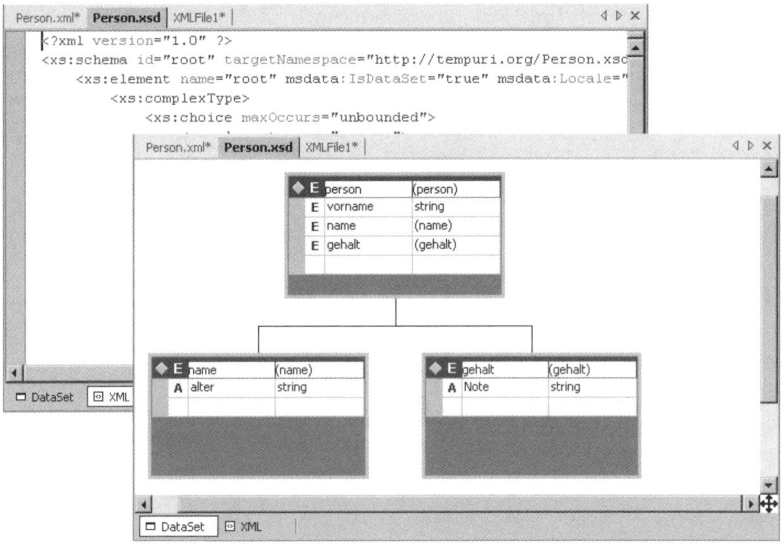

Der XML-Editor in Visual Studio .NET besitzt noch zwei weitere nette Features. Über den Befehl *XML-Daten überprüfen* des Menüs *XML* können Sie eine XML-Dokumentdatei auf Wohlgeformtheit überprüfen. Besitzt die Datei ein Schema, kann auch die Gültigkeit verifiziert werden. Die Anmerkungen werden in einer Aufgabenleiste unterhalb des Dokumentfensters angezeigt. Über den Befehl *Schema erstellen* weisen Sie den Editor an, automatisch ein XSD-Schema aus den XML-Daten zu generieren. Das Schema wird dann in einem getrennten Fenster angezeigt. Dabei können Sie die Darstellung über die Schaltfläche *DataSet* und *XML* umschalten (Abbildung 10.11). Details zu den XML-Funktionen der Entwicklungsumgebung finden Sie in der Produktdokumentation.

10.4.2 Datenbanktabelle in XML exportieren

In einem ersten einfachen Beispiel soll die Tabelle *Users* der Access-Datenbank *UserData.mdb* gelesen und in eine XML-Datei umgesetzt werden. Dies lässt sich auf zwei Wegen erreichen:

- Sie können in ADO eine Datenbankverbindung aufbauen, eine Abfrage stellen und in ein Recordset einlesen und dann die *Save*-Methode des *RecordSet*-Objekts benutzen.
- Sie benutzen eine Verbindung in ADO.NET, um über einen *DataAdapter* ein *DataSet* zu füllen. Benutzen Sie anschließend die *WriteXML*-Methode des *DataSet*-Objekts zum Speichern.

Das Beispielprogramm verwendet beide Methoden, um die Daten aus der Access-Datenbank *UserData.mdb* einzulesen und in zwei XML-Dateien *UserData.xml* und *UserData1.xml* zu sichern (Abbildung 10.12).

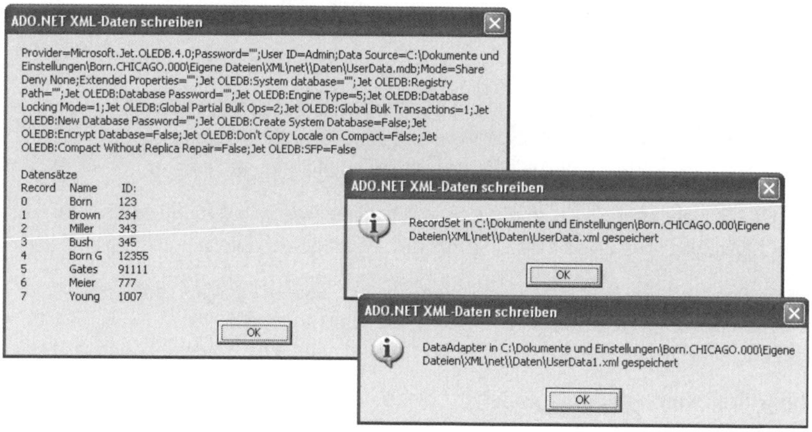

Abb. 10.12: Dialoge beim Schreiben der XML-Daten

Die relevanten Dateien werden dabei im Unterordner *Daten* des Programmverzeichnisses gehalten (das Programm muss also von der Festplatte gestartet werden). Der Programmcode besteht im Wesentlichen aus den Ansätzen, die in den vorhergehenden ADO.NET- und ADO-Beispielen entwickelt wurden. Daher hier in Kürze die Zusammenfassung.

Die nachfolgende Sequenz erzeugt eine ADODB-Verbindung zur Datenbank, wobei der Datenbankname in der Variablen *inFile* steht. Dann werden die Datensätze über eine SQL-Abfrage *SELECT * FROM Users* in ein *RecordSet* gelesen.

```
con = CreateObject("ADODB.Connection") ' Verbindung definieren
con.Provider = "Microsoft.Jet.OLEDB.4.0"
con.ConnectionString = "Data Source = " & inFile
con.Open ()                             ' und öffnen

' Recordset-Objekt holen
rs = CreateObject("ADODB.Recordset")
rs.Open (sql, con, adOpenKeyset, adLockOptimistic)
```

Mit diesen Vorbereitungen, die dem Ansatz der letzten Beispiele entsprechen, ist bereits die halbe Ernte eingefahren. Es muss nur noch das *RecordSet* über die *Save*-Methode als XML-Datei gesichert werden. Dies ist mit der folgenden Anweisung möglich:

```
rs.Save (outFile, adPersistXML)
```

Im Parameter *outFile* steht der Name und Pfad der XML-Ausgabedatei. Der zweite Parameter enthält die ADO-Konstante *adPersistXML* (Wert ist 1), die das Speichern als XML-Datei erzwingt.

Zum Sichern der Daten mittels der *WriteXML*-Methode eines *DataSet*-Objekts sind auch nur wenige Anweisungen erforderlich. Zuerst ist eine gültige Verbindung zur Datenbank einzurichten (hier wird der *OleDB*-Treiber genutzt).

```
Dim con1 As String = _
    "Provider=Microsoft.Jet.OLEDB.4.0;Data Source=" & inFile
Dim oDB As OleDb.OleDbConnection = New OleDb.OleDbConnection(con1)
oDB.Open()            ' Öffnen der Verbindung zur Datenbank
```

Dann sind ein *DataSet*-Objekt sowie ein *DataAdapter*-Objekt anzulegen und der *DataAdapter* ist mit den Daten der Abfrage zu füllen:

```
Dim oDataSet As New DataSet ("User")    ' neues DataSet anlegen
Dim oAdapter = New OleDb.OleDbDataAdapter(sql, oDB)
oAdapter.Fill(oDataSet) ' DataSet an DataAdapter zuweisen und füllen
```

Im Parameter *sql* zum Anlegen des *DataAdapter* steht ein SQL-Befehl *SELECT * FROM Users*. Die Objektvariable *oDB* verweist auf die geöffnete Verbindung zur Datenbank. Die *Fill*-Methode überträgt die Daten in das *DataSet*. Anschließend reduziert sich das Speichern in eine XML-Datei wieder auf folgende Zeile:

```
oDataSet.WriteXML (outFile1, XmlWriteMode.WriteSchema)
```

Der Parameter *outFile1* enthält den Namen der Ausgabedatei, der zweite Parameter definiert den Ausgabemodus für die XML-Daten. Hier wurde die *WriteXML*-Methode angewiesen, ein XML-Schema zu sichern (dies ist eine XML-Datei, die neben den eigentlichen Daten noch ein Schema mit der Beschreibung der XML-Elemente enthält – d.h., es werden Strukturinformationen und Daten gespeichert.

Das betreffende Beispiel finden Sie in der Datei *ADOWriteXML.vb* im Ordner *\Beisp\Kap10\Net* auf der Begleit-CD. Die Datenbank ist im Unterordner *\Daten* hinterlegt. Dort finden Sie auch zwei von mir bereits vorbereitete XML-Dateien mit den Ergebnissen. Zum Testen kopieren Sie die Datei *ADOWriteXML.vb* sowie den Ordner *\Daten* mit der Access-Datenbank *UserData.mdb* in einen Ordner der Festplatte. Die auf der CD existierenden XML-Ausgabedateien werden nicht kopiert!

Beim Übersetzen sind zusätzlich die benötigten Bibliotheken anzugeben, die sich in *System.Data.dll* (ADO.NET-Klassen) befinden. Die ADO.NET-Klassen sind dabei in die in der Bibliothek *System.Xml.dll* hinterlegten XML-Klassen integriert. Fügen Sie daher beim Kompilieren des Codes auf Konsoleebene die beiden Referenzen */r:System.Data.dll* und */r:System.Xml.dll* zur Befehlszeile hinzu. Die Microsoft-Entwicklungsumgebung Visual Studio .NET bindet die Referenzen automatisch ein. Falls Sie die Anwendung auf der Befehlszeilenebene kompilieren, verwenden Sie den Befehl *vbc ADOWriteXML.vb /t:winexe /r:system.dll /r:system.windows.forms.dll /r:system.drawing.dll /r:System.Data.dll /r:System.Xml.dll /win32Icon: Form.ico*. Das Programm zeigt beim Ablauf die gelesenen Daten sowie den Status in Dialogfeldern. Zudem enthält es noch Anweisungen zur Behandlung von Laufzeitfehlern (Ausnahmebehandlung). Weitere Details sind dem Quellcode zu entnehmen.

10.4.3 XML-Daten per DataSet einlesen

Das Einlesen von XML-Daten geht mit der *ReadXML*-Methode eines *DataSet*-Objekts sehr einfach. Ich habe hierzu eine sehr einfache Anwendung zur Anzeige der XML-Daten in einem DataGrid-Element entworfen (Abbildung 10.13). Die Schaltflächen in der rechten oberen Ecke des Dokumentbereichs erlauben Ihnen, zu übergeordneten XML-Elementen (hier das Schema oder die Daten) zurückzublättern. In Abbildung 10.13 sehen Sie die Ebene der Datenanzeige.

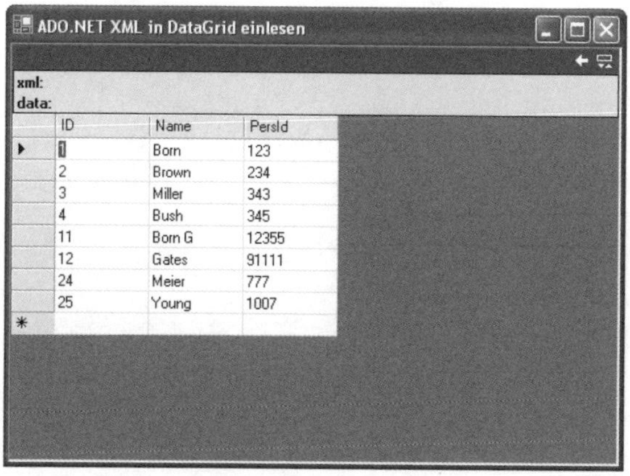

Abb. 10.13: Anzeige von XML-Daten in einem Data-Grid

Das Programm öffnet beim Start automatisch die angegebene XML-Datei (hier die Datei *UserData.xml* im Unterordner *\Daten* des Programmverzeichnisses). Der eigentliche Programmcode zum Lesen der XML-Datei sowie zur Anzeige der Ergebnisse im DataGrid umfasst nur wenige Zeilen.

```
Private Sub Form1_Load(ByVal sender As System.Object, _
      ByVal e As System.EventArgs) Handles MyBase.Load
' Beim Laden des Formulars Daten einlesen
 Dim oDataSet As New DataSet("User")  ' DataSet anlegen
 oDataSet.ReadXML (GetPath() & "Daten\UserData.xml") ' lese XML
 DataGrid1.DataSource = oDataSet   ' an DataGrid anbinden
End Sub
```

Sobald das *DataSet*-Objekt instanziiert wurde, lässt sich die *ReadXML*-Methode aufrufen. Dieser ist lediglich der Dateiname samt Pfad als Argument zu übergeben. Anschließend wird das *DataSet*-Objekt der *DataSource*-Eigenschaft des *DataGrid* zugewiesen. Das war es schon, die betreffende .NET-Framework-Klasse besorgt den Rest.

HINWEIS

Der Code wurde komplett unter Verwendung des .NET-Framework SDK entworfen und in der Datei *ADOReadXML.vb* im Ordner *Beisp\Kap10\Net* der Begleit-CD hinterlegt. Der Quellcode enthält noch die Anweisungen zur Instanziierung des Formulars (diese wurden aus dem zuvor besprochenen Beispiel, welches ebenfalls ein DataGrid verwendet, übernommen). Die *Load*-Ereignisbehandlungsprozedur enthält neben den zuvor gezeigten Anweisungen noch Befehle zur Behandlung von Ausnahmen. Die Details entnehmen Sie dem Quellcodelisting. Dort sind auch die benötigten Namensräume für die Klassen aufgeführt. Übersetzen Sie das Programm mit *vbc ADOReadXML.vb /t:winexe /r:system.dll /r:system.windows.forms.dll /r:system.drawing.dll /r:System.Data.dll /r:System.Xml.dll /win32Icon: Form.ico*.

10.4.4 Zugriff auf XML-Dateien per DOM

Visual Basic .NET erlaubt Ihnen neben ADO.NET auch andere Ansätze, um auf XML-Dokumente zuzugreifen. Ein vom W3C-Gremium vorgestellter Standard ist das Document Object Model (DOM), das einen Satz an Objekten samt Methoden und Eigenschaften zur Bearbeitung von XML-Dokumenten aus Programmen festlegt. Microsofts XML-Parser MSXML stellt ein solches DOM bereit.

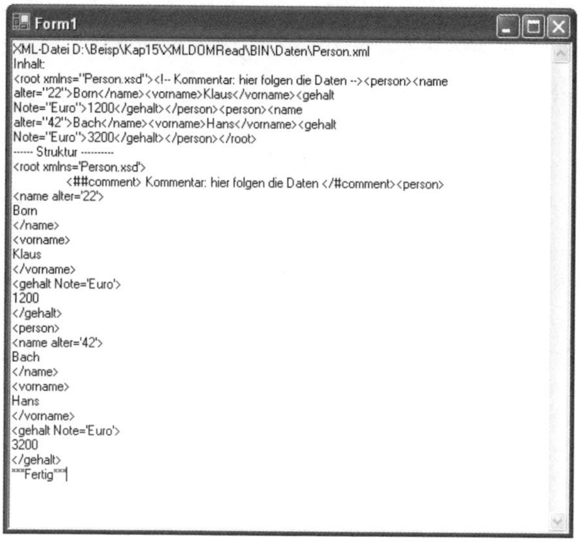

Abb. 10.14: Anzeige der gelesenen XML-Daten

Viele Programmierer kennen diesen DOM-Ansatz und benutzen die betreffenden Objekte, um auch aus Scripts die XML-Datei zu laden und dann die einzelnen Knoten des XML-Dokuments zu durchlaufen. Auch .NET-Framework erlaubt einen Zugriff auf XML-Dokumente über DOM. Dies soll an einem einfachen Beispiel demonstriert werden. Das Programm liest die bereits vorgestellte Datei *Person.xml* (die ich hier um einen Kommentar und einen Verweis auf die Schemadatei ergänzt habe) aus dem Unterordner *\Daten*. Anschließend wird der komplette XML-Dokumentinhalt ungefiltert in einem Textfeld angezeigt. Danach durchläuft das Programm alle XML-Elemente und zeigt diese samt Werten und Attributen im Textfeld an. Abbildung 10.14 listet das Ergebnis auf (auf das saubere Einrücken der Tags und das Ergänzen aller abschließenden Tags wurde an dieser Stelle verzichtet, da nur der Ansatz zum Zugriff auf Werte und Attributwerte demonstriert werden sollte).

Die Klasse zum Zugriff auf die XML-Daten ist im Namespace *System.XML* hinterlegt. Sie sollten also im Programmkopf einen Import auf diesen Namensraum vereinbaren:

```
Imports System.XML
```

Zudem muss beim Übersetzen die entsprechende Bibliothek mit */r:System.Xml.dll* eingebunden werden. Die Programmanweisungen zum Zugriff auf die XML-Dokumentdatei per DOM sind recht einfach. Zuerst vereinbaren Sie eine neue Instanz des *XmlDocument*-Objekts, das die Daten aufnehmen soll:

```
Dim oXMLDoc As XmlDocument = New XmlDocument()  ' XML-DOM-Instanz
```

Dann können Sie mittels der *Load*-Methode dieses Objekts auf die XML-Dokumentdatei zugreifen und diese in das Objekt laden:

```
oXMLDoc.Load("C:\Personen.xml")
```

Als Parameter ist der Name der Dokumentdatei zu übergeben. Anschließend steht die komplette XML-Struktur im Objekt *oXMLDoc* bereit. XML-Elemente und Attribute werden dabei über folgende Datentypen abgebildet:

```
Dim oElement As XmlNode           ' Knoten mit einem XML-Element
Dim oAttribut As XmlAttribute     ' Knoten mit Attribut
```

Das Document Objekt Model betrachtet alles innerhalb der XML-Dokumentdatei als »Knoten«. Ein Kommentar, ein XML-Element, ein Attributwert etc. kann alles ein Knoten sein. Dieser Knoten wird über einen *XmlNode*-Datentyp abgebildet. Über die Member des *XMLDocument*-Objekts (Eigenschaften und Methoden) können Sie auf die Knoten zugreifen und Werte bzw. Attributwerte abfragen. Mit der Anweisung

```
Dim oRoot As XmlNode = oXMLDoc.DocumentElement
```

lässt sich der erste Dokumentknoten (die Wurzel der XML-Dokumentdatei) lesen und der Variablen *oRoot* zuweisen. Die *XMLNode*-Klasse enthält dann Member, um auf die Struktur des XML-Dokuments zuzugreifen. Die folgende Tabelle listet einige dieser Member (hier handelt es sich um Eigenschaftenwerte) auf.

Tabelle 10.1: Hilfreiche Eigenschaften von XMLNode

Member	**Bemerkung**
Attributes	Diese Eigenschaft liefert eine Auflistung aller Attribute des aktuellen Elements.
ChildNodes	Diese Eigenschaft liefert die Auflistung der untergeordneten Knoten des aktuellen Knotens.
FirstChild	Diese Eigenschaft liefert den ersten Kindknoten des aktuellen Elements.
HasChildNodes	Diese Eigenschaft liefert einen Wert *True* oder *False*, der angibt, ob der aktuelle Knoten einen Kindknoten besitzt.
InnerText	Diese Eigenschaft liefert den XML-Text, der im Knoten enthalten ist (bei einem XML-Node sind dies die Knoten, die als Wert im XML-Element enthalten sind.
InnerXml	Diese Eigenschaft liefert das Markup (die Struktur), das im Objekt enthalten ist (bei einem XML-Node sind dies die Knoten, die als Wert im XML-Element enthalten sind als XML-Struktur).
LastChild	Die Eigenschaft liefert den letzten Unterknoten eines Knotens.
Name	Diese Eigenschaft liefert den Namen des aktuellen Knotens (kann ein Tag-Name sein).

Tabelle 10.1: Hilfreiche Eigenschaften von XMLNode (Forts.)

Member	Bemerkung
NextSibling	Diese Eigenschaft liefert den nächsten benachbarten Knoten der aktuellen Ebene.
NodeType	Diese Eigenschaft liefert den Knotentyp zurück. Text ist ein Knoten, der ein XML-Element mit Textwerten enthält.
OuterXml	Diese Eigenschaft liefert den kompletten XML-Text, der im Objekt enthalten ist (bei *oXMLDoc* ist dies die XML-Dokumentstruktur).
ParentNode	Diese Eigenschaft liefert den übergeordneten Knoten des aktuellen Knotens.
Value	Diese Eigenschaft gibt den Wert zurück. Bei Elementknoten wird der Wert des Elements zurückgegeben.

Im Beispielprogramm benutze ich eine rekursiv aufrufbare Prozedur *CrossNodes*, der ein Knoten übergeben wird, um die Struktur des XML-Dokuments zu durchlaufen. Der Erstaufruf erfolgt in der *Load*-Ereignisprozedur des Formulars, nachdem die XML-Datei geladen wurde:

```
CrossNodes(oRoot)
```

Es wird das Wurzelelement, das über *DocumentElement* ermittelt wurde, als Knoten übergeben. Die Prozedur besitzt folgende Anweisungen:

```
Private Sub CrossNodes(ByVal node As XmlNode)
' Bearbeite Knotenebene (rekursiver Ansatz)
' Childs vorhanden? -> Nein-> Knoten anzeigen
 If Not IsNothing(node) Then ShowNode(node) ' Knoten anzeigen

 If node.HasChildNodes Then        ' Gibt es Child-Knoten ?
     node = node.FirstChild        ' hole ersten Knoten
     While Not IsNothing(node)     ' Child-Knoten bearbeiten ?
         CrossNodes(node)          ' rekursiver Aufruf
         node = node.NextSibling ' nächster Knoten der Ebene
     End While
 End If
End Sub
```

Besitzt der im Parameter neu übergebene Knoten den Wert *Nothing*, ruft die Prozedur die Prozedur *ShowNode* auf, die die Ausgabe übernimmt. Besitzt der übergebene Knoten Kindknoten (Prüfung mit *HasChildNodes*), liest die Prozedur diese über *FirstChild* und *NextSibling* und ruft sich mit diesen Knoten rekursiv auf. Mit dem rekursiven Ansatz wird der Baum zuverlässig durchlaufen. Die Aufbereitung der Ausgabe erfolgt dann in der Prozedur *ShowNode*, die folgenden Inhalt hat:

```
Private Sub ShowNode(ByVal node As XmlNode)
' Versuche, den Inhalt eines Elements anzuzeigen
```

```
' Der abschließende Tag bei geschachtelten Knoten fehlt aber.
 If Not node.HasChildNodes Then
  ' Wert des Elements holen
  If CType(node, XmlNode).Name = "#text" Then  ' Element-Wert
    Me.TextBox1.AppendText(CType(node, XmlNode).Value & _
          vbCrLf & "</" & node.ParentNode.Name & ">" & vbCrLf)
  Else
    Me.TextBox1.AppendText(Strings.Chr(9) & "<#" & node.Name & ">" &
_
              node.Value & "</" & node.Name & ">")
  End If
 Else   ' Knoten mit Attributen
    Me.TextBox1.AppendText("<" & node.Name)
    If XmlNodeType.Element = node.NodeType Then
     Dim map As XmlNamedNodeMap = node.Attributes
     Dim attrnode As Object
     For Each attrnode In map  ' Attribute
      Me.TextBox1.AppendText(" " & _
          CType(attrnode, XmlNode).Name & "='" & _
          CType(attrnode, XmlNode).Value & "'")
     Next
    End If
    Me.TextBox1.AppendText(">" & vbCrLf)
 End If
End Sub
```

Besitzt ein Knoten weitere Unterknoten, wird nur dessen Inhalt (der Wert) und das abschließende Tag (über *node.ParentNode.Name*) ausgegeben. Der Typ des Knotens lässt sich mit *CType(node, XmlNode).Name* abfragen. Wird der String »#text« geliefert, ist ein Textwert im Knoten hinterlegt, der sich direkt über *CType(node, XmlNode).Value* ermitteln lässt. Den Namen des Elements ermittelt das Programm dann über *node.ParentNode.Name*. Handelt es sich nicht um einen Textwert, wird einfach der Name und dessen Wert über *"<#" & node.Name & ">" & node.Value & "</" & node.Name & ">"* in einen String gewandelt und ausgegeben (auf diese Weise werden z.B. Kommentare angezeigt). Erkennt die Prozedur, dass es sich um ein Blatt im Strukturbaum handelt, wird der Knotenname mit *"<" & node.Name* ausgegeben. Dann sorgt eine *For Each*-Schleife dafür, dass alle Attribute eines XML-Elements gelesen und mit

```
CType(attrnode, XmlNode).Name & "='" & _
CType(attrnode, XmlNode).Value & "'"
```

in einen Ausgabestring übergeben werden. Danach wird die abschließende Klammer und ein Zeilenumbruch zum Text hinzugefügt. Die Ausgabe erfolgt hier mit *Me.TextBox1.AppendText* in ein Textfeld.

Der Code wurde in VB.NET entworfen und als Projekt im Ordner *Beisp\Kap10\Net\XMLDOMRead* auf der Begleit-CD hinterlegt. Benutzer des .NET-Framework SDK finden eine angepasste Version in der Datei *XMLDOMRead.vb* im Ordner *Beisp\Kap10* auf der Begleit-CD. Die *Load*-Ereignisbehandlungsprozedur enthält die Anweisungen zum Laden der XML-Datei sowie zum Aufruf der Hilfsprozeduren. Die Details entnehmen Sie dem Quellcodelisting. Dort sind auch die benötigten Namensräume für die Klassen aufgeführt. Übersetzen Sie das Programm mit *vbc XMLDOMRead.vb /t:winexe /r:system.dll /r:system.windows.forms.dll /r:system.drawing.dll /r:System.Xml.dll /win32Icon:Form.ico.* Beim Ausführen erwartet das Programm einen Unterordner *\Daten* mit der Datei *Personen.xml.*

10.4.5 Zugriff auf die XML-Daten per *XMLTextReader*

Obwohl der Umgang mit dem DOM-Ansatz vielen Programmierern bekannt ist, besitzt dieser einen entscheidenden Nachteil: Die gesamte XML-Dokumentstruktur wird in den Speicher geladen und bearbeitet. Bei einer kleinen XML-Beispieldatei ist dies kein Problem, aber ein XML-Dokument mit vielen tausend Knoten bringt Leistungsdefizite zum Vorschein. Konkret: Je größer die XML-Datei ist, umso langsamer geht die Bearbeitung vonstatten. Zur Bearbeitung großer XML-Dokumente verzichtet man auf einen Zugriff per DOM, sondern setzt auf SAX (dazu später mehr). In .NET müssen Sie sich aber nicht mit den Feinheiten von SAX herumschlagen. Denn die Klassenbibliothek stellt einen XMLReader als Klasse bereit, der ähnlich wie SAX ein Vorwärtslesen im XML-Datenstrom ohne Zwischenspeicherung zulässt. Dadurch können Sie auch große XML-Dokumente in .NET-Anwendungen schnell und effizient analysieren.

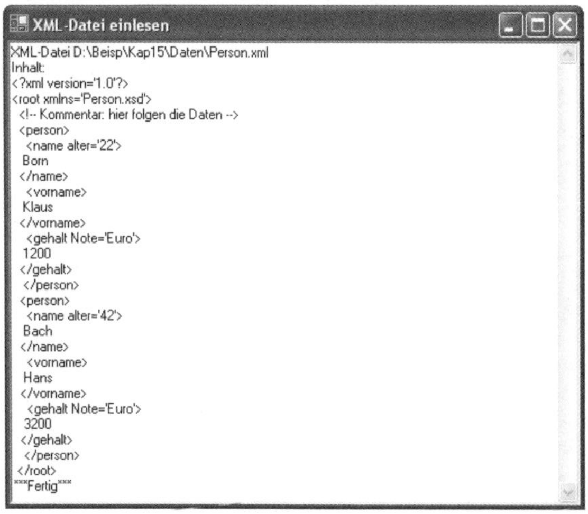

Abb. 10.15: Darstellung des XMLReader-Beispiels

Das Ganze möchte ich ebenfalls anhand einer kleinen Beispielanwendung demonstrieren, die die im Unterverzeichnis *\Daten* enthaltene XML-Dokumentdatei *Personen.xml* einliest, die Knoten analysiert und dann das Ergebnis in einem Textfeld als simulierte XML-Struktur anzeigt (Abbildung 10.15).

HINWEIS

Bei der Entwicklung des Beispiels wurde der Fokus weniger auf die optische Aufbereitung der Daten als auf die Demonstration der Funktionalität gelegt. Daher erfolgt das Einrücken der untergeordneten XML-Elemente auch nicht sauber, da die *Depth*-Eigenschaft offenbar einen fehlerhaften Level für das abschließende Tag eines Elements zurückliefert. In realen Anwendungen wird es selten darauf ankommen, Elemente formatiert darzustellen. Vielmehr soll das Programm Werte und Attributwerte lesen, was im Beispiel auch geleistet wird.

Das Programm lässt sich in der Microsoft-Entwicklungsumgebung oder direkt aus einem Ordnerfenster starten. Beim Aufruf wird die XML-Dokumentdatei im *Load*-Ereignis des Formulars geladen und analysiert. Die Ergebnisse werden direkt in ein Textfeld geschrieben und stehen dem Benutzer zur Kontrolle zur Verfügung.

Der Programmcode zum Instanziieren des Readers sowie zur Analyse der XML-Knoten ist im Vergleich zum vorherigen Beispiel recht einfach. Mit der folgenden Anweisungen wird ein *StreamReader*-Objekt deklariert und instanziiert:

```
Dim oXML As StreamReader = New StreamReader("C:\Test.xml")
```

Der eigentliche *XMLReader* wird dann auf dieses *Stream*-Objekt aufgesetzt:

```
Dim oXmlRead As XmlTextReader = New XmlTextReader(oXML)
```

Sobald diese Instanz vorliegt, lässt sich die XML-Dokumentstruktur in einer simplen Schleife durchlaufen:

```
Do While oXmlRead.Read ()  ' über alle Knoten
  Select Case oXmlRead.NodeType
   Case XmlNodeType.Element          ' Element gefunden
    MsgBox ("Element: " & oXmlRead.Name)
    If oXmlRead.HasAttributes Then  ' gibt es Attribute
     While oXmlRead.MoveToNextAttribute() ' alle Attribute
       MsgBox (oXmlRead.Name & "='" & oXmlRead.Value & "'"
      End While
     End IF
   Case XmlNodeType.Text             ' Wert ist Text
     MsgBox ("Wert: " & oXmlRead.Value)
   Case Else
     ' nicht implementierte Typen
   End Select
Loop
```

Die *Read*-Methode liest das nächste XML-Strukturelement im Datenstrom ein. Ist das Ende erreicht, wird der Wert *False* zurückgeliefert und die Schleife terminiert. Über die Eigenschaften der Objektinstanz *oXmlRead* lässt sich dann das gelesene Strukturelement analysieren. Der Knotentyp (z.B. ein XML-Element, ein Textwert eines Elements etc.) kann über die Eigenschaft *NodeType* bestimmt werden. Ich habe im zuvor angeführten Codeausschnitt eine *Select Case*-Struktur zur Analyse des Knotentyps angedeutet. Ein Knoten vom Typ »Element« stellt das einleitende XML-Tag eines Elements dar, dessen Name mit *oXmlRead.Name* abgefragt werden kann. Bei einem Element lässt sich über die *HasAttributes*-Eigenschaft feststellen, ob Attributwerte hinterlegt sind. Diese lassen sich über die *MoveToNextAttribute*-Methode des in *oXmlRead* referenzierten *XMLReader*-Objekts in einer Schleife abrufen. Der Attributname wird dann über *oXmlRead.Name* und der Wert über *oXmlRead.Value* ermittelt. Das Beispielprogramm fügt diese Detailinformationen zu einer Zeichenkette zusammen und hängt diese mittels der *TextBox.Append*-Methode an den Inhalt des Textfelds an. Nachfolgend sehen Sie den Code der kompletten *Load*-Ereignisbehandlungsroutine des Beispiels:

Listing 10.19: Zugriff auf die XML-Daten per XML-StreamReader

```
Private Sub Form_Load(ByVal sender As System.Object, _
  ByVal e As System.EventArgs) Handles MyBase.Load
' Beim Laden des Formulars Daten einlesen und bearbeiten
 Dim txt As String = ""
 Dim file As String = GetPath() & "Daten\Person.xml"
 Dim oXML As StreamReader
 Dim oXmlRead As XmlTextReader

 txt = "XML-Datei " & file & vbCrLf & "Inhalt: " & vbCrLf

 Try
  oXML = New StreamReader(file)       ' öffne XML-Datei
  oXmlRead = New XmlTextReader(oXML) ' neue XMLReader-Instanz

  Do While oXmlRead.Read ()          ' über alle Knoten
   txt = txt & Ins(oXmlRead.Depth)   ' einrücken
   Select Case oXmlRead.NodeType
    Case XmlNodeType.Element         ' Element gefunden
      txt = txt & "<" & oXmlRead.Name
      If oXmlRead.HasAttributes Then  ' gibt es Attribute
       While oXmlRead.MoveToNextAttribute() ' alle Attribute
        txt = txt & " " & oXmlRead.Name & "='" & _
              oXmlRead.Value & "'"
       End While
      End IF
      txt = txt & ">" & vbCrLf        ' abschließen
```

```
      Case XmlNodeType.Text             ' Wert ist Text
        txt = txt & oXmlRead.Value & vbCrLf

      Case XmlNodeType.CDATA
        txt = txt & "<![CDATA[{0}]]>" & oXmlRead.Value & vbCrLf

      Case XmlNodeType.ProcessingInstruction
        txt = txt & "<?" & oXmLRead.Name & _
              oXmlRead.Value & "?>" & vbCrLf

      Case XmlNodeType.Comment
        txt = txt & "<!--" & oXmlRead.Value & "-->" & vbCrLf

      Case XmlNodeType.XmlDeclaration
        txt = txt & "<?xml version='1.0'?>" & vbCrLf

      Case XmlNodeType.Document
         ' nicht implementiert

      Case XmlNodeType.DocumentType
        txt = txt & "<!DOCTYPE " & oXmlRead.Name & "[" & _
                     oXmlRead.Value & "]" & vbCrLf

      Case XmlNodeType.EntityReference
        txt = txt & oXmlRead.Name

      Case XmlNodeType.EndElement
        txt = txt & "</" & oXmlRead.Name & ">" & vbCrLf

      Case Else
      'txt = txt & "***Wertetyp nicht implementiert***"
     End Select
    Loop
    Me.TextBox1.AppendText(txt)
  Catch ex As Exception
    MsgBox(ex.Message, vbOKOnly Or vbCritical, "Fehler")
    Exit Sub
  End Try
   Me.TextBox1.AppendText("***Fertig***")
End Sub
```

Ich habe in der *Select Case*-Struktur verschiedene Node-Typen implementiert. Details zur kompletten Programmstruktur können Sie dem Quellcode entnehmen.

HINWEIS

Der Code wurde komplett unter Verwendung des .NET-Framework SDK entworfen und in der Datei *XMLStreamReader.vb* im Ordner *Beisp\Kap10\Net* der Begleit-CD hinterlegt. Der Quellcode enthält noch die Anweisungen zur Instanziierung des Formulars, zur Ermittlung des Programmpfads sowie weitere Hilfsroutinen. Diese Ansätze wurden aus dem zuvor besprochenen Beispielen übernommen. Die interessanten Teile finden sich in der *Load*-Ereignisbehandlungsprozedur, wobei ich dort auch Anweisungen zur Behandlung von Ausnahmen eingebaut habe. Im Quellcode sind auch die benötigten Namensräume für die Klassen aufgeführt. Übersetzen Sie das Programm mit *vbc XMLStreamReader.vb /t:winexe /r:system.dll /r:system.windows.forms.dll /r:system.drawing.dll /r:System.Xml.dll /win32Icon:Form.ico*. Das Beispiel benötigt den Unterordner *\Daten* mit der XML-Datei *Personen.xml*.

An dieser Stelle möchte ich die Einführung in XML beenden. Aus Platzgründen konnten nur einige Aspekte angerissen werden. Sie haben beispielsweise die Möglichkeit, XML-Dokumente programmgesteuert um XML-Elemente zu erweitern. .NET-Framework bietet eine *XmlTextWriter*-Klasse zum Speichern von XML-Daten. Selbst Variablen oder Datenstrukturen lassen sich über die Klasse *XmlSerializer* des Namenraums *Sytem.Xml.Serialisation* speichern und wieder einlesen. Ein in Visual Basic verfasstes Beispiel finden Sie unter dem Indexeintrag *XmlSerializer* unter dem Thema »XmlSerializer-Konstruktor« in der Hilfe des .NET-Framework SDK. Detailliertere Informationen zu den Membern des *XmlReaders*, zu der erwähnten *XmlSerializer*-Klasse und zu anderen XML-Klassen finden Sie ebenfalls in der Hilfe des .NET-Framework SDK sowie in der mit Visual Studio .NET ausgelieferten separaten Hilfe, die auch .NET-Framework behandelt. Details zur Programmentwicklung in .NET-Framework 1.0 mittels Visual Basic finden Sie in dem von mir bei Markt+Technik publizierten Titel »Visual Basic .NET – Magnum«.

10.5 Simple API for XML (SAX)

Im vorherigen Abschnitt hatte ich bereits erwähnt, dass zum Zugriff auf große XML-Dokumente das Document Object Model ungeeignet ist. Dort hatte ich in diesem Zusammenhang bereits auf SAX verwiesen. Die Abkürzung SAX steht für »Simple API for XML«, eine Programmierschnittstelle zum Zugriff auf XML-Parser. Diese Schnittstelle ermöglicht einem Programmierer, XML-Parser in eigene Anwendungen (die z.B. in C++, Java oder Visual Basic geschrieben werden) einzubinden. Gibt es verschiedene Parser, die diese Schnittstelle unterstützen, lässt sich der XML-Parser austauschen, ohne die Funktionalität der Anwendung zu beeinflussen (natürlich müssen die XML-Parser identisch funktionieren). Der MSXML-Parser unterstützt ab der Version 3.0 die SAX Version 2.0.

Wenn Sie mit MSXML unter Windows arbeiten und sich mit SAX2 unter Visual Basic oder C++ befassen möchten, bietet Microsoft Ihnen einiges an Dokumentation. Sie finden unter *msdn.microsoft.com/xml* zum Beispiel ein XML SDK 3.0, das in der Hilfe die SAX2-Schnittstelle von MSXML dokumentiert.

Für Java-Anwender steht unter der Webadresse *www.saxproject.org* eine SAX-Implementierung (die auf der ursprünglich von David Megginson entwickelten SAX-Freeware aufsetzt) zur Verfügung. Diese ist vollständig in Java implementiert und Sie benötigen natürlich noch einen XML-Parser, um SAX zu verwenden.

Zusammenfassung

In diesem Kapitel haben Sie eine kurze Einführung in die Anbindung von XML-Daten an HTML-Dokumente per DSO oder per Script über das XML-DOM-Objektmodell erhalten. Der Zugriff auf XML-Dokumente per Script oder Programmiersprache ist ein sehr umfassendes Themenfeld (und zudem noch browserabhängig). In diesem Kapitel konnten nur einige wenige Aspekte behandelt werden. Falls Sie weiterführende Informationen suchen, empfiehlt es sich auf jeden Fall unter *msdn.microsoft.com/xml* zu recherchieren.

Fragen

1. Mit welchem XML-Element werden XML-Dateninseln in HTML eingebunden?

2. Wie können XML-Daten über das DSO-Element eingebunden werden?

Antworten

1. *<xml id="xxx"> ... </xml>*

2. Beim *<table>*-Tag beispielsweise mit dem *datasrc*-Attribut. Der Zugriff auf Elemente erfolgt dann über das *datafld*-Attribut des *<td>*-Tags.

Anhang A

XML im Internet

Es gibt Newsgroups und Webseiten, die sich mit dem Thema XML befassen. Eine Suche über Suchmaschinen dürfte sicherlich die relevanten Seiten liefern. Zum Einstieg hier noch einige interessante Webadressen, deren Inhalt aber ausschließlich in Englisch gehalten ist.

www.w3c.org	Sicherlich die Pflichtseite für jeden XML-Interessierten. Hier finden Sie die Entwürfe, Notizen und Empfehlungen des W3C rund um XML. Zusätzlich bieten die Seiten wertvolle Hintergrundinformationen sowie gepflegte Links zu Seiten mit Werkzeugen oder Artikeln zu einem bestimmten Thema.
news://microsoft.public.xml	Eine Newsgroup, die sich mit dem Microsoft XML-Parser befasst.
news://microsoft.public.xml.soap	Eine Newsgroup von Microsoft, die sich mit der SOAP-Technologie befasst.
news://microsoft.public.xsl	Diese (m.E. sehr kompetente) Newsgroup ist dem XSLT-Prozessor von Microsoft gewidmet.

www.zvon.org	Eine Seite, die sich auch mit XML befasst. Auf der angegebenen Seite kann eine XSLT-Referenz mit vielen Beispielen heruntergeladen werden.
msdn.microsoft.com/xml	Eine von Microsoft geführte XML-Seite, in der Sie sehr viele Informationen zum Thema, Sprachreferenzen, dem XML SDK und vieles mehr zum kostenlosen Download finden.
alphaworks.ibm.com	Seite von IBM, die auch XML-Werkzeuge sowie die Entwicklungsumgebung Eclipse enthält.
www.sun.com/software/xml/developers	Seite von Sun rund um das Thema XML und SVG.
www.ibiblio.org/xml/	Cafe con Leche – eine interessante Webseite mit Informationen und Neuheiten zu XML.
www.xml.com/pub	Eine Webseite mit interessanten Tutorials und Informationen zu XML.
www.ebxml.org	Webseite einer Organisation, die sich zu ebXML (XML für E-Business) Gedanken macht.
www.xml.com	Neues von XML.
www.xmltoday.com	Neuigkeiten im Umfeld von XML.
www.w3schools.com	Eine nette Sammlung freier Tutorials zu diversen XML-Themen.

Stichwortverzeichnis

jetzt lerne ich

S

T